Uni-Taschenbücher 465

UTB

Eine Arbeitsgemeinschaft der Verlage

Birkhäuser Verlag Basel und Stuttgart
Wilhelm Fink Verlag München
Gustav Fischer Verlag Stuttgart
Francke Verlag München
Paul Haupt Verlag Bern und Stuttgart
Dr. Alfred Hüthig Verlag Heidelberg
J. C. B. Mohr (Paul Siebeck) Tübingen
Quelle & Meyer Heidelberg
Ernst Reinhardt Verlag München und Basel
F. K. Schattauer Verlag Stuttgart-New York
Ferdinand Schöningh Verlag Paderborn
Dr. Dietrich Steinkopff Verlag Darmstadt
Eugen Ulmer Verlag Stuttgart
Vandenhoeck & Ruprecht in Göttingen und Zürich
Verlag Dokumentation Pullach bei München

Den Freiburger Studenten

Detlef Liebs

Römisches Recht

Ein Studienbuch

Vandenhoeck & Ruprecht in Göttingen

Detlef Liebs, geboren 1936, Promotion 1962, habilitierte sich 1970 für römisches Recht, bürgerliches Recht und Privatrechtsgeschichte der Neuzeit in Göttingen. Seit 1970 lehrt er in Freiburg Zivilrecht und Rechtsgeschichte.

ISBN 3-525-03118-1

Printed in Germany
Einbandgestaltung: A. Krugmann, Stuttgart
Satz und Druck: Hubert & Co., Göttingen
Bindearbeit: Großbuchbinderei Sigloch, Stuttgart

René Magritte, Die Legende der Jahrhunderte

Vorwort

Dieses Buch ist veranlaßt durch die Bedürfnisse der Lehre. Nachdem 1970–72 in allen Ländern der Bundesrepublik die Ausbildungsordnungen für Juristen geändert und dabei die rechtsgeschichtlichen Pflichtvorlesungen stark vermindert worden sind, so daß heute i. d. R. nur mehr drei statt vorher sechs besucht werden müssen: über römisches Recht, deutsche Rechtsgeschichte und Verfassungsgeschichte der Neuzeit, stellte sich dem Romanisten die Frage: Ob Pflichtstoff für alle Studenten nur noch die sog. äußere Rechtsgeschichte sein soll, der Stoff der einen der bisherigen zwei Vorlesungen, die bisherige „Römische Rechtsgeschichte“; und der Stoff der dogmatischen Vorlesung („Römisches Privatrecht“) nur noch im Rahmen des Wahlfachs ‚Rechtsgeschichte‘ zu lehren ist. Oder ob aus beiden bisherigen Hauptvorlesungen je ein Teil herüberzunehmen ist. Nun sehen jene neuen Justizausbildungsordnungen als Prüfungsstoff die geschichtlichen Grundlagen des geltenden Rechts vor. Aus dem römischen Recht gehören dazu aber gewiß die Institutionen zumal des Privatrechts, wohl sogar in erster Linie, wenn auch längst nicht alle. Deshalb scheint mir der zweite Weg geboten, mag er auch schwieriger sein. Aus den herkömmlichen Stoffmassen muß man eine Auswahl treffen, so riskant das auch immer zunächst einmal erscheint. Die hier angebotene Auswahl wurde im ganzen unter den Freiburger Romanisten abgestimmt. Es schien uns empfehlenswerter, sich auf wenige Gebiete zu konzentrieren, als von allem kurz zu handeln. Dann müßte man auf Anschaulichkeit verzichten.

Für den verbliebenen, von jedem heutigen Jurastudenten zu verlangenden Reststoff aus dem römischen Recht gibt es noch kein Lehrmittel. Was auf dem Markt ist, will einen vollständigen Überblick – über das jeweilige Gebiet – geben. Das vorliegende Bändchen soll diesem Mangel abhelfen. Selbstverständlich können nicht alle darin enthaltenen Informationen im Referendarexamen abgefragt werden. Eine Prüfung in Rechtsgeschichte soll aber gerade nicht nur Wissensprüfung sein. Deshalb lasse den Mut nicht sinken, wer das Buch studiert und feststellt, daß er viele Einzelheiten nicht nacherzählen könnte. Hat er es gelesen, so wird er etwa über das römische Eigentum oder die Rolle der *bona fides* in jener Gesellschaft mitreden können, wird juristischen Wirklichkeitssinn, Scharfsinn und Eigensinn miterlebt haben. Darauf kommt es an.

Ich widme den Band denen, ohne deren kritische Mitarbeit in Seminaren, Übungen und Vorlesungen viele der hier erörterten Fragen bestimmt magerer dargestellt worden wären. D. L.

Inhalt

Wozu römisches Recht? 11

Erstes Kapitel: Epochen der römischen Rechtsgeschichte 17

1. Die Republik 17
   - a) Die Gesetzgebung 17
   - b) Die Jurisprudenz 26
   - c) Magistratische Rechtsschöpfung 37
   - d) Die Senatsbeschlüsse 41
2. Der Prinzipat 43
   - a) Verfassungsschein und Verfassungswirklichkeit 43
   - b) Die Juristen 51
   - c) Eine neue Rechtsquelle: kaiserliche Festsetzungen 69
   - d) Institutionalisierung außerordentlicher Rechtswege 73
3. Der spätantike Zwangsstaat 76
   - a) Allgemeine Zustände 76
   - b) Die kaiserliche Gesetzgebung 82
   - c) Neue und die alte Rechtsliteratur 87
4. Justinian 92
   - a) Das römische Reich und die Barbaren im 5. u. 6. Jh. n. Chr. 92
   - b) Die justinianische Gesetzgebung I: Der Codex Justinianus 96
   - c) Dasselbe II: Die Digesten 97
   - d) Dasselbe III: Institutionen, Neubearbeitung des Codex und Novellen 100
5. Das römische Recht in Europa 103
   - a) Die karolingische Renaissance 104
   - b) Die zweite Vorrenaissance des 11. Jhs. und die Glossatoren 106
   - c) Der Frühhumanismus und die Konsiliatoren 109
   - d) Die humanistische Jurisprudenz 112
   - e) Der Usus modernus pandectarum 114
   - f) Die historische Rechtsschule 115

Zweites Kapitel: Die römische Hausverfassung 119

1. Die Hausgewalt des römischen Familienvaters 119
   - a) Die potestas des pater familias über Kinder und Unfreie 119
   - b) Rechtsgeschäfte des Haussohns und des Sklaven 121

2. Eherecht 124
a) Das Recht der Ehescheidung 124
b) Ehegüterrecht 127

3. Das gesetzliche Erbrecht 130
a) Das Agnationsprinzip der Zwölf Tafeln 131
b) Das gesetzliche Erbrecht der klassischen Zeit 134
c) Das nachklassische gesetzliche Erbrecht 136

4. Die Testierfreiheit 137
a) Die Herausbildung der Testierfreiheit 137
b) Formelle Schranken der Testierfreiheit 140
c) Inhaltliche Schranken der Testierfreiheit 143
d) Absicherungen der Testierfreiheit gegen Selbstbeschränkungen durch den Testator 145

Drittes Kapitel: Das römische Eigentum 148

1. Gegenstand und Inhalt 148
a) Die Herausbildung des römischen Eigentumsbegriffs 148
b) Worin äußert sich die Besonderheit des römischen Eigentums? Vier Grundsätze 149
c) Nachbarrechtliche Beschränkungen des Grundeigentums 155
d) Öffentlichrechtliche Beschränkungen des Eigentums 159
e) Rechtsmißbrauch 160

2. Übertragung 163
a) Die Übertragung von *res nec mancipi* 163
b) Die Übereignung von *res nec mancipi* 169
c) Eigentum kraft vollen Rechts und Eigentum kraft Rechtsschutzes . 173
d) Erwerb vom Nichtberechtigten 174

3. Das Eigentum im Prozeß 178
a) Das Formular der *rei vindicatio* 179
b) Insbesondere: Die Arbiträrklausel und die Einrede der Arglist . . . 180
c) Das Prinzip der Geldverurteilung 185
d) Das Formular der Herausgabeklage des bonitarischen Eigentümers 186

Viertes Kapitel: Die römischen Schuldverträge 188

1. Schuld und Haftung 188
a) Die Grundbedeutung des Rechtsworts ‚haften' 188
b) Vertraglich begründete Haftung 189
c) Haftungslösung 191
d) Der Abbau der persönlichen Haftung 192

2. Die Stipulation 193
a) Ursprung und Struktur 193
b) Handhabung im klassischen Rom 195
c) Vom Wortformalismus zur Schriftform 197
d) Die Stipulation im Prozeß 199

3. Die Realverträge 202
a) Die schlichten Rückgewährschuldverhältnisse 202
b) Zusammenfassung der Rückgewährschuldverhältnisse zum Verpflichtungstyp ‚Realkontrakt'. Heutige Realverträge 204

4. Die Konsensualverträge 207
a) Die Entwicklung des Geldwesens in Rom 207
b) Kauf *(emptio venditio)* 207
c) Zur-Verfügung-Stellung/Vergabung Mitführung *(locatio conductio)* 208
d) Gesellschaft *(societas)* 209
e) Auftrag *(mandatum)* 212
f) Anhang: Die Innominatrealverträge und die schlichten *pacta* 215

5. Vom Enumerationsprinzip zur Verbindlichkeit aller Schuldverträge 217
a) Die Moraltheologie 217
b) Das kanonische Recht 218
c) „Pacta sunt servanda" im weltlichen Recht 219

Fünftes Kapitel: *Bona fides* als Rechtsschöpferisches Element am Beispiel des Kaufrechts 224

1. Die klassischen Klagformulare des Käufers und des Verkäufers 224
a) *Bona fides* und Sozialmoral 224
b) Die Rezeption der *bona fides* in das Recht 225
c) Der Spielraum der *bona-fides*-Formulare 226

2. Rechtsmängelhaftung 227
a) Die *actio auctoritatis* des Manzipationskäufers 228
b) *Stipulatio duplae* und Marktaufsicht 229
c) Die *actio empti*. Einstige Grenzen 229
d) Die Überwindung des Eviktionsprinzips 231

3. Sachmängelhaftung 237
a) Die Rechte des Manzipationskäufers 237
b) Das Sonderrecht der Marktaufsichtsbehörden 237
c) Die Möglichkeiten der *actio empti* 238

4. Weitere Ableitungen aus der *bona fides* 245
a) Anfängliche objektive Unmöglichkeit 245
b) Nachträgliche objektive Unmöglichkeit 247

c) Verzug des Verkäufers mit der Lieferung 248
d) Verzug des Käufers mit der Bezahlung 250
e) Nebenpflichten des Grundstücksverkäufers 253
f) Formlose Nebenabreden *(pacta adiecta in continenti)* 254
g) Aufrechnung *(compensatio)* 256

Sechstes Kapitel: Deliktsrecht im Zeichen der Privatstrafe . . . 259

1. Reaktionsweisen früher Rechtsgemeinschaften auf Unrechtstaten ihrer Mitglieder 259
a) Blutrache und Fehderecht 260
b) Sühnevergleich 261
c) Rechtliche Festlegung der Sühneleistungen 261

2. Sachbeschädigung 262
a) Die Bestimmungen der Zwölf Tafeln 262
b) Die *Lex Aquilia de damno* und ihre klassische Handhabung 263
c) Die *actio de dolo* (Arglistklage) 269
d) Rezeption und Umbildung der aquilischen Klage in der Neuzeit . . 270
e) Die Generalklausel im privaten Deliktsrecht 275

3. Sachentziehung 279
a) Die Regelung der Zwölf Tafeln 279
b) Die weitere Entwicklung des *furtum* 281
c) Die Herausbildung der Kriminalstrafen. Stellionat 284

4. Persönlichkeitsverletzung 285
a) Die Tatbestände der Zwölf Tafeln 286
b) Die prätorische Neuregelung und ihre klassische Handhabung . . . 289
c) Außerordentliche Bestrafung schwerer Fälle 293
d) Die Entwicklung eines überpositiven allgemeinen Persönlichkeitsrechts in der Neuzeit 293

Kleiner romanistischer Apparat 299

Zeittafel 300

Register 302

Abkürzungen 306

Wozu römisches Recht?

Jede soziale Gruppe braucht zur Begründung eines Selbstbewußtseins, zu ihrer Selbstdarstellung die geschichtliche Dimension, mit deren Hilfe sie ihre Identität findet, ihre Zukunft entwirft, der Zusammenhalt der Gruppe gestärkt wird. Jeder Verein, die Gemeinden, die Staaten sonnen sich in ihren Jubiläen. Gewiß, der aufgeklärte Zeitgenosse begegnet solchen Jubiläen mit Distanzierung. Überzeugend, ansteckend wirkt diese Distanzierung aber nur bei falschen Jubiläen, Jubiläen von Gemeinschaften, deren Geschichte abgebrochen war, sich verloren hatte oder womöglich in Wahrheit nicht mehr verpflichtet: Jubiläen, die nur vorgeben, allgemein geschätzte Ereignisse der Vergangenheit zu feiern, an deren Wertsetzungen anzuknüpfen, während in Wahrheit ganz andere Werte gelten sollen, nichts weiter bezweckt ist, als die Herrschaft einer bestimmten Teilgruppe zu festigen. Gerade die unehrliche Reklamation von Ahnen, die dubiosen Jubiläen oder die unterdrückten und oppositionellen, die pathologischen Fälle belegen die Notwendigkeit von Erinnerung für den Zusammenhalt sozialer Gruppen; die Notwendigkeit, das die Gruppe Verbindende zu pflegen. Das Reich der Achämeniden, das alte persische Großreich, hat Alexander der Große ausgelöscht. Dem hundert Jahre später von den Arsakiden und dann den Sassaniden wieder errichteten parthischen bzw. neupersischen Reich haben die Araber ein Ende bereitet. Und die mittelalterlichen Neugründungen eines selbständigen Persien erlagen den Türken und Mongolen. Das stete Wiederanknüpfen der Perser an schon lange zerstörte Reiche zeigt gerade in seiner Fragwürdigkeit, wie nötig eine Gemeinschaft die Geschichte zu ihrer Selbstbehauptung braucht. Andere, europäische Völker waren als ihrer selbst bewußte Völker, deren Gipfel das Staatsvolk, die Nation ist, schon verschwunden wie die Bulgaren, oder fast verschwunden wie die Griechen. Ihre große Vergangenheit ließ sie wieder zu sich selbst finden. Das ist um so schwerer, je gebrochener die Geschichte der betreffenden Gemeinschaft verlaufen ist. Staaten ohne Geschichte sind gegenüber exzentrischen, mit Leiden und Blutvergießen verbundenen Ideologien am anfälligsten.

Westeuropa ist heute dabei, eine neue Identität in engerem Zusammenhalt zu suchen, nachdem es seine Führungsrolle in der Welt eingebüßt hat. Technokratische Regeln mit wirtschaftlichen Vorteilen allein vermögen den Zusammenhalt offenbar nicht hinreichend zu festigen, solange die einzelnen Staaten dabei verharren, vorzüglich auf ihre je besondere Vergangenheit zu blicken. Europa muß sich auf seine gemeinsame Herkunft und Geschichte besinnen, und die datiert nicht erst aus dem 19. Jahrhundert. Es genügt auch nicht, sich bis zur französischen Revolution zurückzuerinnern, zumal nicht, wenn Mittel- und Nordeuropa dazugehören sollen. Auch nicht, mit dem 6. bis 10. Jh. zu beginnen, die Gründerzeit der europäischen Staatenwelt. Die wichtigste geistige Macht des Mittelalters, die Kirche, macht deutlich, daß die westliche oder abendländische Kultur eine Sekundärkultur ist, geprägt von der griechisch-römischen Antike. Das mittelalterliche Deutschland empfing seine entscheidenden kulturellen Impulse von den Klöstern und den Bischofsstädten; und diese sind, jedenfalls die älteren, die von den Römern gegründeten Städte. Die für das Werden Westeuropas produktivsten Jahrhunderte vom Eintritt der Griechen in die Geschichte bis zur Entstehung der heutigen europäischen Staaten, oder gar alle Vergangenheit bis ins 18. Jh. hinein im Unterricht preiszugeben, dem allgemeinen Bewußtsein zu ersparen, wie heute vielfach gefordert wird, bedeutete eine Verarmung unseres Selbstbewußtseins, der eigenen Identität. Unsere Sprachen, im Deutschen jedenfalls Syntax und Grammatik, Philosophie, Mathematik, Musik, Kunst, Baukunst, Medizin, Rechtswissenschaft, Geldwesen, freies Unternehmertum, die Stadt als Zivilisationsform, freiheitliche Lebensweise, freie politische Rede und Demokratie: alles beginnt für uns in der griechischen oder römischen Antike. Jahrhundertelang war sie uns im sog. Mittelalter unerreichtes Vorbild in fast allen Lebensäußerungen. Uns von der lebendigen Anteilnahme daran abzuschneiden unter dem selbstgefälligen, die eigene Rastlosigkeit verdeckenden Schlagwort von der Entrümpelung der Lehrinhalte und Studiengänge wird kein Selbstbewußter über sich ergehen lassen.

Naives Geschichtsbewußtsein sonnt sich in der Geschichte, der Geschichte der eigenen Gruppe. Die Geschichte dient der eigenen Verherrlichung, stellt sich dar als Kette glänzender Leistungen und Erfolge, dem eine Kette des Versagens der einst konkurrierenden, jetzt unterlegenen Mächte entspricht. Nicht selten sollen dadurch zweifelhafte Ereignisse der eigenen Vergangenheit nachträglich gerechtfertigt werden. So ist das Bild aufschlußreich, das Hollywoodfilme von den Ureinwohnern Amerikas zeichnen, von den Mexikanern der Südweststaaten der USA oder von den Russen Alaskas. Der Naive verzeichnet die Geschichte nach seinen Wünschen, gerade auch die fernere Vergangenheit. Und solche Verzeichnung ist nicht harmlos, aus ihr werden Forderungen an die Gegenwart abgeleitet, freilich in verschiedener Weise. Der Gegenwartsstolze färbt die Vergangenheit eher düster, unterstellt eine einzige Willkürherrschaft bis ins 19. Jh. hinein oder gar bis zum 23. Mai 1949, als das deutsche Grundgesetz in Kraft trat. Für den skeptischen Betrachter der Gegenwart, der auf Veränderungen dringt, nimmt die Vergangenheit leicht eine allzu lichte Färbung an, Ausdruck des ewigen Traums der mit der Gegenwart Unzufriedenen vom einstigen Goldenen Zeitalter. So heißt es etwa[1] im Manifest der Kommunistischen Partei von Karl Marx und Friedrich Engels aus dem Jahre 1848: „Die Bourgeoisie, wo sie zur Herrschaft gekommen, hat alle feudalen, patriarchalischen, idyllischen Verhältnisse zerstört. Sie hat die buntscheckigen Feudalbande, die den Menschen an seinen natürlichen Vorgesetzten knüpften, unbarmherzig zerrissen und kein anderes Band zwischen Mensch und Mensch übriggelassen als das nackte Interesse, als die gefühllose ‚bare Zahlung'. Sie hat die heiligen Schauer der frommen Schwärmerei, der ritterlichen Begeisterung, der spießbürgerlichen Wehmut in dem eiskalten Wasser egoistischer Berechnung ertränkt. Sie hat die persönliche Würde in den Tauschwert aufgelöst und an die Stelle der zahllosen verbrieften und wohlerworbenen Freiheiten die eine gewissenlose Handelsfreiheit gesetzt."[2] Bei aller Nüchternheit der um die Aufhellung vergangener Zustände so verdienten Autoren wird hier doch zu sehr geschwelgt, freilich wirkungsvoll geschwelgt. Die persönliche Würde des gemeinen Mannes war in frühen 19. Jh. trotz allem besser gesichert als in den Jahrhunderten davor. Aber auch die Wortführer der Restauration erliegen jenem Traum: „Diese Jugendzeit der Völker (sc. in welcher das Recht wie die Sprache im Bewußtsein des Volkes lebt) ist arm an Begriffen, aber sie genießt ein klares Bewußtsein dieser Zustände und Verhältnisse, sie fühlt und durchlebt diese ganz und vollständig, während wir, in unserem künstlich verwickelten Dasein, von unserem eigenen Reichtum überwältigt sind, anstatt ihn zu genießen und zu beherrschen." Dies schreibt Friedrich Carl von Savigny in seiner Programmschrift „Vom Beruf unserer Zeit für Gesetzgebung und Rechtswissenschaft" (S. 9). Auch dilettantisches Geschichtsbewußtsein kann zerstörerisches Handeln zeitigen, wie gerade Deutschland

[1] Je weiter man zurückgeht, um so mehr Beispiele findet man. S. etwa Ammianus Marcellinus, Res gestae (deutsch: Das röm. Weltreich vor dem Untergang, Zürich 1974) 30, 4, 5–7.

[2] Hervorhebungen von mir.

der Welt bewiesen hat. Beschäftigung mit der Geschichte bedeutet nicht zuletzt Aufklärung in diesem so leicht von Wunschdenken beherrschten Gebiet, bedeutet Bekanntmachung mit wirklichen, gewesenen, nicht bloß vorgestellten Welten; verhilft dazu, Abstand zur eigenen Welt zu gewinnen.

Das ist zumal bei der Welt der Juristen heilsam, die ihre Welt, die gegenwärtig gültige Rechtsordnung, allzu rasch als stimmig, als heil auszugeben geneigt sind; der Jurist wird geradezu erzogen, die gegenwärtige Ordnung zu harmonisieren, was ihn selbstgerecht und intolerant gegenüber anderen Bewertungen von Erscheinungen des Zusammenlebens macht, gegenüber nicht in Gesetzesform geronnenen Wertvorstellungen der Allgemeinheit, durch die das formulierte Normsystem immer wieder ergänzt werden muß. Günstigenfalls kann die Betrachtung der eigenen Rechtsvergangenheit die Duldsamkeit des Juristen gegenüber ihm fremden Wertsystemen fördern; kann die Rechtsgeschichte lehren, die Wichtigkeit einzelner Rechtnormen nicht zu überschätzen; kann sie die Jurisprudenz davor bewahren, daß sie zu einer gedankenlosen Technik des Ineinandergreifens vieler einzelner von einem hypostasierten Gesetzgeber erlassener Rechtsbefehle herabsinkt, den Büttel der Mächtigen macht ohne Besinnung auf die Aufgabe allen Rechts, eine Gemeinschaft zu integrieren. Erst die Rechtsgeschichte zeigt, daß einerseits der Bereich des Normativen nicht losgelöst erfaßt werden kann von der geschichtlichen Bewegung der Gesellschaft, die er normieren will; daß das Überich der Gesellschaft an ihrem geschichtlichen Wandel notwendig teilhat; und daß andererseits ihre rechtliche Verfaßtheit stets Teil der gesellschaftlichen Wirklichkeit selbst gewesen ist[3].

---

[3] S. Ernst-Wolfgang Böckenförde, Die Historische Rechtsschule und das Problem der Geschichtlichkeit des Rechts, in: Collegium Philosophicum, Studien Joachim Ritter zum 60. Geburtstag (Basel 1965) 9–36. Allgemein zur Aufgabe der Rechtsgeschichte heute Dieter Simon, Art. Rechtsgeschichte, in: Handlexikon zur Rechtswissenschaft (München 1972 = rororo 6179/80, 1974) m. Nachw. der einschlägigen verstreuten Arbeiten von Franz Wieacker; dazu noch ders., in: Göttingische Gelehrte Anzeigen 226 (1974) 318–342 (Rez.). Zur Geschichtswissenschaft allgemein, insbesondere der Alten Geschichte, etwa Christian Meier, Die Wissenschaft des Historikers und die Verantwortung des Zeitgenossen, in: ders., Entstehung des Begriffs Demokratie (Frankfurt am Main: edition suhrkamp 387, 1970) 182–221. S. a. ders., Was soll uns heute noch die alte Geschichte, ebd. 151–181; Manfred Fuhrmann, Die Antike und ihre Vermittler (Konstanz 1969); ders., Selbstbestimmung und Fremdbestimmung, in: Mitteilungsblatt

Rechtswissenschaft ist zu einem wesentlichen Teil Rechtsgeschichte, denn kein Rechtssatz läßt sich verstehen oder gar fortbilden ohne Rückgriff auf die konkreten sozialen Konflikte, die zu regeln er formuliert worden ist. Andernfalls führt seine Anwendung zu willkürlichen Ergebnissen, die nach westlicher (nicht unbedingt nach orientalischer) Tradition nicht mehr „Recht" genannt werden können. Eine besondere Gefahr dabei ist, daß solches Recht unbewußt zum Dienst am Stärkeren ausschlägt. So dient, um hier nur ein Beispiel zu nennen, die Rechtfertigung faktischer „Verträge" durch den Satz *protestatio facto contraria von valet* (Die einem Handeln entgegenstehende Verwahrung gilt nicht) Stadtwerken und sonstigen privatrechtlich auftretenden öffentlichen Versorgungsunternehmen zur schematischen, arbeitssparenden Vereinnahmung von Entgelten, wo nach Privatrecht an sich nur deliktische Ansprüche mit Schuld- und Schadensnachweis gegeben wären (BGHZ 21, 319; u. BGH NJW 1965, 387); oder gar der Durchsetzung von „Vertrags"strafen, wo nur öffentliche Bestrafung am Platz wäre, aber entweder ausgeschlossen oder gar schon geschehen ist (BGHZ 23, 175; u. LG Bremen NJW 1966, 2360). Der Satz wurde entwickelt für Formalgeschäfte mit Wirkform (s. etwa Bartolus, Nr. 16 u. 17 zu Cod. Just. 3, 9, 1) und vor allem verbal widerrufene Delikte nach dem Muster „Du Esel! Ich habe nichts gesagt" (vgl. noch preuß. Allg. Landr. II 20 § 546). In seiner heutigen Anwendung widerspricht er allen Grundsätzen des Rechts der Willenserklärung, auch § 133 BGB; die Privatautonomie wird mit ihm zum Lippenbekenntnis[4].

Gegenstand dieses Buchs ist nicht die Geschichte unseres geltenden Rechts schlechthin, sondern nur ein Teil davon, der antike, und das heißt im Bereich des Rechts: der römische Anteil, die Romanistik im ursprünglichen Sinne des Wortes. Erstaunlicherweise hat sie noch immer im Rechtsunterricht ungefähr gleiches Gewicht wie die andere Komponente der deutschen Rechtsgeschichte, ihr germanisch-deutscher Anteil: die Germanistik, während bei der Geschichte anderer Disziplinen als des Rechts die Antike wesentlich weniger Raum einnimmt. Darin spiegelt sich zweierlei: Erstens sind wir heute gewohnt, das Recht wissenschaftlich zu betreiben, und dazu hat das germanisch-deutsche Element seiner Geschichte wenig beigetragen; der

des deutschen Altphilologenverbandes 17 (1974) Nr. 2 S. 1–12; u. Alfred Heuß, Verlust der Geschichte (Göttingen: Kleine Vandenhoeck-Reihe 82, 1959).

[4] Treffend Arndt Teichmann, Protestatio facto contraria, in Festschrift f. Karl Michaelis (Göttingen) 294–315.

Schlüssel aller rechtswissenschaftlichen Leistungen in Deutschland und Kontinentaleuropa bis ins 17. und auf einem unfangreichen Teilgebiet tief ins 19. Jh. hinein ist das Corpus juris civilis Justinians[5]. Und dabei frappiert immer wieder, wie lange es dauerte, bis man sich von der antiken Quelle gelöst hatte; das Recht gehört nicht zu denjenigen Kulturbereichen, die sich dem Fortschritt verschrieben haben. Noch in Kants „Metaphysik der Sitten" bis hin zu Max Webers „Rechtssoziologie" treffen wir auf Schritt und Tritt auf romanistische Versatzstücke. Zweitens hat Deutschland im Bereich des Zivilrechts, dem Schwerpunkt noch der heutigen Juristenausbildung, bis zum Vorabend des BGB im wesentlichen nach römisch-deutschem, dem sog. Gemeinen Recht gelebt. Bis 1900 ergehen knapp die Hälfte der veröffentlichten Entscheidungen des Reichsgerichts in Zivilsachen nach Gemeinem Recht, und das heißt: nach Maßgabe von Texten aus dem Corpus juris civilis Justinians, 1300 bis 1800 Jahre alten Texten – eine unbehagliche Lektüre. Und das deutsche BGB selbst hat, ungeachtet großer schöpferischer Leistungen seiner Verfasser, auf weiten Strecken, zumal im Schuld- und Erbrecht, schlicht gemeinrechtliche Lehren in deutsche Sprache übersetzt. Immer mehr in verständlichem Nationalstolz gepriesene Leistungen erweisen sich bei genauem Hinsehen als Aneignungen römischer Institutionen, durch die Kirche und das kanonische Recht vermittelt[6].

---

[5] Zu diesem Komplex verweise ich hier nur auf Paul Koschaker, Europa und das römische Recht (München 1947, unveränd. 2. Aufl. 1953); und den ebenso betitelten Essay von Franz Wieacker, in: ders., Vom römischen Recht (2. Aufl. Stuttgart 1961) 288–304.

[6] Dazu vor allem Gerhard Köbler, z. B.: ders., Das Recht im frühen Mittelalter (Köln 1971); s. a. Hermann Nehlsen, Sklavenrecht zwischen Antike und Mittelalter I (Göttingen 1972).

ERSTES KAPITEL

Epochen der römischen Rechtsgeschichte

1. Die Republik

a) Die Gesetzgebung

Unser Recht heute ist hauptsächlich in Gesetzen niedergelegt. Sie sind unsere wichtigste Rechtsquelle; wir sind gewohnt, daß alles, was beansprucht, als Recht zu gelten, in wohlgeordneten Gesetzen niedergeschrieben ist: Gesetze des Bundes und der Länder mitsamt den dazugehörigen Verordnungen. Die übersichtliche Ordnung der Rechtsquellen war eine der wichtigsten Aufgaben des säkularisierten Staats. Und eben diesem Zweck, der Publikation des Rechts und damit der Kontrolle seiner Anwendung, dienten die ältesten aus der griechisch-römischen Welt bekannten größeren Gesetzgebungen: Die Gesetzgebung Drakons (624 v.Chr.) und Solons (594/93 v.Chr.) in Athen ebenso wie vermutlich das Stadtrecht von Gortyn auf Kreta aus der Mitte des 5. Jhs. v.Chr. und die etwa gleichzeitigen Zwölf Tafeln in Rom. Diesem Zeitalter des geschriebenen, allgemein zugänglichen Rechts geht regelmäßig eine Periode beim politischen Herrscher zusammengefaßter und durch seine Rechtsprechung konkretisierter Rechtsbildung voraus, da die wichtigste, seine meiste Zeit in Anspruch nehmende Aufgabe des Herrschers darin bestand, zu Gericht zu sitzen, den inneren Frieden zu erhalten. Die Bibel berichtet es von den Königen Israels, die eine Zeit lang Richter heißen wie die sächsischen Schulzen; und die Erzählungen aus Tausend und eine Nacht von den Kalifen und Sultanen der mittelalterlichen islamischen Welt. Zugleich sind diese Herrscher Gesetzgeber und Heerführer; die Herrschergewalt ist ungeteilt.

So wird es uns auch aus der ältesten Zeit Roms berichtet, der Königszeit, als Rom ein kleiner, straff geführter Stadtstaat unter einem König aus etruskischem Adel war, der über eine Gemeinde von latinischen Bauern, Handwerkern und Kleinhändlern gebot und Heerführer, Gesetzgeber und oberster Gerichtsherr in einem war. 508 v.Chr. vertrieb eine Adelsrevolte den König aus der Stadt, wodurch die wirtschaftlich vorteilhafte Verbindung mit Etrurien unterbrochen wurde. Die etruskischen Handwerker und Künstler zogen nach Norden ab, Handel und Gewerbe gingen zurück, die Agrarwirtschaft rückte wieder ganz in den Mittelpunkt. Außenpolitisch richtete sich Rom statt nach Etrurien im Norden nach Großgriechenland im Süden Italiens aus. Nach innen hielten die erfolgreichen Adelsfamilien, die *patricii* (von *patres* ‚die Väter‘, nämlich die Mitglieder des Senats) die Macht fest in Händen und kapselten sich ab: Neue Familien konnten nicht mehr zu Patriziern aufsteigen; wenn jetzt Adelshäuser aus den stammverwandten latinischen Gemeinden nach Rom zuzogen, die bisher selbstverständlich auch hier zum Adel zählten, wurden sie zur *plebs* (das Volk) geschlagen. An der Spitze des Staates standen ein oder mehrere, jedenfalls jährlich wechselnde Oberbeamte, die Prätoren (eigentlich ‚Heerführer‘) bzw. später Konsuln (Berater), was nur ein Patrizier werden konnte. Auch der Senat, das einstmals hundert, in der Republik 300 Mitglieder zählende Beschlußorgan, war Plebejern unzugänglich. Und ebenso waren ihnen die wichtigsten Priestertümer verschlossen, vor allem die der Auguren und der Pontifices, die sich zu unentbehrlichen Fachleuten in Rechtsfragen emporgeschwungen hatten, nicht nur im Bereich des Sakralrechts, sondern auch des weltlichen Rechts: des öffentlichen (Auguren) wie des privaten (Pontifices).

Bald stellte sich jedoch heraus, daß dieser rigorose Ausschluß der Plebs von der Herrschaft ihrer Bedeutung im Staat widersprach, die ihr durch die neue Heeresverfassung zukam. Das älteste römische Heer bestand aus – die Kampfweise des Adels – Reiterverbänden, die sich in 30 Curien gliederten; dem Fußvolk oblagen nur Hilfsfunktionen. Dementsprechend war die älteste römische „Volks"versammlung gegliedert: die Kuriatkomitien, eine Versammlung von 30 Adelshäuptern mit ihrer Klientel: freie Anwohner, die in einem Schutz- und Treueverhältnis zu einer Adelsfamilie standen (Patronat). Wohl im späten 6. oder frühen 5. Jh. v. Chr. setzte sich indessen die Hoplitentaktik als das schlagfähigere Instrument durch, was eine neue Form der Volksversammlung bedingte. Kern der Truppe war die Hoplitenphalanx: die in geschlossenem Verband (Phalanx) kämpfenden, schwer bewaffneten Fußsoldaten, neben denen nur mehr einige wenige Reiterverbände fortbestanden. Da, wie in allen archaischen Heeren, jeder Kämpfer für seine Bewaffnung selbst aufkommen mußte, gliederte sich das Aufgebot nach Besitzklassen, je nachdem, welche Bewaffnung sich der einzelne Bürger leisten konnte. Und diese Gliederung wurde beibehalten, wenn das Heer zu friedlichen Zwecken zusammentrat, um über innerstaatliche Belange zu entscheiden. Die römische Überlieferung schreibt diese Heeresreform mitsamt ihrer Rückwirkung auf die innere Verfassung des Staates dem König Servius Tullius zu, der in die Mitte des 6. Jhs. v. Chr. datiert wird, weshalb sie herkömmlich servianische Verfassung heißt; und da die Volksversammlung nach Centurien (Hundertschaften) gegliedert ist, nennt man sie auch Centuriatkomitien. Die einzelnen Centurien verteilen sich so[7]:

Patrizier	18 Centurien	Reiterausrüstung					
I classis (prima c.)	80 C. 20 Morgen Land oder mehr	cassis Helm	lorica Panzer	ocreae Beinschienen	hasta Lanze	gladius Schwert	clipeus Erzschild
	1 C. Zimmerleute						
	1 C. Schmiede						
II cl.	20 C. 15 Morgen	"	–	"	"	"	scutum Holzschild
III cl.	20 C. 10 Morgen	"	–	–	"	"	"
IV cl.	20 C. 5 Morgen	–	–	–	"	verutum Wurfspieß	–
V cl.	30 C. 2 Morgen	–	–	–	–	funda Schleuder	–
	1 C. Tubabläser						
	1 C. Hornisten						
	1 C. Offiziersburschen (?)						
	1 C. proletarii = ca. 1/3 der Gesamtbevölkerung						
zusammen 194 (193 ?) Centurien							

Abgestimmt wurde nach Centurien, jede Centurie hatte 1 Stimme. Die einzelnen Centurien wurden der Reihe nach zur Stimmabgabe aufgefordert, angefangen bei der ranghöchsten. Waren 98 Ja-Stimmen, d.i. die Mehrheit beisammen, so wurde die Abstimmung abgebrochen. Dadurch waren die *proletarii* von der Stimmabgabe so gut wie ausgeschlossen. Waren sich Patrizier und die Klasse der Groß-

[7] Nach Bernhard Kübler, Geschichte des Röm. Rechts (Leipzig 1925) 11 ff. Vgl. Livius, Ab urbe condita 1, 42 f. u. dazu R. M. Ogilvie, A commentary on Livy (Oxford 1965) 167 f. Zur späteren Entwicklung s. etwa Lily Ross Taylor, The centuriate assembly before and after the reform, in: American Journal of Philology 78 (1957) 337–354. Zu den Tributkomitien (s. sofort im Text) und ihrer Geschichte dies., The voting districts of the roman republic (Rom 1960).

bauern einig, so konnten sie alles durchbringen. Die Centuriatkomitien waren zuständig für Krieg und Frieden, Wahl der Höchstmagistrate, Aburteilung von Staatsverbrechen und Gesetzgebung.
Der Übersichtlichkeit halber sei schon hier die dritte und letzte, wieder jüngere Form der Volksversammlung angefügt, die Tributkomitien, die nach *tribus* (Aushebungs- bzw. Wohnbezirke) gegliedert sind. Der römische Stadtbezirk war in vier, das Umland in 16 und schließlich 31 *tribus* gegliedert. Auch in dieser Volksversammlung waren Geburts- und Besitzadel tonangebend, dadurch gesichert, daß Proletarier, Neubürger und Freigelassene nur in die städtischen *tribus* eingeschrieben wurden, schließlich unabhängig davon, wo sie Wohnung genommen hatten. Zuständig waren die Tributkomitien für minder wichtige Gesetze und die Wahl der niederen Magistrate.

*

Der erste große Erfolg der Plebs im Ständekampf war das Zwölf-Tafel-Gesetz[8], eine Kodifikation des gesamten damals geltenden Rechts im Jahre 449 v. Chr. Der Gedanke der Rechtskodifikation ist griechischen Ursprungs, wo das mittlerweile fast 150 Jahre zurückliegende Beispiel Solons vor allem berühmt geworden war. So will denn auch die römische Geschichtsüberlieferung wissen, daß man bei Abfassung der Zwölf Tafeln eine Gesandtschaft nach Athen geschickt habe; und in der Tat gibt es frappierende Übereinstimmungen zwischen athenischen Vorschriften und Bestimmungen der Zwölf Tafeln, z.B. zur Aufwandsbeschränkung bei Leichenfeiern. Doch begegnet die Wissenschaft dem Gesandtschaftsbericht mit Skepsis und reduziert ihn auf eine Konsultation jonischer Kolonien in Großgriechenland.
Anders als bei den bekannten griechischen Vorbildern wurde in Rom nicht ein einzelner Schlichter zwischen Volk und Staatsführung zur Gesetzesstiftung berufen, sondern ein Kollegium von 10 Männern, die *decem viri legibus scribundis*. Das Ergebnis ihrer Arbeit wurde, nach lebhaftem Hin und Her, 449 v. Chr. von der Volksversammlung gebilligt und als unabänderlich beschworen; trotzdem wurden mannigfache Einzelheiten später, z.T. sehr bald abgeändert. Einen Eindruck vom Inhalt des Gesetzes mögen folgende Bestimmungen vermitteln:

---

[8] Dazu nur Wieacker, Die XII Tafeln in ihrem Jahrhundert, in: Les origines de la république romaine (Genf: Fondation Hardt 1967) 293–356.

IX 1: Privilegia ne inroganto – Privilegien (eigentlich: Befreiungen vom Gesetz) sollen nicht zuerkannt werden.

IX 2: De capite civis nisi per maximum comitiatum ne ferunt – Über den Kopf eines Bürgers sollen sie nicht in Vorschlag bringen außer durch die Große Volksversammlung (Centuriatkomitien).

I 1: Si in ius vocat, ito. Ni it, antestamino. Igitur em capito. – Wenn er (der Kläger) vor Gericht ruft, soll er (der in Anspruch Genommene) gehen. Wenn er nicht geht, soll er (der Kläger) die Umstehenden zu Zeugen anrufen. Dann soll er (der Kläger) ihn (den in Anspruch Genommenen) ergreifen.

2: Si calvitur pedemve struit, manum endo iacito – Wenn er (der in Anspruch Genommene) Ausflüchte macht oder den Fuß (zur Flucht) bereitstellt, soll er Hand auf (ihn) legen.

3: Si morbus aevitasve vitium escit, iumentum dato. Si nolet, arceram ne sternito. – Wenn Krankheit oder Alter ein Hindernis sein sollte, soll er (der Kläger) ein Lasttier zur Verfügung stellen. Wenn er (der in Anspruch Genommene) es ablehnen wird, muß er (der Kläger) nicht einen bedeckten Wagen zurechtmachen.

4: Adsiduo vindex adsiduus esto. Proletario quis volet vindex esto. – Für einen Ansässigen (Vollbauern) soll Fürsprech (der gegebenenfalls auch für den Beklagten haftete) ein Ansässiger sein. Für einen Proletarier soll wer will Fürsprech sein.

III 1: Aeris confessi rebusque iure iudicatis XXX dies iusti sunto – (Vor Gericht) Anerkannten Geldes und rechtens abgeurteilter Sachen sollen 30 Tage rein (frei von Vollstreckungshandlungen) sein.

2: Post deinde manus iniectio esto. In ius ducito. – Danach soll nunmehr Handanlegung sein. Er (der Kläger) soll ihn (den Verurteilten) vor Gericht führen.

3: Ni iudicatum facit aut quis endo eo in iure vindicit, secum ducito. Vincito aut nervo aut compedibus XV pondo ne maiore aut si volet minore vincito. – Wenn er (bis dahin) nicht das Geurteilte macht oder jemand vor Gericht für ihn eintritt, soll er (der Kläger ihn) mit sich führen. Er soll (ihn) fesseln entweder mit einem Strick oder mit Fußschellen von 15 Pfund, nicht von größerem; oder, wenn er will, von geringerem Gewicht.

4: Si volet suo vivito. Ni suo vivit, qui eum vinctum habebit, libras farris endo dies dato. Si volet plus dato. – Wenn er (der Verurteilte) will, soll er von Eigenem leben. Wenn er nicht von Eigenem lebt, soll der, der ihn gefesselt haben wird, am Tag ein Pfund Speltbrot geben. Wenn er will, soll er mehr geben.

6: Tertiis nundinis partis secanto. Si plus minusve secuerunt, se fraude esto. – Am dritten Markttag sollen sie (die Gläubiger) Teile schneiden (den Schuldner entsprechend dem jeweiligen Anteil zerstückeln). Wenn sie mehr oder weniger geschnitten haben, soll das ohne Rechtsverstoß sein.

Die Weiterentwicklung des mit den Zwölf Tafeln erreichten Rechtszustands war an sich ebenfalls Sache der Volksgesetzgebung. Jedenfalls nach der Verfassungstheorie, der vorherrschenden politischen Überzeugung. So wurde die Bestimmung XI 1, wonach zwischen Plebejern und Patriziern eine rechtsgültige Ehe nicht geschlossen werden kann, vier Jahre später durch die *Lex Canuleia* aufgehoben. Auf den weniger spektakulären Gebieten entwickelten freilich ganz andere Verfassungsorgane und -autoritäten das Recht fort, wovon im einzelnen in den folgenden Abschnitten zu handeln ist.

Auch wenn man das abzieht, verbleibt der Volksgesetzgebung, dem sichtbarsten Ort der Beteiligung des Volkes am politischen Geschehen, nach Abschluß der Zwölf Tafeln noch ein weites Feld. Die ganzen ersten zweieinhalb Jahrhunderte der republikanischen Verfassung sind gekennzeichnet vom Ständekampf zwischen Patriziern und Plebejern[9]. Mit beiden Worten verbinden wir heute nicht dieselbe Bedeutung, die sie damals hatten. Wir verstehen unter Plebs die unterste Schicht des Volkes, diejenigen, die es zu nichts gebracht haben, die Besitz- und womöglich Charakterlosen. Bei den Römern waren die Worte scharf abgegrenzte juristische Termini. Zur Plebs gehörten alle nicht patrizischen Bürger, die Bürger schieden sich in Patrizier und Plebejer. Zu welcher Gruppe man gehörte, richtete sich nach Geburt und Vermögen. Patrizier waren die Abkömmlinge der vornehmen Geschlechter im Mannesstamm, der *gentes*, solange sie vermögend waren. So gab es die *gens* der *Cornelii*, die sich später in mehrere Zweige teilte: *Cornelii Scipiones, Cornelii Sullae* usw.; die *Iulii*, von denen die *Iulii Caesares* berühmt geworden sind; die *Claudii* usw. Diese erst Ende des 6. Jhs. aus Clusium zugezogene Adelsfamilie war übrigens die letzte, die ins Patriziat aufgenommen wurde. Die Patrizier zeichneten sich aus durch umfangreichen Landbesitz und Organisation als Großfamilie. Auch nach Beginn der Republik bildet sich beides in Rom neu, aber diese neuen Sippen mit neuem Reichtum blieben Plebejer. Bald gab es zahlreiche vornehme und wohlhabende Plebejersippen, die durch die Abschließung der Patrizier auf Solidarisierung mit ihren Herkunftsgenossen verwiesen waren.

Die Frage der Herkunft der Plebejer hat viele, zum Teil abenteuerliche Hypothesen gezeitigt. Am wahrscheinlichsten sind es die Nachkommen der bei der Stadtgründung, die man sich als Zusammenschluß von Geschlechtshäuptern vorzustellen hat, zwischen den Herrschafts-

[9] Dazu statt vieler Franz Kiechle, Römische Geschichte I (Stuttgart: Urban Taschenbuch 101, 1967) 37–44, 56–61 (wo leider der Monats- als Jahreszinssatz mißverstanden ist) u. 78–88.

gebieten dieser Geschlechter unabhängig, aber ohne Tendenz zu eigener Herrschaftsbildung wirtschaftenden Bauern, der freien Handwerker und Händler; und ein beträchtlicher Teil wird auf Zuzug aus den benachbarten stammverwandten und den eroberten Städten zurückgehen, deren Bevölkerung nicht immer versklavt, sondern oft einfach ins bevölkerungshungrige Rom umgesiedelt wurde; die vornehmsten ursprünglich auch ins Patriziat aufgenommen. Eine dritte Bevölkerungsgruppe zwischen Patriziern und Plebejern waren die Klienten der Patrizier, ihr Anhang. Hatten sie überhaupt Bürgerrecht? Sie spielen jedenfalls politisch keine Rolle, stehen ganz auf der Seite ihrer Herren, von denen sie abhängen. Anders die Plebejer: Sie organisierten sich selbständig. Kristallisationspunkt ihrer Sonderorganisation ist ein plebejisches Heiligtum, der Cerestempel auf dem Aventin, einem der sieben römischen Hügel *(aedes Cereris)*. Ceres war die Göttin der Feldfrucht. Dieser Tempel hatte ständige Beamte, die *aediles*, in den ersten Jahrzehnten der Republik jeweils zwei. Sie organisierten Feste mit Spielen, unterhielten ein Archiv, bemühten sich in schlechten Jahren um Getreide zu einem angemessenen Preis, übten dann auch ständig eine gewisse Preiskontrolle aus. Schließlich avancierten sie zur Marktpolizei und sorgten für Sicherheit und Ordnung auf den öffentlichen Plätzen, Straßen und in öffentlichen Gebäuden, das aber schon nicht mehr ohne die Mithilfe der Patrizier. Diese haben die ihnen gefährlich werdende Institution rechtzeitig dadurch gezähmt, daß sie den zwei plebejischen Ädilen zwei patrizische, sogenannte curulische Ädilen mit entsprechenden Befugnissen zur Seite stellten und schließlich durchsetzten, daß alle vier durch das Gesamtvolk gewählt wurden und ihr Amt kollegial ausübten; die Marktgerichtsbarkeit aber wurde den curulischen Ädilen vorbehalten.

Ein anderer Kristallisationspunkt der Plebs war das Amt der Volkstribunen [10]. Die *tribuni plebis* waren ihre Sprecher, und sie wurden bis zuletzt nur von der Plebs gewählt. In der Überlieferung treten sie erstmals 494 v.Chr. auf, als sie die erste *secessio plebis* (Auszug des Volkes) auf den Heiligen Albanerberg außerhalb der Stadt organisierten. Dort sollen sich die Plebejer geschworen haben, Angriffe auf ihre Vertreter abzuwehren und sie notfalls mit Gewalt zu schützen, der Keim der Unverletzlichkeit *(sacrosanctitas)* der Volkstribunen. Die Sezession wurde durch ein Übereinkommen mit den Patriziern beigelegt, in dem sie die Volkstribunen als Sprecher der Plebs anerkannten und ihnen die geforderte Unverletzlichkeit zusicherten.

[10] Dazu Jochen Bleicken, Das Volkstribunat der klassischen Republik (Göttingen 1955).

449 v. Chr. geschah im Verlauf des Streites um die Ratifikation der Zwölf Tafeln die zweite *secessio plebis* auf den Aventin. Die Plebs erwirkt wieder eine beiderseits beschworene Vereinbarung, in der die Zahl der Volkstribunen von zunächst zwei, dann vier oder fünf auf zehn erhöht wird, die jährlich neu zu wählen sind. Ihre Unverletzlichkeit wird bestärkt: Wer einen Volkstribunen verletzt oder tötet, darf seinerseits straflos getötet werden; seine Habe wird für Rechnung des Cerestempels versteigert. Die Volkstribunen erhalten das *ius auxilii* (Recht des Beistands), das Recht, jeden Bürger der magistratischen Gewalt zu entziehen; zu diesem Zweck mußte ihr Haus Tag und Nacht offenstehen. Weiter haben sie das *ius intercessionis*, das Recht, gegen jede Amtshandlung eines Magistrats oder auch eines Kollegen im Volkstribunat Einspruch einzulegen mit der Folge, daß die Amtshandlung zu unterbleiben hat. Ihre Stellung innerhalb der Plebs schließlich sichert das *ius agendi cum plebe*, das ausschließliche Recht der Volkstribunen, eine Versammlung der Plebs *(concilium plebis)* einzuberufen und zu leiten. Diese nicht mehr das Gesamtvolk vereinende vierte Form der Volksversammlung konnte im Gegensatz zu den ersten drei ohne Ermächtigung durch den Senat *(auctoritas patrum)*, ohne formelle Ladung durch die Oberbeamten und ohne Auspizien durch die Auguren zusammentreten. Ihre Beschlüsse hießen *plebiscita*, die zwar nicht das Gesamtvolk rechtlich banden, denen aber tatsächlich eine nicht geringere Bedeutung zukam; so war die eben erwähnte *Lex Canuleia* in Wahrheit bloß ein Plebiszit, das wohl durch nachträgliche Zustimmung von Seiten des Senats, der Versammlung der Patrizier, gesetzesgleiche Kraft erhielt. Theodor Mommsen charakterisierte das Volkstribunat als „die legalisierte Revolution in Permanenz".

Seit dem letzten Drittel des 5. Jhs. drängten die Führer der Plebs auf Beteiligung an der Höchstmagistratur, dem nachmaligen Konsulat. Seit 421 v. Chr. konnten sie zu Quästoren (Hilfsbeamten der Konsuln) gewählt werden, aber erst 409 schaffte es tatsächlich ein Plebejer, in dieses an sich niedrige, aber traditionell Eingang in den Senat verschaffende Amt gewählt zu werden. Und 367 v. Chr. brachten die Plebejer endlich nach einer neuen schweren Krise die *Lex Licinia Sextia* durch, die ihnen unter anderem den Zugang zum Konsulat eröffnete; der erste plebejische Konsul wurde Sextius selbst schon im Jahr drauf, doch haben im ganzen nur sehr wenige plebejische Familien (knapp 30) den Aufstieg geschafft; die ärmeren kamen schon deshalb nicht in Frage, weil der freistaatliche Magistrat die Kosten seines Amtes selbst bestreiten mußte. Damals vermochten sich die Patrizier noch mit der Rechtsansicht durchzusetzen, die bislang von den Konsuln gleichermaßen wahrgenommene Rechtsprechung *(iurisdictio)* könne nur ein Patrizier ausüben. So wurde die Rechtsprechung vom Konsulat abgespalten und einem *collega minor* (kleinerer Kollege) der Konsuln übertragen, für den man den für die Höchstmagistrate nicht mehr verwendeten Namen Prätor wiederbelebte und wozu also weiterhin nur ein Patrizier Zugang hatte. Damit war, wenn auch nicht unmittelbar beabsichtigt noch gar verfassungsrechtlich abgesichert, so doch faktisch die rechtsprechende von der Exekutivgewalt getrennt. Doch dauerte es nicht mehr lange, bis auch die letzten Magistraturen den Plebejern geöffnet wurden. Seit 364 konnten sie curulische Ädilen werden, 356 Diktator, 351 Censor (mit der Aufgabe, das Vermögen der Bürger zur Berechnung der Steuern zu schätzen, Staatsaufträge zu vergeben usw.), und 337 schließlich auch Prätor. 287 v. Chr. kommt es zur dritten *secessio plebis* auf den Janiculus (der heutige Giannicolo). Der Grund war drückende Verschuldung. Der Senat ernennt den Plebejer Quintus Hortensius zum Diktator, dieser vermittelt und setzt die *Lex Hortensia* durch, wonach Plebiszite fortan von vornherein Gesetzeskraft haben, für das Gesamtvolk verbindlich sind. Seither vollzog sich die Gesetzgebung fast nur noch in der Form von Plebisziten, ohne daß sie dadurch einen revolutionären Zug angenommen hätte. Es scheint nur das einfachere Verfahren gewesen zu sein, das die Gesetzesinitiatoren diese Form bevorzugen ließ. Das Volkstribunat war aus einem Element der Unruhe über Nacht zu einem Verfassungsorgan geworden, das mit den alten Verfassungsorganen reibungslos zusammenarbeitete. Schließlich war es nur mehr eine Sprosse in der Ämterlaufbahn, die Eingangsstufe für Angehörige plebejischer Familien. Im Gegensatz zu den Patriziern, die gleich mit der Quästur begannen, mußten die Plebejer erst einmal das Volkstribunat durchlaufen, und erst danach kam die Quästur, dann wurde man Ädil, dann ursprünglich Konsul und danach Prätor, später war dies umgekehrt; und am angesehensten waren die selteneren Magistraturen der Censoren, die nur alle fünf Jahre tätig wurden, und des noch selteneren, nur in Notfällen auf höchstens ein halbes Jahr berufenen Diktators. Der Senat wurde praktisch zur Versammlung der ehemaligen Amtsträger von den Quästoren, zeitweise erst von den Ädilen an. Zusammen mit den plebejischen Senatsfamilien bildeten die alten Patrizierfamilien einen neuen, den Amtsadel *(nobiles)*, der sich fast ebenso hermetisch abschloß wie seinerzeit die Patrizier. Von Cicero wissen wir, wie schwer es ein *homo novus* (neuer Mensch) hatte, bis zum Konsulat aufzusteigen. Unterhalb der Nobilität bildete sich eine Schicht von Reichen ohne politischen Ehrgeiz, eine Art Geldadel, seitdem 218 v. Chr. die *Lex Claudia de senatoribus* den Senatoren und ihren Söhnen Handel und Wucher unmöglich gemacht hatte. Da jene – sie mußten ein Vermögen von 400 000 Sesterzen vorweisen – in der Lage waren, die teure Reiterausrüstung zu finanzieren, den Senatoren aber schließlich auch das Ritterpferd genommen wurde, hieß nun dieser neue zweite Stand *ordo equester* (Ritterstand).

Die aus den Ständekämpfen hervorgegangene Verfassung entfaltete immerhin eine beträchtliche Integrationskraft. 200 Jahre lang, bis zu den gracchischen Unruhen gegen Ende des 2. Jhs. v. Chr., sollte Rom im Inneren stabil bleiben. Unter dieser Verfassung erfuhr der römische Machtbereich seine größte Ausdehnung. Aus einer Landstadt, die Rom nach dem Galliereinfall 387 v. Chr. nur mehr war, wurde ein Weltreich, das alle nennenswerten Gegner und Rivalen besiegt und unterworfen hatte: Die Samniten im Osten, die Etrusker im Norden, die Griechen Süditaliens und König Pyrrhus von Epirus, Karthago und schließlich sogar die hellenistischen Großmächte: Macedonien, das ptolemäische Ägypten und den Koloß des Seleukidenreiches, das von der Ägäis bis zum Indus reichte und aus dessen Zerfall das Partherreich hervorging, für Jahrhunderte Roms einziger Kontrahent.

b) Die Jurisprudenz[11]

Die römischen Pontifices[12] waren ursprünglich eine Priesterschaft wie viele andere auch: die Auguren, ein für die religiöse Unbedenklichkeit von Staatsakten und schließlich für das Staatsrecht zuständiges Dreierkollegium; die Epulonen, die Salier und was es sonst noch alles gab. Das Kollegium der Pontifices bestand ursprünglich aus drei, dann sechs Mitgliedern, denen einer von ihnen, der Pontifex maximus, vorstand. Nur Patrizier konnten beitreten, wie den wichtigsten anderen Priesterschaften auch. Vor allem waren die römischen Pontifices keine politisch abstinenten oder wie die römischen *flamines* ins politische Abseits gedrängten Priester; vielmehr war in Rom die Religion überhaupt eine sehr weltliche Angelegenheit. Gewöhnlich

---

[11] Dazu das klassische Werk von Fritz Schulz, Geschichte der römischen Rechtswissenschaft (Weimar 1961) 7–116.

[12] Zu ihnen besonders Kurt Latte, Römische Religionsgeschichte (München 1960) 195–200 u. 400 f.

versah man ein Priesteramt in Personalunion mit weltlichen Ämtern. Cäsar war seit 73 v.Chr. Pontifex und seit 63 Pontifex maximus, was für seine spätere politische Karriere von nicht zu unterschätzender Bedeutung war. Auch Augustus ließ sich zum Pontifex maximus wählen, und danach hatten alle Kaiser den Oberpontifikat kraft Amtes inne, bis Gratian 379 n.Chr., nachdem die Kaiser seit einem halben Jahrhundert christlich waren, den heidnischen Titel ablegte, der dann, zusammen mit dem Ansehen, das er verschaffte, vom Papst angenommen wurde. In historischer Zeit war die Priesterschaft der Pontifices die mächtigste. Der Oberpontifex hatte Disziplinargewalt nicht nur über die vestalischen Jungfrauen, sondern auch über seine Kollegen im Pontifikat und insbesondere über die dem Pontifikalkollegium assoziierten 15 *flamines*, für je einen bestimmten Gott zuständig, und den *rex sacrorum* (Opferkönig). Dieser und die drei *flamines maiores* gingen ihm aber im Range vor. Ursprünglich müssen also *rex sacrorum, flamen Dialis* (zuständig für Jupiter/Zeus), *flamen Martialis* (für Mars) und *flamen Quirinalis* (für Quirinal) auch mehr Einfluß als der Pontifex maximus gehabt haben. Seine hervorragende Stellung in historischer Zeit scheint erst das Ergebnis vorgeschichtlicher Machtkämpfe zu sein.

Die ursprüngliche Aufgabe der Pontifices ist aus ihrem etymologisch durchsichtigen Namen abzuleiten, gebildet aus *facere* (machen) und *pons*, das im klassischen Latein ‚Brücke' bedeutet, eigentlich aber ‚Dammweg, Knüppelpfad, Holzpfad mit Unterbau'. D.h. die Pontifices waren ursprünglich Wegbereiter, Weganleger, wahrscheinlich aus der Zeit der Wanderschaft der Latiner, die sie schließlich nach Italien führte; sie waren Straßen- und Brückenbauingenieure, was in damaliger Zeit allerdings mehr als technische Fertigkeiten erforderte. Gleichzeitig mußten sie Fachleute für den Verkehr mit unbekannten Mächten, mit Gottheiten sein, die in unbekanntem Gelände, in unvertrauter Umgebung allerorten vermutet wurden. Die ranghöchsten vier Priester waren für bestimmte Gottheiten zuständig, die Pontifices dagegen anscheinend für alle Gottheiten, für die keine besonderen Priester vorgesehen waren, für alle neuen Mächte, mit denen das Volk sich auseinanderzusetzen hatte; und das verschaffte ihnen im Laufe der Zeit mehr und mehr Aufgaben, einen stetigen Machtzuwachs. Insbesondere waren sie zuständig für die Tiberbrücke im Verlauf der alten Salzstraße *(via salaria)* von den sabinischen Bergen zum Tyrrhenischen Meer, den *pons sublicius* im prägnanten Sinne des Wortes, der nicht unerheblich zur Stadtwerdung Roms beigetragen hat. Er war in alter Zeit eine Holzbrücke, für die kein Metallstück verwendet werden durfte, was auf eine Tradition bis vor die Bronzezeit schließen läßt. Sie führte in Feindesland und mußte rasch abgebrochen werden können. Gleichzeitig waren die Pontifices zuständig für den Verkehr mit dem Flußgott Tiber. Ferner für Weihungen an unterirdische Gottheiten *(devotiones)* und für den Kalender: Sie bestimmten die Monatslänge, die Schalttage und gaben bekannt, welche Tage für Rechtshandlungen religiös unbedenklich waren. Sie führten die Annalen, einer Annahme an Kindes Statt mußten sie zustimmen, die ältesten Testamente waren von ihrer sakralrechtlichen Unbedenklichkeitsbescheinigung abhängig. Kurz, sie waren zuständig für alles rituelle Handeln, soweit es nicht Spezialkompetenzen zugewiesen war; und entwickelten Formen, insbesondere Spruchformeln, für den Verkehr mit unbekannten Mächten, die befriedet werden mußten, wenn wichtige Profanakte unanstößig ausgeführt werden sollten. Die älteste Bedeutung von *lex*, das älteste Recht ist Ritus[13]; der älteste Rechtsgang (Prozeß) heißt *legis actio*. Diese war ursprünglich keineswegs an einen Gerichtsherrn gebunden, vielmehr bedeutet *legis actio* eigentlich schlicht ‚rituell festgelegtes Vorgehen', das die nackte, ungebändigte Selbsthilfe ablöst. Diese Ablösung der nackten Gewalt durch Ritus bedeutete natürlich auch, daß umstrittene Tatsachen nach formalisierten Regeln festgestellt wurden, z.B. durch Zusammenrufen der Nachbarn, durch rituelle Haussuchung beim des Diebstahls Verdächtigen; ohne solches galt ein Diebstahl nicht für voll bewiesen. Auf einer ähnlichen Stufe stehen die Gottesurteile im älteren deutschen Prozeß. Die Pontifices aber führen aus diesem Formalismus heraus, indem sie eine Möglichkeit entwickeln, im Rechtsstreit die Wahrheit frei, ohne Bindung an formale Beweisregeln zu ermitteln. Das Verfahren heißt *legis actio sacramento* (durch Eid), das in zwei Spielarten entwickelt wurde: als *legis actio sacramento in rem* (auf eine Sache) bei Streit um Sachen und als *legis actio sacramento in personam* (auf eine Person) bei Streit um Schuld und Haftung. Dazu gehörten feste Formeln, die die streitenden Parteien vor dem Gerichtsherrn zu sprechen hatten (Spruchformeln), was z.B. im Falle des Streits um eine Kuh folgendermaßen aussah (vgl. Gai 4, 16ff.):

---

[13] Umstritten. M.E. durchschlagend aber Bruno Schmidlin, Zur Bedeutung der legis actio – Gesetzesklage oder Spruchklage? in: TR 38 (1970) 367–387. Zur ältesten Bedeutung von ius ‚gegenüber den überirdischen Mächten reine, befriedete Lebensordnung' Okko Behrends, Ius und Ius Civile, in: Sympotica Franz Wieacker (Göttingen 1970) 11–58.

Erst prach der Kläger *(actor)*: „Hanc ego vaccam ex iure Quiritium meam esse aio secundum suam causam. Sicut dixi ecce tibi vindictam imposui. – Ich sage, daß diese Kuh nach dem Recht der Quiriten mein ist gemäß ihrer Rechtslage. Wie ich gesprochen habe, siehe selbst, habe ich den Stab angelegt."
Darauf der Beklagte *(reus)*: „Hanc ego vaccam ex iure Quiritium meam esse aio secundum suam causam – Ich sage, daß diese Kuh nach dem Recht der Quiriten mein ist gemäß ihrer Rechtslage."
Nunmehr greift der Gerichtsherr *(rex, consul* bzw. *praetor)* ein: „Mittite ambo vaccam – Laßt beide die Kuh los!"
Nachdem die Parteien diesem Befehl nachgekommen sind, fährt der Kläger zum Beklagten gewandt fort: „Postulo anne dicas qua ex causa vindicaveris – Ich fordere, daß du sagst, aus welcher Rechtslage du vindizierst (eigentlich: Recht behauptest)!"
Darauf der Beklagte: „Ius feci sicut vindictam imposui – Ich habe Recht getan so wie ich den Stab angelegt habe."
Der Kläger erwidert: „Quando tu iniuria vindicasti, L aeris sacramento te provoco – Insofern du zu Unrecht vindiziert hast, rufe ich dich zu einem Eid über 50 (Pfund) Kupfer hervor."
Und der Beklagte: „Et ego te – Und ich dich."

Beide Parteien stellten also einander widersprechende Rechtsbehauptungen auf[14]. Nach Austausch der Spruchformeln beeideten beide ihre Rechtsbehauptung, d.h. verfluchten sich selbst für den Fall, daß sie Unrecht hätten. Einer der beiden auf konträre Behauptungen geleisteten Eide ist, wie man schon jetzt weiß, falsch; schon jetzt steht fest, daß einer der beiden die Schwurgottheit herausgefordert hat, daß sie einen von beiden heimsuchen wird. Und das bedeutet, daß die ganze Gemeinschaft in den Streit der beiden hineingezogen zu werden droht. Um das zu verhindern, müssen beide Parteien sofort nach Leistung des Eides die zur Versöhnung der Gottheit erforderliche

[14] Zum Folgenden Okko Behrends, Zwölftafelprozeß (Göttingen 1974).

Leistung, das Sühneopfer erlegen, welches bei den Pontifices in ihrem Amtslokal an der Tiberbrücke[15] hinterlegt wird. Jetzt kann in Ruhe mit Klärung der Frage begonnen werden, wer nun wirklich sühnen muß und wer das Sühnegeld zurückbekommt. Zur Klärung dieser Frage nutzen weder Pontifices noch Gerichtsherr ihre Autorität ab, sondern sie wird einem angesehenen Privatmann, einem Senatsmitglied übertragen, der schließlich zu entscheiden, zu verkünden hat, wessen Handeln religiös unbedenklich war, auf wessen Seite das Recht steht. Er ist eine Art Geschworenenrichter und heißt *iudex*. Bei der Ermittlung dessen, was tatsächlich geschehen ist, ist er frei; in Rechtsfragen wird er von den Pontifices beraten. Die Partei, deren Eid sich als richtig erweist, bekommt ihr *sacramentum*, wie der Geldbetrag kurz genannt wird, zurück und darf die Sache, um die gestritten wurde, mitnehmen; wessen Eid falsch war, der muß die Sache fahren lassen und verliert seinen Einsatz endgültig. Seine Höhe betrug, je nach dem Wert des Streitgegenstandes, 50 As (Pfund Kupfer), wenn der Streitgegenstand weniger als 1000 As wert war; sonst 500 As. Auf einen solchen Rechtsstreit konnte sich also nur ein Begüterter einlassen. Der Streit eines kleinen Mannes mit kleiner oder ganz ohne Gefolgschaft pflegt dem inneren Frieden der Gemeinschaft weniger gefährlich zu sein; er ist nicht in der Lage, wegen ihm zugefügtem Unrecht oder vermeintlichem Unrecht Krach zu schlagen. Doch blieb es dabei nicht; später wurde eine Prozeßform ohne *sacramentum* entwickelt, die ganz entsprechend begann, wo der Kläger dann aber, statt den Eid des Gegners zu provozieren, unmittelbar den Prätor bittet, einen Geschworenenrichter einzusetzen: die *legis actio per iudicis arbitrive postulationem* (durch Forderung eines Geschworenen oder Schiedsmanns). Die Zwölf Tafeln schreiben diese Prozeßform zwingend vor für Streit aus Schuldversprechen oder Erbteilung; später kommen weitere Fälle hinzu, und noch weiter vereinfachte Spruchformelverfahren werden geschaffen.

Zwar haften den Spruchformelverfahren, insgesamt betrachtet, noch mannigfache altertümliche Züge an, wozu insbesondere gehört, daß die geringste Abweichung der Parteien vom vorgeschriebenen Wortlaut ihre ganze Erklärung, und das hieß für den Beklagten: seine Verteidigung, für den Kläger: das Klagbegehren ungültig machte, in welchem Fall der Beklagte ohne weiteres zu verurteilen war, der Klä-

[15] Ad pontem: Varro, De lingua Latina 5, 180. Nach der Entmachtung des rex sacrorum zog der Pontifex maximus in die angesehenere domus regia (Königshaus) um, wo er in historischer Zeit residiert. Das mittlerweile säkularisierte sacramentum fließt jetzt in die Staatskasse.

ger ohne weiteres abzuweisen, ohne daß er den Prozeß hätte von Neuem anstrengen können. Auf der andern Seite aber ist es einmalig, daß auf so früher Entwicklungsstufe ein Verfahren zur Erforschung der materiellen Wahrheit in freier Beweisaufnahme zur Verfügung steht, mag seine älteste Ausprägung, die *legis actio sacramento*, dies auch nur über einen Umweg, gewissermaßen durch einen Trick erreicht haben. Dabei sticht besonders die Kühnheit hervor, mit der die Pontifices die Schwurgottheit wissentlich herausforderten, und die Bauernschläue, mit der die davon der Gemeinde drohende Gefahr von vornherein abgeleitet wird, ein Beleg für das nüchterne Verhältnis der Römer zu ihren Göttern.

Die Pontifices stellten ihre Formelkunde, ihr Wissen, wie unbekannte Mächte zu besänftigen sind, ihre Kunde in rituellen Fragen und schließlich ihre Rechtskunde allen zur Verfügung, die darum nachsuchten, insbesondere auch den Gerichtsmagistraten, zumal den Prätoren. Auch die Prätoren waren in der Regel rechtlich nicht ausgebildet. Es waren Politiker; auch die Prätur war nur eine Stufe in der Ämterlaufbahn, auch die Prätoren wurden jährlich neu gewählt. Zwar wurden sie hauptsächlich für die Gerichtsbarkeit eingesetzt, aber nicht ausschließlich. Fielen die Konsuln aus, sei es durch Tod, sei es durch auswärtige Aufgaben wie Kriegführung, so oblagen den Prätoren allgemeine Regierungsaufgaben, gegebenenfalls also auch militärische Führung. Aber auch gewöhnliche Bürger, Privatleute wurden von den Pontifices beraten, mochte ihr Rat wegen eines zu führenden Prozesses oder wegen eines abzuschließenden Geschäfts, eines Vertrages oder eines aufzusetzenden Testaments gesucht werden. Auf diese Weise entwickeln und entfalten die Pontifices z.B. die oben genannten Prozeßformeln, aber auch mannigfache Vertragsklauseln und ganze Geschäftstypen. Man spricht von kautelaren Gutachten im Gegensatz zu den judiziellen, die einen abgeschlossenen Fall zum Gegenstand haben, und von Kautelarjurisprudenz. Das Wort kommt von *cavere*, eigentlich ‚sich vorsehen, eine Rechtshandlung hieb- und stichfest vornehmen', daher *cautio*, ‚das hieb- und stichfeste Rechtsgeschäft'. So entwickelten sie in der *iure cessio* (Abtretung vor Gericht), einem Scheinprozeß um eine Sache vor dem Prätor, eine Möglichkeit, Eigentum abstrakt zu übertragen, unabhängig von dem damit verfolgten Zweck wie Kauf, Schenkung, Treuhand. Und eine ähnliche Struktur hat die *manumissio vindicta* (Freilassung durch Stab) vor dem Prätor, ebenfalls in Form eines scheinbaren Freiheitsprozesses; die Zwölf Tafeln hatten nur eine Freilassung von Todes wegen: die testamentarische Freilassung anerkannt. Aber auch die

Möglichkeit, eine Sache außergerichtlich abstrakt zu übereignen, wurde von den Pontifices geschaffen. Dabei konnten sie anknüpfen an einen Satz der Zwölf Tafeln (VI 1): *Cum nexum faciet mancipiumque, uti lingua nuncupassit, ita ius esto* (Wenn er Bindung machen wird und Handgreifen, wie die Zunge benannt haben wird, so soll es recht sein). Dabei ist mit ‚Handgreifen' *(mancipium)* der alte, förmliche Barkauf aus der Zeit vor Einführung gemünzten Geldes, also von Ware gegen Rohkupfer gemeint, weshalb Kupferwaage und Wägemeister für das Geschäft erforderlich sind; außerdem brauchte man 5 Zeugen: geschlechtsreife männliche römische Bürger, und das den Kaufpreis darstellende Rohkupfer. Der Käufer faßt den Kaufgegenstand, etwa eine Kuh, an und spricht die Worte: "*Hanc ego vaccam ex iure Quiritium meam esse aio eaque mihi empta esto hoc aere aeneaque libra* (Ich sage, daß diese Kuh nach dem Recht der Quiriten mein ist und daß sie mir gekauft sein soll mit diesem Stück Kupfer und einer Waage aus Erz)." Dann wird das Kupfer abgewogen, dem Verkäufer übergeben, und der Käufer zieht mit der Sache von dannen. Da nun nach einem anderen Zwölf-Tafel-Satz (VII 11) der Käufer Eigentum an der gekauften Sache erst erwarb, wenn er den Kaufpreis bezahlt hatte, konnte auf diesen Teil des Geschäfts nicht verzichtet werden. Aber man konnte ihn auf einen rudimentären Rest reduzieren, die äußeren Requisiten: Kupfer, Waage und Wägemeister zwar beibehalten, aber nur mehr zum Schein; nur noch symbolisch wurde ein kleines Kupferstückchen zugewogen. Das Geschäft hieß *mancipatio nummo uno* (mit einem einzigen Geldstück), ein Scheinkauf. Und diese vom Terminkalender des Prätors unabhängige abstrakte Eigentumsübertragung wurde dann weiter ausgebaut und für vielerlei Zwecke verwertet: für treuhänderische Übereignungen sei es zur Sicherung eines Kredits (*fiducia cum creditore* – Treuhand mit dem Gläubiger), sei es zum Zwecke einer Abwesenheitspflegschaft (*fiducia cum amico* – Treuhand mit dem Freund). Am kunstvollsten sind die Ausgestaltungen der *mancipatio nummo uno* für erb- und familienrechtliche Zwecke.

Mit diesen ihren Leistungen trugen die Pontifices neuen wirtschaftlichen Bedürfnissen Rechnung und festigten so wiederum ihre Macht. Kennzeichnend für ihre Schöpfungen ist der große Aufwand an rituellen Requisiten, auch dies eine Möglichkeit, die eigene Fachkunde eindrucksvoll zur Schau zu stellen und Außenstehende von der Teilhabe fernzuhalten, m. a. W. die Rechtskunde als Geheimwissenschaft zu betreiben. Ende des 4. Jhs. v. Chr. ist dann auch dieses Monopol Angriffen ausgesetzt, Angriffen auf das Monopol selbst und gegen die exklusive Zusammensetzung des Kollegiums. In die erste Richtung gehen die von Appius Claudius Caecus geführten Vorstöße, dem bedeutendsten Römer der Zeit um 300 v.Chr.: Erbauer der ersten Römerstraße *(via Appia)* und der ersten großen römischen Wasserleitung *(aqua Appia)*, „ein Mann ohne jedes Vorurteil, mit einem Blick für die Anforderungen der Gegenwart; ein Kopf, dem etwas einfiel und der genügend Energie besaß, es durchzuführen" (Alfred Heuß). Als Censor 312 bis 308 v.Chr. nach der *Lex Ovinia* (ca. 315 v.Chr.) zuständig für die Aufstellung der Liste der Senatoren *(lectio senatus)*, auf die traditionell die gewesenen Magistrate gesetzt wurden, nahm er erstmals Söhne von Freigelassenen in den Senat auf, was allerdings schon wenige Jahre später wieder rückgängig gemacht wurde. Er ebnete seinem Schreiber Gnaeus Flavius, auch Sohn eines Freigelassenen, die Wahl zum curulischen Ädil, was großes Aufsehen erregte. Und eben diesen veranlaßte Appius Claudius auch, eine handbuchartige übersichtliche Zusammenstellung der Klagformeln zu veröffentlichen, das sog. *Ius Flavianum*: eine Tat mit noch größerem Nachhall, um die die Geschichte viele Anekdoten besonders über die Art und Weise, wie sich Gnaeus Flavius die Kenntnis der Formeln verschafft haben soll, gerankt hat. Durch dieses Buch war der Rechtsunkundige erstmals nicht mehr auf Beratung durch die Pontifices unbedingt angewiesen, sondern konnte sich in bescheidenem Umfang selbst orientieren. Appius Claudius seinerseits hatte zwar alle hohen Staatsämter, zum Teil mehrmals, bekleidet, war aber weder Pontifex noch Augur gewesen, wenngleich er mit seinen patrizischen Standesgenossen Umgang gepflegt haben wird, zumal als zweimaliger Prätor, zweimaliger Censor und langjähriger Diktator. Er veröffentlichte erstmals in Rom politische Reden, eine Spruchsammlung und auch die erste juristische Abhandlung: *De usurpationibus* (Über die Unterbrechung der Ersitzung).

Dieser Versuch, die Rechtskunde allgemein zugänglich zu machen und insbesondere die ausschließliche Autorität der Pontifices und anderer Priesterschaften zu brechen, scheiterte anscheinend vorerst. In den nächsten hundert Jahren hören wir von keiner weiteren Juristenschrift. Eine neue Ordnung der Rechtsberatung gelang aber auf einem weniger spektakulären Weg: Über eine Änderung der Zusammensetzung der obersten Priesterkollegien. Im Jahre 300 v.Chr. erging die *Lex Ogulnia*, ein auf die Volkstribunen Quintus und Gnaeus Ogulnius zurückgehendes Plebiszit. Es erhöhte die Zahl der Pontifices von sechs auf neun, wovon vier Plebejer sein sollten; sie ergänzten sich aber weiterhin durch Kooptation, doch wird der Oberpontifex seit dem 3. Jh. v. Chr. unter den Neunen durch Volkswahl bestimmt, seit der *Lex Domitia* (103 v. Chr.) auch die übrigen Pontifices aus einer Vorschlagsliste des Kollegiums. Und das Augurenkollegium wurde von drei auf neun Mitglieder mit fünf Plebejern aufgestockt, aber auch hier erhielt sich seine Ergänzung durch Kooptation bis zur *Lex Domitia*. Der Versuch, die Rechtsberatung auf diesem Wege aus ihrer Exklusivität herauszuführen, erwies sich als erfolgreich; die plebejischen Pontifices enttäuschten die in sie gesetzten Erwartungen nicht und brachten die Rechtskunde wirklich unter die Leute. Die Gutachten wurden nicht mehr, wie bisher, anonym im Namen des ganzen Kollegiums gegeben; dazu scheint es nicht mehr homogen genug gewesen zu sein. Erstmals kennen wir Juristen beim Namen. Zu nennen ist besonders Tiberius Coruncanius, aus landstädtischem Adel (seine Vaterstadt ist Tusculum), in Rom *homo novus*, aber von den Fabiern gestützt. 280 v. Chr., im Pyrrhuskrieg, ist er Konsul, etwa 260 Pontifex und seit 254 erster plebejischer Pontifex maximus. Er hat nicht nur Rechtssuchende beraten, zu vorgetragenen Problemen Stellung genommen, sondern das Recht auch öffentlich gelehrt, seine Rechtskunde freigebig Wißbegierigen zur Verfügung gestellt, wenn das auch natürlich noch kein methodischer Rechtsunterricht war. Besonders denkwürdige Rechtsgutachten von ihm wurden anscheinend veröffentlicht unter dem Titel *Memorabilia responsa* (Bemerkenswerte Bescheide). Damit eröffnet Coruncanius eine Literaturform, die während der ganzen Blütezeit der römischen Rechtswissenschaft, das sind nahezu 500 Jahre lang, in Gebrauch bleiben sollte.

In der übernächsten Juristengeneration ist die Personalunion mit dem Pontificat anscheinend schon nicht mehr notwendig. Von Sextus Aelius Paetus Catus, ein Vertreter der plebejischen Nobilität schon in der vierten Generation, 198 v. Chr. Konsul und 194 Censor, als welcher er die ersten Sitzreihen im Theater für alle Zukunft den Senatoren reservierte, ist nicht überliefert, daß er Pontifex oder Augur gewesen wäre; immerhin war es sein Vater. Aelius ist der Verfasser eines Werkes, das für lange Zeit die Grundlage vertiefter Kenntnis des weltlichen Rechts war: die *Tripertita* (Dreigeteiltes) oder, wie sein volkstümlicher Titel lautete, das *Ius Aelianum*. Es enthielt den Text der Zwölf Tafeln, einen Kommentar dazu *(interpretatio)* und drittens die dazugehörigen Spruchformeln. Es ist der erste juristische Kommentar, für den es literarische Vorbilder nur auf anderen Fachgebieten der hellenistischen Wissenschaften gab: der Philologie, Philosophie und Medizin, wo seit langem Homer-, Plato-, Aristoteles- und

Hippokrateskommentare vorlagen. Aelius kommentierte vor allem nicht mehr geläufige Wörter, nicht mehr ohne weiteres verständliche Stellen; doch enthielt seine Interpretatio außerdem doch wohl die an die Zwölf Tafeln anknüpfende Rechtsfortbildung. In der Folge wurde der Kommentar als juristische Literaturform immer mehr vervollkommnet. Sein Gegenstand war zunächst immer wieder das ehrwürdige Zwölftafelgesetz, doch bearbeitete man schließlich auch alle anderen staatlichen Rechtssetzungen auf diese Weise.

Vom 2. Jh. v. Chr. an kennen wir viele Fachjuristen mit Namen[16], von denen aus der Republik nur mehr zwei vorgestellt werden sollen. Auch Quintus Mucius Scaevola gehörte zur plebejischen Nobilität in der 4. Generation. Schon sein Vater Publius Mucius Scaevola, Konsul 133 und Pontifex maximus 130 bis 115 v. Chr., war ein hochberühmter Jurist gewesen, den die spätere Zeit zu den *fundatores iuris civilis* (Begründer des bürgerlichen Rechts) rechnete. Sein Sohn Quintus wurde im Jahre 115 etwa 25jährig Pontifex, und durchlief die Ämterlaufbahn eines Plebejers bis zum Konsulat (95 v. Chr.), an das sich damals sofort das Prokonsulat anschloß, welches ihn in die Provinz Asia, das heutige westliche Kleinasien führte. Er verwaltete die Provinz gerecht und uneigennützig, schützte die Provinzialen vor der Habgier der römischen Steuerpächter, wofür er in ganz Griechenland verehrt, in Rom vom tätigen Haß des Ritterstandes verfolgt wurde. Der Senat empfahl seine Provinzverwaltung allen Nachfolgern als Vorbild. Durch seinen Onkel, Quintus Mucius der Augur, stand er dem Scipionenkreis nahe, wodurch er mit der stoischen Philosophie in Berührung kam, der er in Handeln und Denken verpflichtet war. Nach unbeholfenen Vorläufern der Generation vorher unternimmt er es, das gesamte Privatrecht systematisch nach Gattungen *(genera)* geordnet darzustellen; das Ergebnis, seine *Libri XVI iuris civilis* (16 Bücher bürgerliches Recht), fanden bis in die spätklassische Zeit hinein großen Anklang. Von seinen Verdiensten um das positive Recht sei hier nur die als Statthalter, und das bedeutete zugleiche Oberster Richter von Asien entwickelte Einrede der Arglist genannt, die er noch als *praescriptio* (Vor-Schrift), als vor die Formel zu setzende Einschränkung gefaßt hat: „*Ea res agatur, extra quam si ita negotium gestum est, ut eo stari non oporteat ex fide bona* (Diese Sache soll betrieben werden, außer wenn das Geschäft so geführt worden ist, daß nach guter Treue an ihm nicht festgehalten werden

[16] Zu ihnen Franz Wieacker, Die röm. Juristen in der politischen Gesellschaft des zweiten vorchristlichen Jahrhunderts, in: Sein und Werden im Recht – Festgabe für U. v. Lübtow (Berlin 1971) 183–214.

darf)." Bei seiner juristischen Alltagsarbeit treffen wir Quintus Mucius aber auch dabei an, in traditioneller Juristenweise die Pedanterie auf die Spitze zu treiben, so wenn er in dem berühmten Prozeß des Curius *(causa Curiana)* sich einer den Absichten des Testators entgegenkommenden Interpretation letztwilliger Anordnungen widersetzt, worin ihm im konkreten Fall das Gericht übrigens nicht gefolgt ist[17].

Der letzte hier zu nennende Jurist war ein persönlicher Freund Ciceros: Servius Suplicius Rufus, Konsul 51 v. Chr. Er war philosophisch und rhetorisch ausgebildet und zunächst als Gerichtsredner tätig, in welchem Beruf damals Rechtskenntnisse nicht erwartet wurden. Als er deshalb einmal bei Quintus Mucius Rechtsrat einholte, soll dieser ihn so beschämt haben, daß sich Servius trotz vorgerücktem Alter der Rechtswissenschaft zuwandte, und auch in diesem Metier blieb ihm der Erfolg nicht versagt. Er hinterließ einen großen Kreis ganz auf ihn eingeschworener Schüler. Am Lehrsystem des Quintus Mucius arbeitete er weiter und soll dabei einen großen Schritt über Mucius hinausgelangt sein. Erst er soll, wie wir leider nur vom ruhmredigen Cicero wissen, das Aufgehen der Jurisprudenz in der Beurteilung von Einzelfällen wirklich überwunden haben, er erst ein lehrbares System entwickelt haben. Jedenfalls legte er gegenüber dem traditionellen Betrieb der Juristerei eine große Freiheit an den Tag, sowohl in der Methode als auch in seinen Einzelergebnissen. So hat offenbar er die dingliche Pfandklage, die *actio Serviana* entwickelt, wenn auch vorerst nur für den Vermieter und den Verpächter; erst sie machte das Pfandrecht zum dinglichen, gegenüber jedermann geltend zu machenden Recht. Als Schriftsteller war er sehr fruchtbar. Seine berühmteste Schrift sind die *Repraehensa Scaevolae capita* (Widerlegte Kapitel aus Skävola, d.i. aus dessen *Libri XVI iuris civilis*), der erste (kritische) Kommentar zu einer Juristenschrift. Auch kommentierte er erstmals das prätorische Edikt, auf das die Juristen der Folgezeit den größten Fleiß und Scharfsinn verwenden und auch an Umfang die Schrift des Servius bis um das ca. 75fache übertreffen sollten.

Wessen Jurisprudenz war das? War es nur die Jurisprudenz der Nobilität? des Geldadels? oder auch des wenig oder nichts besitzenden Volkes? Dessen Jurisprudenz war das gewiß nicht, die Juristen gehörten stets der sozialen Führungsschicht an. Trotzdem sind sie nicht ohne weiteres zu identifizieren mit den Kapitalisten, wie das Beispiel

---

[17] Dazu neuestens Hans Josef Wieling, Testamentsauslegung im röm. Recht (München 1972) 9–16 u. 65f.

des Quintus Mucius lehrt; oder mit den Adligen, wie mit anderen Beispielen belegt werden könnte. Aber eine festere Verwurzelung in der Rechtsgemeinschaft gelang Roms Jurisprudenz doch erst in der Kaiserzeit.

c) Magistratische Rechtsschöpfung[18]

Das Sonderamt der Prätur führte zur Bildung einer besonderen Fachtradition der Gerichtsmagistrate. Es bildete sich die Praxis des Jahresedikts *(edictum perpetuum)* heraus. Alle römischen Oberbeamten pflegten an eine unbestimmte Vielzahl gerichtete Anordnungen allgemeiner Art in Form von Edikten (von *edicere* ‚ansagen') zu erlassen, die Befugnis dazu hieß *ius edicendi*. Die Gerichtsmagistrate nun, und das waren seit 242 v.Chr. zwei Prätoren: der *praetor urbanus* (Stadtprätor) für Prozesse zwischen Bürgern und der *praetor peregrinus* (Fremdenprätor) für Prozesse mit Nichtrömern, sowie die beiden curulischen Ädilen als Inhaber der Marktgerichtsbarkeit, entwickelten daraus ein Instrument der Rechtsfortbildung, das Rechtssicherheit und Elastizität in besonders glücklicher Weise miteinander verband. Es bürgerte sich die Übung ein, daß die Prätoren zu Beginn ihres Amtsjahrs am Amtslokal auf dem römischen Forum weiße Holztafeln (*album*, von *albus* ‚weiß') aufstellten, auf denen sie angaben, wie sie ihr Rechtsprechungsamt führen würden. Insbesondere gaben sie für jede Klage eine oder mehrere Musterformeln bekannt. Die Klagen hatten ihren Grund in den einst ähnlich publizierten Volksgesetzen, vor allem in den Zwölf Tafeln. Aber einmal verlor mit zunehmender Weltverflochtenheit Roms die alte Technik der Spruchformeln mit ihrer Gefahr, sich zu versprechen, an Überzeugungskraft. Jene radikale Rechtsfolge mußte als zu hart empfunden werden, und so setzte sich ein gelockertes Verfahren durch, in dem nicht mehr die Parteien zu förmeln brauchten, sondern nur noch der Prätor bei seiner Instruktion des Geschworenenrichters; ihm kam aber naturgemäß größere Freiheit zu, vom selbst edizierten Wortlaut abzuweichen. Die Instruktion geschah schriftlich, und so nennen wir diese Blankette Schriftformeln oder Formulare. Bei der Klage wegen Tierschaden sieht das z.B. so aus: Das Gesetz (XII Taf. 8,

---

[18] Dazu Wieacker, Der Prätor, in: a.a.O. (oben Anm. 5) 83–127. Zu den prätorischen Stipulationen Friedrich von Woeß, Die prätorischen Stipulationen und der römische Rechtsschutz, in: SZ 53 (1933) 372–408, bes. 379ff. u. 391ff.

6) lautete vermutlich: *Si quadrupes pauperiem faxit, aut noxiam sarcito aut in noxam dato* (Wenn ein Vierfüßer einen Schaden angerichtet haben wird, soll er [der Eigentümer des Tieres] entweder den Schaden ersetzen oder [das Tier] für die Schadenszufügung ausliefern). Dazu gehörte eine Spruchformel, bei der der Kläger vermutlich zu sagen hatte: „*Quadrupedem tuum mihi pauperiem fecisse aio, quam ob rem te mihi noxiam sarcire aut in noxam dare oportere* (Ich erkläre, daß [der und der] dein Vierfüßer bei mir [den und den] Schaden angerichtet hat, weshalb du mir entweder den Schaden ersetzen oder [das Tier] für die Schadenszufügung ausliefern mußt)"; und der Beklagte antwortete: *Quadrupedem meum tibi pauperiem fecisse nego* (Ich bestreite, daß [der und der] mein Vierfüßer bei dir [den und den] Schaden angerichtet hat)." Die Schriftformel dagegen ist folgendermaßen zu rekonstruieren:

Gaius Seius iudex esto.
Si paret quadrupedem pauperiem fecisse, qua de re agitur,
quam ob rem Numerium Negidium Aulo Agerio aut noxiam sarcire aut in noxam dedere oportet,
quanti ea res est, tantam pecuniam aut in noxam dedere, iudex, Numerium Negidium Aulo Agerio condemna.
Si non paret, absolve.

Gaius Sejus soll (Geschworenen-) Richter sein.
Wenn es sich erweist, daß der (und der) Vierfüßer (den und den) Schaden angerichtet hat, um welche Angelegenheit es (hier) geht (folgte konkrete Beschreibung des Geschehens),
weswegen der Kläger dem Beklagten entweder den Schaden zu ersetzen oder (das Tier) für die Schadenszufügung auszuliefern verpflichtet ist,
dann sollst du, Richter, den Beklagten dem Kläger (entweder) in den Geldbetrag verurteilen, den diese Angelegenheit ausmacht, oder (das Tier) für die Schadenszufügung auszuliefern.
Wenn es sich nicht erweist, sollst du freisprechen.

Sodann reichten mit Differenzierung der Lebensverhältnisse die gesetzlichen Klagmöglichkeiten bald nicht mehr aus. Wer zum Beispiel etwas unentgeltlich verliehen hatte, der konnte, wenn ihm die Sache nicht freiwillig zurückgegeben wurde, von der nur in engen Verhältnissen wirksamen Möglichkeit sozialen Drucks hier abgesehen, seine Sache mit der allgemeinen Eigentumsherausgabeklage zurückverlangen; konnte der Entleiher gar einer Unterschlagung überführt werden, so griff außerdem die privatdeliktische Diebstahlsklage ein. Beide Möglichkeiten konnten aber versagen, etwa wenn der Verleiher nicht selbst Eigentümer der verliehenen Sache war, oder auch bloß Schwierigkeiten hatte, sein Eigentum nachzuweisen. Hier nutzte der Prätor seine Amtsgewalt *(imperium)*, um die vorhandenen gesetzlichen Rechtsschutzmöglichkeiten zu ergänzen und neue, auf der eigenen Befehlsgewalt beruhende zu verheißen, wie er es im Fall der Leihe getan hat. Sein diesbezügliches Edikt lautete (*Edictum perpetuum praetoris urbani Tit. XVII: De rebus creditis, 4.: De iudicio commodati* – Ständiges Edikt des Stadtprätors Titel 17: Über kreditierte Sachen, 4.: Über die Leiheklage): *Quod quis commodasse dicetur, de eo iudicium dabo* (Wovon behauptet werden wird, daß es jemand verliehen habe, darüber werde ich ein Gericht einsetzen). Und die dazugehörige Schriftformel:

Gaius Seius iudex esto.
Si paret Aulum Agerium Numerio Negidio mensam argenteam commodasse eamque Aulo Agerio redditam non esse,
quanti ea res erit, tantam pecuniam, iudex, Numerium Negidium Aulo Agerio condemna.
Si non paret, absolve.

Gajus Sejus soll Richter sein.
Wenn es sich erweist, daß der Kläger dem Beklagten den (und den) silbernen Tisch verliehen hat und dieser dem Kläger nicht zurückgegeben worden ist,
dann sollst du, Richter, den Beklagten dem Kläger in einen so hohen Geldbetrag verurteilen, wie diese Sache ausmachen wird.
Wenn es sich nicht erweist, sollst du freisprechen.

Das prätorische Edikt enthielt also zum Teil Klagverheißungen mit den dazugehörigen Klagformularen, zum Teil bloß Formulare, wenn nämlich die betreffende Klage eine gesetzliche Grundlage hatte. Die auf besonderer prätorischer Verheißung beruhenden Klagen hießen *iudicia imperio continentia*, die von den auf Gesetz beruhenden Klagen, den *iudicia legitima*, stets unterscheiden wurden. Die Gesamtheit des auf solche prätorischen Schöpfungen zurückgehenden Rechts hieß *ius praetorium* oder, das von den Ädilen geschaffene Recht einbeziehend, *ius honorarium* (Honorarrecht); die Magistraturen waren Ehrenämter *(honores)*. Im Laufe der Zeit nahm diese magistratische Rechtsschöpfung einen immer breiteren Raum ein. Nicht nur Lücken wurden gefüllt, gesetzliche Klagmöglichkeiten ergänzt, sondern das gesetzte Recht auch korrigiert. Die ersten umfassenden Neuerungen des Prätors betrafen die schleunige Rechtspflege zum Schutze des Besitzes, der Binnengewässer und öffentlichen Wege. Die Prätoren bildeten dazu ein besonderes Mittel aus, die Interdikte (*interdicta* – Verbote), so benannt nach dem häufigsten, in den meisten Interdikten enthaltenen Formelteil: *Vim fieri veto* (Ich verbiete, daß Gewalt geschieht). So lautete das Interdikt *Ut via publica* – Damit auf öffentlicher Straße (*Edictum perpetuum Tit. XXXXIII: De interdictis, 12.* – Ständiges Edikt Titel 43: Über die Interdikte, 12.): *Quo minus illi via publica itinereve publico ire agere liceat, vim fieri veto* (Daß [mit dem Erfolg], daß jenem auf öffentlicher Straße oder öffentlichem Weg zu gehen oder [Vieh] zu treiben nicht gestattet wird, Gewalt geschieht, verbiete ich). Oder das Interdikt *Uti possidetis* – Wie ihr besitzet *(De interdictis, 21.)*: *Uti eas aedes, quibus de agitur, nec vi nec clam nec precario alter ab altero possidetis, quo minus ita possideatis, vim fieri veto* – (Wie ihr [jetzt] das Haus, um das es hier geht, weder durch Gewalt noch heimlich noch auf Grund [bloßer] Bittleihe der eine vom anderen besitzet, daß [mit dem Erfolg], daß ihr nicht mehr so besitzet, Gewalt geschehe, verbiete ich).

Der Prätor beschränkt sich also darauf, der Selbsthilfe des Betroffenen freie Bahn zu schaffen. Wird er vom Störer, gegen den der Betroffene ein Interdikt erwirkt hat, doch gehindert, so erlegte ursprünglich der Prätor in einem Schnellverfahren dem Zuwiderhandelnden ein kräftiges Zwangsgeld auf, eine Verwaltungsbuße *(multa)*; in jüngerer Zeit wurde er in einem gleichfalls beschleunigten Nachverfahren, wenn er nicht noch im letzten Augenblick freiwillig den vorigen Zustand wiederherstellte, zu Schadensersatz in Geld verurteilt, und in der Regel noch mit allerhand zusätzlichen Kosten belastet. Diese Privatisierung des Besitzschutzes hängt vielleicht zusammen mit dem Übergang von einer älteren genossenschaftlichen Mitberechtigung zum Privateigentum am Ackerboden.

Eine andere bedeutsame Neuerung der Prätoren ist mit der Entwicklung Roms vom Agrarstaat zur Welthandelsmacht in Verbindung zu bringen: der Schutz bestimmter formlos getroffener Abmachungen im Bereich des Wirtschaftens, insbesondere die Bewehrung formloser Kaufabreden mit Klagen unabhängig davon, ob schon begonnen worden war, das Geschäft zu vollziehen – die Konsensualverträge, wie im vierten und fünften Kapitel (hier Abschnitt 1, dort 4) näher auszuführen. Außer Kauf sind allein kraft Konsenses verbindlich: Miete, Pacht, Selbstverdingung, Werkvertrag, Gesellschaft und Geschäftsführung für andere (Auftrag). Alle Konsensualverträge betreffen also Geschäfte des Wirtschaftslebens und müssen auf die Wirtschaft ermutigend und belebend zurückgewirkt, zumal den Rechtsverkehr mit Ausländern erleichtert haben. Denn die Verbindlichkeit formloser Zusagen bei diesen Geschäftstypen wird theoretisch noch auf andere Weise abgestützt. Es sei dies *ius gentium* (Recht der Völker), womit nicht etwa das heutige Völkerrecht, sondern allen

Kulturvölkern gemeinsame Rechtsvorstellungen gemeint sind. Und diese Theorie ist für das Denken in Rom um so aufschlußreicher, als sie sich nicht verifizieren läßt; die hellenistischen Rechte z.B. erkannten formlose Vertragsabschlüsse nicht als bindend an.

Alle diese Neuerungen wurden zwar formell von den Prätoren eingeführt. Wären sie auch in der Sache der persönlichen Initiative der einzelnen Prätoren entsprungen, so hätte bei dem jährlichen Wechsel der Amtsträger ein ständiges Hin und Her und schließlich ein Durcheinander entstehen müssen. Je nach dem, welche Überzeugungen der zwar vom Volk gewählte, unter den schließlich zehn bis zwanzig Kollegen für die Zivilrechtspflege aber erst durch Los bestimmte Honoratiore mitbrachte, hätten die Rechtssuchenden in Rom jedes Jahr durch ein völlig neues Jahresedikt überrascht werden können. Daß es nicht so kam, liegt einmal an dem ausgeprägten Traditionalismus der Römer. Jeder neu gewählte Magistrat orientierte sich bei seiner Amtsführung zunächst an der seines Vorgängers, und so übernahm auch jeder neue Prätor in sein Jahresedikt zumindest den Grundbestand des Edikts seines Vorgängers, in der Regel sogar das Ganze ohne jede Änderung. Verhältnismäßig selten kam Neues hinzu oder wurden überkommene Bestimmungen gestrichen. Die Prätur war eben nur ein Durchgangsstadium in der Ämterlaufbahn, die Vorstufe für das vor allem angestrebte Konsulat. Und auch die wenigen trotzdem geschehenen Änderungen hatte der betreffende Prätor meist nicht etwa selbst ersonnen. Jeder mit einer öffentlichen Aufgabe Betraute pflegte sich in Rom mit Ratgebern zu umgeben, Prätoren naheliegenderweise mit Juristen. Änderungen und Neuerungen des prätorischen Edikts werden in Wahrheit das Werk der Juristenzunft gewesen sein.

d) Die Senatsbeschlüsse

Ursprünglich ein Rat der Alten *(senes)*, nämlich der patrizischen Familienhäupter, macht das Ergebnis der Ständekämpfe aus dem Senat endgültig eine Versammlung ehemaliger Amtsträger. Am raschesten setzte sich durch, daß die Konsuln und Prätoren mit Ablauf ihres Amtes in den Senat aufgenommen wurden. Seit dem 3. Jh. wurde das auch für die ehemaligen Ädilen üblich, und schließlich kamen die ehemaligen Volkstribunen und Quästoren hinzu. All diese Ämter bis hin zum Konsulat übernahm man in relativ jungen Jahren. Erst 180 v.Chr. wurde durch die *Lex Vellia annalis* ein Mindestalter festgesetzt und ein zwingendes zweijähriges Intervall zwischen den einzelnen Stationen. Danach konnte man Ädil mit 37, Prätor mit 40 und Konsul mit 43 Jahren werden, was in der Kaiserzeit allerdings wieder unterschritten wurde. In der Republik, und gerade in ihrer Blütezeit, war der Senat ein Hort von Erfahrung in Staatsführung und Staatsverwaltung. Eine Versammlung von Königen nannte ihn Kineas, der Abgesandte von König Pyrrhus. Gab dieses Gremium einem aktiven Amtsträger eine Empfehlung, so konnte dieser die Autorität der Gesamtheit seiner Amtsvorgänger nicht wohl übergehen; praktisch war er an solche Ratschläge gebunden, auch wenn sie sich selbst nur ‚Ratschlag des Senats' *(senatus consultum)* nannten, ihre Verbindlichkeit verfassungsrechtlich nicht verankert war. „Ein Senatus consultum ist genau genommen lediglich ein Beratungsergebnis" (Schottlaender). Äußerlich wird dieses Konzept bis in die Ausdrucksweise hinein aufrechterhalten: In einem Senatsbeschluß erscheint kein Befehlwort; was der Senat will, wird zurückhaltend bis zur Unverständlichkeit formuliert. Ein Beispiel:

Senatus consultum de philosophis et rhetoribus
Gaio Fannio Strabone Marco Valerio Messala consulibus.
Marcus Pomponius praetor senatum consuluit.
Quod verba facta sunt de philosophis et rhetoribus, de ea re ita censuerunt:
Ut Marcus Pomponius praetor animadverteret curaretque, ut si ei e re publica fideque sua videretur, uti Romae ne essent.

Senatsbeschluß über die Philosophen und Redekünstler
Unter dem Konsulat von Gajus Fannius Strabo und Marcus Valerius Messala (= 161 v. Chr.).
Der Prätor Marcus Pomponius hat den Senat um seine Meinung befragt.
Was das anbetrifft, daß verhandelt worden ist über die Philosophen und Redekünstler, haben sie (die Senatoren) dazu Folgendes dafürgehalten:
Daß der Prätor Marcus Pomponius Acht habe und Sorge trage, daß sie (die Philosophen etc.), wenn er meint, es sei dem Staate unzuträglich und nicht zu verantworten, sich nicht in Rom aufhalten.

Aber nicht nur konkrete Maßnahmen werden vom Senat empfohlen oder abgedeckt, sondern es gibt auch allgemeine, für eine unbestimmte Vielzahl von Fällen in alle Zukunft Geltung beanspruchende Empfehlungen, die die Rechtsprechung binden:

Senatus consultum Velleianum de intercessionibus feminarum
Quod M. Iunius Silanus et Velleus Tutor consules verba fecerunt de obligationibus feminarum, quae pro aliis reae fierent, quid de ea re fieri oportet, de ea re ita censuerunt:
Quod ad *fideiussiones et mutui dationes pro aliis quibus intercesserint feminae* pertinet, tametsi ante videtur ita ius dictum esse, *ne* eo nomine *ab his petitio sit neve in eas actio detur*, cum eas virilibus officiis fungi et eius generis obli-

gationibus obstringi non sit aequum, arbitrari senatum recte atque ordine facturos ad quos de ea re in iure aditum erit, si dederint operam, ut in ea re senatus voluntas servetur.

Vellejanicher Senatsbeschluß über das Eintreten (für fremde Schulden) durch Frauen (46 n. Chr.)

Was das anbetrifft, daß die Konsuln Marcus Junius Silanus und Velleus Tutor vorgetragen haben über Verbindlichkeiten von Frauen, die für andere Schuldnerinnen werden, was in dieser Sache geschehen solle, dazu haben sie Folgendes dafürgehalten:

Was *die Bürgschaften und Darlehnszahlungen für andere, für die Frauen eintreten*, angeht, obwohl nach dem Eindruck des Senats schon bisher in der Weise Recht gesprochen worden ist, *daß* dieserhalb *gegen sie* (die Frauen) *ein Anspruch nicht bestehe und auch eine Klage nicht gegeben werde*, da es nicht richtig sei, daß diese den Männern zukommende Aufgaben verrichten und in solcherart Verbindlichkeiten verstrickt werden, erachte der Senat, daß die, zu denen in einer solchen Sache vor Gericht geschritten werden wird, rechtens und der Ordnung gemäß handeln würden, wenn sie darauf hinwirkten, daß in dieser Angelegenheit der Wille des Senats gewahrt werde.

Präliminarien, Motivierung und Worte der Zurückhaltung decken die eigentliche Norm fast ganz zu: nur ein Fünftel des Texts gilt ihr. Von den Prätoren werden die Senatsbeschlüsse gehandhabt wie verfassungsmäßige Gesetze.

2. Der Prinzipat

a) Verfassungsschein und Verfassungswirklichkeit

„Die römische Republik ist an ihren Erfolgen zugrunde gegangen" sagte Montesquieu [19]. Seit der Mitte des 2. Jhs. v. Chr., als Rom die alles beherrschende Macht des Mittelmeerraums geworden war, jedoch immer noch als Stadtstaat regiert wurde, geriet die republikanische Verfassung in eine immer ernstere Krise. Die großen außenpolitischen Erfolge waren auf Kosten der bäuerlichen Mittelschicht erzielt worden, die, fast ständig unter Waffen, Haus und Hof vernachlässigen mußte, sich verschuldete, das Land endlich an einige wenige Großgrundbesitzer abtrat, die dadurch auf die verbliebenen Freibauern immer mehr Druck ausüben konnten. Auf der andern Seite floß nach dem Erwerb reicher Provinzen mit großen Steueraufkommen viel Geld nach Rom, das vorher von den hellenistischen Herrschern kassiert worden war. Vor allem die Brüder Tiberius und

[19] Zum Folgenden statt vieler Alfred Heuß, Römische Geschichte (Braunschweig 1960) 124–312 = §§ 9–20.

Gajus Gracchus, die Begründer der politischen Gruppierung der Popularen (‚Volksfreunde'), die auch im Senat Anhänger und Sympathisanten hatten, versuchten, der immer krasser gewordenen Ungleichheit der Besitzverteilung durch Reformen zu steuern. Doch die alte soziale Führungsschicht, die sich in der Partei der Optimaten (eigentlich ‚die Besten', vgl. οἵ ἄριστοι), der eigentlichen Senatspartei organisierten, unterdrückten deren Initiativen schließlich mit Brachialgewalt und politischem Mord. Gerechtfertigt wurde das als innere Notstandsmaßnahme, zu der ein *senatus consultum ultimun* (letzter Senatsbeschluß) ermächtigte, eine bisher unbekannte Einrichtung[20]. Die Optimaten begannen mit einer Politik der Beschwichtigung durch großzügige Verteilung von Brotspenden unter den in die Stadt gezogenen Verarmten; das stadtrömische Volk fängt an, ein parasitäres Leben zu führen, was es bis in die Spätantike beibehalten sollte[21]. Mit ihrer ersten Niederlage zerstob die populare Bewegung aber nicht etwa, vielmehr gewann sie zwischendurch mehrmals die Wahlen, was jedoch keine politische Beruhigung mehr brachte, sondern zu immer extremeren Ausschlägen, immer schlimmeren Gewaltherrschaften nun auch von Seiten der anfangs betroffenen Partei führte. Nach einer Schreckensherrschaft der Popularen in den 80er Jahren v. Chr., der auch Quintus Mucius zum Opfer fiel, erlebte Rom im Jahre 82 den ersten Putsch: Sullas, eines Mannes der Rechten, Marsch auf Rom, der in die berüchtigtste, weil außer alle Kontrolle geratene Gewaltherrschaft mündete. Seither erlebte es Rom immer häufiger, daß große Heere nicht mehr dem Staat und seinen verfassungsmäßigen Repräsentanten Loyalität bewiesen, sondern auf ihren Feldherrn persönlich eingeschworen waren, der auch seinerseits für seine Veteranen sorgte: vor Sulla schon Marius, und danach Pompejus, Cäsar, Mark Anton und schließlich Augustus. Cäsar gelang es im 49 bis 45 v. Chr. tobenden Bürgerkrieg, sich zum faktisch unumschränkten Herrn des Staates zu machen. Seine Ermordung am 15. März 44, gedacht zur Wiederherstellung der Republik, brachte zur Überraschung der Verschwörer den gewünschten Effekt nicht. Die alte senatorisch-optimatische Partei bewies ihre Unterlegenheit

---

[20] S. dazu vor allem die knappen Gedanken von Jochen Bleicken, in: SZ 88 (1971) 401–404 (Rez.).

[21] Dazu Marina Elisabeth Pfeffer, Einrichtungen der sozialen Sicherung in der griech. und röm. Antike (Berlin 1969) 128–140; ferner Hans Kloft, Liberalitas principis (Köln 1970). Zur Rolle der hauptstädtischen Plebs beim Übergang von der Republik zur Monarchie Z. Yavetz, Plebs and princeps (Oxford 1969) u. dazu J. Bleicken, SZ 87 (1970) 510–513.

den kommenden Kräften gegenüber rasch, während der Kampf zwischen den sich entzweienden Cäsarianern über 10 Jahre dauerte. Aus ihm ging schließlich Augustus, ein Großneffe Cäsars vom Lande, siegreich hervor. Er läßt sich des Onkels Ende eine Lehre sein, dessen unverhohlener Wunsch nach einer offen monarchischen Stellung Assoziationen an die heroische Zeit der Gründung der Republik hervorgerufen und dadurch erst die Zahl seiner Gegner zu einer beachtlichen Fraktion hatte anwachsen lassen. So hält zwar Augustus alle durch seinen endgültigen militärischen Sieg errungene Macht im Staate weiterhin ungeschmälert in Händen, hat dabei jedoch geschickt verstanden, den Anschein zu erwecken, als habe er sie Senat und Volk zurückgegeben, die Republik wiederhergestellt. Deklarierte und praktizierte Verfassung treten auseinander. Lassen wir den Schöpfer dieser Verfassung selbst zu Wort kommen und halten wir dem die damalige Wirklichkeit gegenüber:

Res gestae divi Augusti („Meine Taten" von dem göttlichen Augustus)

Caput I: Annos undeviginti natus exercitum privato consilio et privata impensa comparavi, per quem rem publicam a dominatione factionis oppressam in libertatem vindicavi. ...

Kap. 1: Im Alter von 19 Jahren habe ich als Privatmann aus eigenem Entschluß und aus eigenen Mitteln ein Heer aufgestellt, mit dessen Hilfe ich den der Willkürherrschaft einer Clique ausgelieferten Staat wieder in die Freiheit geführt habe.

In Wirklichkeit hatte Augustus sein Heer dem Senat zur Verfügung gestellt, um damit gegen den nur kurz republikanische Gesinnung zur Schau tragenden Mark Anton zu ziehen, gegen den ein *senatus consultum ultimum* ergangen war; in diesen Wochen hielt Cicero, der zur Senatspartei gehörte, seine „Philippischen" Reden (in Erinnerung an Demosthenes' Aufstachelung der Athener zum Widerstand gegen Philipp von Makedonien). Der Senat, in dem die Verschwörer herrschten, verlieh Augustus proprätorisches Imperium, die Befehlsgewalt eines Prätors, und vertraute ihm gemeinsam mit den Konsuln, die natürlich gleichfalls der Senatspartei angehörten, das Heer an, das den im Norden Italiens operierenden Mark Anton verfolgen sollte. In der Schlacht fallen beide Konsuln, Mark Anton entkommt. Augustus ist nun alleiniger Oberbefehlshaber des senatorischen Heeres. Er kehrt nach Rom zurück, läßt sich zum Konsul nachwählen und mit der Verfolgung von Mark Anton beauftragen. In Gallien angekommen, verbündet er sich mit ihm. Es entsteht das zweite Triumvirat. Die in Rom weilenden Parteigänger der Verschwörer, darunter Cicero, werden zur Tötung freigegeben; an Widerstand ist nicht zu denken.

Die mit einem zweiten senatorischen Heer in Griechenland stehenden Verschwörer Brutus und Cassius werden von Mark Anton geschlagen, eine Schlacht, in der Augustus eine sehr bescheidene um nicht zu sagen klägliche Rolle spielte.

Caput V: Dictaturam et absenti et praesenti mihi delatam et a populo et a senatu M. Marcello et L. Arruntio consulibus non recepi ... Consulatum quoque tum annuum et perpetuum mihi delatum non recepi.

Kap. 5: Die Diktatur, die mir in Abwesenheit und Gegenwart sowohl vom Volk als auch vom Senat im Jahre 22 v. Chr. angetragen wurde, habe ich nicht angenommen ... Auch das mir damals angetragene jährliche Konsulat auf Lebenszeit habe ich nicht angenommen.

Augustus bezieht sich auf ein Ereignis des Jahres 22 v. Chr., als in Rom die Pest wütete, während er im Orient beschäftigt war. Eine Annahme der Diktatur hätte Erinnerungen an Sulla und Cäsar wachgerufen und republikanische Gefühle verletzt, und nicht viel geschickter wäre ein lebenslängliches Konsulat gewesen.

Caput VI: Consulibus M. Vicinio et Q. Lucretio et postea P. Lentulo et Cn. Lentulo et tertium Paulo Fabio Maximo et Q. Tuberone senatu populoque Romano consentientibus ut curator legum et morum maxima potestate solus crearer, nullum magistratum contra morem maiorum delatum recepi. Quae tum per me geri senatus voluit, per tribuniciam potestatem perfeci, cuius potestatis conlegam et ipse ultro quinquies a senatu depoposci et accepi.

Kap. 6: Als im Jahre 19 v. Chr. und später 18 v. Chr. und zum dritten Mal 11 v. Chr. Senat und Volk von Rom einhellig meine Bestellung zum alleinigen, mit außerordentlicher Vollmacht ausgestatteten Reformer der Gesetze und Sitten betrieben, habe ich es strikt abgelehnt, ein Amt zu übernehmen, das im Widerspruch zum Herkommen unserer Vorfahren steht. Was der Senat damals von mir besorgt wissen wollte, habe ich kraft meiner tribunizischen Gewalt durchgeführt. Für diese habe ich selbst fünfmal einen Amtskollegen erbeten und erhalten.

Auch eine *cura legum et morum* (Sondervollmacht zur Neuordnung der Gesetze und Sitten) hätte vermutlich republikanische Gefühle verletzt, jedenfalls wäre sie ohne jedes Vorbild gewesen. Übrigens berichten, entgegen dieser Quelle, die Geschichtsschreiber Sueton am Anfang des 2. und Cassius Dio Anfang des 3. Jhs. n. Chr., Augustus habe diese Vollmacht angenommen. Wahrscheinlich hat er sie nur der Form nach, nicht auch in der Sache abgelehnt. Das Volkstribunat oder besser die Befugnis eines Volkstribunen hatten fortan alle Kaiser inne, ja nach ihr zählten sie ihre Regierungsjahre. Die von Augustus erwähnten Kollegen waren sein Schwiegersohn Agrippa, der Nachfolger werden sollte, aber vorzeitig starb; und danach sein Stiefsohn Tiberius, den zu seinem Nachfolger zu machen dem ersten Augustus ja auch gelungen ist. Von Respekt vor dem republikanischen Prinzip der Kollegialität kann bei diesen Ernennungen also keine Rede sein.

Caput VII: Triumvirum rei publicae constituendae fui per continuos annos decem. Princeps senatus fui usque ad eum diem, quo scripseram haec, per annos quadraginta. ...

Caput XXXIIII: In consulata sexto et septimo postquam bella civilia exstrinxeram, per consensum universorum potitus rerum omnium, rem publicam ex mea potestate in senatus populique Romani arbitrium transtuli. Quo pro merito meo senatus consulto Augustus appellatus sum ... Post id tempus auctoritate omnibus praestiti, potestatis autem nihilo amplius habui quam ceteri qui mihi quoque in magistratu conlegae fuerunt.

Kap. 7: Mitglied des Dreierkollegiums zur Neuordnung des Staates war ich zehn Jahre lang ohne Unterbrechung. Ranghochster des Senats war ich bis zu dem Tag, an dem ich dies niederschreibe, vierzig Jahre lang.

Kap. 34: In meinem sechsten und siebenten Konsulat (28 u. 27 v. Chr.), nachdem ich den Bürgerkriegen ein Ende gesetzt hatte, habe ich, der ich mit Zustimmung aller die höchste Gewalt erlangt hatte, den Staat aus meinem Machtbereich wieder der freien Entscheidung des Senats und des römischen Volks übertragen. Für dieses mein Verdienst bin ich durch Senatsbeschluß Augustus genannt worden. Danach überragte ich zwar alle an Ansehen, Macht aber besitze ich seitdem nicht mehr als die anderen, die meine Kollegen in irgendeinem Amt waren oder noch sind.

Das Herbst 43 v. Chr. beschlossene sogenannte Zweite Triumvirat zwischen Augustus, Mark Anton und Lepidus ließen diese, nunmehr Herren Italiens und des Westens, durch Volkswahl legalisieren und dabei auf fünf Jahre, bis zum 31. Dezember 38 festsetzen; nach Ablauf dieser Frist wurde es noch einmal um weitere 5 Jahre, also bis 31. Dezember 33 verlängert. Als diese Frist ablief, befand sich Augustus mitten im Entscheidungskampf gegen den inzwischen mit ihm verfeindeten Mark Anton; Lepidus hatten sie schon vorher ausgeschaltet. Von Gesetzes wegen hätte Augustus nun am 1. Jan. 32 alle Macht niederlegen müssen; legale Kompetenzen hatte er keine mehr, da er sich auch nicht zum Konsul oder sonst einem Magistrat hatte wählen lassen. Natürlich herrschte er trotzdem weiter und bereitete den Krieg mit Mark Anton vor, hob neue Truppen aus usw., de jure Hochverrat *(crimen laesae maiestatis)*. Fünf Jahre später allerdings, nachdem der Kampf gegen Mark Anton gewonnen und auch die letzten Widerstandsnester im Westen ausgehoben waren, inszenierte Augustus tatsächlich eine feierliche Niederlegung aller außerordentlichen Befugnisse. Fortan hatte er im wesentlichen nur mehr ordentliche republikanische Befugnisse inne, allerdings stets mehrere zugleich und bei den wichtigsten Jahr für Jahr wiederholt, was beides dem Geist der republikanischen Verfassung zuwiderlief, ihn gerade nicht seinen mannigfachen und wechselnden Kollegen im Amt gleichstellte. Die wichtigste dieser Befugnisse verschweigt Augustus in Kapitel 34 allerdings: das *imperium proconsulare* (Befehlsgewalt eines Prokonsuls) über alle angeblich noch nicht befriedeten Provinzen, d.h. alle Provinzen, in denen Militär stand. Durch diese Befugnis hatte er den Oberbefehl über alle römischen Truppen, nach über hundert Jahren Bürgerkrieg der wichtigste Machtfaktor. Wollte Augustus sich in Rom und in Italien ohne offene Gewaltherrschaft behaupten, so durfte er diesen Punkt tunlichst nicht hervorkehren. Vielmehr führte er seine unleugbar herausragende Stellung im Staate auf ein vergleichsweise harmloses, althergebrachtes republikanisches Vorrecht zurück: die ihm zwei Tage nach seinem Rücktritt in einer wohlvorbereiteten Sitzung des Senats durch Akklamation, nicht durch Abstimmung zugesprochene Stellung eines *princeps senatus* (Erster des Senats), etwa der Stellung eines Mehrheitsführers im Parlament heute entsprechend. Bei Beratungen hatte der Princeps als erster das Wort, er konnte außerordentliche Sitzungen einberufen und schriftlich Anträge einbringen. Diesen an sich nur auf den Senat bezogenen Titel gebrauchte Augustus später auch ohne Zusatz, wodurch er sich als der Erste im Staate überhaupt bezeichnete. Und bis in die Spätantike hinein blieb das Wort *princeps* die häufigste Bezeichnung für den Kaiser. Mit diesem Terminus grenzte Augustus seine Regierungsform von Königtum und Diktatur sichtbar ab, wie er sich auch, jedenfalls in Rom, die Anrede *dominus* (Herr) verbat. So gab der Kurztitel *princeps* der römischen Regierungsform der ersten drei Jahrhunderte nach Cäsar den Namen: Prinzipat. In jener Senatssitzung vom 16. Januar 27 v.Chr. erhielt Augustus auch den Beinamen, unter dem wir ihn heute noch benennen, eigentlich ‚der Erhabene‘, welcher Name neben *Imperator*, eigentlich der Siegername des Triumphators, und *Caesar*, welchen Namen Augustus von seinem Großonkel durch eine rechtlich nicht einwandfreie Adoption geerbt hatte, zur ständigen Titulatur der Kaiser wurde: *Imperator Caesar Augustus*. Augustus hat sein Doppelspiel meisterhaft zu Ende geführt, ohne sich während der ganzen 57 Jahre von Cäsars bis zu seinem eigenen Tod eine Blöße zu geben. Erst auf seinem Totenbett soll er haben durchblicken lassen, was in Wahrheit gespielt wurde, indem er den traditionellen, am Schluß eines Theaterstücks von einem Schauspieler an das Publikum gerichteten Spruch: „Hat das Ganze euch gefallen, nun so klatschet unserm Spiel" (auf griechisch) hersagte und die zu ihm eingelassenen Freunde fragte, ob er das Schauspiel des Lebens gut gespielt habe[22].

Diese Regierungsform juristisch aufzubereiten war nahezu unmöglich. Die alten republikanischen Verfassungsorgane sollten nicht nur fortbestehen, sondern Augustus hatte ja behauptet, sie sogar wiederhergestellt zu haben. Tatsächlich aber mußten sie verkümmern. Die Volksversammlung wird fast nur noch einberufen, wenn Augustus selbst einen Gesetzesvorschlag einzubringen hat; nach ihm kommt sie ganz zum Erliegen. Im Senat fällt kein offenes Wort mehr, doppelbödiges Argumentieren bürgert sich ein, wie folgende Nachricht beleuchtet:

Sueton, De vita Caesarum, Augustus cap. XXXVII a. E.

Exegit etiam, ut, quotiens consulatus sibi daretur, binos pro singulis collegas haberet, nec optinuit, reclamantibus cunctis satis maiestatem eius imminui, quod honorem eum non solum sed cum altero gereret.

Sueton, Kaiserbiographien, Augustus Kap. 37 a. E.

Er stellte auch die Forderung, daß er jedesmal, wenn ihm das Konsulat übertragen würde, zwei Kollegen statt eines erhalte; doch setzte er sich damit nicht durch, da allgemein dagegen eingewandt wurde, seine Hoheit werde schon dadurch genug beeinträchtigt, daß er dieses Amt nicht allein, sondern zusammen mit einem zweiten bekleide.

Man belog sich gegenseitig. Je mehr Konsuln neben Augustus amtierten, um so weniger würden sie neben ihm zu sagen haben, und das scheinen die Senatoren verstanden zu haben. Ihre Ablehnung des kaiserlichen Vorschlags begründen sie jedoch mit vorgeblicher Sorge um die Hoheit des Antragstellers.

Im Senat geht aber wenigstens der äußere Betrieb weiter. Senatsbeschlüsse gibt es noch bis zum Ende des 2. Jhs. n. Chr.; einen selbständigen politischen Willen der Senatoren drücken sie aber nicht mehr aus. Nur noch Vorlagen des Kaisers oder seiner Mittelsmänner werden beschlossen. Schließlich spart man sich auch die überflüssig gewordene Zeremonie der Beschlußfassung und lassen es die Juristen genügen, wenn der Kaiser seinen Antrag im Senat verlesen hat; *orationes Augusti* (Reden des Kaisers [im Senat]) heißen die Senatsbeschlüsse seit dem späten 2. Jh.

Auch die Rechtssetzung der Magistrate durch Fortentwicklung ihrer Jahresedikte nimmt mehr und mehr ab. Änderungen werden immer seltener und geringfügiger. Um 130 n. Chr. greift dann der Kaiser unmittelbar ein. Hadrian beauftragt einen der angesehensten, nach-

---

[22] Sueton, De vita Caesarum, Augustus 99.

mals den angesehensten Juristen, offenbar ohne daß dieser damals Prätor war, das prätorische Edikt neu zu redigieren; und das bedeutete: endgültig zu redigieren. Das Ergebnis ließ er vom Senat durch Senatsbeschluß bestätigen, worin auch für den Fall von Regelungslücken folgendermaßen vorgesorgt war:

Oratio Hadriani de compositione edicti (s. Const. Tanta § 18 a. E.)
Si quid in edicto positum non invenitur, ad eius regulas eiusque coniecturas et imitationes possit nova instruere auctoritas.

Rede Hadrians (vor dem Senat) über die Abfassung des Edikts
Wenn sich etwas im Edikt nicht geregelt findet, kann gemäß seinen Wertungen, seinem mutmaßlichen Urteil und in Analogie zu ihm die Autorität (des Gerichtsmagistrats) Neues einführen.

Noch autoritärer war die Regelung der Rechtsfortbildung durch Justitian, dem wir ja die Nachricht über Hadrian verdanken. Und auch das darin noch dem Absolutismus verhaftete preußische Allgemeine Landrecht von 1794 überläßt Ergänzung und Weiterentwicklung des soeben kodifizierten Rechts nicht dem Zufall, sondern bestimmt:

Einleitung §§ 49–51:
Findet der Richter kein Gesetz, welches zur Entscheidung des streitigen Falles dienen könnte, so muß er zwar nach den in dem Gesetzbuche angenommen allgemeinen Grundsätzen und nach den wegen ähnlicher Fälle vorhandenen Verordnungen seiner besten Einsicht gemäß erkennen.
Er muß aber zugleich diesen vermeintlichen Mangel der Gesetze dem Chef der Justiz sofort anzeigen.
Sollte durch dergleichen Anzeige in der Folge ein neues Gesetz veranlaßt werden, so kann dasselbe doch auf die vorher schon gültig vollzogenen Handlungen keinen Einfluß haben.

Auch das schweizerische Zivilgesetzbuch vom 10. Dezember 1907 stellt Richtlinien auf, wie sich der Richter bei Gesetzeslücken verhalten soll:

Art. 1 Abs. 2 u. 3:
Kann dem Gesetz keine Vorschrift entnommen werden, so soll der Richter nach Gewohnheitsrecht und, wo auch ein solches fehlt, nach der Regel entscheiden, die er als Gesetzgeber aufstellen würde. Er folgt dabei bewährter Lehre und Überlieferung.

Das BGB hat sich einer Regelung dieser Frage bewußt enthalten und sie in liberalem Geist der Wissenschaft überlassen. Und in der Tat mußte diese den in solchen Anweisungen steckenden naiven Optimismus stets enttäuschen, als sei ein Normgefüge, ein System von Wertungen beliebig fortschreibbar, könnte die schlichte Anknüpfung an das Bestehende die Kriterien für die Lösung noch nicht entschiedener, womöglich noch nicht einmal bewußt gewordener, später auftauchender Wertungsfragen liefern. Aber es ist verständlich, wenn der Schöpfer eines großen Werkes, der eine Kodifikation entlassende Gesetzgeber, die Bedeutung seines Werkes für zukünftige Generationen überschätzend, sein Werk für abschließend hält, welcher Versuchung vor allem autoritäre Gesetzgeber erliegen.

b) Die Juristen[23]

Unter Augustus trugen mehrere der angesehensten Juristen republikanische Gesinnung zur Schau, ohne dem Princeps dadurch politisch gefährlich zu werden. Augustus nimmt das hin. Die Juristen beschäftigten sich ohnehin kaum mehr mit dem politisch womöglich brisanten Staatsrecht. Ursprünglich war das öffentliche Recht zwar nicht in gleichem Umfang wie das Privatrecht literarisch gepflegt worden; das Kollegium der Auguren hatte mit seiner Wissenschaft ganz anders als das Pontifikalkollegium fast bis zum Ende der Republik die Publizität gemieden. Zwar wurden im späteren 2. Jh. v. Chr. die Allgemeinheit bewegende Fragen des öffentlichen Rechts wie umstrittene völkerrechtliche Verträge, Bürgerrechtsfragen oder die Befugnisse der Konsuln auch öffentlich erörtert. Und seit dem Ausbruch der über hundert Jahre andauernden römischen Revolution 133 v. Chr. mit ihrem Wechsel von senatorischem Notstandsregiment und popularer Anarchie erschien eine Fülle öffentlichrechtlicher Monographien, die indessen richtiger populare bzw. optimatische Parteischriften zu nennen sind[24]. Wie wenig die Staatspraxis tatsächlich noch von rechtlichen Erwägungen sich leiten ließ, beleuchtet ein im ersten Revolutionsjahr gefallener Ausspruch des gewesenen Konsuls und amtierenden Oberpontifex Publius Cornelius Scipio Nasica Serapio, des Hauptes der Reaktion: „*Consul dum iuris ordinem sequitur, id agit, ut cum omnibus legibus imperium corruat* (Wenn der Konsul sich an die Verfassung hält, bewirkt er, daß er seine hoheitliche Gewalt mit der ganzen Rechtsordnung niederreißt", Cicero, De domo sua, § 91). Und Publius Mucius Skävola, der amtierende Konsul und Serapios

[23] Dazu Wieacker, Augustus und die Juristen seiner Zeit, in: TR 37 (1969) 331–349; wieder Fritz Schulz, a.a.O. (oben Anm. 11) 117–334; u. Adolf Berger, RE Art. Iurisprudentia (1918) 1159–1200.

[24] Mario Bretone, Pensiero politico e diritto publico, in: ders., Tecniche e ideologie dei giuristi romani (Neapel 1971) 3–71.

Nachfolger als Pontifex maximus, der angesehenste Jurist jener Jahre, focht im Senat, als dort die Notstandsmaßnahmen gegen Tiberius Gracchus beraten wurden, zwar gegen ein Ermächtigungsgesetz für Mord und Totschlag; das geforderte *senatusconsultum ultimum* sei rechtlich unzulässig. Nach geschehener Gewalttat rechtfertigt er sie aber auch juristisch. Der Beruf des Juristen war zum Mittel sozialen Aufstiegs geworden, seine Repräsentanten hatten kein eigenes politisches Gewicht. Ihre *auctoritas* reichte nicht, um politische Sturzbäche zu lenken.

Unter den Juristen der beginnenden Monarchie, die die neue Staatsform noch offen ablehnen, ist Labeo der wissenschaftlich bedeutendste. Sein Vater hatte zu den Verschwörern gegen Cäsar gehört und war als Unterfeldherr des Brutus gefallen. Trotzdem beruft Augustus den Sohn in die Kommission zur Neukonstituierung des Senats, wo Labeo den mit Augustus entzweiten, gestürzten und im Exil lebenden Triumvirn Lepidus vorschlägt. Politisch harmlosen Eigensinn bezeugt auch seine Weigerung, einer Ladung der Volkstribunen zur Untersuchung einer bei diesen gegen ihn erhobenen Beschwerde Folge zu leisten, wofür er sich auf altes republikanisches Staatsrecht beruft, wonach die Volkstribunen zwar zur Festnahme *(prensio)*, nicht aber zur Ladung *(vocatio)* befugt waren. Wie wenig dahinter eine organisierte Opposition, eine geschlossene Gruppe stand, wird daran deutlich, daß sowohl Labeos Lehrer, Trebaz, zur Gefolgschaft Cäsars gehörte und diese Bindung auf Augustus übertrug, als auch Labeos größter Schüler, Cocceius Nerva, mit Kaiser Tiberius persönlich befreundet war.

In der Geschichte der römischen Jurisprudenz bezeichnet der Name Labeo einen großartigen Neubeginn, der das nächste Jahrhundert ganz beherrscht und bis zum Ende der römischen Jurisprudenz zwei Jahrhunderte später auf Schritt und Tritt begegnet. Labeo war nicht mehr in erster Linie Persönlichkeit des öffentlichen Lebens mit großer Respondierpraxis als Sprungbrett für Wahlerfolge und sozialen Aufstieg, sondern lebte ganz Forschung und Lehre. Er war beschlagen in den griechischen Künsten der Philosophie und zumal der Sprachwissenschaft; auch die Altertümer hatte er studiert. Der Umfang seiner literarischen Hinterlassenschaft war enorm. Sein großer Ediktkommentar, fünfzehnmal so stark wie der des Servius, initiierte erst die Entwicklung dieser Literaturgattung zum unentbehrlichen Nachschlagewerk, das sie in spätklassischer Zeit schließlich wurde. Auf der anderen Seite kreierte Labeo, offenbar angeregt durch Tiros Edition der Briefe Ciceros, die juristische Briefsammlung *(Libri epistularum)*, die sich fast anderthalb Jahrhunderte lang großer Beliebtheit erfreuen sollte. Sie bot Gelegenheit, in besonders freier Weise auf juristische Probleme einzugehen, theoretische Fragen abzuhandeln oder wieder Fälle nunmehr ausführlich mitsamt Variationen und Digressionen zu erörtern. Mit seinen *Pithana* (Einsichten) knüpft er unmittelbar an griechische literarische Tradition an. Zusammen soll er rund 400 *libri* (Buchrollen, ein *liber* entspricht ungefähr 40 heutigen Druckseiten) geschrieben haben.

Auch unter den Juristen gab es aber Parteigänger Cäsars, die ihre Loyalität später auf Augustus übertrugen. Bezeichnenderweise sind das jedoch alles Leute unterhalb des Amtsadels: Ofilius, der aus dem Ritterstand kam und trotz hohen Alters auch unter Augustus nicht in den Senatorenstand aufrückte; Alfenus Varus, Sohn eines Schuhmachers aus Cremona, also einfacher, allenfalls ritterlicher Herkunft, der seinen Aufstieg bis in die oberen Ränge des Senats nicht ohne die Mithilfe seines mächtigen Gönners erlangt haben wird; und, weitere Namen hier beiseitegelassen, der schon erwähnte Trebaz, der gleichfalls im Ritterstand verbleiben sollte, wenngleich er in hohem Alter unter den juristischen Ratgebern von Augustus höchste Autorität genoß.

Die Parteigänger der neuen Ordnung und ihre Opponenten sind aber beides Übergangserscheinungen. Im 1. Jh. beginnt sich ein neuer Juristentyp herauszubilden, Juristen, die in kaiserlichen Diensten Karriere machen. Einer der ersten war Ateius Capito, von Tacitus zum charakterlosen Günstling gestempelt (Annales 3,70):

L. Ennium equitem Romanum, maiestatis postulatum quod effigiem principis promiscum ad usum argenti vertisset, recipi Caesar inter reos vetuit, palam aspernante Ateio Capitone quasi per libertatem. Non enim debere eripi patribus vim statuendi neque tantum maleficium impune habendum. Sane lentus in suo dolore esset; rei publicae iniurias ne largiretur. Intellexit haec Tiberius, ut erant magis quam ut dicabantur, perstititque intercedere. Capito insignitior infamia fuit quod humani divinique iuris sciens egregium publicum et bonas domi artes dehonestavisset.

Den römischen Ritter Lucius Ennius, der Majestätsverletzung beschuldigt, weil er ein Kaiserbildnis eingeschmolzen und das Silber für andere Zwecke verwendet hatte, verbot Tiberius anzuklagen, was Ateius Capito unter der Maske des Freimuts öffentlich rügte. Den Senatoren dürfe nämlich die Jurisdiktion nicht entzogen werden noch dürfe ein so schweres Verbrechen ungesühnt bleiben. Er sei in seinem Schmerz allzu mild. Dem Staat zugefügte Beleidigungen dürfe er niemandem schenken. Tiberius durchschaute sehr wohl, daß hier mehr im Spiele war als ausgesprochen wurde, und bestand auf seiner Einstellung des Verfahrens. Capitos Schamlosigkeit war um so bezeichnender, als er, ein Kenner des menschlichen und göttlichen Rechts, dadurch eine wichtige öffentliche Einrichtung und im privaten Bereich segensreiche Profession entehrt hatte.

Cocceius Nerva gehörte sogar zum engsten Freundeskreis des zweiten Augustus. Masurius Sabinus, aus armen Verhältnissen, macht seinen Weg als Rechtslehrer. Seine gedrängte Darstellung des Privatrechts *(Iuris civilis libri III)* sollte ihn für alle Zeit berühmt machen, und dank kaiserlicher Protektion konnte er am Ende auch eine bescheidene Gutachtertätigkeit beginnen. Gajus Cassius Longinus schließlich, ein Enkel des Cäsarmörders, war unter Caligula und Claudius Provinzstatthalter von Asien und dann von Syrien und wirkte noch unter Vespasian.

Aber noch auf eine andere Weise versuchte schon Augustus, die Jurisprudenz zu zähmen und an den Kaiser zu binden. Die freie öffentliche Gutachtertätigkeit der Juristen *(publice respondere)* war in der Republik eine Möglichkeit gewesen, öffentliches Ansehen zu erwerben. Augustus wagte nicht, diese Institution geradewegs zu beseitigen; er beginnt aber, sie zu unterhöhlen. Einzelnen ausgewählten, ihm besonders ergebenen Juristen gewährt er ein sogenanntes *ius respondendi ex auctoritate principis* (Recht, im Auftrag des Princeps Rechtsbescheide zu geben)[25]. Die Gutachten dieser Ausgezeichneten sollten also durch die zusätzliche Autorität des Princeps erhöht werden, eine scheinbar niemandem etwas nehmende Maßnahme. Ein gutes Jahrhundert später ist es aber so weit, daß Kaiser Hadrian etwa 130 n.Chr. bestimmt (Gajus, Inst. 1,7), die Gerichte hätten einem solchen Rechtsbescheid zu folgen, wenn kein abweichender Rechtsbescheid eines anderen Juristen mit derselben Auszeichnung vorliegt. Von da an konnten mit dem *ius respondendi* nicht beliehene Juristen sich als Rechtsgutachter sinnvollerweise nur noch in Fragen betätigen, zu denen sich noch kein kaiserlich patentierter Jurist geäußert hatte. M.a.W. wer sich jetzt als Jurist durchsetzen wollte, mußte das *ius respondendi* haben. Ohne das Patent Autorität zu erlangen, glückte verständlicherweise nur ganz wenigen, doch scheint es sie gegeben

[25] Seine genaue Bedeutung ist umstritten. M. E. zu etatistisch und der römischen Aristokratie zu günstig Wolfgang Kunkel, Das Wesen des ius respondendi, in: SZ 66 (1948) 423–457; u. ders., Herkunft und soziale Stellung der röm. Juristen (Weimar 1952, 2. unveränd. Aufl. Köln 1967) 272–289 (angesichts der wichtigsten, obwohl nicht widerspruchsfreien Quelle: Dig. 1, 2, 2 §§ 48–50, gewagt) u. 318–323. Andererseits wird Wieacker, a.a.O. (soeben Anm. 23) 346ff., der einzigen weiteren Quelle: Gajus, Inst. 1, 7, nicht gerecht.

zu haben. Anscheinend ist der gründliche und fleißige Pomponius, der unter anderem einen etwa 150 Buchrollen umfassenden Ediktkommentar geschrieben hat, solch ein Fall.

Der Kaiser organisiert auch die Juristenausbildung. In der Republik wurde man Rechtskundiger, indem man sich einem anerkannten Juristen anschloß. Auch dieser freien Fortpflanzung des Juristenstandes begegnet der Kaiser auf indirektem Wege. Er stellt Gebäude mit Bibliotheken zur Verfügung, sog. *stationes ius publice docentium aut respondentium* (Stätten der das Recht öffentlich Lehrenden oder [Rechtsunkundige] Bescheidenden)[26], in denen sich Unterweisung und Gutachtertätigkeit ganz von selbst konzentrierten. Im Laufe des 1. Jhs. scheinen zwei solche Stätten begründet worden zu sein: die Schulen der Sabinianer bzw. Cassianer und die der Proculianer, zurückgehend auf Masurius Sabinus bzw. seinen Schüler Gajus Cassius Longinus und auf Proculus, ein berühmter Jurist aus der Mitte des 1. Jhs. n. Chr. Ähnlich wie bei den griechischen Philosophenschulen scheinen auch die Rechtsschulen feste Lokale gehabt zu haben und besitzen wir die Kette der Schulhäupter jedenfalls für das 1. Jh. ihrer Existenz. Im Gegensatz zu den philosophischen Schulen jedoch ist es bei den Rechtsschulen nicht möglich, die beiden Richtungen auf verschiedene Grundpositionen festzulegen, etwa hie stoischer, da aristotelischer rechtsphilosophischer Ansatz; hie Republikaner, da Monarchisten; hie Wirken zugunsten der Besitzbürger, da zugunsten des Volkes. Die sachlichen Gegensätze überschneiden sich vielfach und verwischen sich schließlich. Die einzige Konstante ist die persönliche Rivalität der jeweiligen Schulhäupter.

Im 2. Jh. n. Chr. war die Verbindung von Rechtskunst und Reichsämtern in kaiserlichen Diensten selbstverständlich geworden[27]. Fast alle bedeutenden Juristen treffen wir in der Provinzial- und Zentralverwaltung. Bis zum Ende des Jahrhunderts gehörte dazu auch der Aufstieg in den Senat, ob der Betreffende bereits senatorischer Abkunft war, geringeren Standes oder gar gebürtiger Nichtrömer, Peregrine. Einer von ihnen, Neraz, wurde von Kaiser Trajan, der keinen leiblichen Nachkommen hatte, sogar als Thronfolger in Betracht gezogen. Diese nicht mehr fast ausschließlich für Stadtrom und allenfalls Italien wirkenden Reichsjuristen zeichneten sich weniger durch Schriftstellerei aus; ihr literarisches Werk besteht vor allem aus kasuistischen Schriften, insbesondere Responsensammlungen. Neben

[26] S. Gellius, Noctes Atticae 13, 13, 1–4.

[27] Zum Folgenden Kunkel, Herkunft (soeben Anm. 25), bes. 290–304.

diesen Juristen gab es eine kleinere Gruppe mehr akademisch ausgerichteter Vertreter ohne Anteil an der Reichsverwaltung, dafür aber schriftstellerisch produktiv, für welche Gruppe der schon genannte Pomponius steht, bei dem wir auch erstmals von einem ausgesprochenen Anfängerlehrbuch hören. Es hat den Titel *enchiridium* (nach griechisch ἐγχειρίδιον ,Handbüchlein'), war dementsprechend schmal (ein oder zwei *libri*) und hat offenbar das wenige Jahre zuvor erschienene beliebte Handbüchlein des zunächst in Rom und dann im nahen Epirus wirkenden stoischen Philosophen Epiktet zum Vorbild. Anscheinend gehörte Pomponius der sabinianischen Rechtsschule an, spielte dort aber offenbar eine bescheidene Rolle; Schulhäupter waren die angesehenen Reichsjuristen, zur Zeit des Pomponius bei den Sabinianern Julian und bei den Prokulianern Celsus. Schon der Vater des Publius Juventius Celsus, Celsus pater, hatte der prokulianischen Rechtsschule vorgestanden und gehörte wohl auch schon dem Senatorenstand an, wenn er auch nicht in der Liste der überlieferten Höchstmagistrate erscheint. Der Sohn wurde 106 n. Chr. Prätor, 108 zum erstenmal Konsul, um 110 Statthalter von Thrakien im heutigen Bulgarien und 129 zum zweitenmal Konsul; in den dreißiger Jahren war er dann Statthalter der wichtigen Provinz Asien. Kaiser Hadrian suchte seinen juristischen Rat. Die prokulianische Rechtsschule führte er zusammen mit Neraz. Sein Hauptwerk heißt *Digesta* (Geordnetes), nach Sachgebieten geordnete Kasuistik in 39 Büchern. Er urteilt sehr scharfsinnig und wohltuend entschieden; mit Leidenschaft verficht er billige Lösungen und bekämpft heftig unselbständiges Haften an Begriffen. Noch heute viel zitiert ist seine Definition des Rechts als *ars boni et aequi* (Handwerk des Billigen und Gerechten). Zur Frage, ob der in Verzug geratene Schuldner durch tatsächliches Angebot der geschuldeten Leistung den Gläubiger noch in Annahmeverzug setzen und so in den Genuß der Haftungsminderung (vgl. § 300 Abs. 1 BGB) gelangen kann, sagt er: *Est haec quaestio de bono et aequo, in quo genere plerumque sub auctoritate iuris scientiae perniciose erratur* (Es ist das eine Frage des Billigen und Gerechten, in welchem Bereich nur allzu oft mit der Autorität der Rechtsgelehrsamkeit in verderblicher Weise fehlgegriffen wird, Dig. 45, 1, 91 § 3), womit Celsus die Frage bejaht, was noch heute gilt; vorher hatte man anscheinend abstrakt deduziert, Schuldnerverzug schließe Gläubigerverzug begrifflich aus.

Das Verhältnis von Celsus zu dem jüngeren Haupt der anderen Rechtsschule, dem noch erfolgreicheren und berühmteren, von vielen als größter römischer Jurist überhaupt gefeierten Salvius Julianus war gespannt. Julian[28] war um 100 n. Chr. in Hadrumetum an der Ostküste von Tunis, dem heutigen Sûssa, geboren, damals noch punische Freie Stadt, die allerdings kurze Zeit später zur römischen Kolonie erhoben wurde. Nichtsdestoweniger ist Julians Karriere von Anfang an senatorisch, wenn sie auch etwas langsamer vorangeht als bei Senatorensöhnen. Um 125 n. Chr. ist er Vorsitzender Richter am Hundertmännergericht, das sich vor allem mit Erbschaftssachen zu befassen hatte; um 130 Quästor Kaiser Hadrians, danach Volkstribun und Prätor; er wird kaiserlicher Konsiliar und gewinnt die Freundschaft auch der Nachfolger Hadrians auf dem Kaiserthron: von Antoninus Pius und Mark Aurel. 148 ist er Konsul, zwischen 150 und 161 Statthalter von Niedergermanien (Köln), dann vom diesseitigen Spanien, Africa, Stadtpräfekt und 175 zum zweitenmal Konsul. Seit ungefähr 130 steht er der sabinianischen Rechtsschule vor. Er wird zur überragenden Autorität für die zwei folgenden Generationen, insbesondere mit seinem Hauptwerk, wiederum Digesta, aber mehr als doppelt so umfangreich wie die von Celsus. Er hat einen großen Schülerkreis, die meisten Juristen der folgenden Generation gehören dazu. Seine Juristerei zeichnet Einfachheit und Klarheit aus. Mit Neuerungen ist er zurückhaltender als Celsus, zumal wenn er damit in tief verwurzelte soziale Überzeugungen eingreifen würde, wofür er auch Inkonsequenzen in Kauf nimmt. Kennzeichnend ist eine Äußerung zur Frage, ob in einem Fall überholender Kausalität (S1 hatte dem Sklaven des G schuldhaft eine tödliche Wunde beigebracht; bevor er daran starb, tötete ihn S2) der Geschädigte beide Schädiger auf vollen Schadensersatz in Anspruch nehmen, den Schaden also insgesamt zweimal liquidieren kann. Julian bejaht das, dem archaischen Sühnegedanken folgend, der im Recht der hier einschlägigen *Lex Aquilia de damno* (Aquilisches Gesetz über Schaden, s. unten 6. Kap. 2b) bei mehreren Tätern althergebracht war[29]; Celsus

---

[28] Zu ihm zuletzt Dieter Nörr, Drei Miszellen zur Lebensgeschichte des Juristen Salvius Julianus, in: Daube noster – Essays in legal history for David Daube (Edinburg 1974) 233–252. Zu Julians juristischer Methode Elmar Bund, Untersuchungen zur Methode Julians (Köln 1965).

[29] Verf., Die Klagenkonkurrenz in röm. Recht (Göttingen 1972) 181. Karl-Heinz Schindler, Ein Streit zwischen Julian und Celsus, in: SZ 74 (1957) 202–233, berücksichtigt dies leider nicht. Wir treffen den Sühnegedanken im privaten Deliktsrecht der Römer bis in die spätklassische Zeit hinein immer wieder an. S. etwa noch Ulpian Dig. 9, 2, 11 §§ 2 u. 4 u. wieder Julian Dig. 9, 2, 51 § 1. Sogar im Vertragsrecht schlägt er bei der Sanktionierung vertraglicher Pflichtverletzungen zuweilen noch durch,

hatte das, den Ausgleichsgedanken hervorkehrend, absurd genannt (s. bei Ulpian Dig. 9, 2, 21 § 1, ferner Dig. 9, 2, 11 § 3 u. 47, 2, 68 § 2), worauf Julian repliziert: *Multa iure civili contra rationem disputandi pro utilitate communi recepta esse innumerabilibus rebus probari potest* (An zahllosen Beispielen läßt sich nachweisen, daß vieles in der römischen Rechtsordnung zum gemeinen Besten einer theoretisierenden Vernunft zuwider allgemein gebilligt wird, Dig. 9, 2, 51 § 2). Julian war es, wie schon erwähnt, auch, der vom Kaiser in relativ jungen Jahren dazu ausersehen wurde, das prätorische Edikt abschließend zu redigieren.

Die Juristen des 2. Jhs. bis Mark Aurel werden die Hochklassiker genannt, die des 1. Jhs. Frühklassiker und die Juristen der severischen Zeit Spätklassiker. Die Hochklassiker stammten zwar zu einem erheblichen Teil nicht mehr aus der römischen Oberschicht, der größte, Julian, sogar aus der Provinz, war also womöglich fremdstämmiger, nämlich punischer, also semitischer Herkunft; doch könnte er auch von italischen Kolonisten in Nord-Afrika abstammen. Jedenfalls zollen die Hochklassiker der stadtrömischen Oberschicht noch insofern Reverenz, als sie rein senatorische Ämter durchlaufen, die traditionell eng an die Stadt Rom gebunden sind, bei aller Verwendung in der Reichsverwaltung. Bei den Spätklassikern ändert sich das noch weiter zuungunsten Roms. Soweit wir über ihre Herkunft überhaupt unterrichtet sind, stammen sie fast alle aus der Provinz und durchlaufen nur mehr sog. ritterliche Karrieren, verbleiben also in dem Stand, dem die das römische Bürgerrecht besitzenden Bewohner der Provinzen oft schon angehörten. Vor allem aber waren die mit Leuten aus dem Ritterstand besetzten Staatsämter enger an den Kaiser gebunden. Ämilius Papinian, um 150 n. Chr. anscheinend in Syrien geboren, könnte ebenfalls Semit gewesen sein, so gleichgültig die bloße Abstammung in der römischen Welt damals war. Jedenfalls hatte Papinians Familie wahrscheinlich seit langem das römische Bürgerrecht und gehörte sie zum Ritterstand. Der Jurist war von Jugend an mit dem nachmaligen Kaiser Septimius Severus befreundet, mit seiner zweiten Frau Julia Domna der Überlieferung nach sogar verwandt[30] Um 170 wird er *advocatus fisci* (Rechtsvertreter der

---

etwa wenn Ulpian Dig. 16, 3, 1 § 25, anders als die §§ 287 S. 2 u. 848 a. E. BGB, den pflichtwidrig Handelnden bei mangelnder Kausalität nicht entlastet.

[30] Wird angezweifelt, s. aber Verf., a.a.O. (unten Anm. 38) 5 u. Fußn. 31; u. Dieter Nörr, Ethik und Jurisprudenz in Sachen Schatzfund, in: Bull. 75 (1974) 29 f. Fußn. 100 m. weit. Nachw.

Staatskasse), welches Amt vorher Septimius Severus innegehabt hatte, der damals in den Senat aufstieg. Es ist dies das typische Anfängeramt für eine zivile ritterlicher Laufbahn in kaiserlichen Diensten. Später wurde Papinian Rechtsberater *(assessor?)* eines Prätorianerpräfekten, eigentlich nur des Oberbefehlshabers der Prätorianergarde, der einzigen größeren in Italien stationierten Truppe vor den Toren von Rom, aus der lange alle unteren Offiziere hervorgingen. Da die Macht des Kaiser aber, solange er in Rom residierte, letztlich auf diesen Elitekohorten beruhte, waren ihre beiden Kommandeure enge Vertraute des Kaisers, denen dann auch andere, zivile Aufgaben übertragen wurden, insbesondere die oberste Gerichtsbarkeit in Italien außerhalb Roms und seines Umlandes bis zum hundertsten Meilenstein. Nachdem aus den Revolten des Jahres 193 n.Chr. Septimius Severus siegreich als Kaiser hervorgegangen war, wurde Papinian Chef der Kanzlei *a libellis* (von den Bittschriften), in welcher Eigenschaft er von Privatleuten an den Kaiser gerichtete Rechtsanfragen zu bearbeiten und die Antworten zu redigieren hatte; außerdem wurde er Mitglied des Kaiserlichen Rates *(consilium principis)*, in dem alle vor den Kaiser gebrachten Rechtssachen erörtert wurden. Von 205 bis 212 n.Chr. war er selbst Prätorianerpräfekt, und als Septimius Severus 211 starb und den Thron den jugendlichen Söhnen Caracalla und Geta hinterließ, kam Papinian eine Art Reichsverweserschaft zu. Indessen vermochte er sich in dieser Stellung nicht zu behaupten. Caracalla beseitigt bald den jüngeren Bruder Geta unter dem Vorwand, er habe nach der Alleinherrschaft getrachtet, und Papinian wird als angeblicher Parteigänger Getas hingerichtet. Von Caracalla aufgefordert, Getas Sturz vor Senat und Volk zu rechtfertigen, soll er dies mit der Begründung abgelehnt haben: *Non tam facile parricidium excusari potest quam fieri* (So leicht läßt sich ein Mord nicht rechtfertigen, wie er begangen wird)."[31] So wurde Papinian zum Märtyrer der Juristen, Gegenstand eines gleichnamigen Trauerspiels[32] von Andreas Gryphius. Papinian schrieb 37 Buchrollen *Quaestiones* (Untersuchungen) und 19 Buchrollen *Responsa* (Rechtsbescheide). Darin zeichnet er sich aus durch besonders feinfühliges Eingehen auf den Fall und undogmatische Lösungen, stets bereit zur Berücksichtigung neuer Gesichtspunkte. So sind auch seine Responsen nicht, wie bisher, schlicht Protokolle von Anfrage und darauf erteiltem Bescheid, vielmehr stellen sie auch die tragenden Gesichts-

[31] Scriptores historiae Augustae, vita Caracallae 8, 5.

[32] Reclams Universal-Bibliothek 8935/36. S. dazu Dieter Nörr, Papinian und Gryphius, in: SZ 83 (1966) 308–333.

punkte der Entscheidung heraus, wenigstens durch einen Parallel- oder Gegenfall. Vor allem bei den Kaisern des späteren 3. Jhs. bis auf Justinian genoß Papinian überragende, alle anderen in den Schatten stellende Autorität; Justinian läßt ihn gleich hinter Julian rangieren. Seine Sprache bereitet im Juristenlatein sonst ungewohnte Schwierigkeiten. Sie ist besonders farbig und doch zugleich knapp. Sein Bestreben, die rechtlichen Wertungen sichtbar zu machen, wirkt oft pathetisch.

Julius Paulus[33] ist nicht etwa mit dem julischen Geschlecht der ersten Kaiser verwandt, sondern Abkömmling eines durch einen Julier zum Bürgerrecht Gelangten, d. h. eines Neubürgers von Cäsars oder Augustus' Gnaden oder eines ihrer Freigelassenen. Geboren um 160 n. Chr. beginnt er als Advokat, wird dann Assessor beim Prätorianerpräfekten Papinian und Rechtsberater von Kaiser Septimius Severus; Kaiser Elagabal verbannte ihn, doch berief ihn Alexander Severus zurück und machte ihn zu seinem juristischen Ratgeber; 224 n. Chr. lebte er noch. Paulus schrieb viel, zusammen nahezu 300 Buchrollen, darunter mehrere kasuistische Werke: 23 Bücher *Quaestiones*, 26 Bücher *Responsa*, 6 Bücher *Imperiales sententiae in cognitionibus prolatae* (Kaiserliche Urteilssprüche, aus der [kaiserlichen] Rechtsprechung hervorgegangen). Mittlerweile überwiegen aber endgültig die Kommentare und Darstellungen, darunter ein Ediktkommentar in 78 Büchern nebst 2 Büchern Kommentar zum Edikt der Ädilen. Eine Eigenart des Paulus sind seine zahlreichen Kurzmonographien über die mannigfachsten, zum Teil von den Juristen bis dahin noch nicht aufgegriffene Gegenstände: *De portionibus quae liberis damnatorum conceduntur* (Über die Erbteile, die den Kindern der Verurteilten [deren Vermögen an den Staat gefallen war] eingeräumt werden); *De iure singulari* (Über juristische Ausnahmen); *De iuris et facti ignorantia* (Über Rechts- und Tatsachenirrtum) usf. Paulus war ein freimütiger Kritiker, der sich oft an Autoritäten wie Quintus Mucius, Labeo, aber auch kaiserlichen Entscheidungen rieb, wobei er zuweilen sehr scharf wird.

Der Jurist, von dem am meisten überliefert ist, Domitius Ulpianus[34], wurde etwa 170 n. Chr. in Tyros, dem heutigen Soûr im Südlibanon, geboren, noch 174 eine phönizische Freie Stadt; erst unter Septimius Severus wurde sie zur Bürgergemeinde erhoben, und zwar bekam sie sogleich die günstigste Rechtsstellung einer *Colonia* mit *ius Italicum*, d. h. italisches, vor allem steuerfreies Bodenrecht – hat das Ulpian

[33] Zu ihm Adolf Berger, RE Art. Iulius 382 (1918) 690–752.
[34] Zu ihm Paul Jörs, RE Art. Domitius 84 (1903) 1435–1509.

erwirkt? Er machte seinen Weg als Beisitzer *(assessor)* des Stadtprätors und dann des Prätorianerpräfekten Papinian. Unter Caracalla war er Chef der Libellkanzlei und unter Alexander Severus kurz Präfekt der Getreideversorgung und dann Prätorianerpräfekt, wurde nach wenig mehr als einem Jahr aber von der meuternden Truppe vor den Augen seines hilflosen Kaisers erschlagen. Literarisch war er nicht ganz so produktiv wie Paulus, dessen Ediktkommentar er freilich um 3 Bücher übertrumpfte. Neben diesem steht ein weiterer Großkommentar, und zwar zu einer Juristenschrift: die über 60 Bücher *Ad Sabinum*, zum schmalen *Ius civile* des Masurius Sabinus. Die kasuistische Literatur dagegen ist bei ihm stark zusammengeschrumpft: 2 Bücher *Responsa* und 7 *Disputationes publicae* (Öffentliche Erörterungen). Kein anderer Jurist dagegen hat sich so gründlich um die mittlerweile zu stattlichem Umfang angewachsenen außerordentlichen Gerichtsbarkeiten gekümmert wie Ulpian. Er behandelt die Rechtsprechung der verschiedenen Spezialprätoren wie des Vormundschaftsprätors, des Prätors in Fideikommißsachen (formlose letztwillige Verfügungen); der Konsuln, des Stadtpräfekten und vieler anderer sowohl in Einzelschriften als auch in einem zusammenfassenden Werk *De omnibus tribunalibus libri X* (10 Bücher über allerlei Gerichtshöfe). Vor allem aber widmet er sich der Rechtsprechung des Provinzstatthalters; seine *Libri X de officio proconsulis* (Über das Dezernat des Prokonsuls) sollten das meistbenutzte juristische Buch der folgenden Jahrhunderte werden. Nicht Selbständigkeit gegenüber hergebrachten Autoritäten zeichnet Ulpian aus, er hält sich überwiegend an die Ergebnisse seiner Vorgänger und vor allem der Kaiser, dies zumal auf den von der kaiserlichen Rechtsprechung besonders stark beeinflußten Gebieten der außerordentlichen Gerichtsbarkeit. Immerhin machte er damit die Praxis der humansten Kaiser: Trajans, Hadrians, Antonius' Pius' und Mark Aurels (98–180 n. Chr.), für lange Zeit zum verpflichtenden Vorbild. Und erst Ulpians Handbücher für die Provinzmagistrate lösten die römische Jurisprudenz wirklich von ihrer Zentrierung auf Rom. Seine hohe Meinung von seiner Aufgabe bezeugen die berühmten Fragmente Dig. 1, 1, 1 pr. § 1 und 1, 1, 10:

Ulpianus, Institutiones I, Tit.: De iustitia et iure
Iuri operam daturum prius nosse oportet, unde nomen iuris descendat. Est autem a iustitia appellatum. Nam, ut eleganter Celsus definit, ius est ars boni et aequi. Cuius merito quis nos sacerdotes appellet. Iustitiam namque colimus et boni et aequi notitiam profitemur, aequum ab iniquo separantes, licitum ab illicito discernentes, bonos non solum metu poenarum, verum etiam prae-

miorum exhortatione efficere cupientes, veram nisi fallor philosophiam, non simulatam affectantes.

Ulpian, Institutionen Buch 1, Titel: Über Gerechtigkeit und Recht

Wer im Begriff ist, sich mit dem Recht zu beschäftigen, muß zunächst erfahren, woher das Wort ‚Recht' kommt. Es ist nämlich nach der Gerechtigkeit benannt. Denn, wie Celsus in gelungener Weise bestimmt: das Recht ist das Handwerk des Billigen und Gerechten. In Anbetracht dessen sollte man uns Priester nennen. Denn wir versorgen den Dienst an der Gerechtigkeit und verbreiten die Kenntnis des Billigen und Gerechten, das Gerechte vom Ungerechten trennend, das Erlaubte vom Unerlaubten scheidend, bestrebt, die Menschen zu gutem Verhalten nicht nur aus Furcht vor Strafen, sondern auch durch Ermunterung mit Belohnungen zu veranlassen; wenn ich nicht irre um die wahre Philosophie, nicht um eine vorgetäuschte uns bemühend.

Ulpianus, Regulae I, Tit.: De iustitia et iure

Iustitia est constans et perpetua voluntas ius suum cuique tribuendi. Iuris praecepta sunt haec: honeste vivere, alterum non laedere, suum cuique tribuere. Iuris prudentia est divinarum atque humanarum rerum notitia, iusti atque iniusti scientia.

Ulpian, Grundlinien Buch 1, Titel: Über Gerechtigkeit und Recht

Gerechtigkeit ist der stetige und fortwährende Wille, einem jeden das Seine zuzugestehen. Die Anweisungen des Rechts sind diese: ehrenhaft leben, den anderen nicht verletzen, einem jeden das Seine zugestehen. Rechtswissenschaft ist Kenntnis der göttlichen und menschlichen Dinge, die Wissenschaft von gerecht und ungerecht.

Darin spiegeln sich zeitgenössische Gemeinplätze, das Selbstbewußtsein des Mannes der Tat gegenüber dem Theoretiker[35].

Nach den drei großen Spätklassikern Papinian, Paulus und Ulpian blüht die römische Jurisprudenz noch eine Generation lang; gegen Mitte des 3. Jhs. n. Chr. hört die juristische Schriftstellerei aber recht plötzlich auf. Über tausend Jahre lang gibt es im ganzen römisch-griechischen Kulturkreis, insbesondere in Europa keine vergleichbaren Leistungen mehr. Zwar gelingen immer wieder bescheidene Neuansätze, die ein bis zwei Jahrhunderte lang vorhalten; sie reichen an die Leistungen der „Klassiker" [36], an ihren Scharfsinn, ihre Unterscheidungskunst und ihre Selbständigkeit aber nicht entfernt heran und beanspruchen auch gar nicht, ebenbürtig neben sie zu treten.

---

[35] Dazu Dieter Nörr, Iurisperitus sacerdos, in: Xenion – Festschrift f. Pan. J. Zepos (Athen u. Freiburg 1973) I 555–572; s. a. dens. am soeben Anm. 30 a. O. 11 ff., bes. 37 ff.; u. Manfred Fuhrmann, Fälle aus dem röm. Recht – Kommentar (Bamberg 1974) 13 ff.

[36] Vgl. F. Wieacker, Über das Klassische in der röm. Jurisprudenz (Tübingen 1950, Nachdr. a.a.O. [oben Anm. 5] 161–186).

Erst im Spätmittelalter setzt wieder eine eigenständige Rechtswissenschaft ein, angeregt durch die Wiederbeschäftigung mit den klassischen Juristentexten. Was war der Grund jenes Niedergangs? Im Laufe der Kaiserzeit waren die Juristen immer abhängiger vom Kaiser geworden, waren schließlich immer enger an die Person des Kaisers gebunden. Als das Kaisertum dann im zweiten Drittel des 3. Jahrhunderts, mit dem Tode von Alexander Severus 235 n. Chr., in seine große Krise geriet, waren seine Repräsentanten vollauf damit beschäftigt, sich selbst zu behaupten. In den 50 Jahren danach bis zur Machtergreifung Diokletians 284/85 zähle ich 57 Träger des Purpurs, von denen viele nur wenige Monate, Wochen oder gar Tage herrschten und nur wenige sich im ganzen Reich durchzusetzen vermochten[37]. Und gelang ihnen dies, so mußten sie auswärtigen Feinden entgegentreten. Alemannen, Sarmaten, Goten und Perser bedrängten Rhein-, Donau- und Euphratgrenze. Die große, durch die Westwanderung der Hunnen ausgelöste Völkerwanderung kündigte sich an. Es ist die Zeit der sogenannten Soldatenkaiser, denen für die friedliche Aufgabe der Rechtspflege und Gesetzgebung nicht viel Zeit blieb, ja die Rom, wo die Jurisprudenz ihre Wurzeln hatte, oft während ihrer ganzen Regierungszeit nicht sahen. Hinzu kommt, daß andere, weniger diesseitige Gegenstände als die Rechtswissenschaft schöpferische Geister stärker anzogen: die Philosophie – mitten in dieser unruhigen Zeit begründeten Plotin und Porphyrios in Rom den Neuplatonismus –; und die Religion: das 3. Jh. n. Chr. ist das große Zeitalter der Mysterienreligionen vom Manichäismus über Mithraskult und Gnosis bis hin zum Christentum, das schließlich den Sieg davontragen sollte. Nordafrika, das vorher viele Juristen hervorgebracht hatte, wird Heimat der besten lateinischen Theologen. Einer von ihnen, Tertullian, war sogar anscheinend zunächst Jurist und hat sich nach wenigen scharfsinnigen und erfolgversprechenden juristischen Werken der Theologie zugewandt. Als dann nach leidlicher Beruhigung der äußeren Verhältnisse um 300 noch einmal eine bescheidene Jurisprudenz einsetzte, ging der Anstoß nicht mehr von Rom aus, sondern kam aus der Provinz, wo die Rechtswissenschaft in hoch- und spätklassischer Zeit noch eben hatte Wurzeln schlagen können[38].

---

[37] Die Zeit gut getroffen in dem Roman von Erwin Wickert, Der Purpur (Stuttgart 1965).

[38] Dazu und zu S. 66ff. Verf., Röm. Provinzialjurisprudenz, in: Aufstieg und Niedergang der röm. Welt Tl. 2 Bd. 5 (Berlin 1975); zu Tertullian dort Fußn. 37 a.

Im Verlauf der Kaiserzeit waren immer größere Teile der Bevölkerung des römischen Reiches in den Genuß des römischen Bürgerrechts gelangt mit der Folge, daß sie eigentlich – aber man machte Abstriche – nach römischem Recht zu leben hatten und auf römische Weise zu prozessieren[39]. Zumal die Oberschicht war mit dieser Auszeichnung bedacht worden, der Hauptkonsument des Privatrechts: die ratsfähigen Bürgerfamilien der Städte, aber auch Häuptlingsfamilien der Wüstenstämme. Am meisten haben die Veteranenansiedlungen zur Ausweitung des Römertums beigetragen. Dienst im römischen Heer verschaffte vielen Nichtbürgern Lateinkenntnisse und bei ehrenvoller Entlassung nach 24jähriger Dienstzeit Bürgerrecht und weitere Privilegien, die es zusammen mit zwangsweise angespartem Sold dem Veteran ermöglichten, in den Kleinstädten des Reiches zur gehobenen Mittel- oder gar Oberschicht aufzusteigen. Im Jahre 212 n. Chr. verleiht Caracalla zur Feier des Sieges über seinen Bruder der gesamten Bevölkerung des Reiches das Bürgerrecht *(constitutio Antoniniana)*. Noch unter Augustus war das Römische Reich ein Konglomerat von Provinzen und Klientelstaaten unter Roms Hegemonie gewesen mit dementsprechend verschiedenen Staatsangehörigkeiten und Rechtsordnungen: der rhodischen, der der anderen griechischen und sonstigen Freien Städte, der kappadokischen, der mauretanischen usw. Im Verlauf des Prinzipats wurden diese mehr oder minder selbständigen Gebiete den unmittelbar regierten Teilen angeglichen[40], ein gleichmäßig in Provinzen unterteiltes Reich mit einheitlichem Bürgerrecht der Bevölkerung geschaffen, mit Reichsbürgerrecht. Die nichtrömischen Rechtsordnungen wurden bestenfalls zu lokalen Gewohnheiten herabgedrückt, jedenfalls der Theorie nach. Das führte trotzdem nicht zur Rechtsgleichheit der Bevölkerung. Mittlerweile war römischer Bürger nicht mehr gleich römischer Bürger, abgesehen davon, daß die alten Standesunterschiede zwischen Senatoren, Rittern und dem Volk fortgalten, bedeutsam freilich nur mehr für die Stadt Rom und den Staatsdienst. Dafür tritt eine neue Schichtung hervor: in *honestiores* (die Angeseheneren) und *humiliores* (die Niedrigeren)[41]. Zu den *honestiores* gehörten außer den

---

[39] Über Verbreitung und Inhalt des röm. Bürgerrechts orientiert eingehend A. N. Sherwin-White, The roman citizenship (2. Aufl. Oxford 1973).

[40] Zu diesem Prozeß Dieter Nörr, Imperium und Polis in der hohen Prinzipatszeit (München 1966); u. dazu J. Bleicken, SZ 84 (1967) 424–434.

[41] S. im einzelnen Peter Garnsey, Social status and legal privilege in the roman empire (Oxford 1970) 103–178; u. dazu D. Nörr, SZ 88 (1971) 408–417.

Senatoren Roms und den Staatsbeamten alle ratsfähigen Familien der Städte, die Großgrundbesitzer und die sonstigen traditionell Höhergestellten der ländlichen Gebiete. Die *humiliores* waren das Volk von Rom, Italien und den Provinzen, insbesondere die selbst arbeitenden Bauern und Handwerker. Die Unterscheidung machte sich vor allem im Kriminalstrafrecht bemerkbar, das durchgehend zweispurige Strafen vorsieht. Für *honestiores* Entfernung vom Amt, Vermögensstrafen, Verbannung und allenfalls Tod durch das Schwert; für *humiliores* körperliche Züchtigung, lebenslängliche oder zeitige Zwangsarbeit in Bergwerken, Steinbrüchen oder sonstigen staatlichen Betrieben, wobei der Lebenslängliche Staatssklave *(servus poenae)* wurde; und schließlich die entehrenden Todesstrafen von der Kreuzigung bis zum unbewaffneten Kampf mit wilden Tieren in der Arena vor allem Roms, aber auch der großen Städte in den Provinzen, eine ursprünglich nur gegen Sklaven verhängte Strafe. *Humiliores* dürfen im Ermittlungsverfahren gefoltert werden.

Der römische Provinzstatthalter hatte seit je nicht nur militärische Aufgaben, sondern in gleichem Umfang zivile. Insbesondere oblag ihm die Rechtsprechung; zur Einziehung der Steuern dagegen bauten die ersten Kaiser eine Spezialverwaltung auf. Die Rechtsprechung der Provinzstatthalter konkurrierte anfangs mit einheimischen Rechtspflegeorganen insbesondere der Griechenstädte, Ägyptens, aber auch der römischen Bürgerstädte inner- und außerhalb Italiens. Diese freilich waren, wenn es sich nicht um eine Freie Stadt handelte, nur für kleinere Sachen zuständig, in Zivilsachen für Streitwerte meist bis zu 10000 oder 15000 Sesterzen (IIS, 1IIS = ca. 1DM), in Strafsachen konnten sie nur Geldstrafen verhängen[42]. Aber unabhängig davon setzt sich das straffer organisierte Statthaltergericht mehr und mehr auf Kosten der lokalen Rechtspflegeorgane durch. Dabei nimmt der Statthalter eine Arbeitsteilung vor: Nur die schwere Kriminalgerichtsbarkeit und die außerordentliche Rechtspflege in Zivilsachen erledigt er selbst; mit der ordentlichen Zivilrechtspflege, der kompliziertere, dem Richter weniger Freiheit lassende Teil, betraut er seinen Legaten. Beide versehen sich, wie die stadtrömischen Rechtsprechungsbeamten auch, mit juristisch vorgebildeten Bei-

[42] Zu Italien s. jetzt Wilhelm Simshäuser, Iuridici und Munizipalgerichtsbarkeit in Italien (München 1973). Auf die Gerichtsbarkeit der Freien Städte nahmen die Kaiser seit Trajan Einfluß durch außerordentliche kaiserliche Kommissare ad corrigendum statum liberarum civitatium (zur Verbesserung der Lage der Freien Städte), sog. correctores (Verbesserer). Dazu Anton v. Premerstein, RE Art. Corrector (1901) 1646–1651.

sitzern *(assessores)*, aber auch diese kommen meistens wie die Statthalter selbst von der Zentrale, sind keine bodenständigen, am Ort ihres Wirkens beheimateten Provinzialen. Provinzbürger mit Rechtskenntnissen gibt es erst seit dem späteren 2. Jh. n. Chr., zuerst in den am stärksten romanisierten Provinzen Africa, Südspanien, Provence und Dalmatien; später auch in Kleinasien, Syrien und dem heutigen Westungarn und Ostösterreich. Diese Kenner wohlgemerkt des römischen, nicht etwa ihres angestammten heimischen Rechts erhielten ihres Wirkens beheimatete Provinziale. Provinzbürger mit Rechts-2. Jh. n. Chr. wird auch dies anders, begegnet uns Rechtsunterricht auch in den Provinzen: in Karthago, Salona in Dalmatien, beides Provinzhauptstädte, und dann vor allem in Beryt, dem heutigen Beirut, römische Veteranenkolonie seit Augustus mit *ius Italicum*[43] und lateinische Sprachinsel im sonst griechischsprachigen Osten. Im 3. Jh. n. Chr. finden sich Rechtslehrer auch in nichtromanisierten, griechisch sprechenden Reichsteilen. Und schließlich brachten es die Provinzen auch zu einer bescheidenen Rechtsliteratur. Zwar blieb Rom bis zum Ende der Klassik das juristische Kulturzentrum. Unter Augustus war es sogar für kurze Zeit einmal das allgemeine Kulturzentrum des Mittelmeerraums gewesen, führend insbesondere auch in der Dichtkunst. Die Augusteische Kulturblüte ging aber rasch zu Ende; Griechenland übernahm die Führung wieder. Nur im Bereich des Rechts, einer stets schwer zu verpflanzenden Kunst, blieb Rom noch lange danach Mittelpunkt[44]. Wer sich als Jurist besonders hervortun wollte, ging in die Hauptstadt, machte dort Karriere. Die Rechtsliteratur der Provinzen ist gegenüber ihrem römischen Vorbild weniger lebendig. Gleichwohl hat sie bei aller Bescheidenheit einzelne beachtliche Leistungen vorzuweisen.

Der bedeutendste und fruchtbarste, zugleich der erste faßbare juristische Provinzialschriftsteller ist Gajus (ungefähr 120 bis 180 n. Chr.), dessen Lokalisierung freilich noch heute umstritten ist. Mommsen und die Mehrzahl der Gelehrten, vor allem des Auslands, lokalisieren ihn in eine Provinz des Ostens; Kunkel, dem in Deutschland viele folgen, hält Rom für wahrscheinlicher[45]. Gajus hatte allerdings

---

[43] Zu seiner Bedeutung und überhaupt zum provinzialen Bodenrecht jetzt Jochen Bleicken, In provinciali solo dominium populi Romani est vel Caesaris – Zur Kolonisierungspolitik der ausgehenden Republik und frühen Kaiserzeit, in: Chiron 4 (1974) 359–414.

[44] Manfred Fuhrmann, Die lateinische Literatur der Spätantike, in: Antike und Abendland 13 (1967) 56–79.

[45] Zum Streitstand Verf., a.a.O. (oben Anm. 38) 7 ff. u. 65 ff.

in Rom gelernt, nämlich an der sabinianischen Rechtsschule, die er *nostra schola* (unsere Schule) nennt. Seine Schriften aber hat er wahrscheinlich in und für die Provinz geschrieben, nicht in Rom; vermutlich in Beryt. Womöglich ist er der Begründer des späteren Ruhms der Rechtsschule dieser Stadt, die vom 3. bis zum 6. Jh. Rom in den Schatten stellen sollte.

Unsterblich wurde Gajus durch sein Anfängerlehrbuch: *Institutionum libri IV* (wörtlich ‚Unterweisungen'), ein wirklich voraussetzungslos verständliches juristisches Anfängerlehrbuch, eine auf Anfängerniveau reduzierte Darstellung des Privatrechts, die Schule machen sollte. Die Gliederung des Stoffes, das sog. System, hat Gajus vermutlich von älteren römischen Juristen übernommen. Da die älteren Lehrbücher aber nur sehr bruchstückhaft erhalten sind, während die Institutionen des Gajus als eine der ganz wenigen römischen Juristenschriften fast vollständig auf uns gekommen sind, nicht nur in mehr oder weniger umfangreichen Auszügen, hat man das System lange Zeit auf Gajus auch zurückgeführt, zumal nach ihm benannt: Gajus-System. Die Durchgliederung des Stoffes bis ins letzte Detail mag wirklich erst auf ihn zurückgehen; jedenfalls ist hier griechischer Geist am Werk, wie wir ihn aus den hellenistischen Lehrbüchern der Grammatik, Rhetorik, Architektur, Medizin usf. kennen[46]. Alle neuzeitlichen Versuche, ein lückenloses System des Rechts zu schaffen, knüpfen an das Gajus-System an, das auch das BGB geprägt hat. Hier sein Grundgerüst:

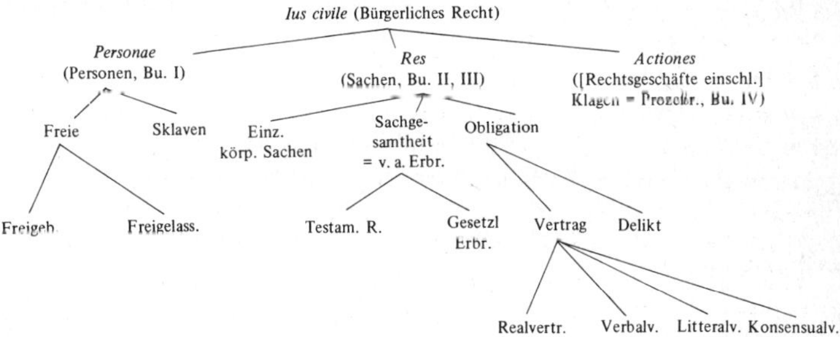

Vgl. BGB: Buch 2 ObligatR., Bu. 3 Sachenr. (ohne Erbr.), Bu. 4 FamR. (PersR.)
BGB Allg. Tl.: 1. Abschn. Pers., 2. Ab. Sachen, 3. Ab. Rechtsgeschäfte
BGB Schuldrecht Bes. Tl.: Tit. 1–22 Vertrag, 25 Unerl. Handlung

---

[46] Dazu Manfred Fuhrmann, Das systematische Lehrbuch – Ein Beitrag zur Geschichte der Wissenschaften in der Antike (Göttingen 1960).

Im Text liest sich das so:

Gajus, Institutiones I (§§ 8–12)

Omne ius, quo utimur, vel ad personas pertinet vel ad res vel ad actiones. Et prius videamus de personis. Et quidem summa divisio de iure personarum haec est, quod omnes homines aut liberi sunt aut servi. Rursus liberorum hominum alii ingenui sunt, alii libertini. Ingenui sunt, qui liberi nati sunt; libertini, qui ex iusta servitute manumissi sunt. Rursus libertinorum genera sunt tria; aut enim cives Romani aut Latini aut dediticiorum numero sunt. De quibus singulis dispiciamus. Ac prius de dediticiis.

Das gesamte Recht, das wir befolgen, betrifft entweder Personen oder Sachen oder Rechtsgeschäfte und Klagen. Und als erstes wollen wir uns die Personen vornehmen. Es ist nämlich die oberste Einteilung des Personenrechts die, daß alle Menschen entweder Freie sind oder Sklaven. Von den freien Menschen wiederum sind die einen freigeboren, die anderen freigelassen. Freigeboren sind die, welche frei geboren worden sind, freigelassen, welche aus rechtmäßiger Sklaverei entlassen worden sind. Von den Freigelassenen wiederum gibt es drei Arten. Entweder handelt es sich nämlich um römische Bürger oder um latinische Bürger oder sie gehören zu den Unterworfenen. Von diesen allen hören wir nun der Reihe nach. Und zunächst von den Unterworfenen.

Gajus' Lehrvorträge in Beryt scheinen unautorisiert abgeschrieben worden zu sein und waren bald weit verbreitet. Eine das Ganze auf sieben Bücher streckende Überarbeitung durch den Autor selbst, die *Res cottidianae* (Tägliche Sachen) oder *Aurea* (Goldenes), entwickeln die Detailgliederung weiter, enthalten mehr Stoff und schließen in den Institutionen verbliebene Lücken; sie vermochten die rasch berühmt gewordenen Institutionen aber nicht mehr vom Büchermarkt zu verdrängen[47]. Weiter schrieb Gajus einen Kommentar zum Provinzialedikt *(Ad edictum provinciale libri XXX)* und viele andere, nur keine kasuistischen Werke; zusammen hören wir von fast 100 Buchrollen. Gajus' Stil ist nicht problembewußt, selten hat er eine eigene Meinung; in der Regel schließt er sich einfach führenden Autoritäten an, vor allem Julian und den Kaisern. Seine Darstellung ist glatt, das Latein freilich nicht immer korrekt; sachlich bringt er auffällig viel Historisches, dem er jedoch z.T. kühl bis ablehnend begegnet.

Ein anderer in der Provinz wirkender Schriftsteller war Callistrat, der unter Septimius Severus schrieb. Alle fünf von ihm bekannten Werke sind schmal: ein Kommentar zum Provinzialedikt, den er *Monitorium* (eine Lehnübersetzung von griechisch ὑπόμνημα,

[47] Ihre Authentizität wird z. T. noch immer angezweifelt. S. aber Verf., Gaius und Pomponius, in: Gaio nel suo tempo – Atti del simposio romanistico (Neapel 1966) 63 f. m. weit. Nachw.

die sich im Lateinischen nicht wiederfindet) *edicti* nennt, in sechs Büchern; ein Handbuch der außerordentlichen Rechtspflege von gleichem Umfang: *De cognitionibus*; komplizierte Rechtsfragen anhand von Fällen *(Quaestiones)* in 2 Büchern; und *last not least* ein wieder relativ umfangreiches Handbuch des Fiskalrechts: *De iure fisci et populi libri IV*, die erste Darstellung dieser Materie aus der Feder eines Juristen, welche Anregung in Rom sofort übernommen wird. Callistrat schreibt nicht besonders klar, sein Latein enthält auf Schritt und Tritt griechische Grammatik und Gedankenführung. Sachlich ist er wenig selbständig, hält sich am liebsten einfach an kaiserliche Rechtsbescheide; ab und zu bezieht er sich auch auf Labeo, Sabinus oder Julian.

Ämilius Macer schließlich wirkte unter Alexander Severus (222 bis 235) anscheinend in Nordafrika. Wir wissen von fünf Schriften, alle bloß zwei Buchrollen lang. Der bemerkenswerteste Titel darunter ist *De re militari* (Über Militärwesen), nicht etwa eine Darstellung des gesamten Militärwesens, sondern entgegen dem Titel nur des Militärrechts. Auch darin scheint Pionierarbeit geleistet: es ist die erste und einzige Gesamtdarstellung des Militärrechts durch einen auch auf anderen Rechtsgebieten ausgewiesenen Juristen; vorher machten das Militärs mit juristischen Interessen. Macer ist nicht so unselbständig wie Gajus oder Callistrat, auch gegenüber Kaiserkonstitutionen übt er Kritik.

c) Eine neue Rechtsquelle: kaiserliche Festsetzungen

Die neue, im Ergebnis monarchische Staatsform mit ihrem schleichenden, aber stetigen Abbau der republikanischen Freiheiten setzt sich im Bereich der Rechtsbildung nicht nur negativ oder lenkend durch, indem Volksgesetzgebung und magistratische Rechtssetzung absterben, Senatsbeschlüsse zu kaiserlichen Reden im Senat werden oder das freie juristische Gutachtertum zu einer Tätigkeit im Namen des Kaisers; sondern die Ein-Mann-Herrschaft kommt allmählich auch hier unmittelbar zur Geltung. Kaiserliche Verlautbarungen oder Anordnungen, in welcher Form sie immer geschehen, gelten schließlich als Recht. Die Benennung dieser neuen Rechtsquelle entspricht genau Augustus' Konzeption der verhüllten Monarchie. Sie heißen *constitutiones principum*, zu deutsch etwa ‚kaiserliche Festsetzungen', doch sagen wir Kaiserkonstitutionen. Heute bedeutet Konstitution ‚Verfassung', ein Begriff des Staatsrechts. Diese Bedeutung ist aber erst verhältnismäßig jung, im antiken Rom besagte das Wort etwas ganz anderes. Schon in der Republik war der Terminus *ius constitutum*, *constitutio* geläufig. Er bezeichnete damals einen von der Jurisprudenz entwickelten Rechtssatz, auf den man sich geeinigt hat, der dem Meinungsstreit entzogen ist, bedeutete also so viel wie ‚herrschende Meinung'. Solche Rechtssätze wurden häufig nach dem Urheber, einem bestimmten Juristen benannt. So hieß ein auf Publius Rutilius Rufus, Zeitgenosse des Quintus Mucius Skävola, zurückgehender Rechtssatz, mit Hilfe dessen die Wirkung der Frauenvormundschaft eingeschränkt wurde, *constitutio Rutiliana*[48]. *Constitutio principis* sollte an sich also nichts weiter sagen, als daß ein Rechtssatz durch die Autorität des Kaisers unstreitig geworden war. Der Unterschied war nur der, daß die Autorität des Kaisers so mächtig war, daß eine von ihm ausgesprochene Rechtsmeinung stets eine größere Chance hatte, allein dadurch dem Bestreiten durch einen gewöhnlichen, sterblichen Juristen entzogen zu werden, mag sie damit auch noch nicht völlig unangreifbar geworden sein. Aber im Alltag setzten sich die kaiserlichen Rechtsmeinungen durch, und es spielte keine Rolle, daß die Kaiser von Hause aus gar keine Juristen waren. Schließlich hießen sämtliche kaiserlichen Rechtssetzungen *constitutiones*: seine formellen Rechtssetzungsakte kraft altem republikanischem Staatsrecht oder besonderer Ermächtigung ebenso wie jene informellen Bekundungen. Fünf Erscheinungsformen sind zu unterscheiden:

(1) *Edicta principis* (Edikte des Kaisers)

Häufig übernahm der Kaiser das Konsulat, und als Konsul konnte er ebenso Edikte erlassen wie jeder andere Magistrat auch. Aber da es mehr und mehr als bloße Äußerlichkeit empfunden wurde, ob der Kaiser gerade eine republikanische Magistratur bekleidete, sprach man ihm ein besonderes *ius edicendi* zu, das an kein hergebrachtes Amt gebunden war, sondern dem Kaiser schon vermöge seiner Stellung als *princeps* zustand; der Principat galt nun eo ipso als Magistratur. Überdies erachtete man die Edikte der Kaiser bald als den Edikten der übrigen gewöhnlichen Magistrate überlegen, setzten kaiserliche Edikte ihnen etwa entgegenstehende Edikte anderer Magistrate, der Konsuln oder der Prätoren, außer Kraft, eine Folge dessen, daß sie keiner speziellen Zuständigkeit entsprangen, sondern der überragenden, allgemeinen Zuständigkeit des Princeps.

(2) *Decreta* (Entscheidungen)

Decretum bedeutet eigentlich ‚Entscheidung eines Prozesses', und zwar eines durch den Magistrat selbst zu Ende geführten Prozesses,

---

[48] S. Fragm. Vat. 1 u. dazu Max Kaser, Fragmentum Vaticanum 1, in: Labeo 7 (1961) 291–307.

was es auch gab; die Zweiteilung des Verfahrens war nicht ausnahmslos durchgeführt. Prozeßentscheidungen der Magistrate oder der Geschworenenrichter waren an sich keine Rechtsquellen, trugen nach römischer Anschauung zur Rechtsfortbildung nicht bei. Sie ergingen ja nicht aus eigener Autorität, sondern stützten sich auf die Autorität der den Richter beratenden Juristen. Anders war es beim Kaiser, auf welche Weise immer ein Prozeß vor ihn kam. Der Kaiser konnte grundsätzlich erstinstanzliche Sachen an sich ziehen, was er vor allem in Strafsachen tat; nur Augustus selbst hielt sich damit noch zurück. Außerdem entwickelte sich die Praxis, gegen ein vom Geschworenenrichter oder Magistrat gefälltes Urteil, mit dem sich die unterlegene Partei nicht abfinden wollte, den Kaiser anzurufen, woraus ein regelrechter Instanzenzug wurde, eine Appellationsgerichtsbarkeit des Kaisers.

(3) *Rescripta* (Rückschreiben)

Die interessanteste und im 2. und 3. Jh. wichtigste Gattung kaiserlicher Konstitutionen waren die sog. Rückschreiben, Antworten auf schriftliche Eingaben, in denen alltägliche Nöte und Bedrängnisse sowie Beschwerden in elementaren Dingen, aber auch unmittelbare Bitten um Rechtsweisung vor den Kaiser gebracht werden konnten, was i.d.R. durch eine einfache Rechtsauskunft zu erledigen war. Solche Anfragen kamen vor allem aus der Provinz, wo es keine Rechtsberater mit Autorität gab; vor allem bei Aufenthalten des Kaisers in der Provinz pflegten ihm derartige Bittschriften *(libelli)* zuzugehen. Rechtsanfragen zu bescheiden war an sich eine den Juristen seit alters obliegende Aufgabe. Im Verhältnis zu den Provinzialen haben die Kaiser das übernommen und in großem Stil ausgebaut; sie waren in der Lage, bei solcher Gelegenheit auch ganz neues Recht zu setzen wie in dem auf Verwendung der Altkaiserin Plotina ergangenen Reskript Hadrians an den Epikuräer Theotimos: darin wird der Philosophenschule der Epikuräer in Athen gestattet, jemanden zum Schulhaupt zu wählen, der nicht das römische Bürgerrecht hat[49]. Augustus richtete zur Erledigung dieser Rückschreiben eine eigene Kanzlei ein, das Amt *a libellis*. Grundsätzlich wurde über jede Eingabe im kaiserlichen Konsilium (Rat) in Anwesenheit des Kaisers beraten und entschieden und nur die Ausfertigung der Antwort oblag der Kanzlei. Das weitere Verfahren war denkbar einfach: Die Ant-

49 FIRA I S. 430f. = Nr. 79. Beispiele aus dem Alltag im Jahre 200 n. Chr. bei W. L. Westermann u. A. A. Schiller, Apokrimata – Decisions of Septimius Severus on legal matters (New York 1954).

wort wurde am Aufenthaltsort des Kaisers öffentlich ausgehängt, wovon der Anfragende oder sein Bote dann Abschrift nehmen mochte. Seit Kaiser Hadrian, der die kaiserliche Reskripttätigkeit verstärkte, bedeutete sie eine ernsthafte Konkurrenz zur Gutachtertätigkeit der Juristen auch in Rom. Zu schwebenden Verfahren hatte Hadrians Vorgänger Trajan es noch abgelehnt, sich zu äußern. Im 3. Jh., als die Gutachtertätigkeit der Juristen aufhörte, versiegt diese Möglichkeit, sich Rechtsauskunft zu holen, nicht, wenn sie auch zunächst merklich nachläßt, um erst unter Diokletian wieder in noch größerem Stile als je vorher fortgeführt zu werden; die meisten überlieferten Reskripte stammen von diesem Kaiser. Schon die hoch- und vor allem die spätklassischen Juristen taten gut daran, diese Rechtsbescheide zur Kenntnis zu nehmen und in ihren Schriften zu verarbeiten. Später werden die Reskripte zusammen mit den anderen Kaiserkonstitutionen, ihnen gegenüber eine *quantité négligeable*, gesondert gesammelt und veröffentlicht.

(4) *Epistulae* (Briefe)
Gingen die Anfragen von Beamten oder Institutionen wie Provinzallandtagen, Städten im Reich usw. aus, so fiel die kaiserliche Antwort weniger schlicht aus; man raffte sich zu einem regelrechten Brief mit Anrede, Grußformel und den sonst für nötig erachteten Floskeln auf, was dann eine andere Kanzlei ausfertigte: die Kanzlei *ab epistulis*. Die vom Kaiser unterschriebene Epistel wird dem Adressaten zugestellt.

(5) *Mandata principum* (Anweisungen der Kaiser)
Der Kaiser hatte viele Unterbeamte, vor allem in der ihm allein unterstehenden Fiskalverwaltung. Aber auch die allgemeine Provinzverwaltung führten zum größeren Teil dem Kaiser unmittelbar Unterstellte aus: Ägypten, wo Augustus nominell Nachfolger der ptolemäischen Pharaonen war ohne Zwischenschaltung des römischen Staates und welches Land infolgedessen Senatoren nicht betreten durften, verwaltete Augustus durch einen ritterlichen *praefectus Aegypti*, das höchste an einen Ritter zu vergebende Amt des Kaisers. In den Grenzprovinzen mit Militär war der Kaiser formell Provinzstatthalter, welches Amt er natürlich nicht selbst, sondern durch Gehilfen wahrnahm, die senatorischen *legati Augusti*. Und in einzelnen kleinen Provinzen wie z.B. Judäa, deren geringes Steueraufkommen den üblichen militärischen und organisatorischen Aufwand nicht lohnte, ließ sich der Kaiser nur durch einen *procurator* (eigentlich ‚Stellvertreter') aus dem Ritterstand (wie z.B. Pontius Pilatus) ver-

treten, der auch in den verschiedensten sonstigen Bereichen der kaiserlichen Verwaltung Verwendung fand[50]. In all diesen Fällen der Herrschaftsausübung durch Mandat, deren grundsätzliche Möglichkeit schon das republikanische Staatsrecht anerkannt hatte, aber erst vom Ämter häufenden Kaiser massiert eingesetzt wurde, konnte er natürlich Weisungen an seine Vertreter richten, und solche Dienstanweisungen des Kaisers hießen *mandata principis*. Vor allem im Fiskalbereich haben sie eine große Rolle gespielt, ein besonderes *ius fisci* (Fiskalrecht)[51] begründet.

d) Institutionalisierung außerordentlicher Rechtswege

Die ordentliche Rechtspflege *(ordo iudiciorum)*, geordnet durch Volksgesetze im Verein mit uraltem Herkommen, war aufgeteilt in die Privat- und die Kriminalrechtspflege. Jene, der *ordo iudiciorum privatorum* unter den zwei Prätoren und den Ädilen, wurde in der augusteischen *Lex Iulia iudiciorum privatorum* neu geordnet. Zur Entscheidung berufen war in der Regel der Einzelgeschworene *(iudex privatus)*, in einzelnen Fällen ein Kollegium von drei Geschworenen (*recuperatores*, eigentlich ‚Zurückholer'), zuständig vor allem für die Privatstrafklagen wegen Diebstahls und Körperverletzung. Der jeweils zuständige Geschworenenrichter wurde einer Geschworenenliste entnommen, die alljährlich nach festen Regeln aufgestellt wurde. Den *ordo iudiciorum publicorum*, die Schwurgerichte unter sechs bis acht weiteren Prätoren, erneuerte Augustus in der *Lex Iulia iudiciorum publicorum*. Hier entschieden Geschworenenbänke von je 17 Richtern, wobei jeder der im ganzen zehn Geschworenenhöfe unter je einem Prätor oder niederen Magistrat für bestimmte Verbrechen zuständig war: für Totschlag, Fälschung, Erpressung durch Beamte, Ehebruch usf. Das dabei zu beobachtende Verfahren war in den noch aus der Republik stammenden, die einzelnen Höfe konstituierenden Gesetzen eingehend geregelt und mit mannigfachen rechtsstaatlichen Kautelen versehen, was die ganze Institution recht schwerfällig machte[52]. So treten in der Kaiserzeit neben die ordentliche Rechtspflege, an deren Geschworenendienst das gehobene Bür-

[50] Näher Hans-Georg Pflaum, RE Art. procurator 2 (1957) 1240–1279, bes. 1243–46 u. 1267–69.

[51] Dig. 49, 14 u. Cod. Just. 10, 1–15. Zu unterscheiden vom eigentlichen Steuerrecht: Dig. 50, 15 u. Cod. Just. 10, 16 ff.

[52] Im einzelnen Wolfgang Kunkel, RE Art. quaestio 1 (1963) 720– 786; u. A. H. M. Jones, The criminal courts of the roman republic and principate (Oxford 1972); u. dazu Okko Behrends, SZ 90 (1973) 462–475.

gertum des ganzen Reichs beteiligt war, immer mehr außerordentliche Gerichte der verschiedensten Machtträger. Schon kurz erwähnt wurde die Appellationsgerichtsbarkeit der Kaiser, deren Grundlage seine tribunizische Gewalt war. Der republikanische Volkstribun konnte vermöge seines *ius intercedenti* (Recht des Dazwischentretens) gegen jede magistratische Handlung angerufen werden: *appellari*. Das gab ihm aber nur das Recht, ein etwaiges magistratisches Urteil zu kassieren; gegen das Urteil eines Geschworenenrichters konnte er nichts unternehmen, und reformieren konnte er auch das magistratische Urteil nicht. Augustus aber hatte sich zur tribunizischen Gewalt die besondere Befugnis einräumen lassen *appellatum iudicare* (angerufen zu urteilen). Da ein Instanzenzug den Römern aus der Republik nicht geläufig war, wird damit nur gemeint gewesen sein, daß Augustus erstinstanzliche Prozesse an sich ziehen kann. Durch das Schwergewicht der Macht wurde auch aus diesem kleinen Zugeständnis aber eine weitreichende übergeordnete Kompetenz des Princeps. Schließlich gab es unter ihm noch weitere Appellationsinstanzen: für Rom und seine nähere Umgebung der Stadtpräfekt *(praefectus urbi)*, für das übrige Italien der Prätorianarpräfekt *(praefectus praetorio)* und z.B. in Nordafrika auch für die kleineren Provinzen östlich und westlich von *Africa proconsularis* der *proconsul Africae*. Diese ganze Appellationsgerichtsbarkeit geschah *extra ordinem*.

Aber nicht nur über der ordentlichen Rechtspflege, sondern auch neben ihr entstanden neue Gerichtsbarkeiten. Bereiche, deren Regulierung bisher sich selbst, d.h. Konvention und Sitte überlassen worden war, wurden vom Kaiser einem Beamten zur besonderen Obsorge anvertraut, wofür sich zumal die noch immer hochangesehenen, aber nur mehr geringfügige Restfunktionen ausübenden Konsuln anboten. Sie erledigten die ihnen anvertrauten Sachen, Meinungsverschiedenheiten der Bürger in Fragen des praktischen Handelns, nach alter römischer Tradition justizförmig, d.h.: unter gleichmäßiger Anhörung beider Teile, Beratung des Vorgebrachten im Kreise sachverständiger Freunde und Verkündung des Ergebnisses der Beratung, also Erledigung der Sache durch einen Spruch. Dieser war wohl ursprünglich nur eine gütliche Empfehlung, hatte durch die hohe Stellung seines Urhebers aber praktisch eine hohe Durchsetzungschance; die unterlegene Seite konnte es sich gesellschaftlich kaum leisten, ihm nicht nachzukommen. Denn anders als üblicherweise bei der ordentlichen Gerichtsbarkeit wurde der abschließende Spruch, das abschließende Erkenntnis von der Autorität des Beamten selbst getragen; war es sein Erkenntnis. Und da für eigene Entscheidungen der Beamten der Terminus *cognito* (Erkenntnis) eingeführt war, bekam diese Form der Gerichtsbarkeit den Namen *cognitio extra ordinem*. So wurden Unterhaltsfragen zwischen Verwandten juridifiziert, was ursprünglich dem in allen frühen Gemeinschaften stark ausgeprägten Familiensinn überlassen werden konnte. Seit dem 2. Jh. n. Chr. scheint das aber nicht mehr zuverlässig genug funktioniert zu haben und war der Staat in Fragen der Armenfürsorge feinfühliger geworden: um 100 n. Chr. setzen eine ganze Reihe sozialstaatlicher Maßnahmen ein[53]. Ein anderer Punkt waren die Honorarforderungen der Lehrer, Redner, Advokaten und Ärzte. Höhere, eines Freien würdige Dienste *(artes liberales)* machte ein standesbewußter Freiberufler, auch wenn es rechtlich möglich war, nicht zum Gegenstand eines Dienstvertrags um Lohn *(mercedes)*. Trotzdem mußten die in Rom wirkenden Lehrer, Redner, Advokaten und Ärzte von ihrem Verdienst leben. Deshalb vereinbarten sie mit ihren „Klienten" als Gegenleistung sog. Ehrengelder *(honoraria)*, deren Entrichtung die Ehre des Versprechenden gebot. Im 2. Jh. n. Chr. mochten auch hier Mißstände den Kaiser zum Eingreifen veranlaßt haben. Oder: Vormundschaften zu übernehmen war einst nicht nur Ehrenpflicht, sondern auch beliebt, denn es bedeutete einen Machtzuwachs für den Vormund. Seit aber die Haftung des Vormunds für Verluste am verwalteten Vermögen immer mehr verschärft wurde, verliert die Aufgabe ihre Anziehungskraft und versucht man, sich ihr zu entziehen. So richtete der Kaiser eine Stelle ein, die Ablehnungen von Vormundschaften überprüfte und dabei im Laufe der Zeit einen festen Katalog von anerkannten Ablehnungsgründen erarbeitete: der *praetor tutelaris*, eine neue Prätorenstelle. Formlose Verfügungen von Todes wegen, *fidei commissa* (der Treue Überlassenes) waren ursprünglich nicht rechtsverbindlich, sondern, wie der Name sagt, der Pietät des damit betrauten anheimgegeben. Hier hat schon Augustus anläßlich eines Falles aus dem Jahre 4 n. Chr. die Konsuln beauftragt, *auctoritatem suam interponere* (ihre Autorität einzusetzen), also eigentlich nur: zu vermitteln, den Streit nach eigenem Ermessen zu schlichten[54]. Bald wird daraus eine ständige Amtstätigkeit, die solchen Umfang einnimmt, daß ein halbes Jahrhundert später eine weitere Sonderprätur eingerichtet wird: der *praetor fideicommissarius*.

---

[53] Dazu Marina Elisabeth Pfeffer, a.a.O. (oben Anm. 21) 122–127.

[54] Inst. Just. 2, 23 § 1 u. 2, 25 pr.

Die einschneidendste, für den einzelnen Bürger und zumal die Oberschicht gefährlichste außerordentliche Gerichtsbarkeit war die erstinstanzliche Kriminalgerichtsbarkeit der beiden Präfekten, des Stadt- und des Prätorianerpräfekten, die nicht nur neben die alten Geschworenengerichtshöfe trat, m. a. W. weitere Taten kriminalisierte *(crimina extraordinaria)*; sondern bald konkurrierten die Präfekten auch mit den Geschworenengerichtshöfen, griffen sie in deren Zuständigkeit ein und verdrängten sie schließlich sogar auf breiter Linie. Mit ihren vielen rechtsstaatlichen Kautelen wurden sie als nicht schlagkräftig genug empfunden. Vor allem die nie ganz bewältigte Bestechlichkeit der Geschworenenrichter diskreditierte die ganze Institution. Ciceros Briefe künden beredt, wie dadurch eine wirksame Verbrechensbekämpfung zum Stillstand gebracht werden konnte. Zu Beginn des 3. Jhs. n. Chr. scheinen diese Überbleibsel aus rechtsstaatlich engagierteren Zeiten nur mehr für minder gemeingefährliche Delikte fortbestanden zu haben: für Ehebruch.

3. Der spätantike Zwangsstaat

a) Allgemeine Zustände[55]

Den Höhepunkt der großen Reichskrise im 3. Jh. n. Chr. markiert die Gefangennahme Kaiser Valerians durch die Perser im Jahre 259. Auf dieses beispiellose Ereignis schossen die Usurpatoren im Osten und entlang der Donau-Rheinfront wie Pilze aus dem Boden, und zum ersten Mal brachten die sich daran anschließenden inneren Machtkämpfe keine baldige Klärung. Zwei der Aufrührer konnten sich in Teilen des Reichs lange Zeit behaupten, was separatistische Kräfte auf den Plan rief, die beide Sonderreiche den Tod ihres Gründers überdauern ließ. Es waren im Osten das Reich von Palmyra, das von Phönizien bis Kappadokien reichte und erst 272 zurückerobert wurde; und im Westen ein gallisch-britisches Sonderreich (bis 273), das sich hier noch dreimal wiederholte: 287–296 nur in Britannien und 350–353 sowie 407–411 wieder zusammen mit Gallien und Spanien. Den Randvölkern an der Nordgrenze gelingen tiefe Einbrüche auf Reichsboden bis nach Zentralgriechenland und Nordafrika. Das Heer bringt aber schließlich mehrere tatkräftige Herrscher aus Illyrien (etwa das heutige Jugoslawien) auf den Thron, die

[55] Genauer orientieren dazu statt vieler A. H. M. Jones, The later roman empire, 3 Bde. (Oxford 1964); u. Franz Wieacker, Recht und Gesellschaft in der Spätantike (Stuttgart: Urban-Taschenbuch 74, 1964). S. a. ders., Die Krise der antiken Welt (Vortrag, Göttingen: Vandenhoeck 1974).

das Reich allmählich wieder festigen: Claudius Gothicus, so zubenannt nach einem großen Sieg über die Goten 270 n. Chr.; Aurelian, Probus und schließlich Diokletian. Dieser Kaiser errichtet neue, näher an der Front gelegene Residenzen in Trier, Mailand, Sirmium (unweit Belgrad), Serdica (heute Sofia), Nikomedia am Ostzipfel des Marmarameers und Antiochia in Syrien, und von da an weilen die Kaiser nur noch selten im traditionsstolzen und aufsässigen, den Soldatenkaisern fremd gewordenen Rom. 330 weiht Konstantin die neue Hauptstadt Konstantinopel an der Stelle der alten Mittelstadt Byzanz ein, und bald hat sie alle Privilegien Roms: Senat, Vergnügungsstätten, Brotverteilungen und Exemption von der Provinzialverwaltung unter einem besonderen Stadtpräfekten.
Die Wirtschaft des Reiches ist nach fünfzig Jahren Bürgerkrieg und Plünderung der Städte durch die Fremdvölker stark zurückgegangen. Das Land liegt brach, die Städte müssen befestigt werden, wobei man sich oft mit einem kleinen Bruchteil des alten Weichbildes begnügt. Ganze Provinzen werden geräumt wie das Dekumatenland zwischen Oberrhein und Donau oder Dazien (Siebenbürgen) mit seinen wichtigen Silberbergwerken. Der wachsende Finanzbedarf des Staates für ein immer anspruchsvolleres Heer und einen immer größeren Beamtenapparat führte schon seit der Machtübernahme durch Septimius Severus zu einer stetigen Münzverschlechterung, die im späteren 3. Jh. rapide Ausmaße annimmt. Die Währung basierte auf einer Silbermünze, dem Denar, der am Ende der Regierungszeit Galliens, des Sohnes und Nachfolgers von Valerian, nur noch einen hauchdünnen Silberüberzug aufweist, praktisch zu einer bloßen Weißkupfermünze wird. Hand in Hand damit geht eine sich überstürzende Inflation, in Folge derer die Geldwirtschaft weithin aufhört. Das Bezahlen in Naturalien wird wieder üblich, sofern man nicht überhaupt wie auf den großen Gütern zur Selbstversorgung übergeht. Die ländliche Bevölkerung hat ihre Steuern jetzt durchweg in Feldfrüchten zu entrichten, die unmittelbar der Heeresverpflegung zukommen; auch für die Staatsbeamten erweist es sich als günstiger, in Naturalien besoldet zu werden. Zwar begründet dann nach Ansätzen Aurelians Diokletian und endgültig Konstantin eine neue Goldwährung. Diokletians Höchstpreisedikt für fast alle Waren und Dienstleistungen[56] erweist sich aber rasch als Fehlschlag und zieht zunächst auch die Währungsreform in den Strudel hinein: Das neue

---

[56] Neue Ausgabe mit sachkundiger Einleitung von Siegfried Lauffer, Diokletians Preisedikt (Berlin 1971).

gute Geld wird gehortet. Notgedrungen wird auch das klassische Prinzip der Geldverurteilung aufgegeben; seit dem späteren 3. Jh. wird der Schuldner bei Herausgabe- und deliktischen Schadensersatzklagen wieder wie in ältester Zeit in die Sache selbst bzw. zur Erstattung einer (oder mehrerer) gleichwertiger Sachen verurteilt.
Am härtesten betroffen waren das im 1. und 2. Jh. zu einigem Wohlstand gelangte Bürgertum der Städte und die Landpächter. Zahlreiche öffentliche Aufgaben waren in klassischer Zeit freiwillig von wohlhabenden Bürgern bestritten worden, die sich um die kostspieligen Ehrenämter bewarben, in denen sie z.B. für Wasserleitungen, Straßenbau oder öffentliche Gebäude aus ihrem Privatvermögen sorgten. Mitglied *(decurio)* des Stadtrates *(curia)*, eines je nach Größe der Stadt 30- bis 600köpfigen Gremiums, innerhalb dessen solche Aufgaben verteilt wurden, wurde man, ähnlich wie in Rom Senator, als gewesener Amtsträger; und in die Gemeindeämter gelangte man einst durch mehr oder minder demokratische Wahlen. Mit schwindender Zahl freiwilliger Kandidaten wird nun die Nominierung *(nominatio)* durch die Kurie oder den Vorgänger entscheidend, und einer Nominierung kann man sich nicht mehr ohne weiteres entziehen; die Mitwirkung der Bürgerschaft reduziert sich auf eine Art Akklamation. Ähnlich wie vorher schon bei den Vormundschaften entwickelt die statthalterliche, vom Kaiser instruierte *cognitio extra ordinem* auch hier ein System von Entschuldigungsgründen. So wird der Dekurionat praktisch erblich, gemieden wegen der Haftung seiner reichsten und angesehensten Mitglieder für die Steuern etwa Entwichener. Schließlich können sich die kuriablen Bürger nicht einmal mehr durch Wegziehen aus der Vaterstadt, für den antiken Menschen ein harter Schritt, vor dem Zugriff des Staats retten. Konstantin hebt ihre Freizügigkeit unter Androhung schwerer Strafen offen auf[57], und seitdem werden sie immer ärger bevormundet. Einst die Blüte des Reichs, durch große, von anderen bewirtschaftete Besitztümer ein Rentierdasein führend und so für kommunalpolitische Aufgaben frei, findet ihre bevorzugte Lebensweise im spätantiken Beamten- und Militärstaat, dessen beste Soldaten sich aus den am wenigsten zivilisierten Gebieten rekrutieren, keine spontane Anerkennung mehr.
Noch schlechter erging es der anderen genannten Gruppe, den landwirtschaftlichen Pächtern *(coloni)*. Ihnen nimmt Konstantin nicht nur die Freizügigkeit, sondern im weiteren Verlauf des 4. Jhs. über-

---

[57] Werner Schubert, Die rechtliche Sonderstellung der Dekurionen in der Kaisergesetzgebung des 4.–6. Jhs, in: SZ 86 (1969) 287–333.

antwortet sie der Staat auch in vielen persönlichen Beziehungen ihren die Steuern für sie abführenden Grundherren, gegen die sie die Gerichte nur mehr wegen überhöhter Pachtzinsforderungen und schwerer Verbrechen anrufen können (s. Cod. Just. 11, 50, 2 v. J. 396). Ein Teil von ihnen, die sog. *adscripticii* (Zugeschriebene, nämlich in den Steuerlisten), de jure freie römische Bürger, werden in Wahrheit Leibeigene (wie vor der *constitutio Antoniniana*?) ohne eigenes Vermögen und ausgeschlossen von der Ehegemeinschaft mit Höhergestellten (Cod. Just. 11, 48, 19; 21 u. 24, alle frühes 6. Jh.). Freie Bauern auf eigenem Land verschwinden im Westen fast ganz; nur im Osten wird das Bauernlegen seit dem späten 4. Jh. mit immer schwereren Strafen bedroht (Cod. Theod. 11, 24).

Aber noch viele andere Berufsgruppen werden unfrei. Um in kritischer Lage die Versorgung der römischen Plebs mit billigem Korn zu sichern, scheint Maxentius die Reeder und Bäcker massiven Zwangsmaßnahmen unterworfen zu haben. Jedenfalls setzen drei Gesetze aus dem Jahre 314 (Cod. Theod. 13, 5, 1–3) bereits voraus, daß das Vermögen der Reeder und Bäcker unveräußerlich ist, der Schiffer- bzw. Bäckergilde verhaftet. Konstantin baut das weiter aus. Und nachdem der Staat immer mehr tägliche Verbrauchsgüter kostenlos (z. B. Schweinefleisch) oder zu stark herabgesetzten Preisen (z. B. Wein) den städtischen Massen zur Verfügung stellt, werden immer mehr Gewerbetreibende mit ihrem Vermögen über den Tod des Einzelnen hinaus an ihren Beruf gebunden, also auch ihre Erben. Ihr Verdienst ist nicht Gewinn, der einen freien Markt voraussetzt, in der Höhe nur ihm unterworfen ist, sondern eine staatlich festgesetzte Provision, bei den Getreideschiffern z. B. 4% der Ladung (s. Cod. Theod. 13, 5, 7 a. E.). Die Reglementierung wird vermittelt von den jeweiligen Berufsvereinigungen *(collegia)*, die zu Zwangsverbänden werden. Freie Marktwirtschaft herrscht fast nur noch bei Luxusgütern.

Die Kehrseite des Gewerbe- und Ständezwangs war, daß die Angehörigen der am meisten betroffenen Gruppen ihnen nach Möglichkeit zu entkommen trachten. Immer neue Verbote, am dichtesten überliefert zum Ständezwang der Dekurionen, spiegeln, da sie oft nur längst Geltendes wiederholen (Cod. Theod. 12, 1 u. pass.), wie schwer es war, die Zahl der Dekurionen auf dem erforderlichen Stand zu halten. Begehrt war insbesondere der zivile Staatsdienst. Die Beamten, auch die unteren, waren i. d. R. von Abgaben befreit und durch sonstige Vorrechte begünstigt, wußten sich aber auch ohne Rechtsgrundlage bei der Verteilung des Sozialprodukts ihren Anteil zu sichern.

Diokletians große Verwaltungsreformen hatten zu einer Vervielfachung des Beamtenapparats geführt, und außerdem besetzte Konstantin viele Ämter doppelt, damit sich ihre Inhaber gegenseitig kontrollierten, und teilte er großzügig Titularwürden aus. Durch bezahlte Fürsprache *(suffragium)* sich einen Posten bei Hofe zu verschaffen war gang und gäbe, gesetzlich dagegen einzuschreiten wird zu einem ständigen Ritus. Die andere Gruppe, zu der der Zugang gesetzlich beschränkt werden mußte, waren die Kleriker der christlichen Kirche. Seit 311 ergehen immer weiterreichende Wiedergutmachungs- und Gleichstellungsgesetze, die, im Gesetzestext selbst nahezu unmerklich, in ihrer praktischen Auswirkung schon unter Konstantin zu einer massiven Bevorzugung der christlichen gegenüber den anderen Priesterschaften führen. Die höheren kirchlichen Ämter sind denn auch bald fest in der Hand der weltlichen Führungsschicht[58]. Das ist hauptsächlich die dritte, mehr tatsächlich als rechtlich begünstigte Gruppe, die das ganze Reich, aber am dichtesten den Westen überziehende Schicht der Großgrundbesitzer, deren Spitze die Senatoren von Rom und Konstantinopel bilden; in den Hauptstädten präsent ist nur ein kleiner Bruchteil, die meiste Zeit verbringen sie auf ihren weit entfernt in den Provinzen liegenden Gütern, regelrechte kleine Territorialherrschaften mit eigenen Truppen, die denen des lokalen Repräsentanten der Staatsmacht oft überlegen sind. So können sie Schutz gewähren und sich Übergriffe leisten, ohne daß der Betroffene wirklich Zugang zu den staatlichen Organen hat. Der römische Staat war nie so gleichgültig gegenüber dem Los des gewöhnlichen Bürgers, so unfähig zur Integration neuer Gruppen, wie unter den christlich gewordenen Kaisern, bei aller Mildtätigkeit der Kirche und ihren Bemühungen um Ausgleich.

Nachdem die letzten Reste der Beteiligung des Senats an der Macht: die senatorischen Offiziersstellen und seine Mitwirkung bei der Erhebung eines neuen Kaisers, im späten 3. Jh. beseitigt waren, regiert der Kaiser seit Diokletian unverhüllt als absoluter Monarch. Er heißt jetzt für alle *dominus* (Herr), wonach die neue Regierungsform Dominat genannt wird. Diokletian führt das orientalische Hofzeremoniell mit Proskynese vor dem Herrscher (Fußfall mit einer Art Kußhand) ein, und seit Konstantin trägt er das Diadem, die hellenistische Stirnbinde als Zeichen der Königsherrschaft; sie anzustreben war Tiberius Gracchus verdächtigt und dann erschlagen worden, und nach ihr

---

58 S. etwa Friedrich Prinz, Die bischöfliche Stadtherrschaft im Frankenreich vom 5. bis zum 7. Jh., in: Hist. Ztschr. 217 (1973) 1–35.

getrachtet zu haben hatte noch Cäsar das Leben gekostet. Der Kaiser umgibt sich mit einer Palastgarde *(palatini)*. Zentral- und Regionalverwaltung werden von Grund auf umgestaltet. Vor allem werden jetzt auf beiden Ebenen zivile und militärische Befugnisse, im römischen Staat bis dahin stets beisammen, getrennt. Seit Konstantin auch in der Zentrale, nachdem Diokletians Plan einer Tetrarchie (Vierkaiserherrschaft) von zwei Ober- *(Augusti)* und zwei Unterkaisern *(Caesares)* mit je einem Reichssprengel und als Verwaltungsspitze zwei Prätorianerpräfekten alten Stils, an der Übergehung des genialsten Nachkommen von Diokletians Vierkaisermannschaft, eben Konstantins, zerbrochen war. Seit Konstantin stehen an der Spitze des Heeres zwei Heermeister *(magistri militum)*, der *magister equitum* (Kavallerie) und *peditum* (Infanterie); und der Zivilverwaltung der *quaestor sacri palatii* (eine Art Justizminister), die *comites* (eigentlich ‚Begleiter') *sacrarum largitionum* (der allerhöchsten Schenkungen, nämlich an die Soldaten, eine Art Finanzminister) und *rerum privatarum* (des Kronguts, zuständig insbesondere auch für Konfiskationen) und der *magister officiorum* (Chef der großen Zentralkanzleien [s. oben S. 71], der Palastgarden und Zeremonienmeister), alle mit einigen weiteren wie dem *praepositus sacri cubiculi* (Oberkämmerer) ständige Mitglieder des Kronrats *(consistorium*, von *consistere* i. S. v. ‚hintreten, agieren'). Für die Zivilverwaltung bleibt das Reich in vier, zeitweise drei Präfekturbezirke unter je einem *praefectus praetorio* unterteilt, der aber nun eben nicht mehr notwendig beim Kaiser residiert und keine militärischen Befugnisse mehr hat. Die Präfekturbezirke gliedern sich in je zwei bis vier Diözesen unter einem *vicarius* (eigentlich ‚Ersatzmann, Stellvertreter', nämlich des Prätorianerpräfekten), und die Diözesen einschließlich Italiens zerfallen in eine Vielzahl kleiner Provinzen. All das zusammen erlaubte eine intensivere Verwaltung und staatliche Rechtsprechung. Für die Nachrichtenübermittlung richtet Konstantin ein straff organisiertes Corps kaiserlicher Botenreiter ein, die berüchtigten *agentes in rebus*, die auch nachrichtendienstliche Aufgaben erhalten. In einer großen Steuerreform ebnet Diokletian die ererbte regionale Mannigfalt im Rahmen des Möglichen ein, schafft insbesondere die immer zahlreicher gewordenen lokalen Privilegien wie die Grundsteuerfreiheit Italiens und der Städte mit *ius Italicum* ab, deren Zahl fast von jedem Kaiser für gute Dienste vermehrt worden war. Grundlage der landwirtschaftlichen Besteuerung sind nach ihrer Ertragsfähigkeit gleichmäßig registrierte Wirtschaftseinheiten (insbesondere Arbeitskräfte und nach Bodengüte und Kultur abgestufte Einheitsflächen), so daß die Zahl der Steuereinheiten für jeden Besitz und jede Gemeinde, Provinz, Diözese, jeden Präfekturbezirk und schließlich das ganze Reich katalogisiert wird mit periodischer Korrekturmöglichkeit, und der im voraus für jedes Jahr geschätzte Staatsbedarf wird auf die Einheiten gleichmäßig umgelegt. Das Gefährliche an diesem System war nicht nur die Besteuerung nach der Ertragsfähigkeit statt nach dem wirklich erzielten Ertrag (wie es bisher weithin galt), wodurch dem Einzelnen keine Wahl gelassen wurde, ob er seine Kapazitäten nutzen oder brach liegen lassen sollte; sondern auf diese Weise konnte die Steuerschraube nach Gutdünken der Zentrale angezogen werden. Auch war dadurch dem Privilegienwesen kein Riegel vorgeschoben. Z.B. sollte schon Licinius wieder bestimmen, daß Wehrbauern und Veteranen fünf bzw. zwei Einheiten absetzen können (Inschrift von Brigetio), was Konstantin zwar wieder einschränkt, aber nicht mehr aufheben kann (Cod. Theod. 7, 20, 4; 325 n. Chr.).

b) Die kaiserliche Gesetzgebung

Der konsequente Abbau aller etwa noch erhaltenen autonomen Träger von Staatsgewalt und eigenständigen Verfassungsorgane zugunsten der kaiserlichen Allmacht bzw. der Bürokratie bringt es mit sich, daß jetzt auch in der Theorie die Rechtssetzung beim Kaiser konzentriert ist. Neues Recht kann im Dominat nur noch der Kaiser setzen, und endlich heißen seine diesbezüglichen Akte auch *leges* (Gesetze). Die Nomenklatur des Prinzipats wird aber zur Differenzierung innerhalb der kaiserlichen Anordnungen beibehalten, doch sind die Übergänge fließend; eine strenge Terminologie wird nur noch partiell eingehalten. Herausgehoben sind die kaiserlichen Edikte, die *ad populum* (an das Volk) gerichtet sind, während gewöhnliche Gesetze an alle Regionalbeamten ergehen, die den Aushang besorgen. Nach ihrer Intention ist zwischen allgemeinen Gesetzen *(leges generales)*, Maßnahmegesetzen und Gesetzen mit örtlich begrenzter Wirkung (*leges* oder *sanctiones pragmaticae*), auf einzelne Personen oder Gruppen bezogenen Sondervergünstigungen *(privilegia)* und weiterhin ergehenden kaiserlichen Rechtsbescheiden *(rescripta)* auf Eingaben Privater oder von Behörden zu unterscheiden[59]. Unter Konstantin, der im Gegensatz zu Diokletian dem überkommenen Recht

---

[59] Zu den spätantiken Rechtsbildungsfaktoren in ihrer ganzen Breite Jean Gaudemet, La formation du droit séculier et du droit de l'Eglise aux IVe et Ve siècles (Paris 1957). Zu den verschiedenen Arten der Gesetze S. 26–38. Zu den Reskripten insbesondere Dietrich V. Simon, Konstantinisches

wenig Respekt zollt und oft eigenwillig und ungeduldig eingreift, werden dem weiterhin vorhandenen juristisch geschulten Beraterstab in verstärktem Maße Literaten beigesellt, die die kaiserlichen Rechtssetzungen ärger als zuvor in den Dienst der Herrscherpropaganda stellen[60]. Kaiserliche Großmut und Bestechlichkeit selbst der höchsten Beamten drohen die ganze Rechtsordnung zu unterhöhlen:

Imperator Constantinus Augustus Iulio Antiocho praefecto vigilum (Cod. Theod. 1, 2, 1)
Annotationes nostras sine rescribtione admitti non placet. Ideoque officium gravitatis tuae observet, sicut semper est custoditum, ut rescribta vel epistulas potius nostras quam adnotationes solas existimes audiendas.
Data III Kalendas Ianuarias Treviris Constantino Augusto III et Licinio III consulibus.

Kaiser Konstantin an den Präfekten der Stadtwache[61] Julius Antiochus
Wir halten dafür, daß Randverfügungen von unserer Hand, die nicht als Bescheide ausgefertigt sind, (vor Gericht) nicht zugelassen werden. Und deshalb möge das Büro deiner Gewichtigkeit beobachten, wie es immer befolgt worden ist, daß du vielmehr unsere ausgefertigten Bescheide oder Schreiben statt bloßer Randverfügungen beachtet werden zu müssen dafürhältst.
Gegeben am 30. Dezember zu Trier im Jahre 313 n. Chr.

Imperator Constantinus Augustus ad populum (Cod. Theod. 1, 2, 2)
Contra ius rescribta non valeant, quocumque modo fuerint inpetrata. Quod enim publica iura praescribunt, magis sequi iudices debent.
Proposita IIII Kalendas Septembres Romae Constantino Augusto IIII et Licinio IIII consulibus

Kaiser Konstantin an das Volk
Rechtswidrige kaiserliche Rückschreiben sollen nicht gelten, auf welche Weise immer sie erlangt worden sein mögen. Was nämlich das allgemeine Recht vorschreibt, dem müssen die Richter vielmehr folgen.
Ausgehängt am 29. August zu Rom im Jahre 315 n. Chr.

Inhaltlich hat die Gesetzgebung von Konstantin an deutlich autoritäre, und das heißt auch: sozialfürsorgerische Züge. Oft sind die Eingriffe des Herrschers gewaltsam und unausgewogen und ändern nach

---

Kaiserrecht (Freiburger Habilitationsschrift 1974, bisher ungedruckt) §§ 2–5. Zu den sanctiones pragmaticae Gunter Wesener, RE Suppl. 14 (1974) Art. pragmatica sanctio.

[60] Dazu Simon, a.a.O. (soeben Anm. 59); zum übernächsten Text dort § 2. Zum Folgenden s. a. Wolfgang Schuller, Grenzen des spätrömischen Staates: Staatspolizei und Korruption, in: Ztschr. f. Papyrologie u. Epigraphik 16 (1975) 1–21.

[61] Roms. Den Sammlern des Cod. Theod. war nur diese Ausfertigung des Gesetzes präsent.

den Bedürfnissen des Tages. So schreitet Konstantin in seinem Edikt über Anklagen *(edictum de accusationibus)* vom 1. Januar 320[62] hart gegen Denunzianten ein, zumal gegen ihre eigene Herrschaft denunzierende Sklaven. Sie sollen gar nicht erst gehört, sondern sofort gekreuzigt werden. Schon ein knappes Jahr später aber verspricht er Falschmünzerei aufdeckenden Sklaven die Freiheit:

Imperator Constantinus Augustus ad Ianuarinum vicarium urbis (Cod. Theod. 9, 21, 2)
Quoniam nonnulli monetarii adulterinam monetam clandestinis sceleribus exercent, cuncti cognoscant necessitatem sibi incumbere huiusmodi homines inquirendi, ut investigati tradantur iudiciis, facti conscios per tormenta ilico prodituri ac sic dignis suppliciis addicendi. Accusatoribus etiam eorum immunitatem permittimus, cuius modus, quoniam dispar census est, a nobis per singulos statuetur. Servos etiam, qui hoc detulerint, civitate Romana donamus, ut eorum domini pretium a fisco percipiant. Si quis autem militum huiusmodi personam susceptam de custodia exire fecerit, capite puniatur. Appellandi etiam privato licentia denegetur; si vero miles aut promotus huiusmodi crimen incurrerit, super eius nomine et gradu ad nos referatur. Si dominum fundi vel domus conscium esse probabitur, deportari eum in insulam oportebit, cunctis eius rebus protinus confiscandis; si vero eo ignaro crimen commissum est, possessionem aut domum debet amittere, in qua id scelus admissum est. Actor fundi vel servus vel incola vel colonus, qui hoc ministerium praebuit, cum eo qui fecit supplicio capitali plectetur, nihilo minus fundo vel domo fisci viribus vindicanda. Quod si dominus ante ignorans, ut primum repperit, scelus prodidit perpetratum, minime possessio vel domus ipsius proscribtionis iniuriae subiacebit, sed auctorem ac ministrum poena capitalis excipiet.
Data XII Kalendas Decembres Constantino Augusto VI et Constantino Caesare consulibus, proposita … Romae Crispo II et Constantino II Caesaribus consulibus.

Kaiser Konstantin an den Stellvertreter des Stadtpräfekten von Rom Januarinus
Weil etliche Münzer verbrecherischerweise heimlich falsches Geld herstellen, mögen alle erfahren, daß dergleichen Leute sich unvermeidlich eine Untersuchung zuziehen, die Aufgespürten den Gerichten übergeben werden, die Mitwisser der Tat, der Folter unterworfen, sofort aussagen werden und sie so mit den verdienten Strafen zu belegen sind. Außerdem gewähren wir ihren Anklägern Steuerfreiheit, deren Umfang, da die Veranlagung unterschiedlich ist, im Einzelfall von uns festgesetzt werden wird. Ferner beschenken wir Sklaven, die das aufdecken, mit dem römischen Bürgerrecht, unter Entschädigung ihrer Eigentümer (doch wohl nur soweit unschuldig) durch den Fiskus. Wenn aber ein Soldat, der einen solchen Menschen zu bewachen hat, bewirkt,

[62] Nach dem inschriftlichen Material neu herausgegeben von Fritz Heichelheim u. Georg Schwarzenberger, in: Symbolae Osloenses 25 (1947) 1 ff.

daß er aus dem Gefängnis entweicht, soll er mit dem Tode bestraft werden. Weiter wird Zivilisten das Recht, Berufung einzulegen, abgeschnitten; wenn aber ein Soldat oder ein höherer Beamter sich in ein solches Verbrechen stürzt, ist über seinen Namen und Dienstgrad uns zu berichten. Wenn erwiesen wird, daß der betreffende Land- oder Hauseigentümer eingeweiht ist, so ist er auf eine Insel zu deportieren und sein ganzes Vermögen sogleich zu konfiszieren; wenn das Verbrechen aber ohne sein Wissen begangen wurde, so muß er trotzdem den Besitz oder das Haus, in dem das Verbrechen begangen wurde, einbüßen. Der Verwalter, Haussklave, Bewohner oder Zinsbauer, der dabei Hilfe gewährte, ist zusammen mit dem Täter mit dem Tode zu bestrafen, das Land bzw. Haus aber nichtsdestoweniger dem Fiskus zuzuweisen. Wenn aber der anfangs unwissende Grundeigentümer das Verbrechen, sobald er davon erfahren hat, anzeigt, dann wird sein Besitz oder Haus nicht unrechtmäßiger Einziehung unterliegen, sondern die Todesstrafe wird an ihm und seiner Dienerschaft vorbeigehen.
Gegeben am 20. November im Jahre 320, ausgehängt am ... zu Rom im Jahre 321

Und in einem Gesetz vom 29. Mai 329 (Cod. Theod. 9, 9, 1) prämiert er, gegen Verbindungen zwischen einer Freien und einem Unfreien wütend, denunzierende Sklaven wieder. Selbst einer unehelichen Verbindung zwischen hohem Offizier und Gastwirtin entsprungen, eifert er gegen uneheliche und eheliche Mesalliancen und versperrt den daraus hervorgegangenen Kindern den Aufstieg (Cod. Theod. 4, 6, 3). Kaum je ohne Mätresse, bis seine Frau seinen zum Mitherrscher erhobenen unehelichen Sohn verführen will und beide im Zorn getötet werden, tut Konstantin öffentlich Buße, indem er das Halten von Konkubinen im Hause, was der christlichen, aber nicht unbedingt der heidnischen Moral widersprach, allgemein verbot (Cod. Just. 5, 26, 1). Großzügig erteilt er Einzelnen und ganzen Gruppen Steuerprivilegien, was ihn dann zur Einführung eines rigorosen Ständezwangs nötigt. Der Versuch eines seiner Söhne und Nachfolger, Constans, die Steuerprivilegien in größerem Umfang wieder aufzuheben[63], führt, sobald die erste größere Gruppe davon erfaßt wird, zu seinem Sturz[64].

---

[63] In chronologischer Reihenfolge, ohne die wenigen Parallelgesetze seiner Mitherrscher: Cod. Theod. 15, 1, 5; 6, 22, 2 = 12, 1, 24; 12, 1, 26; 12, 1, 41; 11, 12, 1; 6, 22, 3; 12, 1, 36; 12, 1, 42; und dann: 11, 7, 6.

[64] Konstantin hat freilich auch in christlichem Geist zahlreiche sozialfürsorgerische Gesetze erlassen, z. B. Cod. Theod. 1, 22, 2; 30, 1–5; 9, 21, 4 od. 9, 42, 1. Dazu Joseph Vogt, Zur Frage des christlichen Einflusses auf die Gesetzgebung Konstantins des Großen, in: Festschr. f. Leopold Wenger II (München 1945) 118–148.

Seit der Mitte des 4. Jhs. wird das Bedürfnis nach Ordnung und Übersicht der in Kraft befindlichen Kaisergesetze laut, insbesondere in der städtischen Oberschicht und der Reichsbeamtenschaft, was in den Ruf nach einer amtlichen Sammlung mündet[65]. Theodosius II. oder vielmehr die gelehrte Kaiserin Eudocia, athenische Bürgerstochter, nimmt sich 429 dieser Aufgabe an und setzt eine Kommission ein, die die seit Konstantin ergangenen Gesetze zusammenstellen und ordnen soll. Aber schon bei der Bestandsaufnahme stößt man auf große Schwierigkeiten. In der unruhigen Zwischenzeit – 410 war sogar Rom geplündert worden – hatten die Archive sehr gelitten, sofern sie überhaupt fortgeführt worden waren; im Osten war das von Anfang an nur halbherzig geschehen, wohl nicht zuletzt wegen der Sprachbarriere: nach wie vor ergingen alle Gesetze in lateinischer Sprache. Nun mußte man sie herbeischaffen, woher man sie bekommen konnte: aus Provinzialarchiven, Privatsammlungen usf. Die Kommission kommt nicht zurande. 435 wird eine neue mit vereinfachter Aufgabe eingesetzt: Es sind nur mehr alle seit Konstantin ergangenen Gesetze zu sammeln, gleichgültig, ob sie noch gelten oder überholt sind; und dann, nach Sachgebieten aufgeteilt, chronologisch mit Datum zu ordnen, so daß der Benutzer selbst feststellen kann, was durch neuere Gesetze überholt ist. Nach drei Jahren hat die Kommission die Arbeit bewältigt. Das Ergebnis sind 16 *libri*, unterteilt in Sachtitel: der Codex Theodosianus[66]. Er wird auch im Westen verkündet. Mehr als die Hälfte seines Inhalts ist öffentliches Recht, das also bei der jüngeren kaiserlichen Gesetzgebung ganz im Vordergrund stand. Das letzte, 16. Buch ist dem Recht der christlichen Kirche gewidmet.

---

[65] Dieter Nörr, Zu den geistigen und sozialen Grundlagen der spätantiken Kodifikationsbewegung, in: SZ 80 (1963) 109–140.

[66] Maßgebende Ausgabe von Theodor Mommsen unter dem Titel Theodosiani libri XVI (Berlin 1904), wonach hier zitiert ist. Der beste Kenner der Handschriften war Paul Krüger, der in hohem Alter eine neue Ausgabe begann (Codex Theodosianus, fasc. 1 u. 2 = Buch 1–8, Berlin 1923 u. 1926), die freilich viele Fehler enthält, die nur lückenhaft überlieferten Bücher 1–5 aber besser rekonstruiert. Den Anfang von Buch 9 hatte Krüger verloren, worüber die Ausgabe ins Stocken geriet und der Herausgeber starb. Zu Datierung und Lokalisierung der einzelnen Gesetze ist stets beizuziehen Otto Seeck, Regesten der Kaiser und Päpste für die Jahre 311 bis 476 n. Chr. (Stuttgart 1919), dem im allgemeinen auch hier gefolgt wird.

c) *Neue und die alte Rechtsliteratur*

In der Mitte des 3. Jhs. n. Chr. verstummte wie gesagt die klassische Rechtsliteratur. Trotzdem gab es weiterhin Juristen, die das Recht einigermaßen beherrschten: in den Rechtsschulen und in den kaiserlichen Kanzleien unter den juristischen Ratgebern des Kaisers. Denn kaiserliche Reskripte ergehen weiterhin, unter Diokletian sogar in größerem Umfang als je zuvor; Konstantin erst schränkt diesen Dienst erheblich ein. Gegen Ende des 3. Jhs. machen sich zwei Juristen daran, die Konstitutionen zu sammeln, zu ordnen und zu publizieren. Der eine, ein Gregorius oder Gregorianus, geht bis Hadrian zurück und schließt seine Sammlung, den Codex Gregorianus, im Frühjahr 291 ab, während der andere, Eugenius Hermogenianus, der spätere Prätorianerpräfekt Maximians, sich auf die beiden Jahre 293 und 294 konzentriert, Diokletians Reskripttätigkeit dieser Jahre in großer Fülle ausbreitet. Beide Werke, wiewohl vermutlich von höchster Stelle angeregt oder doch gefördert, geben sich im Gegensatz zum Codex Theodosianus noch als private Juristenarbeiten; doch werden sie das Vorbild für ihn, insbesondere ihre Ordnung der Materien.
Aber auch Darstellungen des damals geltenden Rechts fehlen nicht ganz, sie sind nur viel bescheidener als die klassischen Juristenschriften. Einmal ist ihr Umfang gering: fünf bis höchstens sechs *libri*, oft nur ein einziges. Sie teilen nur kurz Rechtssätze mit, ohne sich mit Begründungen, sonstigen Erörterungen oder Auseinandersetzung mit anderen Autoren aufzuhalten. Trotzdem sind diese Rechtssätze zum großen Teil den klassischen Juristenschriften entnommen. Die Autoren sind unselbständig, Epigonen. So wagen sie es auch nur ausnahmsweise, ihre Erzeugnisse unter ihrem eigenen Namen zu veröffentlichen. Meist schützen sie einen der gängigen Klassiker vor, insbesondere die beiden Spätklassiker Paulus und Ulpian sowie Gajus. Unter eigenem Namen veröffentlichte Hermogenian, der Konstitutionensammler, sechs *libri Iuris epitomae* (Auszüge aus dem Recht); und Arcadius Charisius, Chef der Libellkanzlei unter Konstantin, schrieb drei Einzellibri *De testibus* (Über Zeugen), *De muneribus civilibus* (Über städtische Lasten) und *De officio praefecti praetorio* (Über das Dezernat des Prätorianerpräfekten). Unter einem Klassikernamen verstecken sich dagegen die Paulus unterschobenen *Sententiae ad filium* (Meinungen, Urteile an den Sohn) in fünf *libri*, die Ulpian zugeschriebenen *Opiniones* in sechs Büchern, vorgeblich gajanische *Regulae* in drei oder mehr Büchern, ein nageblich ulpianischer *Liber singularis regularum* (Ein Buch Grundlinien) und viele andere kleine Werke. Sodann gibt es Epitomierungen klassischer

Schriften wie der Institutionen des Gajus, juristische Wörterbücher, Exzerptensammlungen aus den Schriften der Spätklassiker und den Konstitutionencodices wie die *Fragmenta Vaticana* und aus dem 5. Jh. bescheidene Erläuterungswerke zu den Codices und den Paulussentenzen[67].

Bei diesem Stand der Dinge war es auch für die Praxis um so wichtiger, die alten, klassischen Juristenschriften ergänzend beizuziehen. Seit Konstantin kümmern sich die Kaiser denn auch darum, daß authentische Ausgaben dieser Schriften zur Verfügung stehen, insbesondere der Hauptschriften der Spätklassiker Papinian, Paulus, Ulpian und Modestin sowie von Gajus. Die zahlreichen Kontoversen unter den klassischen Juristen, auch noch der Spätklassiker, erzeugen jetzt aber nur mehr Ungeduld und machen die Richter unsicher. Zumal die westliche Richterschaft scheint gegenüber mit solchen Kontroversen spielenden Advokaten hilflos gewesen zu sein und nach allerhöchsten Richtlinien verlangt zu haben, wie man in einem solchen Falle verfahren solle. Jedenfalls erließ der Kaiser des Westens, Valentinian III., drei Jahre, bevor sein Vetter im Osten, Theodosius II., die erste Kommission zur Sichtung der geltenden Gesetze einsetzte, die ursprünglich auch das Juristenrecht einbeziehen sollte, das sogenannte Zitiergesetz:

Imperatores Theodosius et Valentinianus Augusti ad senatum urbis Romae (Cod. Theod. 1, 4, 3)

Papiniani, Pauli, Gai, Ulpiani atque Modestini scripta universa firmamus ita, ut Gaium quae Paulum, Ulpianum et ceteros comitetur auctoritas lectionesque ex omni eius corpore recitentur. Eorum quoque scientiam, quorum tractatus atque sententias praedicti omnes suis operibus miscuerunt, ratam esse censemus, ut Scaevolae, Sabini, Iuliani atque Marcelli omniumque, quos illi celebrarunt, si tamen eorum libri propter antiquitatis incertum codicum collatione firmentur. Ubi autem diversae sententiae proferuntur, potior numerus vincat auctorum, vel si numerus aequalis sit, eius partis praecedat auctoritas, in qua excellentis ingenii vir Papinianus emineat, qui ut singulis vincit, ita

---

[67] Zu diesen Hartwig Schellenberg, Die Interpretationen zu den Paulussentenzen (Göttingen 1965). Zu Pseudo-Ulpians Opinionen, Verf., Ulpiani opinionum libri VI, in: TR 41 (1973) 279–310. Zu den Paulussentenzen Ernst Levy, Pauli sententiae – A palingenesia of the opening titles (Ithaca im Staate New York 1945); u. der Sammelband Pauli sententiarum fragmentum Leidense = Studia Gaiana IV (Leiden 1956). Zu den Fragmenta Vaticana Fritz Raber, Art. fr. iuris Vat., in: RE Suppl. 10 (1964) 232ff. Zu den unterschiedlichen Stilhaltungen der spätantiken juristischen Schriftdenkmäler Franz Wieacker, Vulgarismus und Klassizismus im Recht der Spätantike (Heidelberg 1955); u. Max Kaser, RE Art. Vulgarrecht (1967) 1283–1304.

cedit duobus. Notas etiam Pauli atque Ulpiani in Papiniani corpus factas, sicut dudum statutum est, praecipimus infirmari. Ubi autem eorum pares sententiae recitantur, quorum par censetur auctoritas, quos sequi debeat, eligat moderatio iudicantis. Pauli quoque sententiae semper valere praecipimus.
Data VII idus Novembres Ravenna dominis nostris Theodosio XII et Valentiniano II Augustis consulibus.

Die Kaiser Theodosius und Valentinian[68] an den Senat der Stadt Rom
Wir bestätigen die Geltung aller Schriften von Papinian, Paulus, Gajus, Ulpian und Modestin, so daß Gajus die Geltung zukommt wie Paulus, Ulpian und den übrigen, und aus seinem ganzen Werk Belegstellen vor Gericht angeführt werden können. Auch die Wissenschaft derjenigen, deren Abhandlungen und Ansichten alle die Vorgenannten in ihre Werke aufgenommen haben, erachten wir als gültig, z.B. von Skävola, Sabinus, Julian, Marcellus und allen, die von jenen beständig beigezogen werden, sofern der Text ihrer Schriften nur in Anbetracht der durch ihr hohes Alter unsicher gewordenen Überlieferung durch Vergleich mehrerer Ausgaben gesichert ist. Wo sich aber unterschiedliche Ansichten ergeben, dort soll die größere Zahl der Schriftsteller den Ausschlag geben, und wenn die Zahl auf beiden Seiten gleich ist, dann soll die Ansicht vorgehen, die dadurch herausragt, daß auch der ausgezeichnete Jurist Papinian sie vertritt, der zwar zwei anderen unterliegt, gegenüber einem aber obsiegt. Außerdem verfügen wir, daß die kritischen Bemerkungen, die Paulus und Ulpian dem Werk Papinians beigegeben haben, ungültig sind, wie es schon früher verordnet worden ist (von Konstantin im Jahre 321, Cod. Theod. 1, 4, 1). Wo aber die gleiche Zahl von Ansichten solcher Juristen angeführt werden, deren Geltung gleich zu beurteilen ist, dort soll das Ermessen des Richters wählen, welchen er folgen soll. Im übrigen bestimmen wir, daß die *sententiae* des Paulus stets mitzählen (so schon Konstantin 327, Cod. Theod. 1, 4, 2).
Gegeben am 7. November zu Ravenna im Jahre 426

Vgl. demgegenüber noch Hadrian (ca. 130 n. Chr.) nach Gajus, Inst. 1, 7 (Schluß des Rechtsquellenkatalogs):

Responsa prudentium sunt sententiae et opiniones eorum, quibus permissum est iura condere, quorum omnium si in unum sententiae concurrant, id quod ita sentiunt legis vicem optinet, si vero dissentiunt, iudici licet quam velit sententiam sequi. Idque rescripto divi Hadriani significatur.

---

[68] Im Cod. Theod., der ja in beiden Reichsteilen als Gesetz verkündet worden ist, firmieren stets alle jeweils regierenden Kaiser (außer denen, die als Usurpatoren galten) als gemeinsame Urheber der einzelnen Gesetze. Dieser Schein trügt aber. Seit 313 übte jeder Augustus sein Gesetzgebungsrecht selbständig aus, und ob der Kollege im anderen Reichsteil einen Erlaß des einen übernahm, blieb stets zweifelhaft. Die erhaltenen Dubletten zeigen oft Änderungen, zumindest abweichende Formulierung.

Gutachten der Rechtskundigen sind die Meinungen und Ansichten derjenigen, denen es erlaubt ist (Anspielung auf das *ius respondendi ex auctoritate principis*), Rechtssätze aufzustellen. Wenn deren aller Meinungen übereinstimmen, hat das, wofür sie sich auf diese Weise aussprechen, Gesetzeskraft. Wenn sie jedoch nicht übereinstimmen, darf der Richter der Meinung folgen, welcher er will. Das besagt ein Bescheid des göttlichen Hadrian.

Das Zitiergesetz ist ein trauriges Dokument geistiger Selbstlosigkeit, die schon unter Konstantin anhebt. Dieser hatte die kritischen Anmerkungen von Paulus und Ulpian zu Papinian strikt verboten: Sie durften in neue Ausgaben nicht mehr aufgenommen werden. Dagegen setzt er sich für die pseudopaulinischen Sentenzen ein: Zweifel an ihrer Authentizität dürfen nicht mehr geäußert werden[69].
Auch die Juristenausbildung wird in der Spätantike straffer organisiert[70]. Das Reich hat zwei und später drei staatliche Ausbildungsstätten für Juristen mit staatlich besoldeten Dozenten: die Universität Rom auf dem Capitol, die Rechtsschule von Beryt und die zwischen 414 und 425 n.Chr. gegründete Universität von Konstantinopel. Im Osten gab es außerdem private Rechtsschulen von zweifelhafter Qualität: in Alexandria, Cäsarea in Phönizien und Athen; im Westen dagegen scheint Rom seine Monopolstellung behauptet zu haben. Hier lehrten im 5. Jh. und offenbar auch noch in der Gotenzeit 10 lateinische und 10 griechische Grammatiker; die Grammatik war eine Art Grundstudium. Als Aufbaustudium könnte man den Unterricht bei den Rednern kennzeichnen, deren es drei lateinische *(oratores)* und fünf griechische (Rhetoriker oder Sophisten) gab. Schließlich konnte man als eine Art Vertiefungsstudium Philosophie oder Jura wählen; für jenes Fach gab es einen, für dieses zwei Ordinarien. An der Rechtsschule von Beryt lehrten nur Juristen, und zwar zunächst zwei, später vier. Und in Konstantinopel standen für das Grundstudium zwei griechische und ein lateinischer Grammatiker, für das Aufbaustudium zwei Sophisten und für das Vertiefungsstudium ein, später zwei und schließlich vier Juristen zur Verfügung; Philosophie studierte man im Osten weiterhin in Athen. Aus Beryt kennen wir das damalige akademische Disziplinarrecht. Der von auswärts kommende Student mußte sich zunächst beim Magistrat der Stadt melden,

---

[69] Cod. Theod. 1, 4, 1 u. 2 v. J. 321 u. 328.
[70] Zum Folgenden Bernhard Kübler, a.a.O. (oben Anm. 7) 424–433, welches Lehrbuch überhaupt die Spätantike besonders eingehend schildert, dessen Urteile freilich heute vielfach revisionsbedürftig sind.

eine vom heimatlichen Provinzgouverneur ausgestellte Studienerlaubnis vorlegen und angeben, wo er Wohnung nahm. Sein Fleiß beim Studium und seine Führung außerhalb der Schule wurden überwacht. Er durfte nicht zu oft ins Theater oder zu sonstigen Volksbelustigungen in die Arena oder den Circus gehen und keine üppigen Gelage halten. Wer gegen die Studienordnung verstieß, wurde öffentlich ausgeprügelt und per Schiff abgeschoben. Studierende durften höchstens 25 Jahre alt sein. Seit etwa 460 n. Chr. gibt es Abschlußzeugnisse, die Voraussetzung zur Bekleidung hoher Funktionen in der Justiz und zur Advokatur werden. Das Studium dauert vier oder fünf Jahre. Ihm liegen die klassischen Juristenschriften und die Kaiserkonstitutionen zugrunde, die in Auswahl gelesen und erläutert werden. Unterrichtssprache ist mittlerweile griechisch, die Texte werden aber im Original gelesen, man mußte also auch Latein können. Im ersten Jahr las man Gajus (die Institutionen) und knappe Zusammenfassungen des Ehegüter-, Vormundschafts-, Testaments- und Vermächtnisrechts; die Studenten des ersten Jahrgangs hießen *dupondii* (Groschen), worin sich offenbar der Hochmut der älteren Semester kundtut. Im zweiten Jahr kam die erste Hälfte des Ediktstoffs dran, nämlich öffentliches, insbesondere Verfahrensrecht, allgemeines Vertragsrecht und das Recht der Kreditgeschäfte. Die Studenten hießen *edictales*. Das dritte Jahr brachte den Rest des Ediktstoffs in Auswahl und acht ausgewählte Bücher aus Papinians Responsen, weshalb man *Papinianista* hieß; und im vierten Jahr las man im Eigenstudium die Responsen von Paulus und vielleicht auch Kaiserkonstitutionen; vielleicht waren diese aber auch einem besonderen fünften Jahr vorbehalten. Die so weit Vorgerückten hießen λύται (Gelöste). Bei diesem Unterricht genießen die Klassikertexte unbedingte Autorität. Sie werden erklärt, illustriert, Parallelstellen in anderen Schriften werden angegeben, etwaige Widersprüche erörtert und manchmal auch allgemeine Lehrsätze neu entwickelt.

Beryt hat sich um die Pflege der klassischen Texte sehr gekümmert. Die seit Kaiser Julian dem Abtrünnigen (361–363) spürbar bessere Qualität der Gesetze: sie sprechen wieder deutlich aus, was gemeint ist, werden genauer und knüpfen sorgfältiger an den bisherigen Rechtszustand an, war nur möglich dank der an den Rechtsschulen nie unterbrochenen Pflege der klassischen Juristenschriften. Die theodosianische Kodifikation und vor allem ihre Vollendung und klassizistische Überhöhung durch Justinian wären ohne Beryt undenkbar. Es lohnt sich wieder, das Recht zu studieren, zum Schaden für die Rhetorik, wie Libanios am Ende des 4. Jhs. klagt.

4. Justinian

a) Das römische Reich und die Barbaren im 5. und 6. Jh. n. Chr.

Im Laufe des 5. Jhs. n. Chr. verfällt das seit dem Tode von Theodosius I. 395 n. Chr. endgültig durch einen zweiten Kaiser von Mailand und dann Ravenna aus regierte Westreich. Fortschreitende Feudalisierung und Ständezwang, Pfründenwirtschaft und Korruption der gesamten Beamtenschaft haben die Staatsgesinnung der Bevölkerung unterhöhlt. Das Heer entgleitet dem Staatsoberhaupt und gelangt in die Hände tüchtiger Heermeister (*magistri militum*, s. oben S. 81) barbarischer, d.h. gewöhnlich germanischer Abkunft. Die germanischen und hunnischen Verbände sind die wichtigsten Truppenteile geworden und stellen mittlerweile auch die kaiserliche und sonstigen Leibwachen. Diese Fremdlinge an der Spitze der bewaffneten Macht des Reiches konnten nicht selbst Kaiser werden, wie es nach 200 und mehr Jahren über Ansätze zu Dynastiebildungen immer wieder triumphierenden Soldatenkaisertums das Natürliche gewesen wäre. Seitdem die Barbaren im römischen Heer ganze Formationen unter eigener Führung bilden, ist es mit dem Heeresdienst als Schule der Romanisierung, mit der liberalen Verbreitung und Verbreiterung des Römertums vorbei. Immer wieder schwelgen Stadtbevölkerung, Nobilität und der Hof selbst in fremdenfeindlichen Stimmungen. Ein weströmisches Gesetz (Cod. Theod. 3, 14, 1, um 370) stellt die Eheschließung zwischen Römern und Barbaren unter Todesstrafe, was deren Führer aber nicht davon abhielt, durch Einheirat in die Reichsaristokratie zwischen den Führern der Völker Bande zu knüpfen zu versuchen – meist vergeblich. 399 ergeht ein strenges Verbot, in Rom mit *tzanga* und *braca* herumzulaufen, der Fuß- und Beinbekleidung der Barbaren (Cod. Theod. 14, 10, 2 u. 3); und 416 wird verfügt, daß sich in Rom und Umgebung niemand mit langen Haaren und bekleidet mit Fellen sehen lassen dürfe, auch kein Sklave (Cod. Theod. 14, 10, 4).

Die vom legitimen Herrscheramt ausgeschlossenen neuen Kräfte sind also darauf verwiesen, entweder aus dem – mangels militärischer und politischer Leistung für das Amt des Kaisers seit Jahrhunderten nicht mehr in Betracht gezogenen, aber sozial hochangesehenen – Senatorenstand ihre Kreaturen auf den Thron zu heben wie der Franke Arbogast einen Eugenius (392–394), der Westgotenkönig Alarich einen Attalus (409/10, 414–416 wiederverwendet durch Alarichs Nachfolger Athaulf), der Alanenfürst Goar mit dem Burgunderfürsten Gunthiar einen Jovin (411–413), die Goten Thraustila und Optila einen Petronius Maximus (455), der Westgotenkönig Theoderich II. einen Avitus (455/56), der Swebe Ricimer einen Libius Severus (461–465) und Olybrius (472), und 473/74 der Burgunder Gundobad einen gewissen Glycerius; oder sie suchen, durch Verschwägerung mit dem Kaiserhaus wenigstens ihre Nachkommenschaft zu legitimen Herrschern zu erheben wie offenbar schon der Vandale Stilicho, seit 391 östlicher und ab 395 wenigstens noch westlicher Heermeister, 408 gestürzt; wohl auch der Donaurömer mit gotischen und hunnischen Verbindungen Aetius, seit 432 Heermeister des Westens und 454 vom mißtrauischen Kaiser persönlich umgebracht; der 424–471 das Ostreich beherrschende Alane Aspar; sein Mörder und Erbe, der Isaurierhäuptling Tarasicodissa, dem es gelang, sein Söhnchen von der Tochter Kaiser Leos nach dessen Tod 474 auf den Thron in Ostrom zu bringen und sich selbst, umbenannt in Zeno, alsbald dazu; und der Pannonier mit hunnischen Verbindungen Orestes, Heermeister des Westens 475/76, der sein Knäblein von einer Senatorentochter, Romulus, gleichfalls zum Augustus ausrufen ließ, aber bald an dem Skiren Odowakar scheiterte. Dieser läßt sich zunächst vom Ostkaiser als *magister militum* anerkennen, versucht dann aber, nachdem dessen Prätendent für den Westen 480 in Dalmatien vergiftet worden war, das eigene Kind zum Kaiser des Westens aufzubauen, was Zeno mit Hilfe der Ostgoten unter Theoderich vereitelt. Das Sozialgefüge des Reiches vermochte die neuen Völkerschaften nicht zu integrieren, deren militärische Kraft bei der Wehrmüdigkeit der Reichsbewohner – die Gesetze gegen Wehrflucht der Veteranensöhne häufen sich seit Konstantin – im späten 4. Jh. rasch unentbehrlich geworden war. Die Heermeister der vielen Kinderkaiser aus der Nachkommenschaft Valentinians I. (364–371) und Theodosius' I. (379–395) verfolgen ihre eigene Politik immer ungenierter, begünstigt durch die wachsende Rivalität zwischen den beiden Reichsteilen und das Volk bannenden Dogmenstreit. So hört 476 die Reihe der westlichen Kaiser sang- und klanglos auf, ohne daß dies für die Zeitgenossen einen scharfen Einschnitt bedeutete. Seit der juristischen Teilung des Reiches 313 n. Chr., als Konstantin und Licinius vereinbarten, daß jeder Augustus für seinen Reichsteil das Recht der Gesetzgebung hat, hatte das Reich immer wieder nur einen Kaiser gehabt, der in Konstantinopel residierte; auch im 5. Jh. noch: nach dem Tod des Honorius 423 hatte der Westen oft monate- und sogar jahrelang keinen eigenen Kaiser, und mehrfach hatte dann Konstantinopel einen neuen geschickt. Odowakar regierte anfänglich und die Ostgotenkönige stets unter der formellen Oberhoheit des Ostkaisers

als Reichsverweser. Sie erlassen keine Gesetze *(leges)*, nur Edikte; und auf ihren Münzen erscheint auf der Rückseite der Ostkaiser.
Aber nicht nur innerhalb des römischen Staatsapparats vor allem des Westens waren die Barbaren zu einem wichtigen Faktor geworden, sondern außerdem entstanden regelrechte Barbarenreiche auf römischem Boden, die sich für dauernd freilich nur im Westen etablieren konnten[71]. Es begann damit, daß Valens 379 die Westgoten, die von den aus der Mongolei kommenden Hunnen im Gebiet des heutigen Rumänien 375 aufgestört worden waren, auf – weithin entvölkertem – Reichsboden in Thrakien ansiedeln wollte. Von korrupten Beamten betrogen, vernichten sie das Ostheer in der denkwürdigen Schlacht bei Hadrianopolis (Edirne). Der neue Ostkaiser Theodosius nimmt trotzdem das Projekt wieder auf und schließt 382 einen Föderatenvertrag, wonach die Westgoten gegen Tributzahlungen die Donau zu verteidigen haben. Doch hält es sie dort nicht lange. Nach dem Tod des Kaisers brechen sie wieder auf und verwüsten Griechenland und Italien, 410 erobern sie gar Rom. Der im sumpfgeschützten Ravenna residierende Honorius, nach der Ausrottung Stilichos und seiner Anhängerschaft zu schwach, um gegen sie anzutreten, paktiert mit ihnen und schickt sie nach Gallien gegen einen dort aufgestandenen Usurpator, nach dessen Überwindung sie das Reich von Toulouse gründen. Silvester 406 überschreiten die Vandalen die Rheingrenze und ziehen durch Gallien und Spanien nach Nordafrika, die Kornkammer des Reichs, wohin sie der römische Feldherr Africas, mit Recht vom Kaiser den Tod fürchtend, gerufen hatte, und wo sie sich über ein Jahrhundert lang behaupten. 413 siedelt Jovin, von Honorius bestätigt, die Burgunder um Worms an, und 443 weist ihnen Aetius neue Plätze in Savoyen um Genf und Lyon zu. 450 wird den Ostgoten Pannonien, das heutige Westungarn, vertraglich überlassen, doch brechen sie 460 schon wieder auf, um schließlich 489 nach Italien geschickt zu werden, das sie dann fast 100 Jahre mit Dalmatien, Pannonien, Noricum, Rätien und der Provence, dem einzigen *provincia* Roms gebliebenen Teil Galliens, beherrschen. Mit den Vandalen über den Rhein gezogene Sweben verbleiben in Galicien (Nordwestspanien), und die Franken stoßen nach Nordfrankreich vor. Sachsen und Angeln endlich besetzen seit dem Ende des 4. Jhs. Nordfrankreich und schließlich Britannien. Und schon im 3. Jh. hatten die Alemannen das heutige Südwestdeutschland überflutet. Die zivilisierteren Germanenreiche, gewöhnlich die,

[71] S. dazu etwa Laetitia Böhm, Geschichte Burgunds (Urban-Taschenbuch 134, 1971) 41–68.

welche auf gründlich romanisiertem Boden siedeln, werden nach wenigen Jahrzehnten der Konsolidierung vom Kodifikationsgedanken angesteckt. Westgoten, Burgunder, Franken und Ostgoten bringen Ende des 5. und Anfang des 6. Jhs. ansehnliche Rechtsaufzeichnungen zustande, teils für römische und germanische Bevölkerung getrennt (Westgoten und Burgunder), teils für beide gemeinsam geltend (Ostgoten) oder nur für den germanischen Bevölkerungsteil (Franken): *Codex Euricianus* (475) und *Lex romana Visigothorum* (506), *Lex Burgundionum* und *Lex romana Burgundionum* (beide um 500), *Lex Salica* (um 510 Gesetzbuch der salischen Franken) und *Edictum Theoderici* (frühes 6. Jh., wirklich ostgotisch)[72]. Von ihnen tradieren weiterhin römisches Recht natürlich vor allem die eigens für die romanische Bevölkerung ergangenen Gesetzbücher, Werke nicht der germanischen Herrscher, sondern ihrer romanischen Berater. Sie resumieren (das burgundische) oder zitieren wortwörtlich (das westgotische) aktuelle Stellen aus dem Codex Theodosianus samt dazu ergangenen Novellen, Codex Gregorianus, Hermogenianus, den Paulussentenzen und den Institutionen des Gajus, dem allem die Westgoten außerdem aus zeitgenössischen Erläuterungswerken genommene *Interpretationes* beifügen. Zumal das westgotische Römergesetz, auch Breviarium Alaricianum genannt, war eine bedeutsame Leistung nicht nur für den inneren Frieden, sondern auch für die Selbstdarstellung all dieser Reiche nach außen, insbesondere gegenüber Ostrom.

Hier hatte sich die Staatsgewalt, anders als im Westen, konsolidiert. Militärisch hatte man sich von der Abhängigkeit von geschlossenen barbarischen Verbänden frei machen können; und vor allem wirtschaftlich hatten sich die seit alters hochentwickelten östlichen Provinzen wieder soweit erholen können, daß, als 518 Kaiser Anastasios kinderlos und ohne für einen Nachfolger gesorgt zu haben starb, er nicht nur geordnete Staatsfinanzen, sondern sogar ansehnliche Reserven hinterließ, ohne die die oströmischen Unternehmungen der folgenden Jahrzehnte unmöglich gewesen wären. Im 518 entbrennenden Kampf um den Kaiserthron von Konstantinopel siegte der Genialste und Skrupelloseste, ein junger Offizier der Palastgarde, Justinian. Er stammte von einfachen Bauern aus dem Illyricum, also lateinischem Gebiet im ganz überwiegend griechisch sprechenden Reich. Und zwar läßt er vorerst den Chef der Palastgarde, seinen bejahrten Onkel Justinus, zum Kaiser ausrufen. Aber schon lange vor dessen Tod

[72] Hermann Nehlsen, SZ Germ. Abt. 86 (1969) 246–260 (Rez.).

9 Jahre später hält der Neffe die Macht in der Hand und herrscht dann noch 38 Jahre allein. Er war ein Mann von rastloser Energie, der unglaubliche Leistungen vollbracht hat, unter denen die aufsehenerregendsten die kürzeste Zeit Bestand hatten: die Rückeroberung des vandalisch, des ostgotisch und von Teilen des westgotisch beherrschten Gebiets. Und seine Parteinahme im christologischen Streit für die Orthodoxen und gegen die Monophysiten Syriens und Ägyptens entfremdete diese Teile dem Reich, die wichtigsten Vorbedingungen für ihre fast kampflose Eroberung durch die Araber hundert Jahre später.

b) Die justinianische Gesetzgebung[73] *I: Der Codex Justinianus*

Einer der ersten Gegenstände von Justinians Aktivitäten zur Reichserneuerung war die Gesetzgebung. Schon ein halbes Jahr nach Antritt der Alleinherrschaft setzt er eine Kommission mit dem *magister officiorum* (s. oben S. 81) Tribonian und acht weiteren juristischen Praktikern der Ministerialbürokratie, Richterschaft und Advokatur und einem Rechtslehrer, Theophilos, ein. Die Kommission erhält den Auftrag, das auf kaiserlicher Rechtssetzung beruhende Recht, die Kaiserkonstitutionen, neu zusammenzustellen. Die vorhandenen drei Sammlungen, die Codices Gregorianus, Hermogenianus und Theodosianus waren nicht nur inhaltlich vielfach überholt, sondern auch durch ihre Verschiedenartigkeit schwer zu handhaben. Ein neuer übersichtlicherer Codex in 12 Büchern sollte sie ersetzen, der nur das noch fortgeltende Recht, aber mit Einschluß der seit dem letzten Codex ergangenen Novellen enthält. Bereits nach einem guten Jahr hatte die Kommission die ihr gestellte Aufgabe erfüllt. Die 12 Bücher sind in je 40 bis 80 Sachtitel unterteilt, innerhalb deren die einzelnen Konstitutionen chronologisch angeordnet sind unter Angabe von Urheber, Adressat und Datum. Der Codex Justinianus beginnt mit dem Kirchenrecht, dann kommen Staats- und Prozeßrecht; Buch zwei bis acht sind dem Privatrecht gewidmet, neun dem Strafrecht und zehn bis zwölf dem Verwaltungsrecht. Die einzelnen Konstitutionen sind gründlich überarbeitet, insbesondere von rhetorischem Schwulst befreit, der die Konstitutionen seit dem 4. Jh. üppig geziert hatte;

[73] Wegen weiterer Einzelheiten ist noch immer vor allem zu konsultieren Paul Krüger, Geschichte der Quellen und Litteratur des Römischen Rechts (2. Aufl. München 1912) 365–405. Weiter ausgreifend Friedrich Ebrard, Die Entstehung des Corpus iuris nach den acht Einführungsgesetzen des Kaisers Justinian, in: Schweizer Beiträge zur Allgemeinen Geschichte 5 (1947) 28–76; u. Franz Wieacker, Corpus Iuris, in: oben Anm. 5 S. 242–287.

nur die justinischen und zumal die vielen durch die Kodifikation veranlaßten justinianischen Konstitutionen sind nicht gekürzt. Trotzdem bleibt das ganze ein Sammelsurium von einander mannigfach überschneidenden Einzelentscheidungen, weit entfernt nicht nur von einer straffen Kodifikation im modernen Sinne, sondern auch von den vergleichbaren antiken und mittelalterlichen Rechtsaufzeichnungen seit den Zwölf Tafeln bis zum Sachsenspiegel. Ungeachtet aller wiederholten Versicherung, alles Überflüssige sei getilgt, Wiederholungen seien vermieden worden, ist eben das nicht gelungen; man wollte es in Wahrheit wohl gar nicht. Nicht schlichte Rechtsweisung war Zweck des Unternehmens, sondern genauso wichtig war die Selbstdarstellung dieser Rechtsordnung und speziell der Kaisergesetzgebung. Die kaiserliche Gesetzgebung mit ihrer ganzen Ahnenreihe wird zur Schau gestellt.

c) Dasselbe II: Die Digesten

An mehr als an einen neuen Codex mit seinem Namen hatte der Kaiser ursprünglich nicht gedacht. Theodosius II. hatte seinerzeit den Plan, auch die Juristenschriften nach dem noch Fortgeltenden zu sichten, aufgeben müssen und neun Jahre gebraucht, um wenigstens den Codex auch nur in vereinfachter Form fertigzustellen. Und in diesem Punkte waren auch die Germanengesetze dürftig, beschränkten sie sich doch auf zwei besonders anspruchslose Erzeugnisse der römischen Jurisprudenz: die Institutionen des Gajus und die Paulussentenzen. Nachdem man in Konstantinopel aber mit dem Codex so rasch zu Rande gekommen war, versteht es Tribonian, mittlerweise *quaestor sacri palatii* (s. oben S. 81), den Kaiser auch für das ehrgeizigere Projekt zu gewinnen, die klassische Rechtsliteratur auszuwerten. Am 15. Dezember 530 erteilt ihm Justinian den Auftrag, eine zweite Kommission zusammenzustellen. Tribonian beruft den obersten Richter des Reichs, einen Kostantin, der bereits der Codexkommission angehört hatte; vier Professoren aus Konstantinopel (Theophilos und Kratinos) und Beryt (Dorotheos und Anatolios) und elf am obersten Gericht zugelassene Advokaten. Bis auf Tribonian selbst, Konstantin und Theophilos gehörten die Mitglieder der Codexkommission nicht an; und während die Codexkommission noch hohe Verwaltungsbeamte und sogar einen General zu ihren Mitgliedern zählte, sind nunmehr die Gelehrten und Justizjuristen unter sich.

Von der klassischen Rechtsliteratur waren damals noch gut 1500 Buchrollen greifbar, die zu einem Werk von höchstens 50 *libri*, also auf ungefähr ein Dreißigstel komprimiert werden sollten. Alle irgend erreichbaren Klassikerschriften einschließlich (offenbar unerkannt) apokrypher Werke werden in die Kompilationsarbeit einbezogen, man beschränkt sich nicht auf die Schriften der fünf Zitierjuristen oder der durch das Zitiergesetz wenigstens mittelbar autorisierten, noch auf Juristen mit *ius respondendi ex auctoritate principis*. Bewältigt wird die Fülle, indem man den Gesamtbestand in drei Massen aufteilt und diese drei Unterkommissionen zuweist; einzelne erst nachträglich aufgefundene Schriften werden zu einer kleineren vierten, der sog. Appendixmasse vereinigt. Zunächst nimmt der Kaiser am Fortgang der Arbeit persönlich regen Anteil und läßt sich alle zwei Monate berichten, um alte Juristenkontroversen autoritativ zu entscheiden. Nach dem Nica-Aufstand, der Justinian beinahe die Herrschaft gekostet und das ganze Unternehmen gefährdet hatte, hört das jedoch fast auf; der Neubau der Hagia Sophia fesselt ihn ganz[74]. Und da auch der beim Volk verhaßte Tribonian vom Kaiser aus allen sonstigen Ämtern entlassen werden mußte, bleibt die Kommission sich selbst überlassen, nicht zum Schaden der Sache. Klassikerkontroversen entscheidet sie jetzt i.d.R. allein und verändert eigenmächtig die alten Texte (Interpolation, von *interpolare* ‚aufpolieren, appretieren' von Kleidern). Schon nach drei Jahren ist die Kommission mit ihrer Arbeit fertig und der Kaiser erläßt das ganze als Gesetz unter den Namen *Digesta* (oder *Pandectae*) *Justiniani*. Gleichzeitig ergeht eine neue Studienordnung für die beiden staatlichen Rechtsschulen in Beryt und Konstantinopel auf der Grundlage der Digesten. Die authentischen Juristenschriften dürfen nicht mehr benutzt werden, die privaten Rechtsschulen werden verboten.

Auch die Digesten werden als Gesetz verkündet, doch bieten sie in noch geringerem Maße als der Codex Justinianus schlichte Norm-

---

[74] Es ist nämlich zu bedenken, daß die Pläne für den Neubau der Hagia Sophia bereits 40 Tage nach dem Nika-Aufstand, der durch die Zerstörung des theodosianischen Baus erst den Anlaß zum Neubau gegeben hatte, fertig waren. Und der Bau selbst war es nach knapp sechs Jahren, selbst unter heutigen Verhältnissen eine logistische Leistung ersten Ranges, die nicht ohne die ständige persönliche Obsorge des Kaisers denkbar ist. Er erschien fast täglich auf der Baustelle. Wer will es auch einem sensiblen Manne verdenken, daß er das große Bauwerk der Befassung mit klassischen Streitfragen vorzog. Hinter der kaiserlichen Enthaltsamkeit gegenüber dem Fortgang der Digesten nach dem Nika-Aufstand politische Motive zu suchen, erübrigt sich also. Zur Baugeschichte der Hagia-Sophia s. Prokop (von Cäsarea), Werke V: Die Bauten (München: Tusculum-Bücherei, in Vorbereitung) Buch 1 Kap. 1 §§ 20–64; u. etwa Heinz Kähler, Die Hagia Sophia (Berlin 1967) 9 u. 15–19.

befehle. Noch mehr als der Codex sind sie ein Erfahrungsschatz juristischen Könnens. Viel z.T. Zeitbedingtes ist weggelassen, vor allem sind die vielen klassischen Kontroversen stark beschnitten, wenn auch nicht ausgemerzt; Wiederholungen sind vermieden, doch blieb ein ansehnlicher Rest. So manches wurde abgeändert, insbesondere vereinfacht. Trotz allem ist aber ein beachtlicher Teil der frischen Lebendigkeit in der klassischen Rechtswissenschaft bewahrt worden, eben so viel, daß die Texte in einer veränderten Zeit einigermaßen aus sich heraus verstanden werden konnten. Dabei gab man durchweg an, welcher klassischen Juristenschrift die einzelnen Texte entnommen sind. Der in den ersten Titeln noch durchgehaltene Vorsatz, die Fragmente in einer Art Montagetechnik zu einem fortlaufenden Text zu verbinden, der Zeit geläufig aus den theologischen Kettenkommentaren, wird bald aufgegeben; bloß noch hie und da werden kürzere Fragmentketten gebildet.

Nur durch die Digesten ist ein ansehnlicher Teil der klassischen römischen Rechtsliteratur, das Wichtigste der römischen Jurisprudenz selbst auf uns gekommen. Im praktischen Rechtsleben des byzantinischen Staates spielten die Digesten dagegen eine geringere Rolle als der Codex. Die vielen spätantiken Elemente der byzantinischen Rechtsordnung waren hier ausgespart, von den wenigen Fragmenten aus einer Hand voll apokrypher Schriften und der einen oder anderen Interpolation abgesehen. Das Kirchenrecht fällt ganz aus, das Recht der Zwangswirtschaft wird nahezu vergessen gemacht. Drei Viertel des Ganzen ist Privatrecht reinsten Wassers, über ein Viertel davon Erbrecht, das den alten Römern so wichtig war; der Rest präsentiert etwas Verfahrensrecht, Verwaltungsrecht und Strafrecht. Viele praktisch obsolete oder durch andere ersetzte Rechtsinstitute sind aufgenommen und in allen Einzelheiten ausgearbeitet. Aktuell war von Anfang an nur ein geringer Bruchteil, weshalb die Praxis die Digesten im Gegensatz zum Codex auch nicht zur Kenntnis genommen hat. Benutzt wurden sie hauptsächlich für die Juristenausbildung. Dieses schöne Denkmal der klassizistischen Grundhaltung Justinians wie überhaupt der byzantinischen Geistigkeit war vom Tage seiner feierlichen Enthüllung am 16. Dezember 533 an weniger geltendes Recht[75] als ein Konglomerat methodischer Lehrstücke, Recht zu praktizieren.

---

[75] Artur Steinwenter, Was beweisen die Papyri für die praktische Geltung des justinianischen Gesetzgebungswerkes? in: Aegyptus 32 (1952) 131–135. S.a. Hans Julius Wolff, Das Vulgarrechtsproblem und die Papyri, in: SZ 91 (1974) Fußn. 58.

d) Dasselbe III: Institutionen, Neubearbeitung des Codex und Novellen

Nachdem die Hauptarbeit an den Digesten getan war, ordnet Justinian schon vor ihrer endgültigen Fertigstellung an, ein neues Elementarlehrbuch zu schaffen, das die Institutionen des Gajus, als Einführungslehrbuch bis dahin unschlagbar, ersetzen sollte. Drei Mitglieder der Digestenkommission: Tribonian und die beiden Professoren Theophilos und Dorotheos, werden mit der neuen Aufgabe betraut, deren sie sich in wenigen Wochen entledigen; schon am 21. November 533 kann das Ergebnis publiziert werden. Den Grundstock bilden wiederum die Institutionen des Gajus, ergänzt durch ihre Langfassung, die *Res cottidianae*. Für viele Einzelheiten sind aber auch die jüngeren Institutionenwerke von Ulpian, Marcian und Florentin herangezogen. Außerdem wurden ganze Fragmentketten aus den Digesten übernommen, und immer wieder sind jüngere Kaiserkonstitutionen, vor allem Justinians selbst referiert. Anders als bei den Digesten vermerkt man die Herkunft der einzelnen Texte aber nicht, vielmehr bilden die Sachtitel einen fortlaufenden Text, den keine Inskriptionen unterbrechen.

Die die Arbeit der Digestenkommission vorbereitenden und dann zunächst ja in dichter Folge begleitenden sog. Reformgesetze, in Wahrheit Anpassungen klassischer Subtilitäten an die Gegenwart, nämlich insbesondere mit der Lösung vorgefundener Kontroversen sich befassend, hat man mit Abschluß der Digesten erst einmal selbständig unter dem Titel *L decisiones* (50 Kontroversenentscheidungen) amtlich publiziert. Aber die Reformgesetzgebung geht nach 533 weiter, jetzt vor allem auf dem bis dahin unbeachteten Gebiet des Kirchenrechts. So entschließt man sich im Herbst 534, alle seit 529 ergangenen Gesetze in den Codex Justinianus einzuarbeiten. Tribonian wird auch mit dieser Nacharbeit betraut, diesmal zusammen mit Dorotheos und drei Advokaten der Digestenkommission. Sie arbeiten in den Codex auch manches andere ein, was bei der Herstellung der Digesten durch Interpolationen erledigt worden war. Am 16. November 534 wird der Codex Justinianus *repetitae praelectionis* (in überarbeiteter Lesung) verkündet, in der er auf uns gekommen ist.

Auch damit hörte die Reformgesetzgebung aber nicht auf; einmal in Gang gesetzt, ließ sich die Erneuerungsbewegung nicht so rasch abschalten. Die ganzen späten 30er Jahre hindurch werden weitere Änderungen verfügt, die mit vielen in den Digesten wie auch im Codex konservierten Rechtssätzen des klassischen Privatrechts entschiedener aufräumen, nun, da der Gesetzgeber nicht mehr unter dem unmittelbaren Einfluß der alten Texte steht. Die östliche juristische Praxis fordert und bekommt ihr Recht, wodurch freilich beachtliche Teile von Codex, Digesten und Institutionen überholt werden. Auch sprachlich nimmt man jetzt Rücksicht auf die Adressaten der Gesetze; sie ergehen jetzt meist auf griechisch, z.T. auch zweisprachig. Justinian hatte vorgehabt, diese der großen Kodifikation nachfolgenden Gesetze nun nicht mehr dem Codex einzuverleiben, aber in einer besonderen amtlichen Sammlung unter dem Titel *Novellae constitutiones* (Neue Konstitutionen) dem dreiteiligen Gesetzeswerk als besonderen vierten Teil anzufügen. Dazu ist es nicht mehr gekommen, doch haben sich Private der Aufgabe angenommen, und so haben wir mehrere chronologisch angelegte Sammlungen der Novellen, teils in lateinischer Übersetzung für das von Justinian zurückeroberte Italien bestimmt, teils im griechischen Urtext, deren vollständigste der modernen Ausgabe der Novellen von Schöll und Kroll zugrundeliegt. Sie bietet den griechischen Text, eine alte und unter dem Strich eine moderne, zuverlässigere lateinische Übersetzung und bildet den dritten, abschließenden Band (letzte, 10. Aufl. 1972) der *Editio stereotypa* (Stereotypausgabe) des *Corpus iuris civilis*, deren zweiter Band den *Codex Iustinianus* herausgegeben von Paul Krüger (letzte, 15. Aufl. 1970) enthält, während der erste *Institutiones*, herausgegeben von Paul Krüger, und *Digesta*, herausgegeben von Theodor Mommsen und Paul Krüger, vereinigt (letzte, 22. Aufl. 1973, alles im Weidmann-Verlag, Berlin).

Auf sein in so unerwartet kurzer Frist vollbrachtes Gesetzgebungswerk war Justinian stolz und den Herrscher bewegte die Sorge, andere könnten das Erreichte wieder verwässern. Deshalb verbietet er unter Androhung der auf Fälschung stehenden Kapitalstrafen nicht nur, die von ihm verkündeten Texte mit den Originaltexten zu vergleichen oder auch nur nach den Originaltexten zu forschen, sondern auch, bei der Verbreitung der Rechtsbücher Abkürzungen zu verwenden, und vor allem, sie zu kommentieren:

Imperator Caesar Flavius Iustinianus ... Augustus ad senatum et omnes populos (sog. Constitutio *Tanta*, das Einführungsgesetz zu den Digesten, das mit dem Wort *Tanta* beginnt) § 21

... nemo neque eorum, qui in praesenti iuris peritiam habent, nec qui postea fuerint, audeat commentarios isdem legibus adnectere, nisi tantum si velit eas in Graecam vocem transformare sub eodem ordine eaque consequentia, sub qua et voces Romanae positae sunt, hoc quod Graeci κατὰ πόδα dicunt; et si qui forsitan per titulorum subtilitatem adnotare maluerint et ea quae παράτιτλα nuncupantur componere. Alias autem legum interpretationes, immo magis perversiones eos iactare non concedimus, ne verbositas eorum aliquid legibus nostris adferat ex confusione dedecus. Quod et in antiquis edicti perpetui commentatoribus factum est, qui opus moderate confectum huc atque illuc in diversas sententias producentes in infinitum detraxerunt, ut paene omnem Romanam sanctionem esse confusam. Quos si passi non sumus, quemadmodum posteritatis admittatur vana discordia? Si quid autem tale facere ausi fuerint, ipsi quidem falsitatis rei constituantur, volumina autem eorum omnimodo corrumpentur. Si quid vero, ut supra dictum est, ambiguum fuerit visum, hoc ad imperiale culmen per iudices referatur et ex auctoritate Augusta manifestetur, cui soli concessum est leges et condere et interpretari ...

Data septimo decimo calendas Ianuarias Iustiniano domino nostro ter consule.

Kaiser Flavius Justinian an den Senat und alle Völker

... niemand weder von denen, die gegenwärtig die Rechtsgelehrsamkeit beherrschen, noch die es später tun sollten, wage, Kommentare diesen Gesetzen hinzuzufügen, ausgenommen nur, wenn er sie in die griechische Sprache übertragen will in derselben Ordnung und derselben Abfolge, in der auch die römischen Worte gesetzt sind, eben das was die Griechen κατὰ πόδα (Schritt für Schritt) nennen; oder wenn jemand es etwa vorziehen sollte, über die Struktur der Titel Anmerkungen zu machen und das, was als παράτιτλα (Zum Titel) bezeichnet wird, herzustellen. Im übrigen aber gestatten wir nicht, mit Auslegungen der Gesetze oder vielmehr deren Verdrehungen zu prahlen, damit ihre Weitschweifigkeit nicht unseren Gesetzen irgendeine Unzierde aus Verwirrung zufügt. Das ist ja auch bei den alten Kommentatoren des Ständigen Edikts geschehen, die ein maßvoll vollendetes Werk, indem sie es hierhin und dorthin zu verschiedenen Meinungen weitergeführt haben, ins Endlose fortschleppten, so daß beinahe jede römische Vorschrift durcheinandergebracht worden war. Wenn wir solche Leute nicht geduldet haben, wie sollte eitle Zwietracht der Nachwelt zugelassen werden? Wenn sie aber solches zu tun gewagt haben sollten, dann sollen sie zu Angeklagten einer Fälschung gemacht werden, ihre Bücher aber auf alle Fälle vernichtet werden. Sollte jedoch etwas, wie oben gesagt, als zweideutig erachtet werden, dann soll es durch die Richter der kaiserlichen Majestät vorgetragen und durch die allerhöchste Autorität offenbart werden, der es allein gestattet ist, die Gesetze zu erlassen und auszulegen ...

Gegeben am 16. Dezember im Jahre 533

In der Sache wiederholt finden wir diese geistige Diktatur z. B. in dem „Projekt des Corporis juris Fridericiani (Theil 1 Halle 1749) des preußischen Kanzlers Samuel von Cocceji, Buch 1 Tit. 2 § 10: Es soll auch niemand unterstehen, einen Commentarium oder Dissertationes über dieses Landrecht oder einen Teil desselben zu verfertigen, weil dergleichen Commentatores, welchen ratio legum öfters unbekannt ist, zu vielen unnötigen Disputen Gelegenheit zu geben pflegen.

Justinians striktes Verbot einer freien, praktisch orientierten Rechtswissenschaft konnte aber nicht verhindern, daß im Rechtsunterricht auf der Grundlage der neuen Gesetzbücher abgehaltene Lehrvorträge nachgeschrieben und verbreitet wurden, so daß mehrere griechische Kommentare gerade aus der Zeit Justinians erhalten sind, wenn auch z.T. nur in Bruchstücken: zu den Institutionen von Theophilos, dem Rechtslehrer in Konstantinopel und Mitglied aller drei Gesetzgebungskommissionen; zu den Digesten vor allem von Dorotheos (bald nach 542) und Stephanos (um 560), beide in Beryt; und zum Codex insbesondere von Thaleläos, ebenfalls in Beryt. Der Grundbestand dieses Kommentars sind Erläuterungen noch zur ersten, ursprünglichen Fassung des Codex[76].

5. Das römische Recht in Europa

Alle europäischen Rechts- und Zivilisationsgemeinschaften, und zuvörderst die westlichen oder abendländischen, knüpfen an die römische Zivilisation an, vermittelt zunächst durch die Kirche. Im Morgenland besteht der römische Staat selbst noch lange fort, seine Ausdehnung und Macht, politisch wie kulturell, schwinden nur langsam Schritt für Schritt. Im selben Rhytmus verebbt dort die römische Rechtskultur allmählich, unterbrochen von immer schwächer werdenden Wellen von Wiederbelebungen. Die erste hat ihren Höhepunkt unter Justinian, und die von ihr angeregte literarische Aktivität an den Rechtsschulen dauert bis ins 7. Jh. an. Es war die nachhaltigste Wiederbeschäftigung mit dem klassischen Erbe. Nach dem unruhigen, von religiösem Fanatismus und Bildersturm gekennzeichneten 8. Jh. erlebt Byzanz vom 9. bis 11. Jh. eine neue Blüte, an deren Anfang wieder ein Gesetzgebungswerk steht. Kaiser Leo VI., der Weise (886–911), bewerkstelligt eine weitere Assimilierung des juristischen Erbes auf der Grundlage der justinianischen Gesetze. Mittlerweise sprach man im zusammengeschrumpften Reichsgebiet nur mehr an entlegenen Außenposten in Dalmatien und Süditalien ein

---

[76] Über diese Literatur orientiert am umfassendsten Karl Wilhelm Ernst Heimbach, Prolegomena, in: Basilicorum libri LX, hrsgg. v. Gustav Ernst Heimbach u. a., Bd. 6 (Leipzig 1870) 1–215. Der beste Kenner heute ist Dieter Simon (Frankfurt am Main), s. etwa ders., Aus dem Kodexunterricht des Thalelaios, in: SZ 86 u. 87 (1969 bzw. 1970) 334–383 bzw. 315–394; u. RIDA 16 u. 17 (1969 bzw. 1970) 283–308 bzw. 273–311.

wenig Latein. Unter Verwendung alter, den Text zugleich straffender Übersetzungen aus der Zeit Justinians werden die vier Teile unter einheitlichem, etwas vereinfachtem System ineinandergearbeitet und in der Reichssprache unter dem Titel Τὰ Βασιλικά (sc. βιβλία, d.i. Die Kaiserlichen [Bücher]) in 60 Büchern schon bald nach Regierungsantritt Leos neu herausgebracht; und bald wird der Text mit Erläuterungen (Scholien) teils aus den älteren Kommentaren des 6. und 7. Jhs., aber auch mit neuen, zu den Basiliken selbst verfaßten Kommentaren versehen; noch einmal ist eine bescheidene Rechtswissenschaft in Texten faßbar[77]. Schließlich ist aus der Zeit des letzten kurzen Aufleuchtens des byzantinischen Staates im späten 13. und 14. Jh. die um 1345 entstandene Ἑξάβιβλος (Sechs Bücher), auch Πρόχειρον τῶν νόμων (Handbüchlein der Gesetze) genannt, von Konstantinos Harmenopoulos zu nennen, einem kaiserlichen Ratgeber und späteren Obersten Richter in Thessalonike. Das Kompendium beruht auf den Basiliken bzw. späteren Auszügen aus ihnen und der späteren Novellengesetzgebung, und sollte die Türkenzeit überdauern: Bei Neuerrichtung des griechischen Staates wurde es 1828 wieder in Kraft gesetzt und galt bis 1946.

Gerade umgekehrt verläuft die Entwicklung im Westen. Die abendländische Kultur baut auf der antiken Vorkultur auf. Die germanischen Völker haben diese äußerlich zerstört, um sie sich dann langsam selbst anzueignen und, vermischt mit den übrig gebliebenen Trägern der Vorkultur, zu neuer Höhe zu führen. Das geschieht in mehreren Wellen von Renaissancen, immer intensiveren Wiederbegegnungen mit der Antike.

a) Die karolingische Renaissance

Die erste Vorrenaissance im 8. und 9. Jh. ist benannt nach ihrer zentralen Figur, Karl dem Großen. Ihre Bedeutung liegt vor allem auf dem Gebiet der Literatur, bildenden Kunst und Architektur. Aber für Recht und Staat im Westen war sie nicht minder wichtig. Karls Krönung zum Römischen Kaiser am ersten Weihnachtstag des Jahres 800 in der Peterskirche durch Papst Leo III. bekundete den Anspruch, das römische Reich fortzusetzen. Der Thron in Konstantinopel, wo erstmals eine Frau im eigenen Namen herrschte: Irene, die ihren bilderfreundlichen Sohn Konstantin VI. hatte absetzen und blenden

[77] Zum Traditionalismus der mittelbyzantinischen Rechtsprechung aufschlußreich Dieter Simon, Rechtsfindung am byzantinischen Reichsgericht (Frankfurt am Main: Klostermann, 1973, 4,50 DM).

lassen, galt als vakant. Später arrangiert man sich mit Byzanz, doch sollte die Wiederanknüpfung an die römische Reichsidee trotz baldiger Krisen nicht wieder aufgegeben werden. Otto erneuert sie im 10. Jh., auch wenn sich das Reichsgebiet mittlerweile auf Deutschland, Italien und Burgund beschränkte, letzteres damals immerhin der kultivierteste Teil Galliens, wo die römische Zivilisation noch stark nachwirkte.

Hier und in Italien hatte das römische Recht ununterbrochen fortgegolten, wenn auch stark vulgarisiert. Die 554 auch im wiedereroberten Italien eingeführte justinianische Gesetzgebung war nie vollständig angenommen worden, nachdem Byzanz schon vierzehn Jahre später aus dem größten Teil von den Langobarden wieder verdrängt wurde, deren Reich dann Karl an sich bringt. Nur Codex, Novellen und vor allem Institutionen wurden in Italien weiterhin abgeschrieben oder gar glossiert, vom Codex aber nur die Bücher 1 bis 9 und auch diese nur in schmalen Auszügen. Im 9. Jh. aber beginnt man, diese wieder aufzufüllen. Im Süden Galliens hatte das römische Recht im westgotischen Gewand der *Lex romana Visigothorum* fortgegolten und die Tradition des *droit écrit* begründet. Auch hier begnügt man sich zunächst aber mit immer bescheideneren Auszügen, bis im 9. Jh. hier ebenfalls das Supplieren einsetzt, das dann sogar über den vom Westgotengesetz gezogenen Rahmen hinausgehen sollte; bald suppliert man weiter aus dem vollständigen Codex Theodosianus und den vollständigen Paulussentenzen. All das ist aber nur nachklassische Substanz, bereits verarmtes römisches Recht; zur klassischen Rechtsliteratur hat der Westen dadurch noch keinen Zugang. Das Buch, in dem Justinian die besten Hervorbringungen der klassischen Rechtswissenschaft für die Geschichte hinterlegt hatte, die Digesten, waren damals im Westen so gut wie unbekannt, nicht nur der Rechtspraxis wie im Osten auch. Einzig Papst Gregor d. Gr. (um 600) zitiert in seinen Briefen zwei Digestenstellen.

In Deutschland ist der Klerus noch ausschließlicher als anderswo Träger oder überhaupt erst Überbringer der antiken Zivilisation. Juristisch betätigt er sich zumal im Bereich des kirchlichen Rechts; eine Zeit lang beherrscht die Kanonistik das Feld allein. Diese fußt aber wiederum vornehmlich auf dem römischen Recht; ihr Quellenkreis ist zunächst ähnlich eng wie soeben für Südfrankreich und Italien geschildert. Als Beispiel seien die Kapitularien des Mainzer Mönchs Benedictus Levita genannt, um 850 anzusetzen. Unter Kapitularien verstand man damals Sammlungen königlicher Satzungen. Das Werk des Benedictus Levita ist aber eine Fälschung, die die Kirche begünstigt, unter den schwachen Nachfolgern Karls kein aussichtsloses Unterfangen. Bei der Herstellung dieser Fälschung wurden die *Lex romana Visigothorum* und andere damals gängige römische Rechtsquellen kräftig ausgebeutet. So erscheint das Prinzip des *ne bis in idem* bei Ben. Lev. 3, 291 in den engen Grenzen, die es in den Paulussentenzen (1, 6B, 1 und 3) erhalten hatte, doch lassen Ben. Lev. 3, 161 und 3, 450 jene Einengung weg, woher es dann der Sachsenspiegel (Landr. 1, 53, 4) schließlich bezogen haben mag. Aus dieser Periode ist z.B. das holographische Testament auf uns gekommen, wie im zweiten Kapitel (Abschn. 4b) näher darzulegen ist. Karl kümmert sich auch wieder um die im 6. bis frühen 8. Jh. nach westgotischem und dann fränkischem Vorbild ergangenen germanischen Stammesrecht. *Lex Salica, Lex Ripuaria, Lex Alamannorum* und *Lex Baiuvariorum* läßt er neu bearbeiten; *Lex Saxonum, Lex Thuringorum* und *Lex Frisionum* erstmals aufzeichnen. Wenn er die kaiserliche Aufgabe der Rechtsvereinheitlichung, die diesen Schritten folgen sollte, auch nicht bewältigt, so nimmt er in den Kapitularien die dem in römischer Tradition stehenden Herrscher obliegende Aufgabe einer geregelten fortlaufenden Gesetzgebung doch erstmals auf neuer geistiger Grundlage kraftvoll wahr.

b) Die zweite Vorrenaissance des 11. Jhs. und die Glossatoren

Blicken wir uns in Deutschland nach eindrucksvollen Baudenkmälern unserer Vorfahren um, so stehen am Anfang die großen romanischen Dome des 11. bis frühen 13. Jhs., begleitet von einer reichen Überlieferung romanischer Kleinkunst. Die Romanik ist aber nur eine Seite einer zweiten Wiederanknüpfung an antike, und zwar vorerst noch immer bloß spätantike Traditionen, die der westlichen Rechtswelt erstmals wieder die Bekanntschaft mit der klassischen Rechtsliteratur bringt, wenn auch nur erst in ihrer justinianischen Fassung, den Digesten. Folgende Umstände treffen zusammen. In Pavia, der Hauptstadt des Langobardenreiches auch nach dessen Einverleibung ins Frankenreich, insofern sich die fränkischen Könige dort weiterhin zu Königen Italiens krönen ließen, blieb die von den Langobarden begründete Rechtsschule bestehen, an der somit weiterhin langobardisches Land- und Lehnrecht gepflegt wurde. Sodann gab es in Amalfi, auf einer Landzunge südlich Neapel gelegen und ähnlich Venedig bis ins 10. Jh. byzantinisch und dann selbständig, eine lange unbeachtete Digestenhandschrift, die die Pisaner nach ihrem Sieg über die Konkurrentin 1135 beschlagnahmen und nach Pisa verbringen. Die Kunde von diesem Werk hatte sich in der zweiten Hälfte des 11. Jhs. mit großer Geschwindigkeit über ganz Westeuropa verbreitet. In der römischen Kurie, am Hofe der Markgrafen von Tuszien, in Bologna, Südfrankreich und bei Ivo von Chartres finden wir sie präsent. In Bologna bildet sich ein Kreis von Juristen, die das römische Recht auf der Grundlage vor allem auch der Digesten interpretieren und lehren: ein Pepo, Werner (Wernerius, Guarnerius und später meist Irnerius genannt) u. a., zu Hause zunächst wenig beachtet, aber vom mächtigsten örtlichen Feudalherren, Markgräfin Mathilde von Tuszien, und ihrem Erben, Kaiser Heinrich V., alsbald zu praktischen Aufgaben herangezogen und dann auch im Dienste der Kommune, für die vom Kaiser besondere Privilegien erwirkt werden. Die Stadt nimmt sich des Rechtsunterrichts an, die Gelehrten erringen rasch große geistige Autorität; auch materiell und protokollarisch stehen die Rechtslehrer nahezu dem Adel gleich. Erst sie fassen die justinianischen Rechtsbücher unter dem Namen Corpus juris civilis zusammen, dem das Corpus juris canonici als Sammlung der päpstlichen Rechtsweisungen gegenübertritt. Literarisch schlägt sich die Lehrtätigkeit eines Werner und seiner Nachfolger in sog. Glossen (eigentlich ‚Worterklärungen') nieder, am Rand oder auch zwischen den Zeilen des autoritativen Grundtexts vermerkte Erläuterungen, wonach die Schule ihren Namen bekommen hat: Glossatoren.

Schon unter der zweiten Generation Bologneser Rechtslehrer ist die Stadt als Zentrum der Rechtsgelehrtheit berühmt in ganz Europa. 10000 Studenten weilen hier, um die hochgelehrten *quattuor doctores* (vier Lehrer) Bulgarus, Martinus, Hugo und Jacobus zu hören, die auch Kaiser Friedrich I. Barbarossa 1158 bei dem Reichstag auf den roncalischen Feldern beraten in seiner Auseinandersetzung mit dem norditalienischen Städtebund um die königlichen Regalien. Die norditalienischen Städte mit ihrer hochentwickelten Wirtschaft, als in Deutschland Geldwirtschaft und Städtewesen eben erst begannen, bildeten das finanzielle Rückgrat des Reiches; allein von Mailand bezog der Kaiser eine höhere Summe als aus ganz Deutschland zusammen[78]. In diesem mit militärischen und juristischen Waffen geführten Kampf standen die Juristen des römischen Rechts auf der Seite des Kaisers. Sie entwickeln erstmals im Mittelalter den Gedanken, daß die kaiserlichen Rechte nicht bloß eine Vielzahl einzelner

[78] Vgl. dazu Carlrichard Brühl, Die Finanzpolitik Friedrich Barbarossas in Italien, in: Hist. Ztschr. 213 (1971) 12–37. Zur Sozialgeschichte der damaligen Juristen Johannes Fried, Die Entstehung des Juristenstandes im 12. Jh. (Köln 1974).

Gerechtsame darstellen, sondern Ausfluß eines umfassenden kaiserlichen Hoheitsrechts sind, was später zur Vorstellung von der Souveränität der Staatsmacht weiterentwickelt werden wird. Barbarossa gewährt der jungen Gelehrtenschule von Bologna dafür Scholarenprivilegien, auf Grund deren sie sich zur *Universitas scholarium* konstituiert, eine von der Stadt unabhängige Korporation mit eigener Gerichtsbarkeit und frei von ständischen Bindungen der Zeit. Die Gelehrten*universitates* werden zu einem eigenständigen und progressiven Element in der geistigen Entwicklung des Hochmittelalters. Häufig gibt es Streit mit der Stadt, was zum Auszug der Universitas und Niederlassung andernorts führt, während im traditionellen Vorort des Rechts eine neue Universitas gebildet wird, und das wiederholt sich mehrmals. So wird Bologna zur Keimzelle vieler Rechtsschulen in Norditalien und ganz Westeuropa (z.B. Perugia, Montpellier, Oxford); für die Theologie samt Philosophie spielte Paris eine ähnliche Rolle, und die Mutter der medizinischen Fakultäten ist die 1150 u.ö. erneuerte medizinische Hochschule in Salerno.
Die Methode der Glossatoren [79] war geprägt von der Wissenschaftstheorie der Zeit, der Scholastik. Sie gliedert sich in drei Schritte. Der erste bestand in philologischer Vorarbeit: Ermittlung des genauen Textes der auszulegenden Stelle, eine Aufgabe, die dem modernen Juristen Drucktechnik und staatlich überwachte Verbreitung der Rechtsquellen in amtlichen Gesetzblättern abnehmen. Der mittelalterliche Jurist mußte seine durch private Handschriften vermittelten Texte erst auf ihre Zuverlässigkeit überprüfen durch Vergleichung mehrerer Handschriften und Wahl zwischen abweichenden Lesarten; an dessen Ende stand dann die *prolectio* (Lesung). Der zweite Schritt ist analytisch und unterteilt sich in das *scindere* (aufgliedern) des Texts, *casum figurare* (exemplifizieren) und *dare causas* (Gründe angeben). Dann folgt die Synthese, bestehend aus *summare* (verallgemeinern, Regeln bilden), *connotare* (mitvermerken, d.h. feststellen analoger und sonst verwandter Bestimmungen) und *obicere* (widerlegen, nämlich von möglichen Einwänden, insbesondere Harmonisierung mit scheinbar widersprechenden Texten) durch *distinctio* (Differenzierung), *amplificatio* (Erweiterung des Anwendungsbereichs der Norm) oder *limitatio* (Begrenzung). Erst diese Zeit hat übrigens die große Masse der heute noch geläufigen lateinischen Rechtssprichwörter (*Brocardia juris* nach einem Burkhard = *Brocardus*, Bischof von Worms) geprägt.

[79] Dazu Gerhard Otte, Dialektik und Jurisprudenz – Untersuchungen zur Methode der Glossatoren (Frankfurt am Main 1971).

Als Bearbeiter des Codex, der seit dem 11. Jh. in vollständigen Handschriften zur Verfügung steht, ist vor allem Azo (frühes 13. Jh.) zu nennen, dessen *Summa in codicem* für Jahrhunderte zum Standardwerk wird. Sein Schüler Accursius (ca. 1180–1260) schließt die wissenschaftliche Literaturform der Glosse ab mit seinem Lebenswerk, der *Glossa ordinaria* zum ganzen *Corpus juris civilis*, bestehend aus über 96000 Glossen, die freilich nur zum geringsten Teil von ihm selbst stammen, im übrigen aus den vorangegangenen Erläuterungswerken übernommen sind. Durch die Arbeit der Glossatoren ist das *Corpus juris civilis* erst anwendbar geworden, wurden insbesondere die zahlreichen verbliebenen Widersprüche ausgeräumt, so daß für die danach einsetzende praktische Rezeption des justinianischen Rechts praktisch die Glossa ordinaria zur dem antiken Text vorgeordneten Rechtsquelle wurde; seit dem 17. Jh. heißt es in Deutschland *Quidquid non agnoscit glossa non agnoscit curia* (Alles was die Glosse nicht anerkennt, erkennt das Gericht nicht an). Außerdem haben die Glossatoren z. B. die Renaissance der Kaiserkonstitutionen unter den staufischen Kaisern eingeleitet. Auch die mit byzantinischem Wortgepränge ausgestatteten Konstitutionen von Melfi Kaiser Friedrichs II.[80], die fast 600 Jahre fortgeltende, zu einem Drittel aus römischem Recht bestehende Kodifikation für seine unteritalischen Erblande, dokumentieren die Fernwirkung der neuen Richtung.

c) Der Frühhumanismus und die Konsiliatoren

Um 1300 setzt in Italien eine neue Welle geistigen Selbstbewußtseins in Verbindung mit einer Wiederbelebung verschütteter antiker Traditionen ein, der Frühhumanismus, traditionell verbunden mit Namen aus dem Bereich der bildenden Kunst wie Dante, Giotto oder Niccola und Giovanni Pisano. Aber dazu gehört auch ein neuer Aufbruch der Rechtswissenschaft. Vor allem wird der Gegenstand der Gelehrsamkeit erweitert und die Partikularrechte der einzelnen Rechtsgemeinschaften in die wissenschaftliche Behandlung einbezogen, die sog. Statuten der norditalienischen Städte, und sonstige positive Rechtssatzungen. Sie werden als *jus speciale* (besonderes Recht) dem Recht der justinianischen Gesetzbücher, das *jus commune*

---

[80] Neue Ausgabe mit sachkundiger Einleitung und Übersetzung: Hermann Conrad u. a., Die Konstitutionen Friedrichs II. von Hohenstaufen für sein Königreich Sizilien (Köln 1973). S. a. Hermann Dilcher, Die sizilische Gesetzgebung Friedrichs II., in: Probleme um Friedrich II. (Sigmaringen 1974) 23–41.

(gemeines Recht)[81], entgegengesetzt. Infolge der eingehenderen Beschäftigung mit positivem Recht werden viele lebendige Rechtsinstitute entdeckt und verarbeitet, die in Wahrheit keinerlei Ansatzpunkt in den antiken Texten hatten, aber gemeineuropäisch waren und nun, und sei es durch Kunstgriffe, ins *jus commune* einbezogen werden. So knüpft man das wichtige Wappen- und Firmenschutzrecht an das Recht der klassischen Besitzinterdikte. Im Korporationsrecht wird die Fiktionstheorie entwickelt: *Solus princeps fingit, quod in veritate non est* (Allein der Fürst fingiert, was in Wahrheit nicht vorhanden ist); bis ins 19. Jh. konnten so juristische Personen gerade auch der Wirtschaft auf Grund fürstlichen Privilegs gegründet werden. Es wurde der Satz entwickelt, daß die Statuten dem *jus commune* zwar vorgehen, aber eng auszulegen sind.

Die Vertreter dieser neuen Richtung hat man, insofern sie weniger scharfsinnig als die Glossatoren und eher handfest argumentierten, abschätzig Postglossatoren genannt; heute bezeichnet man sie meist nach ihrer Tätigkeit als Kommentatoren oder Konsiliatoren. Ihre Bedeutung liegt weniger in der Theorie als in der neu hinzugekommenen praktischen Gutachtertätigkeit, die eine kräftig aufblühende Wirtschaft begleitet. Sie haben ihre Gutachten *(Consilia)* später publiziert, woraus eine eigene Literaturgattung entstand, die sich bis ins 18. Jh. hinein großer Beliebtheit erfreute. Außerdem verfaßten sie regelrechte Kommentare zu den justinianischen Rechtsbüchern. Die berühmtesten sind Cino da Pistoia (1270–1336), ein eifriger Ghibelline und zugleich großer Lyriker des bel canto. 1314 vollendete er seinen berühmten Kommentar zu den ersten neun Büchern des Codex Justinianus, die *Lectura in codicem*. Bartolus de Saxoferratis (1314 bis 1357) hat das ganze *Corpus juris civilis* kommentiert. Er lehrte in Perugia; 1355 wurde er Rat Kaiser Karls IV. Sein *Tractatus de armis et insigniis* (Über das Wappenrecht) sollte fünf Jahrhunderte lang maßgeblich bleiben. *Nemo jurista nisi bartolista* (Niemand Jurist, wenn nicht Bartolist) blieb ein geflügeltes Wort bis ins 18. Jh. Ein

---

[81] Zum europäischen Gemeinen Recht sind jetzt vor allem die Veröffentlichungen des Max-Planck-Instituts für europäische Rechtsgeschichte in Frankfurt am Main heranzuziehen, insbesondere die fortlaufend erscheinenden Sammelbände Ius commune (bisher 4, Frankfurt 1967–1972, und 3 Sonderhefte „Texte und Monographien") nebst der Festschrift für den Direktor des Instituts, Helmut Coing (Studien zur europäischen Rechtsgeschichte, Frankfurt 1972) und das Handbuch der Quellen und Literatur der neueren europäischen Privatrechtsgeschichte, bisher Bd. 1 – Mittelalter (München 1973).

Schüler des Bartolus war Baldus de Ubaldis (1327–1400), der in Bologna, Perugia, Pisa, Florenz, Padua und Pavia lehrte und einen Kommentar zu den Digesten und zum Codex verfaßte [82].
Die norditalienischen Rechtsfakultäten hatten großen Zulauf auch aus anderen Ländern und zumal auch aus Deutschland. Die dort am *Corpus juris civilis* ausgebildeten, gelehrten Juristen hatten in Deutschland gute Aussichten, in landesherrliche Dienste genommen zu werden. Im 15. Jh. war es so weit, daß sie in Verwaltung und Gerichtsbarkeit überwogen, und natürlich richteten sie sich bei ihrer beruflichen Tätigkeit nach dem in Italien erlernten, römischen Recht, das also das bisher hier angewandte, zersplitterte und schlecht aufgezeichnete heimische Recht verdrängte. Man spricht von einer Rezeption des römischen Rechts in Deutschland, bei der es naheliegenderweise nicht ohne Spannungen zuging, zumal wenn das Erlernte allzu gedankenlos auf die deutsche Wirklichkeit übertragen wurde; eine nur oberflächliche Beschäftigung mit den fremdsprachigen, lateinischen Quellen ließ die halbgelehrt Heimgekehrten und zu Funktionären der Landesherren Aufgestiegenen leicht anmaßend und doktrinär werden [83]. Vielerorts begann man sich gegen das Eindringen des römischen Rechts zu wehren, und erfolgreich war man damit zumal in den Gebieten, die eine Landesherrschaft von sich abwehren konnten. Berühmt geworden ist das Wort der Schöffen von Frauenfeld im schweizerischen Thurgau: „Höret Ihr, Doktor, wir Eidgenossen fragen nicht nach dem Bartele und dem Baldele und anderen Doktoren. Wir haben sonderbare (besondere) Landgebräuch und Rechte." Auch die 1525 aufstehenden Bauern wollten die gelehrten Doktoren abschaffen, und noch das Parteiprogramm der NSDAP reminisziert die altdeutsche Animosität gegen das römische Recht. Aber die Entwicklung war nicht aufzuhalten. Vor allem die Städte zeichnen auf und reformieren ihr Stadtrecht, und von Mal zu Mal mehren sich dabei die romanistischen Einflüsse.

[82] Zu ihm Hermann Lange, Die Consilien des Baldus de Ubaldis (Wiesbaden: Steiner 1974); u. Norbert Horn, Philosophie in der Jurisprudenz der Kommentatoren – Baldus philosophus, in: Ius commune I (Frankfurt 1967) 104–149.

[83] Zum vielschichtigen Problem der Rezeption des römischen Rechts in Deutschland, wozu hunderttausende von Druckseiten erschienen sind, orientieren vor allem Franz Wieacker, Privatrechtsgeschichte der Neuzeit (2. Aufl. Göttingen 1967) 97–203; u. Gerhard Wesenberg, Neuere deutsche Privatrechtsgeschichte (2. Aufl. Lahr 1969) 72–97. Zur Frührezeption s. besonders Winfried Trusen, Anfänge des gelehrten Rechts in Deutschland (Wiesbaden 1962).

d) *Die humanistische Jurisprudenz*[84]

Durch das ihm von Justinian gegebene Gewand hindurch zum klassischen römischen Recht selbst vorzudringen begann man erst im 16. Jh., zunächst in Frankreich, weshalb die neue Richtung *mos Gallicus* heißt, die ältere in Italien auf der Grundlage der scholastischen Methode begonnene und jetzt in bewußtem Gegensatz zu Frankreich fortgeführte: *mos Italicus*. Zentrum dieser gallikanischen Abweichung ist nicht Paris, sondern die Universität von Bourges in Zentralfrankreich, wohin der Mailänder Adreas Alciat (1492–1550), dessen neue Methode in Italien keinen Anklang fand, über Avignon 1529 gekommen war. Im Bestreben, den von der justinianischen Umgestaltung gereinigten klassischen Rechtszustand zu ermitteln, wird der von Byzanz bezogene Quellenkanon des *Corpus juris civilis* i. e. S. überschritten und spürt man vorjustinianische Quellen auf, mögen sie noch so schmal und mager sein. Methodisch strebt man dem Ideal der Eleganz nach. Der hervorragendste Vertreter dieser Richtung ist Jacob Cujaz (1522–1590)[85], der nicht nur immer neue vorjustinianische Rechtstexte ans Licht zieht, den Pandektentext emendiert und justinianische Überarbeitungen aufdeckt, sondern vor allem auch die in den Inskriptionen der Pandekten mumifizierten klassischen Juristen dadurch wieder lebendig werden zu lassen versucht, daß er ihre Fragmente aus den Pandekten herausfischt und in ihrer mutmaßlichen ursprünglichen Reihenfolge kommentiert. Die byzantinische Überlieferung beutet er für Textkritik und historische Erforschung des klassischen Rechts kräftig aus. Seine Stärke war die Detailforschung, keine Antoquität ihm zu entlegen zur Erhellung der in den ersten drei Jahrhunderten unserer Zeitrechnung herrschenden Rechtszustände; dabei legt er großen dogmatischen Scharfsinn an den Tag. Zusammenfassende Darstellungen waren dagegen nicht seine Sache, und so war sein Einfluß auf die Praxis gering. Anders bei Hugo Donellus (1527–1591), der nach der Bartholomäusnacht 1572 aus Bourges nach Genf flieht und dann nach Heidelberg, Leiden und schließlich Altdorf, die Universität der Reichsstadt Nürnberg, berufen wird. Seine *Commentarii juris civilis* sind wesentlich praktisch orientiert und ein großer systematischer Wurf. Er folgt nicht dem

[84] Dazu insbesondere Guido Kisch in zahlreichen Veröffentlichungen, etwa: Studien zur humanistischen Jurisprudenz (Berlin 1972).

[85] Zu ihm jetzt Hans Erich Troje, Graeca leguntur (Köln 1971) passim (s. Register). S. ferner Heinz Hübner, Jurisprudenz als Wissenschaft im Zeitalter des Humanismus, in: Festschrift f. Karl Larenz (München 1973) 41–62.

Pandektensystem, sondern entwickelt auf der Grundlage des Institutionensystems eine eigene Ordnung, die er bis in alle Einzelheiten durchführt. Das Werk ist unvollendet, ausgeführt ist nur das Privatrecht, und zwar allein auf römischer Grundlage, vor allem den Digesten, aber selbständig und verständig aufgefaßt, die alten Quellen notfalls ohne Skrupel gegen ihren Wortsinn interpretiert. Bis ins 19. Jh. hatte er in Deutschland große Resonanz.

Deutschland hatte aber schon zu Beginn der neuen Richtung auch seine eigenen Vertreter hervorgebracht, wenn auch bescheideneren Zuschnitts und zunächst begrenzt auf das Oberrheingebiet. Die zentrale Figur war hier Ulrich Zasius (1461–1535), seit 1492 in Freiburg i. Br. zunächst als Stadtschreiber und dann als Leiter der Lateinischen Schule, also des Gymnasiums. Erst mit 38 Jahren beginnt er das Jurastudium, um es mit 40 mit der Promotion abzuschließen; 1506 wird er dann *Ordinarius legum*, also des römischen Rechts im Gegensatz zum kanonischen. Daneben ist er seit 1502 städtischer Gerichtsschreiber. In diesem Werdegang wird das Ziel aller humanistischen Juristen, aller Altertumsverehrung von Seiten der Juristen sichtbar, mit ihrer Hilfe, d. h. mit Hilfe des Rückgriffs auf die Quellen, dogmatischen Verhärtungen und Autoritätsgläubigkeit entgegenzutreten im Interesse der Praxis, den Forderungen der eigenen Zeit. Einer sympathischen Abneigung des Zasius gegen gelehrten Prunk entsprechen auf der anderen Seite eine gewisse Eigenwilligkeit und Selbstgenügsamkeit, die sich der vor Beginn seiner Schriftstellerei in langer praktischer Arbeit gereifte Mann freilich leisten kann. Seinen Einstand als eleganter Jurist lieferte er im 58. Lebensjahr mit dem Buch *„Lucubrationes“* (Nachtarbeiten), welch preziöser Titel einem der beiden Nester griechisch-römischer extravaganter Buchtitel, dem Vorwort zur Naturgeschichte Plinius' des Älteren, entnommen ist; immerhin erschien die Schrift nur zehn Jahre nach der ersten ihrer Art, den 1508 in Paris erschienenen *„Annotationes in pandectas“* des Philologen Budäus, und im selben Jahr wie die *„Paradoxa“* des Alciat. Bedeutsamer als weitere Huldigungen an den Zeitgeist waren seine nun von neuem Selbstbewußtsein getragenen praktisch orientierten Arbeiten. War noch das 1511 von Zasius ausgearbeitete Landrecht für die Markgrafschaft Baden ziemlich unselbständig, eng an das damals gelehrte gemeine Recht angelehnt, so finden sich im 1520 bearbeiteten Freiburger Stadtrecht immer wieder wohltuende Beweise der Unabhängigkeit gegenüber den autoritativen Lehren. Den stärksten Einfluß auf das Rechtsleben in ganz Deutschland hatte die postume Publikation der Zasiusschen Rechtsgutachten, die 1538 und 1539 in Basel erschienenen *Responsorum* (!) *juris sive consiliorum libri II*, der Auftakt zu den bald in reichem Maße publizierten deutschen Konsiliensammlungen.

e) Der Usus modernus pandectarum

Als auf dem Wormser Reichstag von 1495 das Fehderecht, also das Recht der Selbsthilfe in großem Stil, endgültig abgeschafft und der Ewige Landfrieden beschworen wurde, mußte zugleich eine Möglichkeit geschaffen werden, Friedensbrecher zur Verantwortung zu ziehen und Streitigkeiten auf friedlichem Wege, d.h. gerichtlich auszutragen. Das geschah durch Errichtung des Reichskammergerichts, das allerdings erst seit dem Augsburger Religionsfrieden von 1555 kontinuierlich arbeiten konnte, zunächst in Speyer und seit der Einäscherung der Stadt durch die Franzosen 1689 in Wetzlar. Das Gericht war, zumal in privatrechtlichen Streitigkeiten, oberste Instanz aller Reichsbewohner, soweit nicht der betreffende Landesherr, wie zunächst nur einzelne Kurfürsten, aufgrund des ihnen eingeräumten *jus de non appellando* einen eigenen Appellationsgerichtshof eingerichtet hatte, die Vorläufer vieler heutiger Oberlandesgerichte. Da das Reichskammergericht nach einem im ganzen Reich geltenden Recht urteilen mußte, das in Deutschland gewachsene Recht aber unentwickelt und vor allem uneinheitlich, infolge der immer kleiner gewordenen Territorien und Rechtskreise zersplittert war, kam nur das Recht des römischen Kaisers, des Reiches gemeines Recht, also das Recht des *Corpus juris civilis* Justinians in Betracht, vor allem der Digesten. Es hieß, Kaiser Lothar habe 1135 nach der Eroberung von Amalfi und seiner Digestenhandschrift auf Anregung Werners dieses Buch im römisch-deutschen Kaiserreich in Kraft gesetzt, was erst der Universalgelehrte und Staatsmann Hermann Conring in seinem 1643 erschienenen Buch *De origine juris germanici* als Legende entlarvte. Von da an rechtfertigte man die Anwendung des römischen Rechts in Deutschland, indem man, in Anlehnung an einen klassischen Sprachgebrauch, sagte, das römische Recht sei *usu receptum* (durch Gerichtsgebrauch angenommen). Und da dieser Gerichtsgebrauch natürlich mannigfach abwich von der einstigen Bedeutung der Quellen nicht nur für die Klassiker selbst und Justinian, sondern auch für die Glossatoren und Konsiliatoren Italiens, bekam die in Deutschland vom 16. – 18. Jh. angewandte Version des römischen Rechts den Namen *Usus modernus pandectarum* (Moderner Gerichtsgebrauch der Pandekten). So hatte Samuel Stryk (1640–1701, Frankfurt an der Oder und Halle) seine groß angelegte und erst nach seinem Tode durch seine Schüler zu Ende geführte Darstellung des damals von den Gerichten, vor allem den markbrandenburgischen angewandten Gemeinen Rechts betitelt. Andere verbreitete Lehrbücher waren das 1679 postum erschienene *Compendium juris* des Tübingers Wolfgang Adam Lauterbach (1618–1678), die erstmals 1670 erschienene und bis zum Ende des 18. Jhs. immer wieder neu aufgelegte *Iurisprudentia romano-germanica forensis* des Jenaers Georg Adam Struve (1619–1692), die *Praxis iuris romani in foro germanico* des schließlich in Straßburg bleibenden Johann Schilter (1632–1705) und die von 1704 bis 1791 vierzehnmal aufgelegte *Introductio in ius digestorum* des Schülers und Nachfolgers von Samuel Stryk in Halle, Just Henning Böhmers (1674–1749). Aber wohl noch charakteristischer als diese Darstellungen sind für die praktisch orientierte deutsche Jurisprudenz dieser drei Jahrhunderte kasuistische Werke wie die 1664–1675 in neun Bänden erschienenen und bis 1794 immer wieder gedruckten *Decisiones* von David Mevius (1609–1670), des Vizepräsidenten des Wismarer Obertribunals, der darin seine Entscheidungen ausführlich begründete; oder die 1717–1748 in elf Bänden erschienenen *Meditationes ad pandectas* des Wittenberger Professors Augustin Leyser (1683–1752), worin, nach dem Pandektensystem angeordnet, nahezu 300 Fälle, an deren Entscheidung Leyser mitgewirkt hatte, zu Unterrichtszwecken gründlich erörtert sind.

f) Die historische Rechtsschule[86]

Entsprach dem deutschen *Usus modernus pandectarum* in den anderen kontinentaleuropäischen Ländern noch eine ähnliche, das Recht der Pandekten für die zeitgenössische Praxis uminterpretierende Richtung, so stellt die letzte und intensivste Wideranknüpfung an die Klassiker, deren Ergebnisse schließlich zu einem großen Teil in das deutsche BGB eingingen, eine deutsche Sonderentwicklung dar. Die historische Rechtsschule war, wie ihr Name sagt, auf den Universitäten beheimatet und für die Praxis zunächst eine Zumutung. An sich freilich bedeutete sie eine Hinwendung zum wirklich geltenden oder einstmals geltenden Recht, eine entschiedene Absage an Wunschdenken und Spekulation im Recht; ihr Hauptgegner war

---

[86] Dazu vor allem Wieacker, Privatrechtsgeschichte 348–513; zu Jhering (S. 450–453) jetzt jedoch ders., Rudolf von Jhering, in: SZ 86 (1969) 1–36.

weniger der schwerfällige *Usus modernus pandectarum* als die zugleich mit diesem blühende Naturrechtsschule mit all ihrem Erneuerungseifer, aber auch zahlreichen wirklichkeitsfremden Auswüchsen. Und nachdem Kant den Gedanken eines überpositiven Rechts jenseits geschichtlicher Bedingtheit als unhaltbar erwiesen hatte, suchte die Rechtswissenschaft, um sich als Wissenschaft behaupten bzw. erst selbst konstituieren zu können, Anschluß nicht mehr bei der Philosophie sondern der Geschichtswissenschaft. Daß dabei die Altertumswissenschaft so sehr in den Vordergrund trat, liegt zunächst an den damals geltenden Rechtsquellen, vor allem aber an der Person des führenden Vertreters der Schule, des Schulgründers: Friedrich Carl von Savigny (1779–1861). Er war Professor an der 1810 errichteten Reformuniversität Berlin und hatte enge persönliche Beziehungen zu den Dichtern der Romantik. Mit ihm, der eine Aufwertung des Professorenstandes (Verdoppelung der Professorengehälter in Preußen) durchsetzte, nimmt die Rechtswissenschaft leicht esoterische Züge an. Selbst Großgrundbesitzer, engagiert sich Savigny für die Restauration, deren gröbere Mittel er freilich entschieden ablehnt. Er wird zum Neubegründer einerseits der Rechtsgeschichte mit allem was dazugehört, wie die Suche nach Handschriften, Textedition und altertumskundliche Studien; und andererseits des rechtswissenschaftlichen Positivismus, der das Recht nach eigengesetzlichen Kriterien aus sich heraus, wie es nun einmal (geworden) ist, entwickelt, auch fortentwickelt und sich die Frage nach wirtschaftlichen, gesellschaftlichen und politischen Hintergründen verbietet[87]. Viel

[87] Dazu Walter Wilhelm, Zur Juristischen Methodenlehre im 19. Jh. (Frankfurt am Main 1958); u. ders., Savignys überpositive Systematik, in: Philosophie und Rechtswissenschaft = Studien zur Philosophie und Literatur des 19. Jhs. III (Frankfurt 1969) 123–136. Zur zeitgenössischen Kritik an Savigny s. Lorenz Steins Rezension von Savignys ‚System', in: Deutsche Jahrbücher für Wissenschaft und Kunst 1841 S. 365f., 369f., 373f., 377–387, 389–391, 393–395 u. 397–399; u. Karl Marx, Das philosophische Manifest der historischen Rechtsschule, in: Rheinische Zeitung v. 9. Aug. 1842, Beiblatt (MEW I 78–85). Dazu Peter Landau, Karl Marx und die Rechtsgeschichte, in: TR 41 (1973) 361–371. Zur Biographie Savignys statt vieler Hans Hattenhauer, Thibaut und Savigny – Ihre programmatischen Schriften (München 1973) 20–33. Zum Einfluß Kants auf Savigny Hans Kiefner, s. einstweilen ders., Der Einfluß Kants auf Theorie und Praxis des Zivilrechts im 19. Jh., in: Philosophie (s. oben) 3–25. Zum Einfluß Savignys auf die Rechtsprechung s. Gerhard Wesenberg, Savignys Einfluß auf die Rechtsprechung des Oberappellationsgerichts in Dresden, in: SZ 67 (1950) 459–473.

Arbeit wird auf die juristischen Allgemeinbegriffe und überhaupt die juristische Konstruktion verwandt, die ein Eigenleben führen. Der literarische Niederschlag des dogmatischen Erbes der historischen Rechtsschule, jedenfalls im Bereich des Privatrechts, die Pandektenlehrbücher, sind deshalb einerseits erfreulich bündig, gut gegliedert und klar dargestellt ohne viel literarischen Ballast, erwecken auf der anderen Seite aber, vor allem die Werke von Georg Friedrich Puchta (1798–1846, seine „Pandekten“ seit 1838 zwölfmal bis 1877 aufgelegt) und Bernhard Windscheid (1817–1892, sein „Lehrbuch des Pandektenrechts“ von 1862/70 bis 1906 neunmal aufgelegt), die noch heute bei Juristen anzutreffende trügerische Hoffnung, von der Rechtsgemeinschaft noch nicht entschiedene Rechtsfragen könnten gewissermaßen aus sich selbst heraus, durch Entfaltung bisher verborgener Keime beantwortet werden. Das führte dann oft zu herben, den Rechtsgenossen nicht mehr verständlich zu machenden Entscheidungen zumal in Fragen des Dienstvertragsrechts, der Forderungsabtretung, des Vertrages zu Gunsten Dritter, wo die orthodoxen Anhänger der Schule sogar so weit gingen, zu fordern, die in der Neuzeit geleisteten Fortentwicklungen des römischen Rechts wieder preiszugeben; dadurch wäre z.B. dem damals schon blühenden Lebensversicherungswesen der rechtliche Boden entzogen worden. Der durch die preußischen Reformen zu Beginn des Jhs. kräftig angekurbelten Wirtschaft kam jene Neubelebung der individualistischen Wertungen des römischen Rechts der klassischen Zeit im Verein mit idealistischer Betonung der Privatautonomie letztlich aber zustatten[88], und das um so mehr, wenn man die dem zugrundeliegenden Wertungen vor denen, für die sie ungünstig waren, verstecken konnte durch den Hinweis auf das Gewordensein, die Geschichtlichkeit dieses Rechts. Bei Beratung des BGB, dessen erster Entwurf weithin auf Windscheids Lehren beruhte, konnten die ärgsten romanistischen Spitzen noch beseitigt werden; es blieb aber z.B. die schnöde Regelung des Dienstvertragsrechts in den §§ 611 ff., und erst nach dem Ende des Kaiserreichs war der Weg für ein eigenständiges Arbeitsrecht frei. Auf der anderen Seite aber erbte das BGB auch alle der historischen Rechtsschule und dem rechtswissenschaftlichen Positivismus zu verdankenden Gewinne. Seine technische Qualität ist vortrefflich, heutige Gesetze schneiden im Vergleich damit schlecht

[88] Dazu Franz Wieacker, Pandektenwissenschaft und industrielle Revolution, in: Juristenjahrbuch 9 (1968–69) 1–28; aber auch Hans Kiefner, Personae vice fungitur? – „Industrielle Corporation“ im System Savignys, in: Festschrift für Harry Westermann (Karlsruhe 1974) 263–274.

ab. Und die starke Betonung der Privatautonomie im BGB etwa in den §§ 116ff., 138 Abs. 2 (in § 139 ist sie überbetont), 154 und 155 bedeutet eine zu wenig genutzte oder gar im Gegenteil bewußt vernachlässigte oder angefeindete Gelegenheit, Repressionsversuchen mit den Mitteln des Privatrechts, insbesondere ungleichen Kauf- und Mietverträgen, entgegenzutreten.

ZWEITES KAPITEL[89]

Die römische Hausverfassung

1. Die Hausgewalt des römischen Familienvaters

a) Die potestas *des* pater familias *über Kinder und Unfreie*

Heute unterliegt der junge Mensch nur noch bis zu seinem 18. Lebensjahr der elterlichen Sorge (§§ 1626f. i.V.m. 2 BGB n.F.). Nicht einmal mehr bis zu diesem Zeitpunkt können die Eltern ohne weiteres Rechtsgeschäfte mit Wirkung für das Kind abschließen, ohne es angehört zu haben; manche Entscheidungen sollen gar nur im Einvernehmen mit ihm getroffen werden. Im öffentlichen und Berufsleben dagegen erlangt man eine verantwortliche Stellung meist erst in vorgerücktem Alter.

Beides war früher anders. Die Geschichte kennt viele Heerführer und Staatsmänner, die blutjung an die Macht gekommen sind und sie auch selbständig ausgeübt haben. Auch in Rom konnte man in relativ jungen Jahren zu den höchsten Staatsämtern gelangen; viele Kaiser erlangten den Purpur in jugendlichem Alter, auch ohne von Geburt zum Thronfolger bestimmt zu sein. Genau umgekehrt verhielt es sich im häuslichen Bereich. Hier hatte, so lange er lebte, der Vater das Sagen über alle Abkömmlinge: Kinder, Enkel, Urenkel usw. Das Hausvermögen gehörte rechtlich allein ihm. Kinder und Enkel waren vermögenslos, bis der Familienvater starb. Es war nicht ungewöhnlich, daß ein Sechzigjähriger unfähig war, eigenes Vermögen zu

[89] Zu den folgenden fünf privatrechtlichen Kapiteln ist wegen aller Einzelheiten des antiken römischen Privatrechts grundsätzlich auf Max Kasers ausführliche Handbücher zu verweisen: Max Kaser, Das röm. Privatrecht (nicht: Römisches Privatrecht – Ein Studienbuch; dies ist im wesentlichen eine gekürzte Fassung) = Handb. d. Altertumswissenschaft 10. Abt. 3. Tl. 3. Bd., 1. Abschn.: Das altröm., das vorklass. u. klass. Recht 2. Aufl. (München 1971); u. 2. Abschn.: Die nachklass. Entwicklungen (München 1959, 2. Aufl. in Vorb.); sowie ders., Das röm. Zivilprozeßrecht = Handb. 10, 3, 3 (München 1966).

haben, unter väterlicher Gewalt stand. Andererseits wurde, wenn der Vater früh starb, jedenfalls von den männlichen Abkömmlingen alles gewaltfrei, was geschlechtsreif, also über 14 Jahre alt war und keinen Großvater väterlicherseits usw. mehr hatte. Nur der unter 14 Jahre alte bekommt einen Vormund *(tutor)*; in späterer Zeit (2. Jh.) bekommt allerdings auch der 15- bis 25jährige einen mit weniger Kompetenzen ausgestatteten Pfleger *(curator)*. Der freigewordene Haussohn oder Hausenkel wird seinerseits Hausvater oder kann es werden. Diese lebenslängliche monarchische Gewalt des männlichen Familienoberhaupts über alle Angehörigen und alle Habe der Kleinfamilie ist die schärfste Ausprägung des patriarchalischen Prinzips, die wir kennen; nur bei den Galatern, einem nach Kleinasien gewanderten keltischen Stamm, soll eine ähnliche Regelung bestanden haben; sonst, soweit wir Bescheid wissen, nirgends. Sie erfaßte ursprünglich alle Angehörigen der Kleinfamilie, auch die Ehefrau, die Schwiegertöchter, die aus rechtmäßigen Ehen der Söhne hervorgegangenen Enkel und Enkelinnen, nicht jedoch die Abkömmlinge der Töchter. Waren diese verheiratet, so fielen ihre Kinder wie sie selbst in die Gewalt ihres Ehemannes oder Schwiegervaters; uneheliche Kinder (*spurii*, Spurius ist ein häufiger Vorname) hatten keinen Familienvater *(pater familias)*; sie unterstanden überhaupt keiner elterlichen Gewalt. Die Hausgewalt über die Ehefrau, Schwiegertöchter usw., die mit Eheschließung begründet wurde und die Frauen also den Kindern gleichstellte, kam in der jüngeren Republik allerdings ab, so daß die Ehefrau entweder in der Gewalt ihres Vaters bzw. Großvaters blieb oder gewaltfrei war.

Ein nicht minder wichtiger Bestandteil der *familia* waren die Unfreien, die Sklaven, das Gesinde. Das Wort *familia* ist von *famulus*, eigentlich ‚Dienerlein' abgeleitet und bezeichnet also ursprünglich den Inbegriff dessen, was dem Hausvater dient. Und innerhalb dieser Gruppe werden diejenigen Untergebenen, die trotzdem rechtlich frei sind, die *liberi* (bedeutet im Lateinischen zugleich ‚Freie' und ‚Kinder'), herausgehoben. Zuweilen umfaßt *familia* naheliegenderweise das gesamte Vermögen des Hausvaters einschließlich des Viehs und der toten (beweglichen) Habe; über die unbewegliche verfügte einst wohl nicht die Kleinfamilie. Die Hausgewalt war ursprünglich unumschränkt und schloß die Gewalt über Leben und Tod der Unterworfenen ein, das *ius vitae necisque*, wenngleich anzunehmen ist, daß die Ausübung dieses Rechts von Anbeginn an feste Verfahrensregeln gebunden war: Hausgericht mit Verteidigungsmöglichkeiten und Publizität. Jedenfalls war es in klassischer Zeit so:

Marcianus, Institutiones XIV, Tit.: Ad legem Pompeiam de parricidiis (Dig. 48, 9, 5)

Divus Hadrianus fertur, cum in venatione filium suum quidem necaverat, qui novercam adulterabat, in insulam eum deportasse, quod latronis magis quam patris iure eum interfecit. Nam patria potestas in pietate debet, non atrocitate consistere.

Marcian, Institutionen Buch 14, Titel: Zum pompejischen Gesetz über Verwandtenmorde

Vom göttlichen Hadrian wird berichtet, daß er, als jemand auf der Jagd seinen Sohn getötet hatte, der mit der Stiefmutter Ehebruch getrieben hatte, ihn auf eine Insel verbannt habe, weil er ihn eher nach dem Recht eines Räubers als des Vaters getötet hätte. Denn die väterliche Gewalt muß in Pflichterfüllung und darf nicht in Schreckensherrschaft bestehen.

Als das römische Recht, endgültig 212 n. Chr., unübersehbar vielen Reichsbewohnern mit ganz anderen familienrechtlichen Traditionen gewährt wurde, kam es hier zu Spannungen. Die staatlichen Behörden müssen eingeschaltet werden, um freiheitsgewohnte griechische junge Männer der Botmäßigkeit ihres Vaters zu unterwerfen. Erst 365 n. Chr. ist es so weit, daß in schweren Sachen die Hausgerichtsbarkeit durch die staatliche Gerichtsbarkeit ersetzt und das hausväterliche Recht über Leben und Tod abgeschafft wird (Cod. Theod. 9, 13, 1).

b) Rechtsgeschäfte des Haussohns und des Sklaven

Solange sein Vater lebte, hatte der römische Mann danach weder Eigentum noch konnte er welches erwerben, aber er nahm natürlich am Rechtsleben und Geschäftsverkehr teil. Hatte er Geld zur Verfügung, so konnte er sich etwas kaufen, und natürlich konnte er eine Erbschaft annehmen; nur fielen die erworbenen Sachen in das Eigentum seines Vaters. Er konnte alle Rechtsgeschäfte tätigen, sich auch wirksam verpflichten und demgemäß auch klagen und verklagt werden, nur konnte gegen ihn nicht vollstreckt werden; wurde die Urteilsschuld nicht freiwillig erfüllt, so nützte dem Gegner ein obsiegendes Urteil vorläufig nichts. Man kann sich vorstellen, daß diese rigorose, aber eindeutige Zuständigkeitsregelung in bäuerlichen Verhältnissen mit einem Hof als Existenzgrundlage der Kleinfamilie funktionierte. Das wird jedoch in dem Augenblick anders, da die Söhne nicht mehr selbstverständlich den Hof des Vaters übernehmen, sondern fortziehen, um eine eigene Existenz zu gründen, und das hieß einst: neues Land unter den Pflug zu nehmen und eine neue Hofstelle aufzumachen – zu kolonisieren. Damit begannen die Römer schon im 4. Jh. v. Chr. Und so hat die Pontifikaljurisprudenz eine

Möglichkeit entwickelt, das Gewaltverhältnis zwischen Vater und Sohn einverständlich zu lösen: die Emanzipation. Dadurch schied der Emanzipierte aus der Familie seines Vaters, Großvaters usw. ersatzlos und unter Verlust seines gesetzlichen Erbrechts aus, wurde sein eigener Familienvater. Eigenes Kapital hatte er damit zwar noch nicht, doch wird ihm das entgangene Erbe oder ein Ersatz dafür mit der Abschichtung ausbezahlt worden sein. Dann konnte gegen ihn auch vollstreckt werden.

Dem Kontrahenten des unter väterlicher Gewalt Verbliebenen war dagegen nur geholfen, wenn er aus dem Geschäft mit dem Sohn den Vater persönlich in Anspruch nehmen, ihn verklagen und gegen ihn vollstrecken konnte. In drei Fällen eröffnet der Prätor dem Geschäftspartner eines Haussohns diese Möglichkeit im sog. *edictum triplex* (dreiteiliges Edikt). Erstens konnte der Vater einzelne Vermögensstücke, ein Sondergut *(peculium)*, aus dem selbst verwalteten Vermögen ausgliedern und dem Sohn oder Sklaven zur freien Verfügung überlassen. Dann konnte der Kontrahent des Sohnes oder Sklaven aus Geschäften mit diesen gegen den Vater bzw. Herrn des Sklaven vorgehen und haftete dieser selbst; allerdings haftete der Hausvater nur bis zur rechnerischen Höhe des Sonderguts, ob er dieses nun im konkreten Fall mittlerweise eingezogen oder dem Unterworfenen belassen hatte. Vollstreckt wurde in das Vermögen des Hausvaters insgesamt, nicht etwa nur in das Sondergut. Diese Klage heißt *actio de peculio* (Sondergutsklage). Bei der Berechnung des Werts des Sonderguts, das rechtlich dem Hausvater weiterhin zur freien Verfügung stand und nur außerdem der konkurrierenden eigennützigen Verfügungsgewalt des Unterworfenen überlassen war, wurden aber interne Schulden des Haussohns beim Vater abgezogen und umgekehrt interne Forderungen draufgeschlagen. Unabhängig von Bestehen und insbesondere Höhe eines Sonderguts, das durch solche internen Schulden leicht ausgehöhlt sein konnte, haftete der Hausvater aus Geschäften eines Gewaltunterworfenen zweitens: wenn und soweit durch das Geschäft etwas in das Vermögen des Hausvaters gelangt ist, und zwar mit der *actio de in rem verso*, was man mit ‚Bereicherungsklage' verdeutschen könnte; nur gab es noch mannigfache andere Bereicherungsklagen. Drittens haftet der Hausvater und Gewalthaber dem Kontrahenten seines Unterworfenen, wenn er dem Vertragspartner gegenüber eigens erklärt hat, gleich in welcher Form, daß er den Unterworfenen geheißen habe *(iubere)*, das betreffende Geschäft abzuschließen; diese Klage heißt *actio de eo quod iussu* (Geheißklage).

Diese in den Grundzügen leicht faßliche Regelung konnte im Einzelfall rasch unübersichtlich werden, den Rechtssuchenden den Künsten der Juristen ausliefern wie in folgendem Fall:

Alfenus Varus, Digesta II, Tit.: Quod cum eo, qui in aliena potestate est, negotium gestum est (Dig. 15, 3, 16)
Quidam fundum colendum servo suo locavit et boves ei dederat. Cum hi boves non essent idonei, iusserat eos venire et his nummis qui recepti essent alios reparari. Servus boves vendiderat, alios redemerat, nummos venditori non solverat, postea conturbaverat. Qui boves vendiderat, nummos a domino petebat actione de peculio aut quod in rem domini versum esset, cum boves pro quibus pecunia peteretur penes dominum essent. Respondit non videri peculii quicquam esse nisi si quid deducto eo quod servus domino debuisset reliquum fieret. Illud sibi videri: boves quidem in rem domini versos esse, sed pro ea re solvisse tantum, quanti priores boves venissent; si quo amplioris pecuniae posteriores boves essent, eius oportere dominum condemnari.

Alfenus Varus, Digesten Buch 2, Titel: Von Geschäften, die mit jemandem, der unter fremder Gewalt steht, abgeschlossen worden sind
Jemand hat seinem Sklaven ein Landgut zur Bewirtschaftung verpachtet und hatte ihm dazu Ochsen gegeben. Da sich diese Ochsen als ungeeignet herausstellten, hieß er ihn, sie zu verkaufen und mit dem Geld, das er dafür bekommen würde, andere anzukaufen. Der Sklave verkaufte die Ochsen, kaufte andere an, zahlte aber nicht sofort an den Verkäufer und wurde später zahlungsunfähig. Der Verkäufer der Ochsen nahm wegen des Preises den Herrn mit der Sonderguts- und hilfsweise der Bereicherungsklage in Anspruch, da die Ochsen, deren Bezahlung er verlange, im Vermögen des Herrn seien (sei es im Eigenvermögen,sei es im dem Sklaven zur Verfügung gestellten Sondergut; *penes aliquem esse* wird für das eine wie für das andere gebraucht). Er (Servius) hat den Bescheid gegeben, zum Sondergut des Sklaven gehöre nur das, was nach Abzug der internen Schulden des Sklaven beim Herrn übrig bleibe. Folgendes scheine ihm richtig: die Ochsen seien zwar in das Vermögen des Herrn gelangt, aber dafür habe er so viel entrichtet, um wieviel die ersten Ochsen verkauft worden seien; wenn allerdings die späteren Ochsen einen höheren Preis als jene gehabt hätten, dann sei der Herr insoweit zu verurteilen.

Bei diesem enttäuschenden Ergebnis wüßten wir über den Sachverhalt gern genauer Bescheid. Jedenfalls hatte der Sklave nicht etwa das Landgut als Sondergut erhalten, sondern nur die Stellung eines Pächters; der Text sagt *locavit* (hat verpachtet), hier natürlich uneigentlich gemeint: Sklaven waren nicht rechtsfähig. Dieser Sklave mußte seinem Herrn also regelmäßig Pachtzinsen leisten, das Gut instandhalten und was an internen Verbindlichkeiten sonst noch bestanden haben mag. Zu seinem Sondergut gehörten aber die ersten Ochsen, und das Ersatzpaar ist noch vorhanden. Warum der Sklave wirtschaftlich zusammenbrach, sagt der Text nicht; doch ist nicht einfach davon auszugehen, daß er den für das erste Paar erzielten Kaufpreis verpraßt habe. Da der Text etwas unvermittelt betont, daß interne Schulden beim Herrn das Sondergut mindern, ist vielmehr zu vermuten, daß das Geld für einen mittlerweile fällig gewordenen Pachtzins, Ausgaben zur Instandhaltung oder sonstige Pächterausgaben wie Saatkauf ausgegeben wurde; vielleicht hatte der Herr dem Sklaven zu wenig Kapital mitgegeben. Interne Schulden scheinen den Zusammenbruch jedenfalls mitverursacht zu haben, was offenbar ganz in der Ordnung war. Dem Dritten dann auch die Bereicherungsklage zu versagen, wäre allerdings ein starkes Stück, und in der Tat ist das von Servius hierfür gebrauchte Argument brüchig. Rücksichtslose Begünstigung des Sklaveneigentümers könnte dahinterstehen. Ulpian entscheidet verkehrsfreundlicher: Dig. 15, 3, 3 § 10, uns verständlicher. Die Geheißklage kam in der Alfenstelle deshalb nicht in Betracht, weil der Herr den Austausch der Ochsen nur dem Sklaven befohlen hatte; mit dem Verkäufer war er gar nicht in Verbindung getreten.

2. Eherecht [90]

a) Das Recht der Ehescheidung

Finden sich in anderen frühen Kulturen mannigfache Spuren von Mutterrecht und ganz anderen Formen der Geschlechtsgemeinschaft als eben die Einehe, so kannte Rom zu allen Zeiten nur strenges Patriarchat und Monogamie. Die Frau hatte ursprünglich eine deutlich untergeordnete Stellung. Die Verheiratete steht, wie gesagt, den Kindern und Sklaven gleich; die Unverheiratete erhält, wenn sie nicht unter väterlicher Gewalt steht, einen Vormund, den sog. Geschlechtsvormund. Zwar behalten verheiratete Frauen den väterlichen Familiennamen bei, einen Eigennamen haben sie aber meist nicht. Der Mann kann sich scheiden, jedenfalls wenn er Gründe hat wie z.B. Weingenuß seiner Frau; die Frau kann es ursprünglich nicht. In Etrurien dagegen hatte die Frau eine sehr freie Stellung, was den Lucretiaskandal erst verständlich macht. In der mittleren Republik

[90] Über die Einzelheiten orientiert am besten Wolfgang Kunkel, RE Art. Matrimonium (1930). Zur Stellung der etruskischen Frau im Gegensatz zur römischen s. Jacques Heurgon, Die Etrusker (Stuttgart: Reclam 1971) 106–138; zu ihrer Stellung in Rom s. J. P. V. D. Balsdon, Roman women (London 1962), insb. 45–62, 181–189, 216–223 u. 282–284. Vgl. a. Lily Ross Taylor, in: Gnomon 35 (1963) 840f. (Rez.) m. weit. Hinw.

verbessert sich jedoch die Stellung der römischen Frau. Eheherrliche Gewalt und Geschlechtsvormundschaft verschwinden, und die Ehescheidung wird frei, auch für die Frau. Auch sie kann jetzt einseitig ohne besondere Gründe die Ehe aufkündigen. Die Freiheit der Eheschließung wie der Ehescheidung wird zu einem Grundprinzip des römischen Rechts; sie sind an keine Formen gebunden und werden gegen mittelbaren Zwang abgeschirmt. Für die Eheschließung genügt der ernsthafte Ehekonsens der Brautleute, nur muß gegebenenfalls die Einwilligung des Vaters oder Großvaters usw. hinzutreten: *consensus facit nuptias* (die Einigung macht die Hochzeit, s. Julian Dig. 23, 1, 11). Beide Beteiligte müssen nur wirklich eine Ehe wollen, keine bloße Gelegenheitsverbindung und auch kein Konkubinat; damit eine Ehe zustande kam, mußte der Mann der Frau den *honor matrimonii* (eheliche Ehrerbietung) erweisen. Ist die Ehe allerdings einmal geschlossen, so ist sie nicht deshalb ungültig, weil sie unter Druck zustande kam, denn gegen den Willen eines der Beteiligten findet keine Hochzeit statt, wie Celsus geschickt argumentiert (Dig. 23, 2, 22). Und in der Tat geschieht damit keinem Unrecht, denn ebenso formlos, wie man eine Ehe eingehen konnte, konnten beide Teile wieder auseinandergehen, und dies ohne Zustimmung des Gewalthabers. Es mußte nur wieder der Trennungswille deutlich sein, durfte sich nicht um ein bloßes Zerwürfnis *(frivusculum)* oder eine Entzweiung *(iurgium)* handeln. Nach vollzogener Scheidung können beide Seiten sofort eine neue Ehe eingehen, auch die Frau; nur wenn ihre Ehe durch den Tod des Mannes aufgelöst wurde, muß sie zehn Monate warten.

Diese freie Regelung hört auf, nachdem Konstantin, der erste Christ auf dem Kaiserthron, zur Alleinherrschaft gelangt war. 331 n. Chr., 19 Jahre nach der Schlacht an der milvischen Brücke und sieben nach dem Ende des letzten Rivalen Licinius, nimmt er die einseitige Scheidung aufs Korn, während die einverständliche vorerst unberührt bleibt:

Imperator Constantinus Augustus ad Ablabium praefectum praetorio Orientis (Cod. Theod. 3, 16, 1)

Placet mulieri non licere propter suas pravas cupiditates marito repudium mittere exquisita causa, velut ebrioso aut aleatori aut mulierculario; nec vero maritis per quascumque occasiones uxores suas dimittere. Sed in repudio mittendo a femina haec sola crimina inquiri: si homicidam vel medicamentarium vel sepulchrorum dissolutorem maritum suum esse probaverit, ut ita demum laudata omnem suam dotem recipiat. Nam si praeter haec tria crimina repudium marito miserit, oportet eam usque ad acuculam capitis in domo mariti deponere et pro tam magna sui confidentia in insulam deportari. In

masculis etiam, si repudium mittant, haec tria crimina inquiri conveniet: si moecham vel medicamentariam vel consiliatricem repudiare voluerit. Nam si ab his criminibus liberam eiecerit, omnem dotem restituere debet et aliam non ducere. Quod si fecerit, priori coniugi facultas dabitur domum eius invadere et omnem dotem posterioris uxoris ad semet ipsam transferre pro iniuria sibi inlata.
Data ... Constantinopoli Basso et Ablabio consulibus

Kaiser Konstantin an den Prätorianerpräfekten des Ostens Ablabius
Es ist unsere Meinung, daß einer Frau nicht erlaubt ist, wegen ihrer verworfenen Begierden dem Gatten den Scheidebrief zu schicken aus herbeigesuchtem Grund, wie weil er Trinker, Spieler oder Schürzenjäger sei; aber auch nicht den Ehemännern, bei irgendwelchen Gelegenheiten ihre Frauen fortzuschicken. Für eine Scheidung durch die Frau kommen vielmehr allein folgende Beschuldigungen in Betracht: daß sie bewiesen hätte, ihr Gatte sei ein Mörder, ein Giftmischer oder ein Grabschänder; mit der Folge, daß sie nur, wenn sie solches vorbringt, ihre ganze Mitgift zurückerhalten kann. Denn wenn sie sich ohne einen dieser drei Gründe von ihrem Gatten scheidet, soll sie diese (die Mitgift) bis auf die kleinste Haarnadel im Hause des Gatten hinterlassen und für ihre so große Keckheit auf eine Insel deportiert werden. Ebenso wird man bei Männern, die sich scheiden, dahin übereinkommen, daß folgende drei Beschuldigungen untersucht werden: sie wollten eine Ehebrecherin, eine Giftmischerin oder eine Kupplerin verstoßen. Denn wenn jemand eine keines dieser Verbrechen Schuldige weggejagt hat, muß er ihr die ganze Mitgift erstatten und darf keine andere Frau heiraten. Tut er das aber doch, so wird der früheren Ehefrau die Möglichkeit eingeräumt werden, in sein Haus einzudringen und die ganze Mitgift der neuen Frau an sich zu nehmen für das ihr zugefügte Unrecht.
Gegeben am ... zu Konstantinopel im Jahre 331 n. Chr.

Die befremdlichen Sanktionen erklären sich zum Teil daraus, daß es zunächst weder staatliche Eheregister noch Scheidungsrichter gab. Jahrhundertelang war die Scheidung nicht so sehr ein rechtlicher, als zunächst einmal ein sozialer Tatbestand gewesen, der lediglich rechtliche Rückwirkungen hatte. Die auf einmal für unzulässig erklärte Scheidung konnte deshalb, wenn trotzdem geschehen, von Rechts wegen nicht einfach ignoriert, für rechtlich unwirksam erklärt werden. Die verpönte Scheidung mußte als Faktum auch vom Recht zur Kenntnis genommen, ja: hingenommen werden, trotz allem. So versuchte der Kaiser, die Eheleute von vornherein davor abzuschrecken. Was Konstantin sich dazu ausgedacht hat, war offenbar wirksam: das Rachebedürfnis der verlassenen Ehefrau seinen Zwecken dienstbar zu machen. Aber stabil war diese Regelung nicht. Zunächst einmal hob Konstantins Neffe und späterer Nachfolger auf dem Kaiserthron, Julian der Abtrünnige, das Gesetz 363 n. Chr. wieder auf. 421

versuchte der Westkaiser Honorius (Cod. Theod. 3, 16, 2), das alsbald nach Julian wieder in Kraft gesetzte konstantinische Gesetz durch eine abgewogenere Regelung zu ersetzen, und stufte die Folgen einer unzulässigen Scheidung nach dem Gewicht der Gründe ab. Der klassischen Traditionen stärker zuneigende Ostkaiser Theodosius II. hob 439 (Nov. Theod. 12) die ganzen Scheidungsgesetze auf und kehrte zur klassischen Freiheit der Ehescheidung zurück. Knapp 10 Jahre später aber wird die Regelung von 421 auch im Osten wieder eingeführt und werden die Gründe für eine zulässige Scheidung weiter vermehrt (Cod. Just. 5, 17, 8). Noch Justinian hat lange am Scheidungsrecht herumgebessert, in den Novellen 117 (542 n.Chr.), 127 (548) und 132 (556); hier ist erstmals angedeutet, daß eine grundlose Scheidung rechtlich nichtig sein könne.

b) Ehegüterrecht

Das römische Ehegüterrecht ist gekennzeichnet durch streng durchgeführte Gütertrennung. Bei völliger Freiheit der Scheidung ist das, solange Unterhaltsfragen keine Rolle spielen, die angemessenste Regelung. In klassischer Zeit ändert die Eheschließung am vermögensrechtlichen Status beider Ehegatten grundsätzlich nichts, auch am Stand der Frau nicht. War sie bei Eheschließung gewaltfrei, d.h. emanzipiert oder ihr Vater, Großvater usw. tot, so behielt sie ihr bisheriges Eigentum und die freie Verfügungsbefugnis darüber, ganz im Gegensatz zur alten Gewaltehe, bei der die Frau gleichzeitig mit Eheschließung von ihrem Vater usw. in die Gewalt des Ehemanns bzw. Schwiegervaters usw. übertragen wurde, dem dann auch alles gehörte, was die Frau mitbrachte oder später erwarb. In klassischer Zeit geht nur die Mitgift der Frau in das Eigentum des Mannes über, der damit eine Art treuhänderisches Eigentum, in der Sache nur ein Verwaltungsrecht erwirbt. Die Mitgift braucht nicht aus dem Vermögen der Frau oder ihres bisherigen Gewalthabers zu kommen, wenn das auch die Regel ist. Und durchaus nicht alles, was die Frau mitbrachte, wurde zur Mitgift gerechnet. So gehörte nicht dazu ihre persönliche Habe wie Schmuck, Kleider, Wäsche; aber auch sonstiges Eigenvermögen konnte vorhanden sein. Waren die Mittel beschränkt, so verleibte man freilich alles aufbietbare Vermögen der Mitgift tunlichst ein, um die Partie desto attraktiver zu machen. Aber auch wenn in jenen Zeiten der Güterknappheit die materielle Ausstattung wichtig zur Behauptung des neu zu gründenden Haushalts und natürlich völlig unanstößig war, so gab es doch viele auch nach ihrer Verheiratung selbständig weiterwirtschaftende Frauen mit beträchtlichem Eigenvermögen. Dann konnte es vorkommen, daß die Frau auch dieses dem Mann zur Verwaltung überließ. Insoweit aber bestimmten sich beider Rechte und Pflichten nach dem allgemeinen Recht der Vermögensverwaltung (s. unten 4. Kap., 4e).

Das Prinzip der Gütertrennung war nach drei Seiten hin abgesichert.

(1) Schenkungen unter Ehegatten waren rechtlich unwirksam. Wurde doch geschenkt, so konnten die Geschenke jederzeit zurückgefordert werden, wenn dieses Recht auch erst verwirklicht worden sein wird, nachdem man sich überworfen oder sogar geschieden hatte oder ein Gatte gestorben war, dessen Erben dem Überlebenden nun die Geschenke streitig machten. Erst Septimius Severus bestimmte 206 n. Chr., daß eine bis zum Tod des Schenkers nicht widerrufene Ehegattenschenkung als letztwillig bestätigt gilt, kraft Erbrechts nicht zurückgefordert werden kann.

Ein paar Fälle:

Iavolenus, Ex posterioribus Labeonis VI, Tit.: De iure dotium (Dig. 24, 1, 64)

Vir mulieri divortio facto quaedam idcirco dederat, ut ad se reverteretur. Mulier reversa erat, deinde divortium fecerat. LABEO: Trebatius inter Terentiam et Maecenatem respondit: si verum divortium fuisset, ratam esse donationem; si simulatum, contra. IAVOLENUS: Sed verum est, quod Proculus et Caecilius putant: tunc verum esse divortium et valere donationem divortii causa factam, si aliae nuptiae insecutae sunt aut tam longo tempore vidua fuisset, ut dubium non foret alterum esse matrimonium; alias nec donationem ullius esse momenti futuram.

Javolen, Auszug aus den Nachgelassenen Aufzeichnungen des Labeo Buch 6, Titel: Über das Recht der Mitgift

Ein Mann hatte seiner Frau nach vollzogener Scheidung etwas geschenkt, damit sie zu ihm zurückkehre. Die Frau war zurückgekehrt, dann hatte sie sich ihrerseits geschieden. LABEO: Trebaz hat bei Terenzia und Mäzen den Bescheid gegeben: wenn es eine wirkliche Scheidung gewesen sei, sei die Schenkung gültig; wenn sie nur vorgetäuscht war, dagegen nicht. JAVOLEN: Richtig ist jedoch, was Proculus und Cäcilius meinen: dann liege eine wirkliche Scheidung vor und gelte die aus Anlaß der Scheidung geschehene Schenkung, wenn zwischenzeitlich eine andere Ehe gefolgt ist oder die Frau so lange Zeit ledig gewesen war, daß kein Zweifel bestehe, daß eine zweite Ehe vorliege; andernfalls werde auch die Schenkung rechtsunwirksam sein.

Cervidius Scaevola, Responsa II, Tit.: De re uxoria (Dig. 24, 1, 58 pr.)

Si praedia et mancipia Seiae data effecta sint eius tempore concubinatus ac postea tempore matrimonii aliis acceptis reddita sunt, quid iuris est?

Respondit: secundum ea quae proponerentur negotium potius gestum videri quam donationem intervenisse.

Cervidius Skävola, Bescheide Buch 2, Titel: Über das Frauengut
Wenn der Seja geschenkte Grundstücke und Sklaven ihr Eigentum geworden sind zur Zeit des Konkubinats und zur Zeit der nachfolgenden Ehe (mit dem Schenker und Liebhaber) zurückgegeben und in andere eingetauscht worden sind, was ist dann rechtens? Er hat den Bescheid gegeben: danach, was vorgebracht würde, sei eher anzunehmen, daß ein entgeltliches Geschäft getätigt worden als daß eine Schenkung dazwischengekommen sei.

(2) Endete die Ehe vorzeitig, d.h. gingen die Eheleute auseinander, so mußte der Mann die Mitgift grundsätzlich wieder herausgeben; der Mann wird sich dadurch von einer Scheidung oft haben abhalten lassen. Die Mitgift diente der Versorgung der Frau nach ihrer Abschichtung von der eigenen Familie, ihrer Versorgung sowohl während der Ehe wie auch nach ihrer Scheidung, da sie sie, jetzt auf sich allein gestellt, besonders nötig brauchte; die zurückerhaltene Mitgift erleichterte es ihr auch, eine neue Ehe einzugehen. Das römische Recht behandelt die Mitgift wie einen Gesellschafteranteil. Nach Aufkündigung der Gesellschaft, was in Rom jederzeit einseitig möglich war, mußte das Gesellschaftsvermögen auseinandergesetzt werden. Da bei gemeinsamen Kindern aber gewissermaßen Folgelasten anfielen, und zwar dem Mann, weil die Kinder Geschiedener entsprechend der allein dem Vater zustehenden elterlichen Gewalt beim Manne blieben, mußte sich die Frau für jedes Kind ein Sechstel von der Mitgift abziehen lassen, höchstens aber die Hälfte. Weitere Abzüge konnte der Mann machen, wenn sich die Frau einen Eheverstoß hatte zuschulden kommen lassen; Eheverstöße des Mannes hatten dagegen keine Rechtsfolgen.

Papinianus, Definitiones I (Dig. 23, 4, 27)
Si liberis sublatis reversa post iurgium per dissimulationem mulier veluti venali concordio ne dotata sit conveniat, conventio secundum ordinem rei gestae moribus improbanda est.

Papinian, Grenzziehungen Buch 1
Wenn bei einer Ehe mit Kindern die Frau nach einem vorgespielten Zerwürfnis zurückkehrt und, als sei die Eintracht käuflich, vereinbart, daß diese (die neue) Ehe ohne Mitgift geschlossen werde, dann ist die Vereinbarung bei dieser Abfolge des Geschehenen als sittenwidrig zu mißbilligen.

Bei dieser Ehe hatte offenbar die Frau das Heft in der Hand. Der Mann scheint nach dem Zerwürfnis alles darangesetzt zu haben, daß die Mutter seiner Kinder zurückkehrt; und um des willen ließ er sich darauf ein, daß die mit seiner geschiedenen Frau zu beginnende zweite

Ehe ohne Mitgift geschlossen wird, in Rom unter Besitzenden unerhört. Die Frau hätte dadurch ihre ehemalige Mitgift als Eigenvermögen zu ihrer freien Verfügung behalten bzw., wenn sie ihr noch nicht zurückgegeben worden war, bekommen müssen. Papinian läßt das Geschäft nicht gelten. Genau genommen müßte er schon die erste Scheidung für unwirksam, die erste Ehe und somit auch die Mitgift als fortbestehend ansehen, unberührt von der späteren, ebenfalls für unwirksam erachteten Vereinbarung.

(3) Bei gesetzlicher Erbfolge beerben Ehegatten einander nicht, und dementsprechend gibt es auch kein Pflichtteilsrecht zugunsten des Ehegatten. Zwar können sie testamentarisch einander bedenken; haben sie aber nicht testiert, so fällt nach ihrem Tod all ihr Vermögen an die Kinder, und wenn keine Kinder da sind an die Seitenverwandten des verstorbenen Ehegatten; der überlebende Ehegatte bekommt nichts. Nur wenn der vorverstorbene Ehemann weder Kinder noch andere Verwandte hat, erbt die Überlebende wenigstens vor dem Staat; ursprünglich nicht einmal das.

3. Das gesetzliche Erbrecht[91]

Heute hat das gesetzliche Erbrecht, also das bei Fehlen eines Testaments zum Zuge kommende Erbrecht, oft die Wirkung eines Lotteriespiels. Wer als entfernter Verwandter erbt, für den gleicht die Erbschaft oft einem Glückstreffer. Verwandten jenseits von Vetter und Cousine ersten Grades stehen wir heute i.d.R. ebenso fern wie einem beliebigen Dritten. Daß auch die entferntesten Verwandten einem näher seien als die Mitmenschen, unter denen man lebt: der Freundeskreis, die politische Gemeinde, entspricht nicht mehr der gesellschaftlichen Wirklichkeit. Früher war das aber einmal der Fall, als die Mobilität des Einzelnen mit der Kleinfamilie im nationalen, kontinentalen und interkontinentalen Rahmen noch nicht so verbreitet war wie heute. Die unbegrenzte Verwandtenerbfolge des geltenden deutschen, aber schon nicht mehr z.B. des Erbrechts der nordischen Länder, ist heute überholt wie so manches andere im geltenden Erbrecht auch, z.B. die private Vererbung staatlich subventionierter Vermögen. Gerade das gesetzliche Erbrecht, die Geschichte seiner Wandlungen spiegelt also Wandlungen der Gesellschaft. Besonders deutlich läßt sich das an der Geschichte des römischen gesetzlichen Erbrechts zeigen. Drei Entwicklungsstufen sind hier zu unterscheiden,

[91] Hierzu s. a. J. A. Crook, Intestacy in roman society, in: Proceedings Cambridge philol. society 199 (1973) 38–44.

auf deren letzter noch die heute geltende Regelung beruht. Dabei dauern die Übergänge hier besonders lange. So beginnt die zweite Stufe um 100 v. Chr., ist aber erst um 200 n. Chr. fertig ausgebildet; und beginnt die dritte unter Konstantin, um erst von Justinian ihren Abschluß zu bekommen.

a) Das Agnationsprinzip der Zwölf Tafeln

Das älteste gesetzliche Erbrecht der Römer, wie es uns in den Zwölf Tafeln entgegentritt, setzt die intakte Großfamilie mit monarchischer Spitze, und sogar noch den intakten Sippenverband *(gens)* als Vermögensträger voraus, wie ihn eigentlich nur die Patrizier hatten; begünstigte also auf unanstößigem Wege die Adelshäuser. Erbrechtlich interessant war ohnehin nur der Tod eines Hausvaters oder sonstigen Gewaltfreien; der Gewaltunterworfene hinterläßt weder eigenes Vermögen noch kann durch seinen Tod ein unmündiges Kind seinen Gewalthaber und Erziehungsberechtigten verlieren, die Frage einer Vormundschaft entstehen. Hatte der verstorbene Familienvater leibliche Abkömmlinge oder Adoptivkinder bzw. -enkel in seiner Gewalt, dann erben diejenigen, die durch seinen Tod gewaltfrei werden, die *sui* (Seinen, die Hauserben) nach Stämmen zu gleichen Teilen; und zu den *sui* zählte auch die Ehefrau, sofern sie gleichfalls der Gewalt ihres Mannes unterworfen *(in manu)*, eine Gewaltehe eingegangen war. Sie bildete einen eigenen Stamm. Nicht dagegen erbte die gewaltunterworfene Schwiegertochter, denn sie wurde nicht gewaltfrei; an die Stelle des Schwiegervaters trat der Ehemann. War ihr Mann allerdings vorverstorben, so erbte sie neben ihren Kindern, den Enkeln des Erblassers. Auch die nicht in die Gewalt eines andern, als welcher Ehemann und Schwiegervater in Betracht kommen, übergewechselte Tochter erbt mit, nicht aber, wenn sie vorverstorben ist, ihre Kinder, weder als eheliche, die ja nicht in der Gewalt des Großvaters mütterlicherseits standen sondern des Vaters oder Großvaters väterlicherseits, noch als uneheliche Kinder, die überhaupt keinen Gewalthaber haben. Im Schema sieht das folgendermaßen aus:

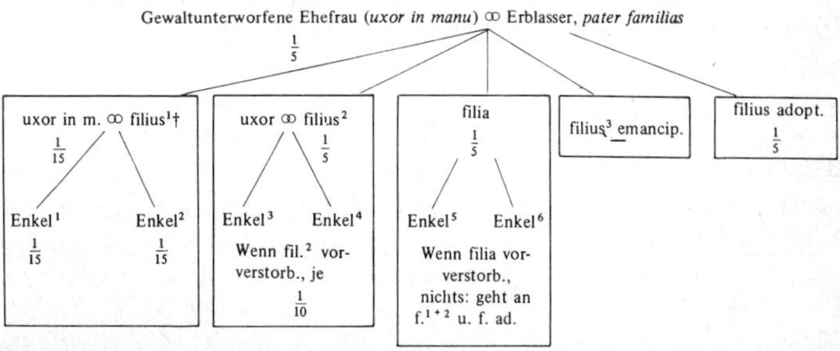

Die *sui* brauchten die Erbschaft nicht eigens anzunehmen, sie fiel ihnen von selbst an, und zwar zunächst einmal ungeteilt. Die Hauserben bildeten zusammen eine Erbengemeinschaft oder Hausgenossenschaft, das *consortium ercto non cito* (Schicksalsgemeinschaft, wenn die Teilung nicht vorgenommen ist). Der Einzelne blieb als Einzelner weiterhin vermögenslos, aller Erwerb ging an die Genossenschaft. Verfügen über die Sachen und Rechte der Genossenschaft konnte aber jeder einzelne mit Wirkung für alle, und vor allem konnte jeder jederzeit Teilung der gewissermaßen fortgesetzten Gütergemeinschaft verlangen: mit der *actio familiae erciscundae* (Klage der aufzuteilenden Familienhabe). Die weiblichen Mitglieder des Consortiums konnten all das allerdings nicht ohne weiteres. Alle durch den Tod des Erblassers an sich gewaltfrei werdenden weiblichen *sui* und dazu die noch nicht geschlechtsreifen Knaben bekamen nämlich einen Vormund *(tutor)*, ohne dessen Mitwirkung so gut wie kein Geschäft wirksam getätigt werden konnte. Zur Vormundschaft *(tutela)* war der gradnächste Verwandte im Mannesstamm berufen. Vormund der Witwe wurde also der mündige Sohn, sonst der Bruder des Verstorbenen usf. Wie auch im germanischen Recht hat diese Aufteilung der Verwandtschaft in Verwandtschaft in männlicher Linie und sonstige, d.h. in weiblicher und in gemischter Linie, ihre Entsprechung in der Sprache, deren gemeinsame Worte für die gesamte Verwandtschaft *(propinqui, consanguinei)* jung sind; einst unterschied man stets zwischen *adgnati* (im Mannesstamm) und *cognati* wie zwischen Schwert- und Kunkel- oder Spindelmagen. Ihre volle Bedeutung zeigt diese Unterscheidung in der zweiten Ordnung der gesetzlichen Erbfolge. Hatte der Verstorbene keine Freien in seiner Gewalt, hatte er keine *sui*, dann erbten die gradnächsten Agnaten, also die über den Vater, Großvater (und eventuell Vateronkel), Bruder usf. Verwandten, im zweiten Grad einschließlich der Frauen, deren Abkömmlinge aber ausgeschlossen bleiben. Hier wird nach Köpfen, nicht nach Stämmen geteilt. Entsprechend unterschied die Sprache zwischen *patruus* (Vateronkel) und *avunculus, amita* und *matertera*, und auch ‚Oheim' bezeichnete ursprünglich nur den Mutterbruder, ‚Muhme' nur die Mutterschwester im Gegensatz zu Vetter (ursprünglich ‚Vaterbruder') und Vade (Vaterschwester). Anders ausgedrückt: Es erben alle, die mit dem Erblasser durch den unmittelbar vor dessen Tod gedachten Tod seines Vaters, Großvaters väterlicherseits usf. gewaltfrei geworden wären ohne Tanten, Großtanten usf., grob die Hausgenossen des Erblassers, wenn seinerzeit nicht geteilt worden wäre. Das sieht im Beispiel so aus:

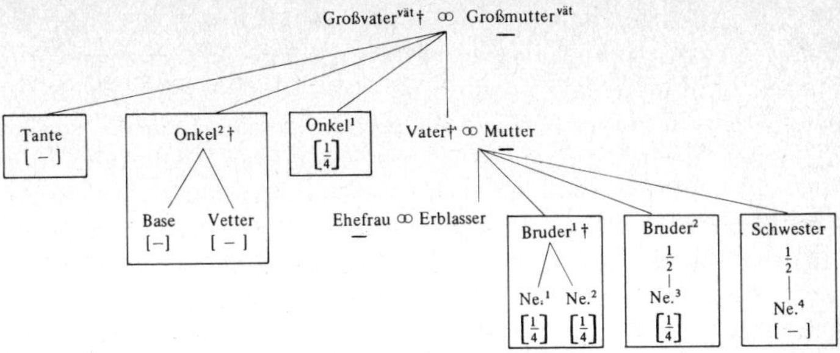

War der Erblasser emanzipiert oder ein freigelassener Sklave, so erbte mangels *sui* der, der ihn aus seiner Gewalt entlassen hatte, bzw. dessen gradnächste Agnaten. All diese Erben der zweiten Ordnung heißen Außenerben *(heredes extranei)*, sie müssen die Erbschaft antreten. Unterläßt das einer von mehreren gleich nahen, so wächst sein Anteil den übrigen an.

Dieses erst in der zweiten Ordnung ganz deutlich werdende agnatische Erbrecht, das ja auch beim Tode einer vermögenden gewaltfreien Frau galt und ähnlich bei vielen frühen Völkern anzutreffen ist, und noch markanter die lebenslängliche väterliche Gewalt, sind Ausdruck einer ganz bestimmten, weit verbreiteten Sozialordnung, des Patriarchats. Bei vielen Naturvölkern ist eine genau umgekehrte, allein die Verwandtschaft in weiblicher Linie berücksichtigende Erbfolgeordnung zu beobachten, und man nennt diese Gesellschaften matriarchalisch geordnet. Indessen sind auch in den übrigen Verhältnissen schlicht spiegelbildlich zum geläufigen Patriarchat matriarchalisch organisierte Gemeinschaften nicht feststellbar, und angesichts von Monogamie und eines gewissen Übergewichts des Männchens über das Weibchen schon bei vielen höheren Tieren ist erst recht fragwürdig, daß in der menschlichen Geschichte dem jetzt vielleicht seinem Ende entgegengehenden Zeitalter des Patriarchats bei allen Völkern gleichmäßig ein Zeitalter des Matriarchats voraufgegangen wäre, etwa mit Gruppenehe. Vielmehr bedingten Klimaunterschiede u.v.a. früh große Mannigfalt in diesen Beziehungen[92].

---

[92] S. etwa Peter Farb, Die Indianer (Wien 1971) 110ff. Bei den Zuni im westlichen Neu-Mexico in USA ist trotz besonders stark ausgeprägtem

Fielen auch die Agnaten aus, so ging die Erbschaft in klassischer Zeit an den Staat, ursprünglich aber vorher, ohne Berücksichtigung durch Frauen vermittelter Verwandter, an den Sippenverband insgesamt, die *gentiles*. In klassischer Zeit definierte man sie als die Gesamtheit der Träger desselben Familiennamens, des *nomen gentile*. Ursprünglich waren das aber nur die Geschlechter mit Ahnenkult, also die zum Adel emporgestiegenen Geschlechter, die Kult- und Grabgemeinschaften bildeten. Wer keinem solchen Geschlecht mit eigenem Verbandsleben angehörte, wie die große Masse wenn nicht alle Plebejer, und ohne *sui* und Agnaten war, dessen Vermögen zerfiel mit seinem Tode. Jeder konnte sich Stücke aus einer Erbschaft ohne *sui*, einer ruhenden Erbschaft *(hereditas iacens)* aneignen, und wenn innerhalb der Ersitzungsfrist kein Berechtigter sich meldete, ersaß er die Sachen *pro herede* (als Erbe), d.h. hier: als von außen kommender Rechtsnachfolger. In der Kaiserzeit lösen sich die Gentilverbände auf, das Sippenerbrecht verschwindet und das des Staates rückt vor.

b) Das gesetzliche Erbrecht der klassischen Zeit

Die Regelung der Zwölf Tafeln bleibt die ganze klassische Zeit hindurch die gesetzliche Regelung, *legitimus heres* (gesetzlicher Erbe) ist bis zuletzt nur der Erbe nach Zwölf-Tafel-Recht. Kein Volksgesetz und auch keine sonstige Rechtsquelle hat sie ausdrücklich aufgehoben, das geschah erst in der dritten Epoche. Schon in klassischer Zeit wurde die gesetzliche Regelung aber beiseitegedrängt und z.T. überlagert durch mannigfache Maßnahmen des Prätors, die allmählich zu einer neuen Ordnung zusammenwuchsen, so daß für die alte Ordnung nur noch am Rande Raum blieb. Der Prätor berücksichtigt alle Blutsverwandten, abgestuft nach Verwandtschaftsgraden, wenn auch längst nicht gleichmäßig; die väterliche Gewalt büßt ihre Rolle als Orientierungspunkt ein. Außerdem berücksichtigt der Prätor den Ehegatten, also auch den überlebenden Ehemann und die gewaltfreie Ehefrau, wenn auch erst an letzter Stelle. Wer Erbe nach prätorischem, im Edikt festgesetztem Recht wird, bekommt nicht den anspruchsvollen Namen *heres* (Erbe), sondern heißt unverfänglich *bonorum possessor* (Vermögensbesitzer). Auch erlangt er den Nachlaß weder von selbst noch auch durch Antritt, sondern erst durch prätorisches Dekret *(decretum)*, das beantragt werden muß.

Matriarchat Autoritätsperson bei der Kindererziehung ein Mann, der Mutterbruder. Zu Patriarchat und väterlicher Gewalt bei anderen Indianerstämmen s. dort 93 ff.

Im einzelnen bestimmt der Prätor vier Klassen von Erben, die z.T. wieder in Unterklassen zerfallen, eine Mischung von Agnationsprinzip und Blutsverwandten- bzw. Ehegattenerbrecht, das dadurch noch komplizierter wird, das die zweite bis vierte Klasse nur zum Zuge kommt, wenn sich die gesetzlichen oder sog. zivilen (nach *ius civile*) Erben nicht rühren. Die erste Klasse, die nach Zwölf-Tafel-Recht zu anderen Erbteilen Berufene oder danach ganz andere Berufene also gegebenenfalls verdrängt, bilden die *liberi* (Kinder) schlechthin, das sind die gewaltunterworfenen, also die leiblichen ehelichen und die adoptierten Kinder, die alten *sui*, und außerdem die Emanzipierten, jedoch ohne die in Adoption gegebenen und ohne die unehelichen Kinder des Mannes, und überhaupt nicht die Kinder einer Frau. Diese Klasse prätorischer Erben kann es also nur geben, wenn ein (verheirateter) Mann stirbt; die einzige Abweichung vom altrömischen Recht besteht darin, daß die emanzipierten Kinder mitberücksichtigt werden; aber auch das geschah gerechterweise nur, wenn sie, was allein ihnen möglich war, ihr inzwischen erworbenes eigenes Vermögen voll in die Erbschaft einwarfen *(conferre, collatio)*. Dieser Aufwand zugunsten einer einzigen Gruppe, der nicht zu Vermögen gekommenen Emanzipierten, zeigt, daß Emanzipation etwas Alltägliches geworden war. Sie kann nicht mehr hauptsächlich zu dem Zweck vorgenommen worden sein, Zweit- oder Drittgeborene usw. vorzeitig abzuschichten, sie in einen eigenen Lebenskreis etwa in einer neu anzulegenden Kolonie zu entlassen. Vielmehr muß der oder die Emanzipierte dem Vater jetzt i.d.R. weiterhin persönlich nahegestanden haben, kann die Emanzipation also gewöhnlich bloß noch die Funktion gehabt haben, die überhaupt lästig gewordene lebenslängliche väterliche Gewalt vorzeitig zu beenden, zumal es auch (bei der Tochter) unüblich geworden war, sie auf den Schwiegersohn bzw. dessen Vater zu übertragen. Die bis ins 2. Jh. n. Chr. weiterhin gegründeten Kolonien wurden seit dem 1. Jh. v. Chr. nicht mehr mit überzähligen Bewohnern Roms und seines Umlands besiedelt, sondern mit langgedienten, faktisch längst selbständig gewordenen Veteranen, die dadurch für Ergebenheit gegenüber ihrem Feldherrn belohnt wurden; die so Emanzipierten haben den Prätor kaum zum Eingreifen veranlaßt.

An zweiter Stelle beruft der Prätor zu Intestaterben die *legitimi heredes*, also im wesentlichen die auch nach Zwölf-Tafel-Erbrecht Berufenen, alle Ordnungen durch. Hinterließ der Erblasser keinen Emanzipierten, so schlug das alte Agnationsprinzip also auch nach prätorischem Erbrecht erst einmal voll durch. Und nur wenn der Eblasser keine Agnaten weder in der Deszendenz noch seitlich verwandt hinterließ, wendet der Prätor die Erbschaft, die nach Zwölf-Tafel-Recht nunmehr dem Sippenverband bzw. dem Staat zugefallen wäre, als dritter Klasse den Blutsverwandten *(cognati)* zu, und zwar abgestuft nach Gradesnähe bis zum sechsten und in Ausnahmefällen siebten Grad, innerhalb eines Grades aber gleichmäßig alle Frauen und über Frauen Verwandte berücksichtigend. Fielen auch die *cognati* aus, dann erst kommen unmittelbar vor dem Fiskus als vierte und letzte Klasse die Ehegatten *(vir et uxor)* zum Zuge. Da danach Mutter und Kind einander immer noch erst nach den entferntesten Agnaten beerben, bessern die Kaiser Hadrian und Mark Aurel die prätorische Erbfolge in diesem Punkt nach. Um 130 n. Chr. verordnet das *Senatusconsultum Tertullianum*, daß die Mutter, die die von Augustus gebotene Kinderzahl (drei die Römerin, vier die Italikerin und fünf die Provinzbürgerin) erreicht hat, beim Tod des Kindes entfernten Agnaten vorgeht; und 178 das *Senatusconsultum Orfitianum*: auch umgekehrt sollen beim Tode der Mutter ihre Kinder alle Agnaten ausstechen.

c) *Das nachklassische gesetzliche Erbrecht*

Erst seit Konstantin räumt die Gesetzgebung entschiedener mit der Bevorzugung der Agnaten auf, doch braucht es dann noch mehr als 200 Jahre, bis diese Reform des gesetzlichen Erbrechts zu einem gewissen Abschluß gebracht wird: durch Justinian, und zwar erst in den Novellen 53 (537 n. Chr.), 118 (543) und 127 (548). Justinian hebt auch die im wesentlichen nur mehr terminologische Unterscheidung zwischen *heres* und *bonorum possessor* endgültig auf und stellt beide rechtlich gleich. Im einzelnen erben in der ersten Klasse die Abkömmlinge nach Stämmen, uneheliche Kinder aber nur von der Mutter; in der zweiten Klasse die Vorfahren des Verstorbenen und seine vollbürtigen Geschwister bzw. deren Kinder nebeneinander; in der dritten die halbbürtigen Geschwister bzw. deren Kinder, und in der vierten alle übrigen Seitenverwandten, geordnet nach Graden.
Die heutigen Kodifikationen beruhen alle auf dem justinianischen System, das lediglich weiter vervollkommnet wurde[93] zum System der Parentelordnungen (§§ 927ff. ABGB, 1924 ff. BGB, 457ff. schw. ZGB). So durchsichtig wie dieses war nur die altrömische Agnations-

---

[93] Durch die Naturrechtler Christian Wolff und vor allem dessen Schüler Joachim Georg Darjes, s. Hans-Georg Mertens, Überlegungen zur Herkunft des Parentelensystems, in: SZ Germ. Abt. 90 (1973) 149–164.

ordnung gewesen, alles Dazwischenliegende sind Übergangsformen. Mittlerweile indessen ist das Parentelsystem in Deutschland zum größten Teil schon wieder zurückgedrängt: durch das Ehegattenerbrecht, insbesondere bei im gesetzlichen Güterstand der Zugewinngemeinschaft lebenden Ehegatten (§ 1371 BGB von 1957); und durch das Nichtehelichenerbrecht (§§ 1934 a ff. von 1969). Und die Voraussage scheint nicht zu gewagt, daß zugunsten dieser beiden Gruppen und zulasten der entfernteren Seitenverwandten noch weitere Änderungen bevorstehen. Daß das gesetzliche Erbrecht nebst Pflichtteilsrecht dadurch wieder wie schon einmal in klassischer Zeit unübersichtlich wird, ist allein kein stichhaltiger Einwand. Wieder hat eine Zeit des Übergangs begonnen, deren Ziel noch nicht deutlich ist.

4. Die Testierfreiheit

Ein wichtiges Teilstück des heutigen Erbrechts in allen westlichen Ländern ist die Testierfreiheit, wenn sie auch nicht wie das Erbrecht selbst, also der Übergang privaten Vermögens nach dem Tode seines Inhabers wieder in private Hände, und wie das Eigentum, die Verfügungsfreiheit unter Lebenden, in Art. 14 Abs. 1 des deutschen Grundgesetzes eigens garantiert ist. Sie ist heute nach zwei Seiten hin eingeschränkt. Einmal ihrem Umfang nach: Nur über die Hälfte seines Vermögens kann, wer Kinder hat oder verheiratet ist, nach Belieben von Todes wegen verfügen, die andere Hälfte muß, zumindest ihr Wert, den gesetzlichen Erben zukommen, § 2303 BGB. Und zum andern der Form nach: Verfügungen von Todes wegen sind nach geltendem Recht nur beachtlich, wenn sie in bestimmter Form geäußert wurden; ein auf andere Weise zum Ausdruck gebrachter letzter Wille des Erblassers ist rechtlich unbeachtlich. Formgerecht verkörperte Verfügungen von Todes wegen heißen Testamente. Aber nicht nur der Name ist römisch *(testamentum)*, auch die Sache. Das germanische Recht kannte keine Testierfreiheit, zumindest nicht im heutigen weiten Umfang; und andere Rechtsordnungen wie die altgriechischen hatten nur erst Ansätze entwickelt. Ob man sie anstößig findet wie Hegel (s. § 180 seiner Rechtsphilosophie) oder nicht, unsere Testierfreiheit ist ein Werk der Römer, dessen Entstehung und Ausgestaltung der näheren Betrachtung wert ist.

a) Die Herausbildung der Testierfreiheit

Die Anfänge des römischen Testaments müssen rekonstruiert werden, und so ist hier vieles strittig. Folgende Entwicklung scheint mir am wahrscheinlichsten, wobei ich weithin Otto Lenel folge[94]. Die Römer der späten Republik und der Kaiserzeit glaubten die zu ihrer Zeit geltende Testierfreiheit schon in den Zwölf Tafeln garantiert in dem Satz (5, 3) *Uti legassit super pecunia tutelave suae rei, ita ius esto* (Wie er [letztwillig] verfügt hat über das Kleinvieh [das frei veräußerliche Vermögen] und den Schutz seines Gutes, so soll es rechtens sein). Indessen haben sie da wohl zu viel hineingelesen. Dieser Satz kann nur erst begrenzte Möglichkeiten eröffnet haben. Er hat nur das Kleinvieh samt sonstigem mobilen Kleinvermögen und den Schutz der eigenen Sache zum Gegenstand: *tutela*, was jedenfalls später als ‚Vormundschaft' verstanden wird; Grund und Boden, Großvieh und Sklaven, den Hauptteil des bäuerlichen Vermögens, nicht. Außerdem spricht der Satz nur von *legare*, was in klassischer Zeit ‚ein Vermächtnis aussetzen, über einzelne Sachen letztwillig verfügen' bedeutet und gerade nicht die letztwillige Verfügung über das Vermögen als Ganzes einschließt. Drittens ist *legare* mit *lex* stammverwandt; und viertens wird uns berichtet, daß die älteste Testamentsform das *testamentum calatis comitiis* (eigentlich: Zeugnis nach zusammengerufener Volksversammlung) war, ein mündlicher Akt vor den Curiatkomitien, der ältesten Form der römischen Volksversammlung, wo nicht abgestimmt, sondern nur zur Kenntnis genommen wurde mit der bloßen Möglichkeit der Akklamation im positiven wie im negativen Sinne (s. oben S. 18); sie trat zu diesem Zweck zweimal im Jahr, am 24. März und am 24. Mai zusammen. Sonach konnte man ursprünglich nur über wenige Einzelheiten frei testieren: das Kleinvermögen und die Vormundschaften, also bloß ein sog. Legatentestament errichten, und auch das nur unter der Kontrolle der öffentlichen Meinung, was Willkür praktisch ausschloß. Mit dieser Testierfreiheit war nicht viel anzufangen.

Den Schritt zur schon in der klassischen Republik voll ausgebildeten Testierfreiheit taten erst die Pontifikaljuristen. Sie klügelten, der ewige Ausweg bei fehlendem oder engem Testierrecht, ein im Effekt auf den Todeszeitpunkt hinausgeschobenes Rechtsgeschäft unter Lebenden aus, das dem Testator zwei wesentliche Vorteile brachte: Er konnte dadurch über seine gesamte Habe letztwillig verfügen, soweit sie nur veräußerlich war; und der Inhalt seiner Verfügung blieb geheim, bis sie aktuell wurde, bis zum Erbfall. Das Geschäft war wieder eine *mancipatio nummo uno*, ein Scheinverkauf des gesamten

---

[94] Ders., Zur Geschichte der heredis institutio, in: Essays in legal history (London 1913) 120–142.

Vermögens an einen Treuhänder, den ‚Käufer der Familienhabe' *(familiae emptor)*, der in verschlossenen, erst nach dem Tode des ‚Verkäufers' zu öffnenden Wachstafeln angewiesen wurde, wie nach dem Tode des Inhabers die Habe zu verteilen sei. Im einzelnen sind folgende Spruchformeln überliefert. Zuerst sprach, wie immer, der Erwerber, also hier der Treuhänder: "*Familiam pecuniamque tuam endo mandatela custodelaque mea esse aio, eaque, quo tu iure testamentum facere possis secundum legem publicam, hoc aere aeneaque libra esto mihi empta* (Ich erkläre, daß dein Vermögen [wörtlich etwa: Groß- und Kleinvermögen] mir anvertraut und in meiner Obhut ist, und alles dies soll, damit du rechtswirksam nach dem Volksgesetz [XII Taf. 6, 1?, s. oben S. 32] ein Testament errichten kannst, mit diesem Stück Kupfer und der Waage aus Erz von mir gekauft sein)". Darauf antwortete der Veräußerer, also hier der Erblasser *(testator)*: „*Haec ita ut in his tabulis cerisque scripta sunt, ita do ita lego ita testor itaque vos Quirites testimonium mihi perhibetote* (Wie es in diesen Wachstafeln geschrieben steht, so vergebe ich dies, so vermache ich dies, so bekunde ich es und so sollt ihr, Bürger, für mich Zeugnis ablegen)". Das geschah vor den bei allen Manzipationen nötigen fünf Zeugen nebst Wägemeister, wozu hier noch der Treuhänder kommt; das sind insgesamt sieben Sollennitätspersonen, woher die klassische und noch mittelalterliche und frühneuzeitliche Siebenzahl der zu einem vollgültigen Testament nötigen Siegel kommt. Denn auch der *familiae emptor* verblaßt zu einer bloßen Sollennitätsperson ohne Macht, erlangt nicht etwa die Stellung eines Testamentsvollstreckers, wie es nach der Konstruktion des Geschäfts nahegelegen hätte. Der Erblasser gab mit der Errichtung des Manzipationstestaments sein Vermögen nicht wirklich aus der Hand, sondern wirtschaftete bis zu seinem Tode unbeschränkt weiter, erst dann kam die *familiae emptio* zum Zuge; die übrigen sechs Sollennitätspersonen, die mit dem *familiae emptor* zusammen ihre Siegel unter die Urkunde gesetzt hatten und bei Eröffnung zugegen zu sein hatten, scheinen seine dominierende Stellung zurückgeschnitten, der ihren angeglichen zu haben.

Was gab wohl den Anstoß zu dieser folgenreichen Neuerung? Das Prinzip der Gleichberechtigung mehrerer gesetzlicher Erben verbunden mit der Freiheit der Erbauseinandersetzung mußte zur Zersplitterung insbesondere auch des landwirtschaftlichen Mittel- und Kleinbesitzes führen, wenn der Hausvater nicht rechtzeitig alle überzähligen Söhne emanzipiert hatte. Aber einmal war diese Möglichkeit nicht von Anfang an gegeben, sie ist erst nach Erlaß der Zwölf Tafeln von der Jurisprudenz entwickelt worden; sodann war ein Emanzipierter sofort auszustatten, wenn auch nur kraft Herkommens; und drittens bestand die Gefahr, daß der zum Anerben ausersehene und deshalb als einziger in der väterlichen Gewalt verbleibende Sohn vorzeitig starb, und dann hätte der Hausvater, der alle andern emanzipiert hat, bei seinem Tod keinen *suus heres* gehabt und wäre die Erbschaft infolgedessen an die Seitenverwandten gefallen. Sollte der Anerbe aber, wie natürlich, aus dem Kreis der Gewaltunterworfenen genommen werden, so konnte das auf den Todesfall berechnete Geschäft unter Lebenden nicht mit ihm abgeschlossen werden, der vorerst nur mit Wirkung für seinen Vater erwerben konnte; es mußte ein Außenstehender als Treuhänder eingeschoben werden. Einmal ausgebildet, eignete sich das Geschäft allerdings ebenso gut dazu, das Hausvermögen allen Gewaltunterworfenen zu entziehen und einem beliebigen Dritten zuzuwenden.

b) Formelle Schranken der Testierfreiheit[95]

Nach den Worten der Spruchformel ergreift dieses Testament das gesamte Hausvermögen: *familia pecuniaque*; an sich ist es eine Verfügung über das Vermögen insgesamt. Im Lauf der Zeit erledigt man aber die Einzelverfügungen des alten Komitialtestaments, die Legate gleich mit; für diese einer *familiae emptio* gegenüber zweitrangigen Dinge neben ihr noch die Volksversammlung zu bemühen, mußte mit der Zeit als unverhältnismäßiger Aufwand erscheinen. Nur eines ging nicht: das Manzipationstestament allein für Einzelverfügungen zu verwenden. Am Anfang, und das heißt: auch äußerlich an der Spitze, mußte ein Gesamtrechtsnachfolger oder eine Mehrheit von Gesamtrechtsnachfolgern eingesetzt sein, was in die Rechtsparömie gekleidet wurde: *Caput et fundamentum totius testamenti heredis institutio est* (Anfang und Grundlage des ganzen Testaments ist eine Erbeinsetzung). Außerdem mußte das Vermögen hier vollständig vergeben werden: *Nemo pro parte testatus pro parte intestatus decedere potest* (Niemand kann zum Teil mit Testament und zum Teil mit gesetzlicher Erbfolge sterben). Entsprechend war eine Erbeinsetzung auf einen bestimmten Gegenstand *(ex re certa)* unzulässig, wurde aber, wenn der Gegenstand den Kern des Vermögens bildete, wie es ein Landgut oft tut, in eine globale Erbeinsetzung umgedeutet nach dem Grundsatz, daß Testamente zu begünstigen *(favere)*, d.h.

---

[95] Zu den beiden folgenden Unterabschnitten Friedrich von Woeß, Das römische Erbrecht und die Erbanwärter (Berlin 1910), bes. 131ff.

möglichst aufrechtzuerhalten sind, dem sog. *favor testamenti*. Die Manzipation ist Bedingungen und Befristungen grundsätzlich feindlich, sie machen sie ungültig. So ist beim Manzipationstestament auch die Erbeinsetzung unter einer auflösenden Bedingung oder einer Befristung unzulässig, ohne daß sie allerdings das ganze Testament nichtig macht; sie gilt nur als nicht geschrieben. So gibt es auch keine Vor- und Nacherbfolge: *Semel heres semper heres* (Einmal Erbe immer Erbe). Eine Erbeinsetzung unter aufschiebender Bedingung, z.B. daß der Erbe dem Erblasser ein Denkmal setzt, wurde dagegen anerkannt, wie ja das ganze Geschäft aufschiebend bedingt war.

In klassischer Zeit ist das Komitialtestament verschwunden; es gibt nur noch das Manzipationstestament. Die diesem innewohnende Möglichkeit, die Nachkommen von der Erbfolge auszuschließen, bedeutete bei aller erwünschten Korrektur der gesetzlichen Erbfolge einen schweren Eingriff in die gewachsene Familienordnung, zumal wenn das Erbe allen Abkömmlingen genommen wurde zugunsten eines Familienfremden. Gegen derartige Vorkommnisse wurden Kautelen errichtet. Überging der Erblasser in seinem Testament einen *suus*, so war das nur gültig, wenn er ihn ausdrücklich enterbte mit den Worten: ... *exheres esto* (soll enterbt sein). Handelt es sich um einen Sohn, so mußte das sogar namentlich geschehen: *Titius filius meus exheres esto* (Mein Sohn Titius soll enterbt sein). War diese Sprachregelung nicht eingehalten, so war das ganze Testament ungültig. Das hängt wohl auch damit zusammen, daß Enterbung eines Stammhalters zugleich seinen Ausschluß vom Familienkult bedeutete und dessen Fortführung überhaupt gefährdete. Töchter und Enkel dagegen mußten zwar auch ausdrücklich, aber nicht notwendig namentlich enterbt werden; waren diese schlicht übergangen, so wurde nicht das ganze Testament, sondern nur ihre konkludente Enterbung ungültig.

Africanus, Quaestiones IV, Tit.: De liberis instituendis vel exheredandis (Dig. 28, 2, 14 § 2)

Si quis ita scripserit: „Ille, quem scio ex me natum non esse, exheres esto“, hanc exheredationem ita nullius momenti esse ait (sc. Iulianus), si probetur ex eo natus. Non enim videri quasi filium exheredatum esse.

Afrikan, Untersuchungen Buch 4, Titel: Wie Kinder zu Erben einzusetzen bzw. zu enterben sind

Wenn jemand (sc. ein Familienvater im Testament) folgendermaßen geschrieben hat: „Jener, der, wie ich weiß, nicht mein Kind ist, soll nicht Erbe sein“, so sei, meint er (Julian), eine solche Enterbung unwirksam, wenn bewiesen werden sollte, daß er (der Enterbte) doch von ihm (dem Erblasser) stammt. Es sei nämlich nicht anzunehmen, daß er als Sohn enterbt worden ist.

Der Zusatz bei dieser Enterbung ist keine Bedingung, da es sich nicht um ein zukünftiges ungewisses Ereignis handelt; vielmehr handelt es sich nur um eine sog. Voraussetzung, die Julian ebenso wie die aufschiebende Bedingung nicht nur für unschädlich, sondern sogar für beachtlich hielt: Erweist sie sich als falsch, dann ist die Enterbung und damit allerdings das ganze Testament ungültig. Nach § 2078 BGB braucht eine solche Voraussetzung nicht einmal in den Text der Erklärung eingegangen zu sein, um beachtet zu werden, bei Unrichtigkeit die ganze Erklärung zu Fall zu bringen. Auf dem Weg dahin war die Entscheidung Julians ein wichtiger erster Schritt.

Paulus, Ad Vitellium I, Tit.: De testamentis (Dig. 28, 2, 19)
Cum quidam filiam ex asse heredem scripsisset filioque quem in potestate habebat decem milia IIS legasset, adiecto: „Et in cetera parte exheres mihi erit", et quaereretur an recte exheredatus videretur, Scaevola respondit: non videri. Et in disputando adieciebat ideo non valere, quoniam nec fundi exheres esse iussus recte exheredaretur; aliamque causam esse instutionis, quae benigne acciperetur. Exheredationes autem non essent adiuvandae.

Paulus, Für Vitellius Buch 1, Titel: Über Testamente
Als jemand seine Tochter zur Alleinerbin eingesetzt, dem noch in seiner Gewalt befindlichen Sohn 10000 Sesterzen vermacht und hinzugefügt hatte: „Und auf den übrigen Teil soll er nicht mein Erbe sein", und angefragt wurde, ob er (der Sohn) als gültig enterbt anzusehen sei, gab Skävola den Bescheid, dem sei nicht so. Und bei der (anschließenden) Erörterung (des Falles im Kreise der Schüler) fügte er hinzu, sie (diese Erbeinsetzung) sei deshalb kraftlos, weil auch nicht, wer auf ein Landgut enterbt, gültig enterbt werde. Anders sei es bei der Erbeinsetzung, wo entsprechende Wendungen zugunsten des Eingesetzten hingenommen würden. Enterbungen jedoch dürften nicht unterstützt werden.

Diese strengen Anforderungen an die Form der Enterbung kommen also wie das deutsche Pflichtteilsrecht den gesetzlichen Erben der ersten Ordnung, bei den Römern die *sui*, zugute. Sie sind ‚notwendige Erben' *(heredes necessarii)*, d.h. erwerben die Erbschaft ohne Antretung von selbst und können nur schwer von ihr ausgeschlossen werden. Und da dies durch Formschriften geschieht, gab man dem Regelkomplex im 18. Jh. den schlecht und recht verdeutschten Namen ‚formelles Noterbrecht'; mit Notfällen hat das nichts zu tun.

Auf die Dauer überzeugen und erhalten sich solche Formerfordernisse nur dort, wo der Sinn für Formen lebendig bleibt. In Stadtrom zwar mag das noch lange der Fall gewesen sein, die Neubürgermassen Caracallas draußen in den Provinzen aber hatten kaum Gelegenheit, sich die römische Tradition anzueignen. So kann es nicht überraschen, daß seit Konstantin die Formerfordernisse offen, und versteckt schon lange vorher, abgebaut wurden. Schon in klassischer Zeit wird der Wägeritus weniger und weniger ernst genommen. Schließlich genügt als formgültiges Testament eine vom Erblasser unterschriebene Urkunde mit sieben Siegeln von sieben Zeugen, denen der Erblasser erklärt hat, dies sei sein letzter Wille. Daneben werden andere Testamentsformen zugelassen. Die im hellenistischen Bereich schon im 2. Jh. n. Chr. zu beobachtende Sitte, eine Art Testament bei der Ortsbehörde zu hinterlegen, führt zum behördlichen Testament. An die Stelle der privaten Zeugen treten Gemeinde, Provinzgouverneur, ein anderes Gericht oder der Kaiser, zu deren Akten die Urkunde eingereicht wird. Daraus entwickelt sich später das moderne öffentliche Testament, in Deutschland seit 1969 ein Monopol der Notare. In einem westlichen Kaisergesetz von 413 n. Chr., Cod. Just. 6, 23, 19, wird seine Gültigkeit bereits vorausgesetzt (§ 1), und später auch in Gesetzen des Ostens. Seine Anerkennung hängt offenbar zusammen mit der seit Konstantin allenthalben in das Privatrechtsleben verstärkt eingeschalteten Bürokratie. In zwei 446 n. Chr. dicht aufeinander folgenden Gesetzen erkennt Valentinian III. für den Westen, ausgehend von zwei konkreten Fällen mit offenbar fremdstämmigen Testatoren (im zweiten hatte eine Dame mit dem unlateinischen, vielleicht thrakischen Namen Micce testiert), das gegenseitige Testament unter Ehegatten (Nov. Val. 21, 1) und das eigenhändige Testament (*t. per holografam scripturam*, Nov. Val. 21, 2). Beide Testierformen wurden vom Osten reichsrechtlich nie anerkannt, gingen aber ins westgotische[96] und das holografische Testament auch ins burgundische Römergesetz ein. Und von Südfrankreich aus, wo das holografische Testament schon in karolingischer Zeit wieder auftaucht, gelangte es über den Code civil (Art. 969f.) in die modernen deutschen Kodifikationen (§ 578 ABGB, 2247 BGB, 505 ZGB; vom ALR nicht anerkannt). Schließlich kann seit Konstantin eine Enterbung auf jede Weise, nicht mehr nur mit den Worten *exheres esto* ausgedrückt werden, während es allerdings dabei bleibt, daß Söhne beim Namen genannt werden müssen. Justinian, ein früher Vorkämpfer der Gleichberechtigung, schreibt das gleiche für Töchter vor.

c) Inhaltliche Schranken der Testierfreiheit

Schon in der späten Republik zeigt sich, daß es nicht genügt, über Formvorschriften die Enterbung der Abkömmlinge zu erschweren.

[96] Dort Novellae Valentiniani Tit. 4 Nr. 1 u. 2. S. a. Isidor von Sevilla, Etymologiae 5, 24, 7.

Für den Wohlberatenen ist das kein ernsthaftes Hindernis. Unter dem System der freien Scheidung sind vor allem die Kinder aus ersten Ehen von der Enterbung bedroht zugunsten von späteren Ehegatten und der von ihnen erlangten Nachkommenschaft, vor allem durch die Frau. In den Quellen enterben auffällig oft Frauen ihre Kinder; offenbar sind es geschiedene, denen die in der väterlichen Gewalt verbliebenen Kinder fremd geworden sind. Die Rechtsgemeinschaft nimmt das auf die Dauer nicht hin und entwickelt *praeter legem* eine Möglichkeit, die Testamente inhaltlich zu kontrollieren. Zuständig für Erbschaftssachen war nicht der Prätor, sondern ein besonderes sog. Hundertmännergericht (*centum viri*). Dies hatte insbesondere über die Gültigkeit von Testamenten und dabei nicht zuletzt von Enterbungen zu entscheiden. Dabei zierte man sich nicht, auch informelle Beschwerden übergangener Erben über angebliche Pflichtvergessenheiten des Erblassers bei der Testamentserrichtung entgegenzunehmen, sog. *querellae inofficiosi testamenti*. Maßstab für einen solchen Vorwurf waren die an sich außerrechtlichen, für einen römischen Familienvater aber nichtsdestoweniger, nämlich kraft Herkommens, kraft Sozialmoral verbindlichen Verhaltensmuster. Verstieß das Testament eindeutig dagegen, so sagte man, der Erblasser könne, als er es errichtete, nicht bei Verstand *(non sanae mentis)* gewesen sein, und erklärte es aus diesem Grund für ungültig. Dabei war der Ermessensspielraum ursprünglich naturgemäß groß. Mit der Zeit entwickelte man aber feste Regeln. Drei Viertel seines gesetzlichen Erbteils kann dem Abkömmling unbedenklich entzogen werden, und unter besonderen Umständen auch das Ganze. Z.B. wenn er eine übel beleumundete Frau geheiratet hatte (Dig. 37, 4, 3 § 5). Oder:

Imperatores Diocletianus et Maximianus Augusti Apollinari (Cod. Just. 3, 28, 19)
Si filia tua turpiter et cum flagitiosa foeditate vivit, ut a successione tua eam excludendam putes, si non inconsulto calore sed ex meritis eius ad id odium incitatus es, postremi iudicii liberum arbitrium habebis.
Proposita XV Kalendas Ianuarias Sirmii ipsis IIII et III Augustis consulibus

Die Kaiser Diokletian und Maximian an Apollinaris
Wenn deine Tochter unsittlich und in einem schändlichen Bund lebt, so daß du glaubst, sie von deiner Erbfolge ausschließen zu müssen, hast du, wenn du nicht in unbedachter Hitze sondern auf Grund ihrer Unwürdigkeit zu dieser Benachteiligung veranlaßt worden bist, bei deinem letzten Willen freie Entscheidung.
Ausgehängt am 18. Dezember zu Sirmium im Jahre 290 n. Chr.

Oder wenn man grundlos versucht hatte, den Erblasser entmündigen zu lassen (Cod. Just. 3, 28, 23). Da es auch hier um notwendige Erben geht, deren Recht durch eine materielle Kontrolle der letztwilligen Verfügung gesichert wird, hat man dafür den Terminus materielles Noterbrecht geprägt. Dieses wird in nachklassischer Zeit parallel zum Abbau des formellen Noterbrechts weiter verstärkt und einiger Eigenheiten entkleidet, und wieder bringen erst Justinians Novellen den Abschluß. Novelle 18 v. J. 536 n. Chr. erhöht den kritischen Erbteil auf ein Drittel des gesetzlichen und unter mehr als vier Kindern die Hälfte, welche Differenzierung das ALR (II 2 § 392) noch weiter führt, während das BGB einheitlich die Hälfte vorsieht (§ 2303 Abs. 1 S. 2). Nov. 115 (542) regelt die besonderen Entziehungsgründe abschließend und einheitlich für beide Geschlechter: unsittliches Verhalten und schwere Verfehlungen gegen den Erblasser berechtigen diesen, einen Abkömmling ganz zu enterben. Der zweite Grund lebt noch in § 2339 BGB fort, während der erste heute nicht mehr anerkannt wird. Außerdem mildert Justinian die radikale, nur Freilassungen, Vermächtnisse und Vormundbestellungen verschonende kassatorische Wirkung der Querel: Sie entfällt, wenn der Betreffende im Testament überhaupt irgendwie bedacht worden ist; dann hat er nur einen Pflichtteilsrestanspruch. Ist er allerdings überhaupt nicht berücksichtigt worden, dann kriegt er weiterhin den vollen gesetzlichen Erbteil, eine Schroffheit, die später ausgeglichen wurde, in § 1371 Abs. 2 BGB beim Ehegattenerbrecht aber erneut passiert ist[97]. Ungereimtheiten wiederholen sich auf dem Weg in Neuland, wenn vergessen wird, wie der bisherige Weg verlief.

d) *Absicherungen der Testierfreiheit gegen Selbstbeschränkungen durch den Testator*

Noch nach einer dritten Seite hin können der Testierfreiheit Schranken gesetzt sein, Schranken, die verhindern, daß die Freiheit zur Selbstzerstörung benutzt wird: indem der Testator auf ihre Ausübung zugunsten eines anderen verzichtet, dem er die Verfügung überläßt; indem er sich einem anderen gegenüber verpflichtet, in bestimmter Weise zu testieren; oder indem er sich wenigstens in der Weise bindet, daß er eine einmal getroffene letztwillige Verfügung nicht wieder

---

[97] S. BGHZ 42, 182 ff.: Sobald der überlebende Ehegatte im Testament auch nur geringfügig bedacht worden ist, verliert er die Möglichkeit, den erhöhten Erbteil zu wählen (um ihn der Berechnung seines Pflichtteilsanspruchs zugrundezulegen).

umzustoßen sich verpflichtet. Gegen solche Selbstbeschränkungen des Testators waren die Römer empfindlich. Sie lehnten sie samt und sonders ab: so etwas verstoße gegen die guten Sitten. Zumal Erbverträge fielen unter dieses Verdikt, mag der mit ihnen verfolgte Zweck im Einzelfall noch so verständig gewesen sein:

Imperatores Valerianus et Gallienus Augusti et Valerianus nobilissimus Caesar Pactumeio (Cod. Just. 2, 3, 15)

Pactum, quod dotali instrumento comprehensum est, ut, si pater vita fungeretur, ex aequa portione ea quae nubebat cum fratre heres patri suo esset, neque ullam obligationem contrahere nec libertatem testamenti faciendi mulieris patri potuit auferre.

Proposita X Kalendas Martias Aemiliano et Basso consulibus

Die Kaiser Valerian und Gallien und der sehr edle Cäsar Valerian an Pactumeius

Die Vereinbarung, die in der Mitgifturkunde enthalten ist, daß, wenn der Vater (der Frau) sein Leben erfüllt haben würde, die, welche heiratete, mit ihrem Bruder den Vater zu gleichen Teilen beerben solle, konnte weder eine Verbindlichkeit begründen noch dem Vater der Frau die Freiheit, ein Testament zu errichten, nehmen.

Ausgehängt am 20. Februar im Jahre 259 n. Chr.

Offenbar hatte Pactumeius, der Ehemann, sich mit einer geringen Mitgift begnügt und dafür mit dem Schwiegervater und womöglich zugleich mit dem Schwager vereinbart, daß die Frau nach jenes Tode dafür ihren vollen gesetzlichen Erbteil erhält, der Schwiegervater aber dann doch zugunsten des Schwagers, seines Sohnes, testiert. Die Kaiser belehren den enttäuschten Schwiegersohn, daß dagegen nichts zu unternehmen ist. Unverbindlich ist es folgerichtig auch, wenn Gesellschafter vereinbaren, daß der Anteil eines Gesellschafters über seinen Tod hinaus in der Gesellschaft bleiben soll, weil dadurch die Freiheit dieses Gesellschafters, auch über dieses Vermögensstück nach Belieben letztwillig zu verfügen, aufgehoben würde, was besonders einschneidend ist, wenn die Gesellschafter, wie das oft geschah, sich mit ihrem ganzen Vermögen an der Gesellschaft beteiligten. Deshalb endete nach römischem Recht eine Gesellschaft mit dem Tod eines der Gesellschafter. Aber zugunsten der staatswichtigen Steuerpächtergesellschaften schränkte man diesen hochgehaltenen Grundsatz dann doch ein:

Pomponius, Ad Sabitum XII, Tit.: De societate et communione (Dig. 17, 2, 59 pr.)

Adeo morte socii solvitur societas, ut nec ab initio pacisci possimus, ut heres etiam succedat societati. Haec ita in privatis societatibus ait (sc. Sabinus). In societate vectigalium nihilo minus manet societas et post mortem alicuius, sed ita demum, si pars defuncti ad personam heredis eius adscripta sit, ut heredi quoque conferri oporteat. Quod ipsum ex causa aestimandum est. Quid enim, si is mortuus sit, propter cuius operam maxime societas coita sit aut sine quo societas administrari non possit?

Pomponius, Sabinuskommentar Buch 12, Titel: Über die Gesellschaft und die Gemeinschaft
In der Weise wird die Gesellschaft durch den Tod eines Gesellschafters aufgelöst, daß wir nicht einmal von Anfang an im Gesellschaftsvertrag vereinbaren können, daß der jeweilige Erbe auch in die Gesellschaft nachrückt. Das gilt, sagt er (Sabinus), aber nur bei den privaten Gesellschaften. Bei einer Abgabengesellschaft bleibt die Gesellschaft indessen auch nach dem Tod eines Gesellschafters bestehen, jedoch nur dann, wenn der Anteil des Verstorbenen (testamentarisch) der Person seines jeweiligen Erben in der Weise zugeschrieben ist, daß dem Erben auch (vom Gewinn) beigetragen werden muß. Dies freilich ist je nach Fall zu beurteilen. Was nämlich, wenn der gestorben ist, wegen dessen persönlicher Fähigkeit die Gesellschaft vor allem gegründet wurde oder ohne den sie gar nicht geleitet werden kann?

Auch dieser Gesellschafter wird also nicht gehindert, die Person seines oder seiner Erben frei zu bestimmen, nur erhält der Erbe weder frei verfügbares Vermögen bzw. ein alsbald liquidierbares Auseinandersetzungsguthaben noch die Gesellschafterstellung des Erblassers, sondern nur die Stellung etwa eines Kommanditisten, und das muß bereits im Gesellschaftsvertrag vorgesehen sein. Die hellenistischen Rechte hatten demgegenüber Erbverträge anerkannt, und auch nach 212 hörte man nicht auf, sie zu praktizieren. Aber erst um 900 n. Chr. wurden sie im Osten reichsrechtlich anerkannt, während im Westen schon im 5. Jh. wenigstens Mischformen wie das wechselseitige Testament unter Ehegatten und Schenkungsversprechen von Todes wegen hingenommen wurden, aus welchen Ansätzen sich dann im Mittelalter der Erbvertrag entwickeln konnte. Der Code civil lehnt wieder Erbverträge sogar unter Ehegatten ab (Art. 968 u. 1097; s. aber z.B. auch 1092), das österreichische ABGB erkennt sie nur unter Ehegatten an (§§ 602 u. 1249), während das deutsche und das schweizerische Recht erbvertraglichen Bindungen günstiger sind.

DRITTES KAPITEL

Das römische Eigentum[98]

1. Gegenstand und Inhalt

Der römische Eigentumsbegriff ist wegen seines entschieden individualistischen Gepräges viel gescholten worden, von sozialistischer wie von nationalsozialistischer Seite. Man sagt, § 903 BGB: „Der Eigentümer einer Sache kann ... mit der Sache nach Belieben verfahren und andere von jeder Einwirkung ausschließen" sei ein Erbstück der romanistischen Tradition, und tadelt die Vorschrift als unsozial. Immerhin enthält sie bereits selbst die Einschränkung: „soweit nicht das Gesetz (Art. 2 EGBGB: jede Rechtsnorm) oder Rechte Dritter entgegenstehen", und dasselbe sagt noch einmal Art. 14 Abs. 1 S. 2 GG: „Inhalt und Schranken (des in S. 1 gewährleisteten Eigentums) werden durch die Gesetze bestimmt". Weiter geht erst Abs. 2 dieser Vorschrift: „Eigentum verpflichtet. Sein Gebrauch soll zugleich dem Wohle der Allgemeinheit dienen". Sollten die Römer wirklich diesen elementaren Gedanken von der Hand gewiesen haben? Immerhin haben sie ihre größte Leistung im Organisieren menschlichen Zusammenlebens vollbracht.

a) Die Herausbildung des römischen Eigentumsbegriffs

In der Frühzeit Roms gab es am Ackerland und vielleicht überhaupt an Grund und Boden des römischen Staatsgebiets vermutlich kein Privateigentum des Kleinfamilienvaters, waren Grund und Boden unveräußerlich. Bei seiner Mobilisierung spielte wahrscheinlich das landwirtschaftliche Kreditwesen eine Rolle, denn das lateinische Wort für ‚Grundstück', *praedium*, scheint etymologisch mit *praes, praedis* (Bürge, wie er vom Zwischenbesitzer im dinglichen Prozeß

[98] Dazu Wieacker, Entwicklungsstufen des römischen Eigentums, in: a.a.O. (oben Anm. 5) 187–221, der insbesondere klargestellt hat, daß der romanistische Eigentumsbegriff des Pandektismus mit dem historischen römischen nicht verselbigt werden darf. Zu den Eigentums-Theorien im 17. und 18. Jh. aus sozialistischer Sicht Reinhard Brand, Eigentumstheorien von Grotius bis Kant (Stuttgart 1974). Weiter ausgreifend Helmut Rittstieg, Eigentum als Verfassungsproblem – Zu Geschichte und Gegenwart des bürgerlichen Verfassungsstaates (Darmstadt 1975).

zu stellen war) zusammenzuhängen, und für die Tauglichkeit als *vindex* (Fürsprecher und Bürge im persönlichen Prozeß) war, wie oben S. 18 gezeigt, die Eigenschaft als *adsiduus* (Landbesitzer, Vollbauer) maßgeblich. Daß das Ackerland nicht nur dem Privateigentum unterworfen, sondern zudem ebenso frei veräußerlich wurde wie Gesinde und Großvieh, könnte auch damit zusammenhängen, daß die Eigentümer so gut wie ausschließlich Familienväter, d.h. in der Regel alte Männer waren, eher eigenwillige Persönlichkeiten. Vor allem aber wird die freie Veräußerlichkeit des Bodens durch die Entstehung von Großgrundbesitz begünstigt, wo in verfeinerter Bodennutzung mit Hilfe von Sklaven für den Markt gewirtschaftet wird. Noch im Kampf um die Ackergesetze, der das letzte Jahrhundert der Republik beherrscht, werden die Pläne der Reformer, bei den neu zu verteilenden Landlosen die Veräußerlichkeit auszuschließen oder wenigstens zu beschränken, von der optimatischen Opposition angefeindet und meist unterlaufen[99].

b) Worin äußert sich die Besonderheit des römischen Eigentums? Vier Grundsätze

Der römische Eigentümer darf mit seiner Sache grundsätzlich alles machen, was man mit ihr überhaupt machen kann; alle denkbaren Befugnisse in Bezug auf die Sache sind bei einem einzigen konzentriert, dem Eigentümer, so daß man von einem Grundsatz der Allmacht des Eigentümers sprechen könnte. Das muß nicht so sein. Im Mittelalter und in der frühen Neuzeit waren jedenfalls bei den damals wichtigsten Sachen, Grund und Boden, die Befugnisse aufgeteilt zwischen Grundherr, der eine Art Obereigentum hatte, und hörigem Bauern, bei dem man von Untereigentum sprach, das erblich sein konnte. Andere Rechtsgemeinschaften kannten eine genossenschaftliche Mitberechtigung am Ackerland als dem wichtigsten Produktionsmittel.

Der römische Grundsatz der Allmacht und Allzuständigkeit des Eigentümers läßt ihm allerdings unbenommen, einzelne Befugnisse auf andere zu übertragen. Ohne Wegerechte, Viehtriften, Wasserleitungsrechte usf. über fremde Grundstücke konnte das Land gar nicht bewirtschaftet werden; diese Rechte sind sogar älter als die klassische Ausgestaltung des Grundeigentums und müssen mit seiner Herausbildung neu gedeutet werden. Man begreift sie jetzt als Ab-

[99] S. etwa Dieter Flach, Die Ackergesetzgebung im Zeitalter der röm. Revolution, in: Hist. Ztschr. 217 (1973) 265–295.

spaltungen vom Eigentum, sog. beschränkte dingliche Rechte, ein langsamer, sich unter unseren Augen vollendender Prozeß, rechtsdogmatisch eine bedeutende Innovation. Sogar die Befugnis, eine Sache ganz und ausschließlich zu nutzen lediglich bei Wahrung ihrer Identität, konnte vom Eigentum abgespalten, auf einen anderen als den Eigentümer übertragen werden: der Nießbrauch; das sperrige Wort ist chiastische Lehnübersetzung von *ususfructus*. Hier gelangt die Abspaltungsmöglichkeit an ihre Grenzen, weshalb dieses Recht nicht weiter übertragen und zeitlich auf höchstens ein Menschenleben begrenzt ist – erst jüngst wurde diese Grenze gesprengt durch Eröffnung der Möglichkeit, juristischen Personen, die länger bestehen können, einen Nießbrauch zu bestellen. Weiter kann die Befugnis, die Sache zu Geld zu machen, sie zu versilbern, vom Eigentum abgespalten und auf einen andern übertragen werden: das Pfandrecht (das aber so nicht entstanden ist). All diese beschränkten dinglichen Rechte an fremden Sachen werden schließlich dogmatisch als bloße Ausnahmen von jenem Grundsatz, als ihrer Natur nach vorübergehend begriffen; folgerichtig wird ihr Erlöschen begünstigt. Insbesondere wenn Eigentümerstellung und Pfandrecht, Wegerecht usw. in einer Person zusammenfallen, wenn z.B. der Pfandgläubiger den Eigentümer beerbt (oder umgekehrt) oder an Kindes Statt annimmt (oder von diesem angenommen wird), erlischt das beschränkte dingliche Recht; das Eigentum ‚erstarkt' *(consolidatur)*, weshalb man dies noch heute Konsolidation nennt; bei der Dienstbarkeit *(servitus)* kleidete man das in die Rechtsparömie *Nulli res sua servit* (Keinem dient seine eigene Sache). Nur wenige Ausnahmen werden zur Vermeidung von Härten zugelassen, womit wir heute viel großzügiger sind, zumal durch § 889 BGB. Das römische Recht begünstigte das totale, nicht aufgegliederte dingliche Recht, das Eigentum im Zustand der Totalität, nicht ohne dabei gelegentlich auch in Begriffsjuristerei zu verfallen, wie im zweiten Fall der folgenden Stelle:

Iulianus, Digesta XXXV, Tit.: De legatis (Dig. 7, 6, 4 u. 7, 4, 17)
Fundus detracto usu fructu per vindicationem legatus est Titio et eiusdem fundi usus fructus Sempronio sub condicione. Dixi interim cum proprietate usum fructum esse, licet placeat, cum detracto usu fructu fundus legatur, apud heredem usum fructum esse: quia pater familias, cum detracto usu fructu fundum legat et alii usum fructum sub condicione, non hoc agit, ut apud heredem usus fructus remaneat.

Si tibi fundi usus fructus pure, proprietas autem sub condicione Titio per vindicationem legata fuerit, pendente condicione dominium proprietatis adquisieris, deinde condicio extiterit: pleno iure fundum Titius habebit, neque interest quod detracto usu fructu proprietas legata sit. Enim dum proprietatem adquiris, ius omne legati usus fructu amisisti.

Julian, Digesten Buch 35, Titel: Über Vermächtnisse
Ein Landgut abzüglich des Nießbrauchs ist dem Titius dinglich vermacht worden und der Nießbrauch an diesem Landgut dem Sempronius unter einer Bedingung. Ich habe gesagt, in der Zwischenzeit sei der Nießbrauch beim Eigentum, obwohl anerkannt ist, daß der Nießbrauch beim Erben ist, wenn ein Landgut abzüglich des Nießbrauchs (dinglich) vermacht wird: denn der Erblasser, der ein Landgut abzüglich des Nießbrauchs vermacht und einem andern den Nießbrauch unter einer Bedingung, meint nicht, daß der Nießbrauch in der Zwischenzeit beim Erben verbleiben soll.
Wenn der Nießbrauch an einem Landgut dir ohne Bedingung oder Zeitbestimmung, das Eigentum aber unter einer Bedingung dem Titius dinglich vermacht worden ist, bei schwebender Bedingung das Eigentum also an dich gefallen, und dann die Bedingung eingetreten ist: zu vollem Recht wird Titius das Landgut haben, und es spielt keine Rolle, das das Eigentum nur abzüglich des Nießbrauchs vermacht worden ist. Indem du nämlich das Eigentum erwirbst, bewirkst du, daß das ganze Recht des vermachten Nießbrauchs verlorengeht (vgl. demgegenüber §§ 1063 Abs. 2, 1256 Abs. 2 BGB).

Und auch bei der nächsten Stelle würden wir heute bei der Schlußvariante, guten Glauben des Pächters natürlich vorausgesetzt, gemäß § 936 BGB keineswegs den Nießbrauch erlöschen lassen:

Ulpianus, Ad Sabinum XVII, Tit.: De usu fructu legato (Dig. 7, 4, 29 pr)
Pomponius quaerit: si fundum a me (sc. usufructuario) proprietarius conduxerit eumque fundum vendiderit Seio non deducto usu fructu, an usum fructum per emptorem retineam. Et ait, licet proprietarius mihi pensionem solverit, tamen usum fructum amitti, quia non meo nomine, sed suo fruitus est emptor. Teneri plane mihi ex locato proprietarium quanti mea interfuit id factum non esse, quamquam, si a me conductum usum fructum quis alii locaverit, retinetur usus fructus. Sed si proprietarius eum locasset suo nomine, dicendum amitti. Non enim meo nomine fruitur colonus.

Ulpian, Sabinuskommentar Buch 17, Titel: Über das Vermächtnis eines Nießbrauchs
Pomponius fragt: Wenn der Eigentümer sein Landgut von mir (dem Nießbraucher) gepachtet und dieses Landgut an Sejus ohne Abzug des Nießbrauchs verkauft hat, ob ich dann durch den Käufer den Nießbrauch behalte. Und er ist der Ansicht, daß, mag der Eigentümer mir auch den Pachtzins weiterhin gezahlt haben, dennoch der Nießbrauch erlösche, weil der Käufer das Landgut nicht für mich, sondern für sich selbst nutzt. Allerdings hafte mir der Eigentümer aus Pachtvertrag auf so viel, als mir daran liegt, daß dies (der Verkauf) nicht geschehen wäre, obwohl, wenn jemand den bei mir gepachteten Nießbrauch einem anderen weiter verpachtet hat, der Nießbrauch erhalten bleibt. Aber wenn ihn der Eigentümer in eigenem Namen verpachtet hätte, muß gesagt werden, daß er erlischt. Denn der Pächter nutzt nicht in meinem Namen.

Der zweite römische Eigentumsgrundsatz war eine der folgenreichsten Leistungen des römischen Rechts. Es hat so gut wie alle Sachen der sichtbaren Welt dem einen, einheitlichen Eigentum unterworfen, was man den Grundsatz der Allgegenwärtigkeit und Einheitlichkeit des Eigentums nennen könnte. Auch das galt nicht seit je. In älterer Zeit war die Berechtigung des einzelnen verschieden, je nach dem, auf welche Sache sie sich bezog: auf *pecunia*, ursprünglich Kleinvieh, dann auch Schmuck usw. (und erst später ‚Geld'), was auf einfachste Art und Weise frei veräußerlich war; auf die *familia*, also Kinder, Sklaven und Großvieh, das veräußerlich war, aber nur unter erschwerten Bedingungen; und schließlich Grund und Boden, die Produktionsmittel, einst für den einzelnen unveräußerlich, nicht in seinem Privateigentum. Das klassische römische Recht bringt alles auf einen Nenner, schlägt alles über ein und denselben Leisten, macht keinen Unterschied mehr außer durch weitergeschleppte Formvorschriften. Das hat die Landwirtschaft belebt, die bäuerliche Mittelschicht aber auf die Dauer zerstört. Kleinere Landwirtschaften wurden in Italien restlos aufgekauft, so daß es in der späteren Kaiserzeit hier nur mehr Großgrundbesitz gab. Privateigentum und Privatrechtsverkehr entzogen waren in klassischer Zeit nur verhältnismäßig wenige Sachen, wenn ihr Kreis im Vergleich zu heute auch groß erscheint: die Tempel, Grabstätten, Stadtmauern und -tore als *res divini iuris* (Sachen göttlichen Rechts); die Straßen, öffentlichen Gebäude, Flüsse und Arenen als *res publici iuris* (Sachen öffentlichen Rechts); und Luft, fließendes Wasser, Meer und Meeresufer als *res communes omnium* ([weiterhin] im Gemeineigentum aller [Bürger] stehende Sachen). Außerdem gehörte der Grund und Boden in den Provinzen dem römischen Staat, soweit es sich nicht um freie, von der Provinzialverwaltung grundsätzlich eximierte Territorien handelte (z.B. Rhodos als alter Verbündeter Roms oder Athen ehrenhalber) und auch nicht das Privileg des *ius Italicum* verliehen war; die unterworfene angestammte Bevölkerung erhielt bloße Nutzungsrechte zurück, wofür sie an Rom Abgaben zahlte [100].

Drittens war alles Eigentum allen Bürgern, zu denen auch die regulär Freigelassenen gehörten, gleichmäßig zugänglich, was man als Grundsatz der Allzugänglichkeit des römischen Eigentums bezeichnen könnte. Wie wenig selbstverständlich das ist, zeigt wieder das europäische Mittelalter bis zum Ende des *ancien régime*. In Preußen konnten erst seit 1811 auch Nichtadlige Rittergüter erwerben.

[100] Anscheinend erst eine juristische Konstruktion des Prinzipats, wie Jochen Bleicken, a.a.O. (oben Anm. 43) annimmt.

Von der mit dem ersten Grundsatz beantworteten Frage, ob die verschiedenen Möglichkeiten, sich eine Sache dienstbar zu machen, einem einzelnen zustehen oder auf Verschiedene verteilt sein sollen, ist die Frage zu unterscheiden, inwieweit mehrere gleichberechtigt, nur durch die Mehrheit von Berechtigten für den Einzelnen beschränkt, diese Allzuständigkeit sollen innehaben können oder nicht, also die Frage, inwieweit Miteigentum zugelassen werden soll. Möglich war es, aber wieder nur als Ausnahme, deren Wegfall vom Recht begünstigt wird. Grundsatz ist Einmannzuständigkeit. Das römische Miteigentum Mehrerer an einer Sache war ein Miteigentum nicht nach realen, was leicht zu Realteilung führen würde, sondern nach sog. ideellen Bruchteilen an der ganzen Sache: Jeder Miteigentümer hat die volle Sachherrschaft inne, beschränkt nur durch das gleiche Recht der anderen. Solche Regelung macht eine Gemeinschaft wenig stabil, und dieser Effekt wurde beim römischen Miteigentum noch dadurch verstärkt, daß jeder Teilhaber seinen Anteil jederzeit an jeden beliebigen Dritten veräußern, sich seinen Genossen also ungefragt entziehen und ihnen jemanden anders beigesellen konnte. Dementsprechend konnte jeder Teilhaber jederzeit Auseinandersetzung verlangen, das ganze Miteigentum enden machen, was als Grundsatz noch ins BGB eingegangen ist: § 745. Die wichtigeren Gemeinschaften des BGB, denen bestimmte soziale Tatbestände zugrundeliegen, sind jedoch abweichend davon besonders geregelt und als Gesamthandgemeinschaften ausgestaltet: die Gesellschaft (§§ 709, 719), eheliche Gütergemeinschaft (1419, 1421 ff.) und Erbengemeinschaft (2033 Abs. 2, 2040). Hier kann der einzelne über seinen Anteil jedenfalls an den einzelnen Sachen nicht frei verfügen und natürlich auch nicht über die ganze Sache. Bei der altrömischen Erbengemeinschaft und der ihr nachgeformten Wahlbrüderschaft, dem *consortium*, galt insofern etwas Ähnliches, als auch hier kein Genosse den anderen einen Fremden aufdrängen konnte. Allerdings konnte hier jeder einzelne über die (ganze) Sache jeweils mit Wirkung für alle verfügen, ebenso wie die Magistrate rechtlich unabhängig vom Kollegen im Amt wirksam Anordnungen treffen konnten. Geschah das in einem *consortium* ohne Verständigung mit den Genossen, so wird das gewöhnlich das Ende der Gemeinschaft bedeutet haben. Ein Patt konnte es jedenfalls bei keiner der privaten Mitberechtigungen geben.

In einer Beziehung galt der Grundsatz der Einmannzuständigkeit besonders strikt: bei den zusammengesetzten Sachen. Mochten die Bestandteile einer komplexen Sache einst selbständig gewesen und verschiedenen Eigentümern gehört haben, so endete das mit ihrer Zusammenfügung: entweder entsteht Miteigentum zu ideellen Bruchteilen an der ganzen Sache oder die Eigentümer der verschiedenen Bestandteile müssen einem von ihnen weichen; Miteigentum nach realen Bruchteilen wird auch in diesem Fall nicht geduldet. Bedeutsam war das vor allem beim Bauen, also bei Verbindung von Baumaterial mit Grund und Boden oder einem schon stehenden Bau, wofür das Rechtssprichwort *Superficies solo cedit* (Der Überbau weicht dem Boden) gebildet wurde. Es besagt, daß verbautes Material, das einem andern als dem Grundeigentümer gehört hatte, ohne Rücksicht auf Abmachungen durch das Verbauen ins Eigentum des Grundeigentümers fällt; aber auch, daß z.B. kein besonderes Stockwerkseigentum oder gar Wohnungseigentum möglich ist, nur ein Dauerwohnrecht als beschränktes dingliches Recht. Noch der BGB-Gesetzgeber hat daran unbeirrt festgehalten (§§ 93–95 und 946–948), bis 1951 endlich eine andere Wertung sich durchsetzte und das Sondergesetz über das Wohnungseigentum und das Dauerwohnrecht ergehen konnte. Es ermöglicht nunmehr eine Zwischenstellung zwischen der Stellung als Mieter und als Hauseigentümer. Die oft an die Wand gemalte Gefahr, solche Verhältnisse seien, da viele Eigentümer auf engem Raum zusammen wirtschaften, streitträchtig, ist dann nicht besonders ernst, wenn es sich, wie bei den Wohnungseigentümern meist, um soziale Aufsteiger aus der Position des Mieters einer Mietwohnung handelt, die in ihrer vorigen Rolle Verträglichkeit lernen mußten, von denen individualistische Hauseigentümerallüren nicht zu erwarten sind; das macht die gründliche Regelung der Gemeinschaftsfragen gewiß nicht überflüssig. In Rom blieben die sozialen Schichten stets schärfer geschieden.

Der Satz *superficies solo cedit* reichte andererseits aber auch weniger weit als heute:

Iulianus, Ex Minicio VI, Tit.: De rei vindicatione (Dig. 6, 1, 59)
Habitator in aliena aedificia fenestras et ostia imposuit. Eadem post annum dominus aedificiorum dempsit. Quaero is qui imposuerat possetne ea vindicare. Respondit posse. Nam quae alienis aedificiis conexa essent, ea, quamdiu iuncta manerent, eorundem aedificiorum esse; simul atque inde dempta essent, continuo in pristinam causam reverti.

Julian, Aus Minicius Buch 6, Titel: Über den Eigentumsherausgabeanspruch
Ein Bewohner hat in einem fremden Haus Fenster und Türen eingesetzt. Ein Jahr später hat der Eigentümer des Hauses sie herausgenommen. Ich frage an, ob der, der sie eingesetzt hat, sie nunmehr vindizieren könne. Er hat den Bescheid gegeben, das könne er. Denn was mit einem fremden Gebäude ver-

bunden worden sei, sei Teil dieses Gebäudes, solange es mit ihm verbunden bleibe. Sobald es aber von ihm getrennt werde, kehre es in seine einstige Lage zurück.

Hier ist die deutsche Regelung starrer[101]. Das liegt sicherlich auch daran, daß es heute im allgemeinen unwirtschaftlich ist, das Material eines abgebrochenen Gebäudes wiederzuverwenden; neues Material ist heute billiger. Wenn aber allgemeine Güterknappheit herrscht, was bis ins 19. Jh. im allgemeinen der Fall war, verwendet man gebrauchtes Material wieder, zumal Bauholz[102].

c) Nachbarrechtliche Beschränkungen des Grundeigentums

Eine gänzlich unbeschränkte, radikal liberale Ausgestaltung des Eigentums ist nicht möglich, solange eine Rechtsordnung noch andere Werte wie Gesundheit usw. kennt. Die sich daraus ergebenden Einschränkungen der Freiheit des Eigentümers können zumal beim Grundeigentum sehr weit gehen, wie uns heute immer eindringlicher klar wird. Dabei darf man sich nicht der Täuschung hingeben, diese Einschränkungen folgten eigentlich aus dem gehörig verstandenen Eigentumsbegriff selbst, insofern die Freiheit des einen dort enden müsse, wo sie mit der gleichen Freiheit anderer Eigentümer unvereinbar wird, als reguliere sich die Frage durch das Gegenseitigkeitsprinzip von selbst. Denn man kann bei Wahrung des Gegenseitigkeitsprinzips dem Grundeigentümer viel oder wenig erlauben. Erlaubt man viel oder alles, so führt das formale Gegenseitigkeitsprinzip tatsächlich zu Ungleichheiten, da im konkreten Fall i.d.R. nur einer der Nachbarn sein Grundstück in der kritischen Weise zu nutzen die Möglichkeit hat. In Wahrheit muß die Rechtsordnung Wertentscheidungen treffen, ob sie z.B. wirtschaftliche Expansion, also Wohlstand, oder Gesundheit der Bevölkerung höher bewertet; oder, um ein konkreteres Beispiel außerhalb des Grundeigentums zu nehmen: weniger schnell kraftfahren können oder eine Kleinstadt von Toten pro Jahr. Die Entscheidungen der Rechtsgemeinschaften zu dieser Frage geben oft interessante Einblicke in ihr Wertsystem:

Ulpianus, Ad edictum praetoris XVII, Tit.: De servitutibus praediorum urbanorum (Dig. 8, 5, 8 § 5, gekürzt)

Aristo Cerellio Vitali respondit non putare se ex taberna casiaria fumum in superiora aedificia iure immitti posse. Idemque ait et ex superiore in inferiora

[101] §§ 953 ff. BGB u. dazu etwa Soergel-Siebert, Bürgerliches Gesetzbuch – Kommentar, 10. Aufl. Bd. 1 (Stuttgart 1967) Anm. 17 zu § 93 u. 4 zu 101.

[102] Illustrativ die Erzählung von Alexander Solschenizyn, Matrjonas Hof, in: ders., Im Interesse der Sache (Neuwied 1970) 5 ff.

non aquam, non quid aliud immitti licere. In suo enim alicui hactenus facere licere, quatenus nihil in alienum immittat, fumi autem sicut aquae esse immissionem. Dicit igitur eum, qui tabernam casiariam a Minturnensibus conduxit, a superiore prohiberi posse fumum immittere, sed Minturnenses ei ex conducto teneri.

Ulpian, Kommentar zum prätorischen Edikt Buch 17, Titel: Über die Gebäudedienstbarkeiten

Aristo hat dem Cerellius Vitalis den Bescheid gegeben, er sei nicht der Ansicht, daß aus einer Käserei Dampf in die darüber liegenden Gebäude rechtens abgelassen werden könne. Und derselbe sagt, auch vom oberen dürfe in die unteren kein Wasser und auch sonst nichts zugeführt werden. Auf seinem (Grundstück) dürfe man sich nämlich insoweit betätigen, wieweit man nichts auf ein fremdes zuführt, bei Dampf handle es sich aber ebenso wie bei Wasser um eine Zuführung. Infolgedessen, sagt er, könne der, welcher die Käserei von der Gemeinde Minturnae (Hafenstadt in Südlatium) gepachtet hat, vom Oberlieger gehindert werden, Dampf zuzuführen, doch hafte ihm die Gemeinde Minturnae aus Pacht.

Aus dieser und anderen Stellen ging schließlich unser § 906 BGB hervor. Großzügiger als wir waren die Römer dagegen in folgendem Fall:

Paulus, Ad Sabinum VI, Tit.: De societate et communione (Dig. 8, 2, 19 pr.)

Fistulam iunctam parieti communi, quae aut ex castello aut ex caelo aquam capit, non iure haberi Proculus ait. Sed non posse prohiberi vicinum, quo minus balineum habeat secundum parietem communem, quamvis umorem capiat paries; non magis quam si vel in triclinio suo vel in cubiculo aquam effunderet. Sed Neratius ait, si talis sit usus tepidarii, ut adsiduum umorem habeat et id noceat vicino, posse prohiberi eum.

Paulus, Sabinuskommentar Buch 6, Titel: Über die Gesellschaft und Gemeinschaft

Proculus meint, ein an einer gemeinsamen Wand angebrachtes Rohr, das gestautes oder Regenwasser leitet (in der Antike aus Holz oder Ton, nur die großen Überlandwasserleitungen waren aus Stein und mit Blei abgedichtet), sei nicht rechtens. Jedoch könne der Nachbar nicht gehindert werden, an der gemeinsamen Wand ein Bad zu haben, wenn auch dadurch die Wand feucht wird; nicht anders als wenn er im Eß- oder im Schlafzimmer Wasser verschüttet. Neraz hingegen meint, der Nachbar könne dann gehindert werden, wenn das Laubad in einer Weise benutzt wird, daß die Wand dauernd feucht und dies dem Nachbarn nachteilig ist.

Feuchtigkeit gehört nicht zu den nach § 906 BGB erlaubten Einwirkungen, den sog. Imponderabilien, so daß deren Zuführung heute schlechthin untersagt werden kann. Demgegenüber ließ sich Proculus offenbar von der Erwägung leiten, daß ein Bad zu haben, das bei Atriumhäusern an einer Außenwand liegen muß, keinem Hauseigentümer verwehrt werden könne. Nur ausgerechnet das Lauwasserbecken, ergänzt Neraz, das im Gegensatz zum Warm- und zum Kaltwasserbecken gefüllt zu bleiben pflegt, also eine stärkere Beeinträchtigung bedeutet, darf nicht an der gemeinsamen Wand liegen. Dem Grundstückseigentümer darf also ein bestimmter Mindestgenuß seines Grundstücks nicht verwehrt werden, wozu für den Römer ein Bad und, wie andere Stellen ergeben, ein Herdfeuer gehören.

Besonders geregelt waren in Rom Konflikte, die sich aus dem Abfluß des Regenwassers über das Nachbargrundstück ergaben. Im bergigen Italien, wo die Hänge intensiv landwirtschaftlich genutzt werden und wurden und wo der Regen in plötzlichen und heftigen Güssen niederzugehen pflegt, kann das abfließende Regenwasser großen Schaden stiften. Der Grundeigentümer schützt sich dagegen, indem er auf seinem Grundstück Anlagen errichtet, die etwa andringendes Regenwasser so über das Grundstück leiten, daß es möglichst wenig Schaden anrichtet. Das kann aber leicht auf Kosten des Unterliegers geschehen, weshalb bereits die Zwölf Tafeln (7, 8a) diesem eine besondere Klage, die *actio aquae pluviae arcendae* (Klage des abzuwehrenden Regenwassers) zur Verfügung gestellt haben, mit deren Hilfe derjenige, der durch eine künstliche Veränderung auf einem benachbarten Grundstück mehr Wasserschäden fürchten muß, vom Nachbarn Wiederherstellung des alten Zustands samt Schadloshaltung verlangen kann. Natürlich konnte das keine absolute Veränderungssperre bedeuten, das hätte die Landwirtschaft zum Erliegen gebracht. Mit dieser Klage konnte man deshalb nicht daran gehindert werden, sein Land zu bestellen. Wieweit ging dieses Privileg jedoch? Konnte in seinem Rahmen jede wirtschaftlich gebotene Veränderung vorgenommen werden oder gab es auch da Grenzen?

Ulpianus, Ad edictum praetoris LIII, Tit.: De iudicio aquae pluviae arcendae (Dig. 39, 3, 1 §§ 3–9)

De eo opere, quod agri colendi causa aratro factum sit, Quintus Mucius ait non competere hanc actionem. Trebatius autem non quod agri, sed quod frumenti dumtaxat quaerendi causa aratro factum solum excepit. Sed et fossas agrorum siccandorum causa factas Mucius ait fundi colendi causa fieri, non tamen oportere corrivandae aquae causa fieri. Sic enim debere quem meliorem agrum suum facere, ne vicini deteriorem faciat. Sed et si quis arare et serere possit etiam sine sulcis aquariis, teneri eum, si quid ex his, licet agri colendi causa videatur fecisse. Quod si aliter serere non possit, nisi sulcos aquarios fecerit, non teneri. Ofilius autem ait sulcos agri colendi causa directos ita, ut in unam pergant partem, ius esse facere. Sed apud Servii auditores relatum est, si quis salicta posuerit et ob hoc aqua restagnaret, aquae pluviae arcendae agi posse, si ea aqua vicino noceret. Labeo etiam scribit ea, quaecumque frugum fructuumque recipiendorum causa fiunt, extra hanc esse causam neque referre, quorum fructuum percipiendorum causa id opus fiat. Item Sabinus Cassius opus manu factum in hanc actionem venire aiunt, nisi si quid agri colendi causa fiat. Sulcos tamen aquarios, qui elices appellantur, si quis faciat, aquae pluviae actione eum teneri ait.

Ulpian, Ediktkommentar Buch 53, Titel: Von der Klage des abzuwehrenden Regenwassers
Bei einer solchen Anlage, die mit dem Pfluge zur Bestellung des Feldes gemacht ist, meint Quintus Mucius, daß diese Klage nicht zustehe. Trebaz dagegen nimmt (von der Klage) aus nicht was schlechthin des Bodens wegen, sondern nur was zur Fruchtgewinnung mit dem Pfluge angelegt ist. Mucius jedoch meint, daß auch die zur Trockenlegung der Felder angelegten Gräben zur Bestellung des Bodens angelegt würden, nur dürften sie nicht das Wasser zusammenleiten; man dürfe seinen Acker nämlich nur so verbessern, daß der Acker des Nachbarn nicht verschlechtert wird. Aber auch wenn jemand auch ohne Wasserfurchen pflügen und säen könnte, hafte er, wenn aus diesen etwas (Wasser in das Nachbargrundstück geleitet wird), obwohl sie zur Bestellung des Feldes angelegt anzusehen seien. Wenn er aber, ohne Wasserfurchen anzulegen, nicht säen könnte, hafte er nicht. Ofilius dagegen meint, es sei erlaubt, zur Bestellung des Feldes so gerichtete Wasserfurchen anzulegen, daß sie an einer Stelle zusammenlaufen. Bei den Serviusschülern wird indes berichtet, wenn jemand auf seinem Grundstück Weidengebüsch angepflanzt hat und dadurch Wasser angezogen wird, könne wegen abzuwehrenden Regenwassers geklagt werden, wenn dieses Wasser dem Nachbarn schade. Und Labeo schreibt, daß alles, was zur Erlangung von Feldfrüchten geschieht, außerhalb dieser Materie läge und es nicht darauf ankomme, zur Gewinnung welcher Früchte die betreffende Anlage gemacht wird. Schließlich meinen Sabinus und Cassius, unter diese Klage falle jede künstliche Anlage, sofern sie nicht zur Bestellung des Ackers errichtet werde. Jedoch wenn jemand Wasserfurchen, die Abzugsgräben genannt werden, anlege, hafte er mit der Regenwasserklage.

Das Bemühen um eine genaue Abgrenzung des Ackerbauprivilegs zeitigt mannigfach schattierte Stellungnahmen, von denen zwei besonders hervorzuheben sind: Ofilius, der dem Fortschritt günstig, und Cassius, der im Gegenteil zurückhaltend bei der Freigabe ertragssteigernder Maßnahmen ist, die dem Nachbarn schaden.
Das Gegenstück zur *actio aquae pluviae arcendae* für städtische Grundstücke war die negatorische Klage *de stillicidiis et fluminibus* (über Tropfenfall und Traufen). Und außerdem konnte der städtische Grundeigentümer (wie erst jüngst wieder rekonstruiert worden ist [103] aus Texten, die auf die spätantike öffentlichrechtliche Regelung

[103] Von Alan Rodger, Owners and neighbours in roman law (Oxford 1972) 8–140. Zur Trauf- und Regenwasserklage ebd. 141ff.

der Materie hin überarbeitet worden waren) den Nachbarn daran hindern, ihm Licht und Sicht zu verbauen.

d) Öffentlichrechtliche Beschränkungen des Eigentums

Wenn heute von Sozialbindung des Eigentums gesprochen wird, so meint man in erster Linie öffentlichrechtliche Beschränkungen wie Bauverbote und sonstige öffentlichrechtliche Nutzungsbeschränkungen. Mit dem Schlagwort von der individualistischen Ausprägung des römischen Eigentums übergeht man meist, daß derartige Beschränkungen selbstverständlich auch in Rom galten. So war dem gewinnträchtigen Unterfangen, im Stadtgebiet in die Höhe zu bauen, dadurch eine Grenze gesetzt, daß nach alter sakraler Vorschrift die Vogelschau nicht behindert werden durfte, vom Kapitol aus der Horizont frei zu überblicken sein mußte. Wer zu hoch gebaut hatte, den zwangen die Auguren, sein Gebäude wieder zu erniedrigen[104]. Nach einer Bestimmung der Zwölf Tafeln (7, 1) mußten alle Häuser einen bestimmten Mindestabstand, einen *ambitus* (Umgang) haben, der freilich seit der späten Republik nicht mehr beachtet wird; der archäologische Befund ergibt, daß der teure stadtrömische Boden dicht bei dicht bebaut war. Ein Senatsbeschluß vom Jahre 11 v. Chr. (Frontin cap. 127) und die *Lex Quinctia de aquaeductibus* (9 v. Chr.) bestimmen, daß die Geländestreifen entlang den Aquädukten nicht bebaut werden dürfen (vgl. § 9 BFStrG). Auch die Möglichkeit einer regelrechten Enteignung des Einzelnen im Interesse des Gemeinwohls ist dem römischen Recht geläufig, das auch seine besonderen Anforderungen dafür hatte. In den Provinzen mußte die Enteignung in der jeweiligen Gemeindesatzung vorgesehen sein, zumindest aber ein dahingehendes örtliches Gewohnheitsrecht bestehen, dessen Fehlen nur durch kaiserliche Genehmigung ersetzt werden konnte; Genehmigung der Enteignung durch den Provinzgouverneur oder die lokalen Behörden genügte nicht. Und in Rom war ein Senatsbeschluß erforderlich, der auch die Frage der Entschädigung regelte. Ein Beispiel:

Senatusconsultum V de aquaeductibus (Frontin, De aquis 125)
Quod Quintus Aelius Tubero, Paulus Fabius Maximus consules verba fecerunt de rivis specibus fornicibus aquae Iuliae, Marciae, Appiae, Tepulae, Aniensis reficiendis, quid de ea re fieri placeret,
de ea re ita censuerunt:

---

[104] Cicero, De officiis 3, 66. Zum Ritual der Vogelschau s. Werner Müller, Die heilige Stadt – Roma quadrata, himmlisches Jerusalem und die Mythe vom Weltnabel (Stuttgart 1962) 36–45.

Uti, cum ii rivi specus fornices, quos Augustus Caesar se refecturum impensa sua pollicitus senatui est, reficerentur ex agris privatorum, terra limus lapides testa harena ligna ceteraque quibus ad eam rem opus esset, unde quaeque eorum proxime sine iniuria privatorum tolli sumi portari possint, viri boni arbitratu aestimata darentur tollerentur sumerentur exportarentur. Et ad eas res omnes exportandas earumque rerum reficiendarum causa, quotiens opus esset, per agros privatorum sine iniuria eorum itinera actus paterent darentur.

Der fünfte Senatsbeschluß über die Wasserleitungen (11 v. Chr.)
Was das anbetrifft, daß die Konsuln Quintus Älius Tubero und Paulus Fabius Maximus über die Gerinne, Tunnel und Bögen der instandzusetzenden julischen, marcischen, appischen, tepulischen und anienischen Wasserleitung vorgetragen haben, was deswegen zu geschehen für gut befunden würde,
dazu haben sie wie folgt dafürgehalten:
Daß, da diejenigen Gerinne, Tunnel und Bögen, die Augustus auf seine Kosten instandzusetzen dem Senat zugesagt hat, unter Heranziehung privaten Landes instandgesetzt werden sollen, Boden, Schlamm, Steine, Ziegel, Sand, Holz und was sonst für diesen Zweck gebraucht würde, woher all das jeweils am nächsten, ohne daß dadurch den Privaten Unrecht geschieht, ausgehoben, herangenommen und befördert werden kann, nachdem es nach dem Urteil eines rechtschaffenen Mannes bewertet worden ist, es zur Verfügung gestellt, ausgehoben, herangenommen und weggeschafft werde. Und damit all diese Sachen weggeschafft werden können, und zur Instandsetzung dieser Dinge, sollen, sooft es nötig ist, durch die Grundstücke der Privaten hindurch, ohne daß ihnen dadurch Unrecht geschieht, Wege und Bahnen offenstehen und zur Verfügung gestellt werden.

e) Rechtsmißbrauch

Nicht durch eine generelle Regel, aber an Hand immer neuer Einzelfälle erklärten die römischen Juristen, der Überlieferung nach von Celsus (s. unten S. 182ff.) bis zu den Spätklassikern, eine Rechtsausübung für unzulässig, die dem Berechtigten nichts nützt, aber anderen schadet. Dies faßten sie aber nicht so eng wie § 226 BGB („ … nur den Zweck haben kann …"), der dadurch und weil wir heute großzügiger dem Betroffenen Gelegenheit geben, sein Verhalten in einem besseren Licht darzustellen, so gut wie keine praktische Bedeutung hat. In Rom hatte das Schikaneverbot besondere Aktualität beim problematischsten der damaligen Eigentumsgegenstände, den Sklaven, das nächstliegende Objekt für Grausamkeit und Sadismus. Eine legale Möglichkeit, dem zu entkommen, war das allgemein verbreitete Asylrecht der Heiligtümer, das ursprünglich auch in Rom anerkannt war. Doch wurde das Asylrecht hier früh unschädlich gemacht durch Einfriedung des betreffenden Heiligtums, worauf es schließlich ganz verschwand[105]. Aber die Kaiser haben dieses im hellenistischen Osten immer in Kraft gebliebene Asylrecht wiederaufgenommen und verrechtlicht. Der Sklave, der zu einer Kaiserstatue floh, wurde in Vertretung des Kaisers vom Stadtpräfekten oder Provinzgouverneur angehört, und wenn er begründete Beschwerden gegen seinen Herrn vorbringen konnte, verkaufte der Beamte den Sklaven für Rechnung des Eigentümers. Im Rahmen dieser sich zu einer regelrechten Gerichtsbarkeit entwickelnden Anhörung wurden Verhaltensregeln entwickelt, wie ein Eigentümer mit dem Gegenstand Mensch umzugehen habe:

Ulpianus, De officio proconsulis VIII, Tit.: De dominorum saevitia (Collatio leg. Mos. et Rom. 3, 3 §§ 1–6 = Dig. 1, 6, 2)
Si dominus in servos saevierit vel ad impudicitiam turpemque violationem compellat, quae sint partes praesidis, ex rescripto divi Pii ad Aurelium Marcianum proconsulem Baeticae manifestatur. Cuius rescripti verba haec sunt: „Dominorum quidem potestatem in servos suos illibatam esse oportet nec cuiquam hominum ius suum detrahi. Sed dominorum interest, ne auxilium contra saevitiam vel famem vel intolerabilem iniuriam denegetur his, qui iuste deprecantur. Ideoque cognosce de querellis eorum, qui ex familia Iulii Sabini ad statuam confugerunt; et si vel durius habitos quam aequum est vel infami iniuria affectos cognoveris, venire iube ita, ut in potestatem Sabini non revertantur. Quod si meae constitutioni fraudem fecerit, sciet me admissum severius executurum". Divus etiam Hadrianus Umbriciam quandam matronam in quinquennium relegavit, quod ex levissimis causis ancillas atrocissime tractasset. Item divus Pius ad libellum Alfii Iulii rescripsit in haec verba: „Servorum obsequim non solum imperio, sed et moderatione et sufficientibus praebitis et iustis operibus contineri oportet. Itaque et ipse curare debes iuste ac temperate servos tuos tractare, ut ex facili requirere eos possis, ne, si apparuerit vel imparem te impendiis esse vel atrociore dominationem saevitia exercere, necesse habeat proconsul vir clarissimus, ne quod tumultuosius contra te accidat, praevenire et ex mea iam auctoritate te ad alienandos eos compellere. Glabrione et Omullo consulibus.„

Ulpian, Über die Amtspflichten des Prokonsuls Buch 8, Titel: Über das Wüten der Herren
Wenn der Herr gegen die Sklaven gewütet hat oder zu Unzüchtigkeit oder schimpflicher Gewalttat zwingt, so erhellt, was Sache des Gouverneurs ist, aus einer Rückschrift des göttlichen Pius an Aurelius Marcianus, Prokonsul der Bätica (sc. *provincia*, Südspanien). Diese Rückschrift lautet folgendermaßen: „Gewiß muß die Gewalt der Herren über ihre Sklaven ungeschmälert sein und darf keinem Menschen sein Recht entzogen werden. Aber den Herren

[105] Carl Koch, Der röm. Juppiter (Frankfurt am Main 1937, Nachdr. Darmstadt 1968) 83f. S. a. Franz Altheim, Röm. Religionsgeschichte I (Baden-Baden 1951) 175–181.

liegt selbst daran, daß Hilfe gegen Wüten, Hunger oder unerträgliches Unrecht denen nicht verweigert wird, die begründeterweise darum flehen. Daher gehe den Klagen derer nach, die vom Gesinde des Julius Sabinus zur Statue geflohen sind; und wenn du feststellst, daß sie strenger gehalten worden sind als billig ist oder ihnen schändliches Unrecht zugefügt worden ist, dann veranlasse, sie auf eine Weise zu verkaufen, daß die nicht in die Gewalt des Sabinus zurückgelangen. Wenn er jedoch meiner Anordnung zuwiderhandelt, wird er wissen, daß ich solches Tun sehr hart bestrafen werde." Auch der göttliche Hadrian hat eine gewisse Dame Umbricia für fünf Jahre verbannt, weil sie ihre Sklavinnen aus geringfügigsten Anlässen ganz fürchterlich mißhandelt hatte. Weiter schrieb der göttliche Pius auf eine Eingabe des Alfius Julius wie folgt zurück: „Der Gehorsam der Sklaven darf nicht nur durch Zwangsmittel, sondern muß auch durch Mäßigung, Gewährung des Nötigen und gerechte Behandlung erhalten werden. Deshalb mußt du auch selbst Sorge tragen, daß du deine Sklaven gerecht und maßvoll behandelst, so daß du ohne Schwierigkeit ihre Dienste anfordern kannst, und daß nicht der erlauchte Prokonsul, sofern herauskäme, daß du die Herrschaft mit unzureichenden Mitteln oder unter fürchterlichem Wüten ausübst, es nötig hätte, damit dir nichts Schlimmeres widerfährt, dem zuvorzukommen und dich dann kraft hoheitlicher Gewalt zu ihrer Veräußerung zu zwingen. Im Jahre 152 n. Chr."

Mit *iniuria, aequum, iustus, moderatio, sufficientia, temperatus* und *impar impendiis* greifen die Kaiser auf außerrechtliche, genauer: stoische Maßstäbe zurück. Mit der Aufstellung von Verhaltensregeln für den Eigentümer von Sklaven: ausreichende Ernährung und Kleidung, Mäßigung bei der Disziplinierung und, womit die Herrenpflichten über unseren heutigen Tierschutz deutlich hinausgehen: kein Zwang zu unzüchtigem oder entehrendem Verhalten und gerechte Behandlung – mit all dem sprengen die Kaiser in Wahrheit den Eigentumsbegriff. Schon seit dem 1. Jh. machten sie mit der in der späten Republik beginnenden Einbeziehung der Sklaven in den Schutz der Kriminalstrafgesetze Ernst und erlaubten, auch den Eigentümer selbst, der seinen Sklaven ohne hausgerichtliches Verfahren getötet hatte, nach dem cornelischen Totschlagsgesetz anzuklagen (s. Sueton, vita Claudii 25). Streng genommen war das Sklaveneigentum damit zu einem Herrschaftsrecht besonderer Art geworden; begann es, sich aus dem allgemeinen Eigentumsbegriff herauszulösen. Bis zur Abschaffung des Menschenhandels wenigstens innerhalb der westlichen Zivilisation sollten aber noch viele Jahrhunderte vergehen, und das Feilbieten Fremdstämmiger zu verbieten wurde gar erst im 19. und 20. Jh. erkämpft[105a].

[105a] Zur Sklaverei s. insbesondere die Reihe „Forschungen zur antiken Sklaverei", herausgegeben von Joseph Vogt u. Hans Ulrich Instinsky, Wies-

2. Übertragung

Wichtiger Bestandteil des Eigentums als des Rechts, mit einer Sache nach Belieben zu verfahren, ist das Recht, sie nach Belieben zu veräußern. Im heutigen deutschen Recht ist die Übereignung unterschiedlich geregelt, je nach dem, ob es sich um Grundstücke oder bewegliche Sachen handelt, welch letztere denkbar einfach veräußert werden können. Auch im klassischen römischen Recht gab es zwei Wege, je nach dem was für eine Sache übereignet werden sollte; doch verlief die Grenze anders: Nicht nur für Grundstücke, sondern auch für Sklaven, Zug- und Lasttiere, die sog. *res mancipi*, war ein größerer Aufwand erforderlich als bei den sonstigen Sachen, den *res nec mancipi*.

a) Die Übereignung von res nec mancipi

Gaius, Institutiones II, Tit.: De singularum rerum adquisitione et alienatione, §§ 19 u. 20

Res nec mancipi ipsa traditione pleno iure alterius fiunt, si modo corporales sunt et ob id recipiunt traditionem. Itaque si tibi vestem vel aurum vel argentum tradidero sive ex venditionis causa sive ex donationis sive quavis alia ex causa, statim tua fit ea res, si modo ego eius dominus sim.

Gajus, Institutionen Buch 2, Titel: Über Erwerb und Veräußerung einzelner Sachen

Gewöhnliche Sachen gelangen durch die Übergabe selbst zu vollem Recht ins Eigentum des andern, sofern es nur körperliche Sachen sind, d. h. übergabefähig. Wenn ich dir also ein Kleidungsstück oder ein Stück Gold oder Silber übergebe, sei es auf Grund eines Verkaufs oder einer Schenkung oder aus einem anderen Grund, wird die Sache sofort deine eigene, sofern ich nur ihr Eigentümer gewesen bin.

Zur wirksamen Veräußerung gewöhnlicher Sachen waren also Übergabe, Rechtsgrund und Eigentum des Veräußerers nötig, welche Erfordernisse alle drei in § 929 S. 1 wiederkehren, nur das zweite leicht abgewandelt. Wir verlangen Einigung über den Eigentumsübergang. Das ist weniger als im römischen Recht. Bei uns braucht sich die Einigkeit nicht auf den Rechtsgrund zu erstrecken; Uneinigkeit nur darüber hindert den Eigentumsübergang nicht, sofern sich die Kontrahenten nur einig darüber sind, daß das Eigentum überhaupt übergehen soll. Das ist eine deutsche Besonderheit, genannt Abstraktionsprinzip, womit gemeint ist, daß das deutsche Recht hier vom Rechts-

---

baden: Steiner. Zur Überwindung der Sklaverei im 19. Jh. etwa Helmut Berding, Die Ächtung des Sklavenhandels auf dem Wiener Kongreß 1814/15, in: Hist. Ztschr. 219 (1974) 265–289 m. weit. Nachw.

grund absieht, von ihm abstrahiert. Es geht das auf Savigny zurück [106]. Das ältere Gemeine Recht und demgemäß noch das österreichische und das französische, aber auch das schweizerische Gesetzbuch haben alle die kausale Übereignung. Die deutsche Regelung ist veräußerungsfreundlicher, begünstigt die Mobilität.
Alle drei Erfordernisse konnten im Einzelfall problematisch sein, auch die Übergabe:

Gaius, Res cottidianae II, Tit.: dto. (Dig. 41, 1, 9 §§ 6 u. 7)
Si quis merces in horreo repositas vendiderit, simul atque claves horrei tradiderit emptori, transfert proprietatem mercium ad emptorem. Interdum et in incertam personem collocata voluntas domini transfert rei proprietatem, ut ecce qui missilia iactat in vulgus; ignorat enim, quid eorum quisque excepturus sit, et tamen, quia vult quod quisque exceperit eius esse, statim eum dominum efficit.
Gajus, Tägliche Sachen Buch 2, Titel: wie oben
Wenn jemand in einem öffentlichen Lagerhaus hinterlegte Waren verkauft hat, überträgt er das Eigentum an den Waren auf den Käufer, sobald er dem Käufer die Magazinschlüssel übergeben hat. Manchmal überträgt auch ein an eine unbestimmte Person gerichteter Wille des Eigentümers das Eigentum an der Sache, wie z. B. wer Geschenke in eine Volksmenge wirft; er weiß nämlich nicht, wer davon was auffangen wird, und macht diesen doch sofort zum Eigentümer, weil er will, daß, was ein jeder auffängt, ihm gehört.

Zum ersten Fall der Gajusstelle muß man wissen, daß die Kaiser in Rom und anderen großen Städten des Reichs öffentliche Lagerhäuser und Magazine karreeförmig um einen Innenhof mit Tor hatten bauen lassen, deren einzelne Verließe, Kammern oder auch Fächer an Private und Gewerbetreibende vermietet wurden. Diese bekamen die Schlüssel für die gemieteten Räume und konnten darüber frei schalten; der Oberaufseher *(horrearius)* kümmerte sich um die Interna nicht; das Tor war offenbar nur nachts geschlossen und tagsüber der Zugang zum Innenhof frei. So hat, wer den Schlüssel besitzt, das Lagergut in seiner Gewalt. Und demgemäß läßt Gajus Aushändigung der Schlüssel zum Lagerraum für die Übergabe der darin gelagerten Güter genügen, wobei Unterrichtung des Erwerbers über die genaue Lage des Lagerraums zu unterstellen sein wird. Papinian sollte nicht so großzügig sein: Dig. 18, 1, 74 verlangt er für eine gültige Übergabe außerdem, daß der Veräußerer dem Erwerber die La-

---

106 Friedrich Carl von Savigny, Das Obligationenrecht als Theil des heutigen Röm. Rechts II (Berlin 1853) 254–266. Im einzelnen zur geschichtlichen Entwicklung Wilhelm Felgentraeger, Friedrich Carl v. Savignys Einfluß auf die Übereignungslehre (Leipzig 1927).

gerkammer sichtbar zeigt, daß sich also beide Teile zusammen zum Lagerhaus begeben (vgl. a. Javolen Dig. 46, 3, 79). Das macht den Erwerb gewiß sinnfälliger, erschwert aber den Umsatz; der Erwerber, der sich mit den Schlüsseln und einer unter berufsmäßigen Lagerhauskunden oder auch nur einigermaßen Geschäftsgewandten hinreichenden Beschreibung des Lagerraums begnügt hat, wird benachteiligt. Bezeichnenderweise ist es ein fern von Rom im handelsgewohnten Osten wirkender Jurist, der dieses Sinnfälligkeitserfordernis abstreift. Nach geltendem deutschem Recht wäre dies übrigens weder ein Fall des § 931 noch auch des 854 Abs. 2 BGB, sondern ein schlichter Unterfall von § 929 S. 1 i. V. m. 854 Abs. 1; auch wir erblicken in der Übergabe der Auto- oder Hausschlüssel die Übergabe von Auto bzw. Haus selbst.

Der zweite Fall bei Gajus führt uns in eine noch fremdere Welt: die Welt des um Volkstümlichkeit buhlenden Monarchen oder sonstigen plutokratischen Machthabers, der Gaben unters Volk wirft. In Rom getrocknetes Obst, Kuchen oder Getreidecoupons; das heutige Auftreten des Karnevalsprinzen bewahrt einen Abglanz davon. Die von Gajus dazu aufgeworfene Rechtsfrage, wie sich der Eigentumswechsel hier genau vollziehe, könnte etwa bei einem Streit zwischen mehreren Prätendenten eines Coupons bedeutsam werden, deren einer ihn zunächst aufgefangen, aber versehentlich wieder fallengelassen hat; wenn jemand gewaltsam gehindert wurde, ein auf den Boden gefallenes Stück an sich zu nehmen; oder wenn sich ergibt, daß die Gaben von gedungenen Schlägern für Rechnung eines das Ganze gewerbsmäßig nutzenden Hintermanns erhascht wurden (vgl. Dig. 18, 1, 8). Etwas weltfremd bleibt die ganze Juristenmüh, Spielregeln für dieses kalkulierte Chaos aufzustellen, trotzdem. Jedenfalls impliziert Gajus zutreffend, daß hier nicht derelinquiert und sich dann die für kurze Zeit herrenlos gewesene Sache angeeignet wird, weil der Spender nicht schlechthin, sondern um einen andern zum Eigentümer zu machen auf sein Eigentum verzichtet; durch Geschenke will sich der Machthaber beim Volk beliebt machen. Diese Schenkungen werden lediglich auf unbürokratische Art und Weise vollzogen, mit Sport und Volksbelustigung verbunden, welcher Nebeneffekt es gleichzeitig ohne wesentliche Beeinträchtigung des Popularitätseffekts erlaubt, das Ausmaß des zu Verteilenden in Grenzen zu halten. Worin liegt dann aber die für eine schenkweise geschehene Übereignung notwendige Übergabe? Wann ist insbesondere die als zeitlich geringfügig gestreckt vorzustellende Übergabe vollendet? Sobald jemand aus der Menge die Gabe erhascht hat oder erst, wenn sie ihm nicht mehr entfallen kann, er sie sicher geborgen hat? M.a.W. gilt das Recht des Stärkeren oder des Geschickteren? Gajus stellt ab auf das *excipere* (auffangen), auf den geschickten Fänger wolle der Veräußerer ersichtlich das Eigentum übertragen. Daß er beim Werfen noch nicht weiß, wer das sein wird, ist unerheblich; bei Vollendung steht das fest. Das Verhalten des Spenders besagt, nachfühlend interpretiert, nicht: das Schicksal dieser Sache geht mich nichts mehr an, so daß derjenige Eigentum an ihr erwirbt, der als erster Gewalt an ihr begründet; sondern genau genommen: dem, der die Sache fängt, soll sie gehören; und die darin liegende Unbestimmtheit ist deshalb unschädlich, weil alsbald feststehen wird, wer das ist. Erhascht keiner oder ein nach den stillschweigend vorausgesetzten Spielregeln Ausgeschlossener, etwa ein von einem Dritten Gedungener, der offenbar nicht gemeint ist, die Sache, so bleibt sie im Eigentum des Spenders. Der Fall ist historisch der Urfall eines Vertragsangebots *in incertam personam* (an eine ungewisse Person). Aber dieses kommt heute so gut wie nur mehr bei schuldrechtlichen Verträgen vor. Zu seiner Erhellung trägt der Gajustext nichts bei.

Das römische Recht hat auch die Übergabe kurzer Hand des § 929 S.2 BGB schon ausgebildet, die sog. *brevi manu traditio*, wobei die Hand des Erwerbers, in alten Zeiten stets die Hauptperson beim Eigentumswechsel, nicht die des Übergebenden als kurz vorgestellt ist. Für die umgekehrte Möglichkeit, die *longa manu traditio* mit *constitutum possessorium* (Besitzmittlungsverhältnis) des § 930 und die Vindikationszession des 931 BGB finden sich in den Quellen dagegen nur erst Ansätze[107].

Zum zweiten Erfordernis für eine Eigentumsübertragung an gewöhnlichen Sachen, dem Bestehen eines Rechtsgrundes, oder genauer: Leisten im Hinblick auf einen bestimmten, gültigen Rechtsgrund, ist die folgende Kontroverse zwischen Julian und Ulpian berühmt geworden:

Ulpianus, Disputationes VII, Tit.: De doli mali exceptione (Dig. 12, 1, 18 pr. S. 1 u. 2)

Si ego pecuniam tibi quasi donaturus dedero, tu quasi mutuam accipias, Iulianus scribit donationem non esse. Sed an mutua sit, videndum. Et puto nec mutuam esse magisque nummos accipientis non fieri, cum alia opinione acceperit...

---

[107] Im einzelnen und insbes. a. zur weiteren Geschichte des Besitzkonstituts Andreas Wacke, Das Besitzkonstitut als Übergabesurrogat in Rechtsgeschichte und Rechtsdogmatik (Köln 1974).

Ulpian, Erörterungen Buch 7, Titel: Über die Einrede der Arglist
Wenn ich dir Geld gegeben habe, um es dir zu schenken, und du es als Darlehen angenommen hast, ist, wie Julian schreibt, keine Schenkung zustandegekommen. Ob aber ein Darlehen vorliegt, ist zu prüfen. Und ich meine, es liege auch kein Darlehen vor und das Geld sei eher nicht in das Eigentum des Empfängers gelangt, da er es in anderem Glauben angenommen hat....

Iulianus, Digesta XIII, Tit.: De iudicio fiduciae (Dig. 41. 1. 36, gekürzt)
Cum in corpus quidem quod traditur consentiamus, in causis vero dissentiamus, non animadverto, cur inefficax sit traditio. ... Nam ... si pecuniam numeratam tibi tradam donandi gratia, tu eam quasi creditam accipias, constat proprietatem ad te transire nec impedimento esse, quod circa causam dandi atque accipiendi dissenserimus.

Julian, Digesten Buch 13, Titel: Über die Klagen aus Treuhandverhältnis
Wenn wir zwar über den Gegenstand, der übergeben wird, einig sind, über den Rechtsgrund davon jedoch uneins, dann sehe ich nicht ein, warum die Übergabe unwirksam sein soll. ... Denn ... wenn ich dir eine bestimmte Geldsumme übergebe, um sie dir zu schenken, und du sie als Darlehen annimmst, dann geht jedenfalls das Eigentum auf dich über; und das wird nicht dadurch gehindert, daß wir über den Grund des Gebens und Nehmens keine Einigung erzielt haben.

Für eine Beurteilung dieses Falles von einem Uneigennützigen und einem Bescheidenen nach BGB wäre der Sachverhalt unzureichend mitgeteilt, da wir zwischen Wille und seiner Erklärung unterscheiden; da aber offenbar keine Seite an dem Mißverständnis schuldiger sein sollte als die andere, können wir davon ausgehen, daß entweder beide Erklärungen eindeutig das ausdrückten, was sie ausdrücken sollten, jedoch unbemerkt voneinander abwichen; oder beide Erklärungen unbemerkt zweideutig waren – es liefe nach deutschem Recht auf das Gleiche hinaus. Außerdem müßten, sofern die Juristenkunst hier nicht spielerisch bemüht wurde sondern zur Beilegung eines wirklichen Streits, beide Teile die Absicht des anderen herausbekommen, beide ihre anfängliche Zurückhaltung aufgegeben haben und jeder den andern bei seiner ursprünglichen Absicht haben nehmen wollen: Der Geber will das Geld wiederhaben, der Nehmer es behalten, von einer Darlehensfrist zunächst abgesehen. Dazu müßte der Geber die Eigentumsherausgabeklage *(rei vindicatio)* erheben, im Rahmen deren es, von einer Vermischung des Geldes mit eigenen Beträgen oder gar seinem Verbrauch hier ebenfalls abgesehen, wie bei § 985 BGB darauf ankam, ob der Geber Eigentümer des Geldes geblieben ist oder es an den Nehmer verloren hat. Für den Eigentumsübergang fehlt es an nichts als vielleicht am gültigen Rechtsgrund. Julian meinte, über eine Schenkung habe man sich jedenfalls nicht geeinigt, so daß eine Schenkung nicht zustandegekommen sei. Und Ulpian fügt hinzu: auch darlehensweise sei kein Eigentum übergegangen, da man sich ebensowenig über ein Darlehen geeinigt habe. Also, schließt Ulpian weiter, sei das Eigentum beim Geber verblieben. Julian dagegen wollte es zu diesem Ergebnis nicht kommen lassen: der Dissens über den Rechtsgrund hindere den Eigentumsübergang nicht. Bedeutet das aber wirklich, wie gesagt worden ist, daß Julian einen wirksamen Rechtsgrund, also eine gültige Rechtsgrundabrede nicht für erforderlich hielt, nach ihm die abstrakte Einigung über den Eigentumsübergang als solchen genügte? Das ist mehr als zweifelhaft. Denn dann hätte Julian auch im umgekehrten Fall, wenn nämlich der Geber nur hätte darleihen, der Nehmer aber geschenkt haben wollen, den Eigentumsübergang für gelungen erklären müssen. Man darf annehmen, daß dieses Mißverständnis häufiger ist als jenes und obendrein mit Sicherheit streitträchtig; Julian wird diesen Konflikt nicht sachenrechtlich zugunsten des Nehmers entschieden haben. Im Ausgangsfall dagegen wären die Parteien, wenn sie den Dissens rechtzeitig bemerkt hätten, aller Voraussicht nach zu einer Einigung gelangt. Der Eigentumsübergang soll nicht an einem späteren Sinneswandel scheitern. Julian folgt nicht dem Abstraktionsprinzip, sondern bloß dem Rechtsgedanken, der auch in § 155 BGB in dem Halbsatz zum Ausdruck kommt „sofern anzunehmen ist, daß der Vertrag auch ohne eine Bestimmung über diesen Punkt geschlossen sein würde“ [108].

Mit der Eigentumsfrage ist der Fall aber nicht gelöst, weder im einen noch im anderen Sinn. Der Fall entscheidet sich erst im Schuldrecht. Julian geht darauf, jedenfalls dem Überlieferten nach, nicht ein; möglicherweise hatte er ihn wirklich nur als Spielfall aufgeworfen. Aber Ulpian führt ihn weiter. Lag das Geld noch beim Nehmer, dann scheint er es allerdings bei der *rei vindicatio* haben bewenden lassen. Hatte der Nehmer dagegen das Geld (gemeint ist: gutgläubig) verbraucht, dann trat an sich an die Stelle der nutzlos gewordenen *rei vindicatio* die *condictio*, der aber die Einrede der Arglist entgegensteht. Das paßt genau genommen wieder nur für einen Sonderfall: wenn der Nehmer das Geld „als geschenkt“, d.h. nutzlos verbraucht hat, und zwar bevor der Geber seine Schenkungsabsicht widerrief.

[108] Anders Joseph Georg Wolf, Error im röm. Vertragsrecht (Köln 1961) 100–111, der vom überlieferten Wortlaut abgeht und bei Julian einen archaisierten mutuum-Begriff vermutet. Unnötig geheimnisvoll Günter Jahr, Romanistische Beiträge zur modernen Zivilrechtswissenschaft, in: AcP 168 (1969) 14–20.

Bei allen anderen Konstellationen kann man von *dolus malus* des Gebers nicht wohl sprechen bzw. wäre dem Nehmer eine genau entsprechende Arglist entgegenzuhalten. Im Falle eines Patt aber müßte gerechterweise der Geber wenigstens ein Darlehen gegen sich gelten lassen, käme sofortige Rückzahlung nicht in Betracht, sondern wäre das Geld entweder ganz oder jedenfalls für die vorgesehene Leihfrist dem Nehmer zu belassen. Diese Frage aber läßt sich, will man nicht auf ein stets zweifelhaftes *in dubio pro debitore* zurückgreifen, schlechterdings nicht mehr entscheiden, so daß nur noch Teilung bliebe (vgl. §§ 659 Abs. 2 u. 2073 BGB).
Das dritte Erfordernis für eine wirksame Übereignung: daß dem Veräußerer die Sache gehört, kann heute wie schon im römischen Recht in gewissen Grenzen durch gutgläubigen Erwerb überspielt werden, wie im Unterabschnitt d näher auszuführen. Außerdem aber ist dieses Erfordernis heute, was praktisch von großer und immer größerer Bedeutung ist, dahin aufgelockert, daß es genügt, wenn der Eigentümer den mit ihm nicht identischen Veräußerer dazu legitimiert, § 185 BGB, welche Möglichkeit die Mobilität des Eigentums naturgemäß weiter steigert. Auch diese Möglichkeit hatte schon das römische Recht entwickelt (s. Dig. 41, 1, 9 § 4).

b) Die Übereignung von res mancipi

Sklaven und Großvieh konnten in Rom seit alters nicht so formlos, was ja auch heißt: von der Allgemeinheit unbemerkt übereignet werden, sondern hier war ein Eigentumswechsel nur wirksam, wenn er ausdrücklich kundbar gemacht worden war. Das betreffende Geschäft mußte vor (fünf) Zeugen nicht nur tatsächlich ausgeführt, sondern dies auch feierlich verkündet werden. Und zwar verkündet der Erwerber, daß nunmehr er der Eigentümer sei und worauf dies beruhe sowie etwa weitere Erfordernisse des betreffenden Geschäfts; bei einem Kauf, der allein noch überlieferte Grund für die alte Übereignung dieser Sachen: Zahlung des Kaufpreises. Ohne Zahlung des Kaufpreises ging nämlich ursprünglich, d.h. noch nach Zwölftafelrecht, das Eigentum an der gekauften Sache nicht auf den Käufer über. Für diese Sachen war der Eigentumsübergang also nicht nur von einem gültigen tauglichen Rechtsgrund, sondern – von der Bekundung des Geschäfts abgesehen – außerdem vom vollständigen Vollzug des Grundgeschäfts abhängig. Wir können dies nicht wohl unentwickelt nennen, wenn wir es praktisch ebenso halten durch die schematisch gewordene Vereinbarung von Eigentumsvorbehalten beim Kauf bis zur vollständigen Bezahlung des Kaufpreises. Im altrömischen Recht (und übrigens wieder bei Justinian) trat der Effekt eines Eigentumsvorbehalts lediglich von selbst ein. Freilich mußten dann, wenn er einmal unerwünscht war, besondere Vorkehrungen getroffen werden, um ihn ausnahmsweise auszuschalten. Man erreichte das, indem man schwindelte: Man deklarierte ein praktisch wertloses Stückchen Kupfer, das man bei Vollzug des ganzen Geschäfts vor versammelten Zeugen feierlich übergab: einen *nummus unus* (eine einzige Münze), als den Kaufpreis, begnügte sich vorerst m.a.W. mit einem Scheinpreis, nachdem man sich anderweit, abseits der Förmlichkeit, über die Modalitäten der Zahlung des eigentlichen Kaufpreises geeinigt, die dazu etwa gehörigen Geschäfte getätigt hatte. Da nach alter, urtümlicher Rechtsanschauung, wie sie auch im schon genannten Zwölftafelsatz 6, 1 (s. oben S. 32) zum Ausdruck gekommen ist, nicht das, worüber sich die Parteien mit welchen Mitteln immer verständigt haben, sondern das, was sie formgerecht deklariert haben, maßgeblich ist, ist die Übereignung damit wirksam. So konnte nicht nur bei Käufen auf Kredit Übergang des Eigentums schon vor Zahlung des Kaufpreises erzielt werden, sondern Eigentum an Sklaven und Großvieh, ja: allgemein Gewaltrechte (auch über Kinder, Ehefrau etc.) zu beliebigen sonstigen Zwecken übertragen werden. Unter dem Deckmantel eines Barkaufs hat das römische Recht auf früher Stufe die abstrakte Übereignung und abstrakte Übertragung sonstiger Gewaltrechte ausgebildet:

Gaius, Institutiones I, §§ 119–121

Est mancipatio imaginaria quaedem venditio, quod ius proprium civium Romanorum est, eaque res ita agitur: Adhibitis non minus quam quinque testibus civibus Romanis puberibus et praeterea alio eiusdem condicionis, qui libram aeneam teneat, qui appellatur libripens, is qui mancipio accipit aes tenens ita dicit: „Hunc ego hominem ex iure Quiritium meum esse aio isque mihi emptus esto hoc aere aeneaque libra". Deinde aere percutit libram idque aes dat ei a quo mancipio accipit quasi pretii loco. Eo modo et serviles et liberae personae mancipantur; animalia quoque quae mancipi sunt, quo in numero habentur boves equi muli asini. Item praedia tam urbana quam rustica quae et ipsa mancipi sunt, qualia sunt Italica, eodem modo solent mancipari. In eo solo praediorum mancipatio a ceterorum mancipatione differt, quod personae serviles et liberi, item animalia quae mancipi sunt, nisi in praesentia sint, mancipari non possunt, adeo quidem, ut eum qui mancipio accipit adprehendere id ipsum quod ei mancipio datur necesse sit; unde etiam mancipatio dicitur, quia manu res capitur. Praedia vero absentia solent mancipari.

Gajus, Institutionen Buch 1, §§ 119–122

Die Manzipation ist eine Art Kauf, der zum Schein vorgenommen wird; nur römische Bürger können dieses Geschäft vollziehen, und es verhält sich damit folgendermaßen: Unter Hinzuziehung von nicht weniger als fünf mündigen römischen Bürgern als Zeugen und eines weiteren mit denselben Eigenschaften, der eine Waage aus Erz hält und Waagehalter genannt wird, sagt der, der manzipationsweise erwirbt, ein Stück Kupfer haltend folgendes: „Ich erkläre, daß dieser Sklave nach dem Recht der Römer mir gehört und er von mir gekauft sein soll mit diesem Stück Kupfer und einer Waage aus Erz." Dann schlägt er mit dem Kupferstück an die Waage und gibt es dem, von dem er manzipationsweise erwirbt, stellvertretend für den Preis. Auf diese Weise werden sowohl unfreie als auch freie Personen manzipiert; auch Tiere, soweit sie Manzipationssachen sind, wozu Rinder, Pferde, Maultiere und Esel gerechnet werden. Außerdem werden Grundstücke, sowohl städtische als auch ländliche, soweit sie überhaupt Manzipationssachen sind, wie die italischen, im allgemeinen auf dieselbe Weise manzipiert. Nur darin weicht die Manzipation von Grundstücken von der Manzipation anderer Gegenstände ab, daß unfreie und freie Personen sowie Tiere, die Manzipationssachen sind, nur, wenn sie gegenwärtig sind, manzipiert werden können, und zwar so, daß der, welcher manzipationsweise erwirbt, den Gegenstand, der ihm manzipationsweise gegeben wird, wirklich ergreifen muß; daher heißt dieses Geschäft auch Manzipation (Handgreifung), weil die Sache mit der Hand ergriffen wird. Grundstücke pflegen dagegen in Abwesenheit manzipiert zu werden.

Auffälligerweise sind die Grundstücke, wirtschaftlich die wichtigsten Sachen dieser Gruppe, an letzter Stelle genannt, und außerdem kann die ganze Zeremonie bei ihnen gar nicht richtig durchgeführt werden und braucht sie es auch nicht; zu manzipierende Grundstücke brauchen nicht zugegen zu sein. Daran können wir noch ablesen, daß die Grundstücke erst später zu dieser Gruppe hinzugekommen sind, vorher nicht frei veräußerlich waren.
Man kann sich einmal die Frage vorlegen, ob die *mancipatio nummo I*, etwa wenn sie zum Zwecke einer Adoption vorgenommen wird, auch i.S. des § 117 BGB ein Scheingeschäft wäre. Die Parteien deklarieren einen Barkauf, meinen aber Übertragung der väterlichen Gewalt ohne oder gegen eine nicht allein ökonomisch meßbare Gegenleistung. Trotzdem, sagt man, sei auch ein Kauf gemeint, die diesbezüglichen Erklärungen nicht nur zum Schein abgegeben. Die Parteien wollten einen wirksamen Übergang der väterlichen Gewalt erzielen und wußten, daß dies nur im Gewande eines Kaufs zu erreichen ist, weshalb sie auch das Gewand wollen. Jedenfalls läßt man auch heute solchen Zauber, z.B. die Gründung einer Einmann-GmbH mit Hilfe eines Strohmanns, nicht scheitern, auch nicht an § 117 BGB. Deshalb hat Ernst Rabel die unbefangene Kennzeichnung des Geschäfts durch Gajus als Scheingeschäft verlassen und den Terminus ‚nachgeformtes Rechtsgeschäft' eingeführt. Mit demselben Argu-

ment müßte man aber auch die berüchtigten Grundstückskaufverträge mit zu niedrig angegebenem Preis wie überhaupt sämtliche Scheingeschäfte dem § 117 BGB entziehen. Die Parteien eines Scheingeschäfts wollen, bemüht man sich nur stets gleich gründlich um ihre genauen Absichten, immer auch das deklarierte Gewand, solange die Rechtsordnung ihnen nichts andres übrigläßt, es ohne dieses Gewand nicht geht. Nur wer das nicht weiß, der unberatene Gesetzesumgeher, könnte folgerichtig auf § 117 hereinfallen. In Wahrheit duldet die Rechtsgemeinschaft respektive Richterschaft manche Umgehungen ihrer Normen durch den Schein wahrende Geschäfte eben doch, in Rom wie heute. Sie durchgehen lassen, bedeutet in Wahrheit, neue Wertentscheidungen treffen, neue, die umgangene Norm einschränkende Ausnahmenormen setzen, was sich hinter jener fragwürdigen begrifflichen Exemption vom Umgehungsverbot des § 117 nur um der besseren Durchsetzungschance willen verbirgt; in Wahrheit wird hier nicht lediglich begrifflich abgeleitet, sondern das Gesetz abgeändert.

Eine andere Möglichkeit, *res mancipi*, aber auch *res nec mancipi* abstrakt zu übereignen bzw. ein sonstiges Herrschaftsrecht zu übertragen oder die Freiheit zu verschaffen, erforderte die Mitwirkung des Prätors, vor dem ein Scheinprozeß um die Sache geführt wurde: Der Erwerber erhob die *rei vindicatio*, der (bisherige) Eigentümer und Veräußerer erkannte die Rechtsbehauptung des Erwerbers wahrheitswidrig an, worauf der Gerichtsmagistrat die Sache bzw. das Recht dem scheinbaren Kläger autoritativ zusprach. Das Geschäft heißt deshalb *in iure cessio* (Abtretung vor Gericht); diente es der Freilassung, dann *manumissio vindicta* (Freilassung mittels Stab), weil hier ähnlich wie bei der alten *rei vindicatio* (s. oben S. 29) außerdem ein Stab Verwendung fand, der bei der gewöhnlichen *in iure cessio* nicht nötig war.

Beide Formalakte, *mancipatio* und *in iure cessio*, sind aufwendig und bedeuten daher eine Beschränkung der Mobilität für *res mancipi*. Sie waren überdies in der erweiterten Rechtsgemeinschaft schwer zu verwurzeln. Zumal im hellenistischen Osten wird die *mancipatio* kaum wirklich vollzogen, sondern nur als vollzogen beurkundet worden sein. Im 4. und 5. Jh. verschwimmt dann alles und der Eigentumsübergang beim Kauf wird wieder von der Kaufpreiszahlung abhängig, nachdem der Barkaufgedanke, zunächst unterschwellig, Eingang in die Kaisergesetze z.B. Konstantins gefunden hat. Dieser Kaiser verfügt auch neue Formvorschriften für Grundstückskäufe und Schenkungen: Bezeugung durch die Nachbarn, Beurkundung und Anerkennung der Grundsteuer bzw. amtliche Registrierung[109]. Justinian schafft endlich die *mancipatio* ab und tilgt sie aus den Texten, während sie im Westen verbal bis ins 9. Jh. ein staubbedecktes Dasein fristet.

c) Eigentum kraft vollen Rechts und Eigentum kraft Rechtsschutzes

Wer sich bei der Veräußerung einer *res mancipi*, also etwa eines Stückes Großvieh, den Aufwand eines jener Formalakte sparte und einen Kauf oder eine Schenkung etwa dadurch vollzog, daß er die Sache schlicht übergab, blieb rechtens ihr Eigentümer und konnte die Sache deshalb an sich mit der *rei vindicatio* wieder herausverlangen. Da jedenfalls der Käufer aber auf Grund des ja formlos verbindlichen Kaufvertrags, gleichgültig, um was für einen Kaufgegenstand es sich handelte, einen Anspruch auf die Sache hatte und die Sache zur Erfüllung dieses Anspruchs übergeben worden war, konnte dieser Erwerber nicht wohl gezwungen werden, die Sache wieder herauszugeben; er hätte sie sofort mit der Kaufklage wiederverlangen können. So schützte der Prätor diesen Käufer durch eine in die Schriftformel der *rei vindicatio* syntaktisch als Ausnahme *(exceptio)* einzufügende Einrede, die *exceptio rei venditae et traditae* (Einrede der verkauften und übergebenen Sache). Mißachtung jener Formen war also insoweit unschädlich, eine notwendige Folge der Anerkennung des formlos, allein kraft Konsenses gültigen Kaufvertrags über jede beliebige Sache. Seitdem hinkte das Manzipationserfordernis für die Übereignung hinter der Entwicklung her. Vielleicht fielen unter den Konsensualkauf ursprünglich nur Handels-, d.h. Gattungskäufe. Aber nicht nur der käuflich Erwerbende wird geschützt, sondern schließlich z.B. auch ein formlos Beschenkter, dieser mit der *exceptio doli* (Einrede der Arglist), soweit nicht besondere, bestimmte Schenkungen behindernde Gesetze eingriffen.

Wirklich geschützt ist der auf Förmlichkeiten verzichtende Erwerber einer *res mancipi* aber erst, wenn er sich auch gegenüber einem Dritten durchsetzen kann, defensiv wie offensiv, z.B. auch dagegen gefeit ist, daß der Veräußerer das dem Erwerber übergebene Grundstück einem Dritten manzipiert, was bei Grundstücken ja auch ohne Besitz möglich ist. Dann hat der Dritte zwar das Eigentum als solches erworben, sein Herausgabeanspruch gegen den Ersterwerber wäre aber gleichfalls mit jenen Einreden zu schlagen. Oder wenn das ohne Beachtung der Form erworbene Stück Großvieh einem Dritten zuläuft.

[109] Cod. Theod. 3, 1, 1 u. 8, 12, 1 = Fragm. Vat. 249 (vollständiger). Zu diesem Gesetz Simon, a.a.O. (oben Anm. 59) § 8.

Es von ihm vindizieren kann der Erwerber mangels Eigentums nicht, das kann nur der Veräußerer. Aber der Prätor gewährt dem Erwerber eine besondere Klage mit demselben Effekt wie die *rei vindicatio*, die sog. *actio Publiciana*, die er schließlich auch gegen den Veräußerer selbst richten kann. Damit hat der Prätor die Form der *mancipatio* (und *in iure cessio*) endgültig überflüssig, ihre Einhaltung zu einer Frage der Ehrerbietung gegenüber dem *dominium ex iure Quiritium* (Eigentum aus dem Recht der Quiriten, wie sich die Römer auch bezeichneten) gemacht. Dieses konnte man nur formgemäß erwerben; das bloße ‚bonitarische Eigentum', von *in bonis esse* (im Vermögen sein), wie die Römer jenen wirkungsgleichen Zustand nannten, war wirtschaftlich aber ebensoviel wert. Dieses Auseinanderfallen von quiritischem oder zivilem, nämlich nach *ius civile* (Bürgerrecht), und bonitarischem oder prätorischem Eigentum wurde vom Recht aber nicht weiter befördert, sondern ein anderes Institut sorgte im Gegenteil dafür, daß es dabei nur für eine Übergangszeit blieb: die Ersitzung. In Rom ersaß man nach einem bzw., bei Gründstücken, zwei Jahren, und zwar ziviles Eigentum. Und das kam auch dem bonitarischen Eigentümer zugute, so daß sein Eigentum nach einem bzw. zwei Jahren ununterbrochenen Besitzes zu zivilem Eigentum erstarkte.

d) Erwerb vom Nichtberechtigten

Das eigentliche Anwendungsgebiet der Ersitzung aber waren nicht die Fälle, wo es an der Form, sondern wo es an der Berechtigung des Veräußerers, die Sachen zu veräußern, fehlte, an seinem Eigentum bzw. seiner Ermächtigung durch den Eigentümer. Diese Fälle wurden im römischen Recht im Gegensatz zu heute, wo den §§ 937ff. BGB systematisch die §§ 932ff. vorgeschaltet sind, die jene §§ nahezu bedeutungslos machen, allein mit Hilfe der Ersitzung gelöst:

Gaius, Institutiones II, Tit.: De usucapione, §§ 42–45

Usucapio mobilium quidem rerum anno completur, fundi vero et aedium biennio; et ita lege XII tabularum cautum est. Earum rerum usucapio nobis competit, quae non a domino nobis traditae fuerint, sive mancipi sint eae res sive nec mancipi, si modo eas bona fide acceperimus, cum crederemus eum qui traderet dominum esse. Quod ideo receptum videtur, ne rerum dominia diutius in incerto essent, cum sufficeret domino ad inquirendam rem suam anni aut biennii spatium, quod tempus ad usucapionem possessori tributum est. Sed aliquanto etiamsi maxime quis bona fide alienam rem possideat, non tamen illi usucapio procedit, velut si quis rem furtivam aut vi possessam possideat; nam furtivam lex XII tabularum usucapi prohibet, vi possessam lex Iulia et Plautia.

Gajus, Institutionen Buch 2, Titel: Über die Ersitzung
Die Ersitzung beweglicher Sachen vollendet sich in einem Jahr, bei Grundstücken und Gebäuden in zwei Jahren; und so ist es im Zwölftafelgesetz bestimmt. An solchen Sachen kommt uns die Ersitzung zugute, die uns vom Nichteigentümer übergeben worden sind, seien es Manzipationssachen oder nicht, sofern wir sie nur gutgläubig erlangt haben, indem wir meinten, der, der sie übergibt, sei ihr Eigentümer. Dies ist ersichtlich darum eingeführt worden, damit nicht das Eigentum an den Sachen allzu lange im ungewissen verbleibe, da dem (wahren) Eigentümer zur Ermittlung seiner Sache die Spanne eines oder zweier Jahre genüge, welcher Zeitraum dem Besitzer zur Ersitzung erteilt ist. Mitunter jedoch, obwohl man sehr wohl guten Glaubens eine fremde Sache besitzt, nützt einem dennoch die Ersitzung nicht, wenn man nämlich eine gestohlene oder gewaltsam in Besitz genommene besitzt; denn daß eine gestohlene Sache ersessen wird, verbietet das Zwölftafelgesetz, eine gewaltsam in Besitz genommene das julische und das plautische Gesetz.

Danach war für eine Ersitzung viererlei erforderlich: Besitz durch Übergabe, guter Glaube an das Eigentum des Veräußerers, Zeitablauf, und viertens durfte die Sache weder irgendwann einmal von wem auch immer gestohlen noch gewaltsam erlangt sein. Aber das war nicht alles:

Ulpianus, Ad Sabinum XXXI, Tit.: De iure dotium – de dotis causa (Dig. 41, 3, 27)
Celsus libro XXXIIII digestorum errare eos ait, qui existimarent, cuius rei quisque bona fide adeptus sit possessionem, pro suo usucapere eum posse, nihil referre, emerit nec ne, donatum sit nec ne, si modo emptum vel donatum sibi existimaverit, quia neque pro legato neque pro donato neque pro dote usucapio valeat, si nulla donatio, nulla dos, nullum legatum sit.

Ulpian, Sabinuskommentar Buch 31, Titel: Über das Recht der Mitgift
Celsus erklärt im 34. Buch der Digesten, diejenigen irrten, die annahmen, daß man alle Sachen, deren Besitz man gutgläubig erlangt hat, als eigen ersitzen könne, und daß es nicht darauf ankomme, ob man sie gekauft hat oder nicht, sie geschenkt worden sind oder nicht, wenn man nur annahm, man habe sie gekauft bzw. geschenkt erhalten, weil weder als vermacht noch als geschenkt noch als durch Mitgift erlangt gültig ersessen wird, wenn keine Schenkung, keine Mitgift, kein Vermächtnis vorliegt.

Africanus, Quaestiones VII, Tit.: De usucapione (Dig. 41, 4, 11)
Quod vulgo traditum est eum, qui existimat se quid emisse nec emerit, non posse pro emptore usucapere, hactenus verum esse ait, si nullam iustam causam eius erroris emptor habeat. Nam si forte servus vel procurator, cui emendam rem mandasset, persuaserit ei se emisse atque ita tradiderit, magis esse, ut usucapio sequatur.

Afrikan, Untersuchungen Buch 7, Titel: Über die Ersitzung
Wenn gemeinhin gelehrt werde, daß der, der annimmt, er habe gekauft, aber nicht gekauft hat, nicht als Käufer ersitzen könne, so stimme das, meint er

(Julian), nur insoweit, als der Käufer keinen berechtigten Anlaß zu diesem Irrtum hatte. Denn wenn etwa ein Sklave oder ein Geschäftsführer, dem man aufgetragen hatte, eine Sache zu kaufen, einem vorgetäuscht hat, er habe gekauft, und dann übergeben hat, dann finde richtiger eine Ersitzung statt.

Es mußte also sogar konkret ein gültiger Erwerbsgrund, ein Titel, wie man später sagte, vorliegen, den Gajus dem Erwerber sicher nicht erlassen wollte, sondern der nach ihm im Erfordernis ‚Übergabe' enthalten war; Übergabe auf Grund z.B. Leihvertrags genügte sicher auch für Gajus nicht. Umstritten war aber, ob, sofern der Irrtum nicht leichtfertig war, des Erwerbers irrtümliche Annahme eines Erwerbsgrunds, ein sog. Putativtitel, genügte[110]. Entgegen Celsus bejahte Julian das, womit er sich übrigens durchsetzte – wieder eine leichte Begünstigung des Warenumschlags. Vergleicht man aber die römische Regelung insgesamt mit der des BGB, so zeigt sich, daß dieses noch umschlagfreundlicher ist (vgl. Schema auf S. 177).

Im ganzen verliert also der deutsche Eigentümer leichter und vor allem rascher sein Eigentum. Nur bei Grundstücken gibt es zwar nach deutschem Recht ebenfalls mehr Möglichkeiten, sein Eigentum zu verlieren. Die Registrierung der deutschen Bodenverhältnisse in den Grundbüchern hat aber zur Folge, daß dafür stets eine wesentlich längere Zeitspanne verstreichen muß, als es in Rom der Fall war. Blickt man über die Grenzen des BGB hinaus, so stellt man fest, daß die §§ 366f. HGB den Schutz des Erwerbers noch weiter verstärken, wenn der Veräußerer ein Kaufmann ist, aufs Ganze gesehen heute bei so gut wie allen Umsätzen der Fall. Dann genügt heute der gute Glaube an die Verfügungsmacht des Veräußerers, an sein Eigentum braucht nicht geglaubt zu werden. Indessen finden wir diese Erleichterung der Anforderungen auch schon bei den römischen Juristen, wenngleich das Rechtsleben damals so viel Fallmaterial denn doch nicht lieferte, um die Grenzen dieser Auflockerung genau abzustecken:

Cervidius Scaevola, Digesta XXV, Tit.: De usucapione (Dig. 41, 4, 14)
Intestatae sororis hereditas obvenit duobus fratribus, quorum alter absens erat, alter praesens. Praesens etiam absentis causam agebat, ex qua hereditate suo et fratris sui nomine fundum in solidum vendidit Lucio Titio bona fide ementi. Quaesitum est, cum scierit partem fundi absentis esse, an totum fundum usuceperit. Respondit: si credidisset mandatu fratris venisse, usucepisse.

---

[110] Dazu ausführlich etwa Herbert Hausmaninger, Die bona fides des Ersitzungsbesitzers im klass. röm. Recht (Wien 1964) 42–69.

Bewegliche Sachen

<table>
<tr><td rowspan="4">BGB</td><td colspan="4">Erwerber gutgläubig</td><td>Erw. bösgl.</td></tr>
<tr><td colspan="2">Nicht abhanden gekommen</td><td rowspan="2">Abhanden gekommene Wertsachen</td><td rowspan="2">Abhanden gekommene gewöhnl. Sachen</td><td rowspan="2"></td></tr>
<tr><td>Gültiger Erwerbsgrund</td><td>Vermeintlicher Erwerbsgrund</td></tr>
<tr><td colspan="2">sofort</td><td>sofort</td><td>nach 10 Jahren</td><td>nach 30 J.</td></tr>
<tr><td>röm. R.</td><td>n. 1 J.</td><td>Ce.: —
Ju.: 1 J.</td><td>nur verloren: 1 J.
gestohlen od. gewalts. erl.: —</td><td>nur verloren: 1 J.
gestohlen od. gewalts. erl.: —</td><td>—</td></tr>
</table>

Grundstücke

<table>
<tr><td rowspan="4">BGB</td><td colspan="4">Erwerber gutgläubig</td><td>Erwerber bösgl.</td></tr>
<tr><td colspan="3">Nicht abhanden gekommen</td><td rowspan="2">Abhanden gekommen</td><td rowspan="2"></td></tr>
<tr><td>Erwerber eingetragen</td><td>Keiner eingetragen</td><td>Eigentümer eingetragen</td></tr>
<tr><td>30 J. (§ 900)</td><td>30 J. (927)</td><td>30 J. + X
(§ 927 S. 3)</td><td>30 J.,
event. + X</td><td>30 J., event. + X</td></tr>
<tr><td>röm. R.</td><td colspan="3">nach zwei Jahren</td><td>—</td><td>—</td></tr>
</table>

Cervidius Skävola, Digesten Buch 25, Titel: Über die Ersitzung
Die Erbschaft ihrer ohne Testament verstorbenen Schwester gelangte an zwei Brüder, von denen der eine auswärts weilte, während der andere zur Stelle war. Der, welcher an Ort und Stelle war, kümmerte sich auch um die Angelegenheiten des Abwesenden. Dabei verkaufte er[111] unter anderem aus dieser Erbschaft im eigenen und seines Bruders Namen ein Landgut ganz an Lucius Titius, der es gutgläubig kaufte. Da er aber wußte, daß das Landgut zum Teil dem Abwesenden gehörte, ist angefragt worden, ob er den Anteil des abwesenden Bruders ersessen habe. Er hat den Bescheid gegeben, wenn er geglaubt habe, der betreffende Anteil sei im Auftrag des Abwesenden verkauft worden, habe er ersessen.

---

[111] Im klassischen Recht war der Miterbe dazu nicht mehr eo ipso befugt.

3. Das Eigentum im Prozeß

Die ganze Rigorosität des römischen Eigentumsbegriffs offenbart sich im Eigentumsprozeß, insbesondere in der Struktur des Hauptanspruchs aus Eigentum, der *rei vindicatio*. Der Eigentümer konnte mit dieser Klage von jedem, bei dem er seine Sache antraf, sie herausverlangen, ohne daß es darauf ankam, ob z.B. der jetzige Besitzer für den Erwerb bezahlt hatte, ob sie dem Eigentümer gestohlen worden, sonst abhanden gekommen war oder ob er sie freiwillig aus der Hand gegeben hatte. Er mußte nur Eigentümer geblieben sein, sein Eigentum nicht etwa durch Ersitzung verloren haben. All das ist uns heute wohlvertraut, aber nur, weil wir es von den Römern übernommen haben. Selbstverständlich ist dieser absolute Charakter des Eigentumsherausgabeanspruchs, in dem sich der absolute Charakter des römischen Eigentums selbst ausdrückt, keineswegs. Er ist eine Besonderheit der Römer. Im altdeutschen Recht klagte der depossedierte Eigentümer wegen Diebstahls, Unterschlagung, Treueverletzung und weswegen sonst noch, hatte aber keine allgemeine, abstrakte Herausgabeklage. Der absolute Charakter der römischen *rei vindicatio* hat aber auch eine Kehrseite. Die Klage wird gestützt auf das Recht des Eigentümers an der Sache, enthält jedoch keinen persönlichen Vorwurf gegen den anderen Teil. Sie wird deshalb bestimmt als *actio in rem*, was eigentlich ‚Aktion auf die Sache' bedeutet; wir sagen ‚dingliche Klage'. Der Eigentümer kann den Besitzer seiner Sache nicht zwingen, vor den Gerichtsmagistrat zu kommen und sich auf ein gerichtliches Verfahren einzulassen. Läßt dieser die Sache vielmehr fahren, verteidigt er sie nicht, so mag sie der andere mitnehmen und sich vom Gerichtsmagistrat zusprechen lassen; ein Prozeß kommt nicht zustande. Anders bei den *actiones in personam* (Aktionen auf die Person, persönliche Klagen), bei denen es unumgänglich ist, daß der Gegner vor Gericht erscheint. Auch wenn er dem Begehren des Klägers nachkommen wollte, mußte er sein Anerkenntnis vor Gericht abgeben. Diese Verschiedenheit hängt mit dem alten Vollstreckungsrecht zusammen. Ursprünglich lief eine *actio in rem* im Endergebnis nur auf einen Zugriff des obsiegenden Klägers auf die Sache hinaus, während eine *actio in personam* Zugriff auf die Person des Unterlegenen mit anschließender Schuldknechtschaft eröffnete, was es bei der *actio in rem* nicht gab. Wer nur mit der *rei vindicatio* in Anspruch genommen, d.h. gegen wen nicht auch ein Diebstahlsvorwurf, der infamierende Vorwurf einer Treueverletzung oder auch nur der Vorwurf einer gewöhnlichen Vertragsverletzung erhoben werden konnte, also der zwar unrechtmäßige, aber redliche Besitzer einer fremden Sache war jenen gegenüber bevorzugt. Auf der anderen Seite konnte eine persönliche Klage nur einmal geltend gemacht werden; auch wenn der Kläger mit ihr abgewiesen wurde, konnte er mit ihr nicht noch einmal kommen. Hatte er dagegen einen dinglichen Prozeß verloren, so mochte er es einst ein zweites Mal versuchen. In klassischer Zeit freilich wurde diese scharfe Trennung der beiden Klagearten stark abgemildert, wurden beide einander angeglichen. Einen Rest davon haben wir aber noch heute, insofern dem dinglichen Schuldner noch immer nichts weiter passieren kann als die betreffende Sache zu verlieren[112], während der persönliche Schuldner nicht nur jedes einzelne Stück seines Vermögens riskiert, sondern bei hartnäckigem Weigern oft nach wie vor mit persönlicher Haft rechnen muß (§§ 888, 890 u. 901 ZPO). Die *rei vindicatio* wie überhaupt der Gedanke der dinglichen Klage machte es möglich, Streitigkeiten um mein und dein zu entschärfen.

a) Das Formular der rei vindicatio

Wie eine *rei vindicatio* im alten Spruchformelverfahren im einzelnen ablief, wurde bei anderer Gelegenheit oben S. 29 schon gezeigt. Im klassischen Formularprozeß lautete das im Edikt des Prätors veröffentlichte Formular für eine *rei vindicatio*, genauer: den Rechtsprechungsauftrag des Prätors an den Geschworenenrichter über einen Eigentumsherausgabestreit, so:

	Titius iudex esto
(Intentio)	Si paret fundum Capenatem, quo de agitur, ex iure Quiritium Auli Agerii esse
	neque is fundus arbitrio tuo Aulo Agerio restituetur,
(Condemnatio)	quanti is fundus erit, tantam pecuniam, iudex, Numerium Negidium Aulo Agerio condemna. Si non paret, absolve.
	Titius soll Richter sein.
(kläg.) Behauptung	Wenn es sich erweist, daß das capenatische Landgut, um das es hier geht, nach dem Recht der Römer dem Kläger gehört,
Restitutionsklausel	und dieses Landgut nach deinem Dafürhalten dem Kläger nicht zurückerstattet werden wird,
Verurteilung	dann sollst du, Richter, den Beklagten dem Kläger in den Geldbetrag verurteilen, den dieses Landgut wert sein wird. Wenn es sich nicht erweist, sollst du freisprechen.

---

112 Vgl. heute die bloß auf Duldung der Zwangsvollstreckung gerichtete Klage des Hypothekars oder § 883 Abs. 1 ZPO.

Von der alten Eigenart der *actio in rem* hat dieses Formular immerhin noch bewahrt, daß jedenfalls in der *intentio* einschließlich Restitutionsklausel der Beklagte überhaupt nicht vorkommt. Eine Verurteilung zu einer Leistung, die dann allerdings, wenn das Urteil einmal ergangen ist, kraft Urteilsspruchs persönlich geschuldet wird, kommt, das ist der Sinn der Restitutionsklausel, erst in Betracht, wenn feststeht, daß der Beklagte die Sache nicht freiwillig herausrückt, wozu ihm der Geschworenenrichter mannigfach Gelegenheit gibt. Insbesondere pflegte er einen Zwischenbescheid *(interlocutio)* zu erlassen, in dem er seine maßgebliche Meinung zur Eigentumsfrage und etwa vom Beklagten vorgebrachte Gegenrechte kundtat und diesen gegebenenfalls eigens aufforderte, die Sache zurückzugeben *(iussum de restituendo)*.

b) Insbesondere: Die Arbiträrklausel und die Einrede der Arglist

Als besonders entwicklungsfähig in diesem Formular sollten sich die zwei Worte *arbitrio tuo* (nach deinem Dafürhalten) erweisen, die die Juristen als unbestimmten Rechtsbegriff auffaßten und dazu benutzen, mannigfache Sekundärprobleme zu lösen. Z.B.:

Ulpianus, Ad edictum praetoris XVI, Tit.: De rei vindicatione (Dig. 6, 1, 17 pr.)
Iulianus libro VI digestorum scribit, si hominem, qui Maevii erat, emero a Titio, deinde, cum eum Maevius a me peteret, eundem vendidero eumque emptor occiderit, aequum esse me ptretium Maevio restituere.

Ulpian, Kommentar zum prätorischen Edikt, Buch 6, Titel: Über die Eigentumsherausgabeklage
Julian schreibt in Buch 6 der Digesten, wenn ich von Titius einen Sklaven gekauft habe, der dem Maevius gehörte, und dann, als Maevius ihn von mir herausverlangte, ich ihn verkauft habe und der Käufer ihn getötet hat, sei es billig, daß ich dem Maevius den Preis erstatte.

Nachdem der Sklave tot ist, kommt an sich seine Restitution nicht mehr in Betracht; genau genommen könnte man nicht einmal mehr von einem fortbestehenden Eigentum des Mävius sprechen, doch ist die *intentio* auf den Zeitpunkt der Klageerhebung zu beziehen, und da war der Sklave vielleicht noch nicht tot. Jedenfalls wird der Richter der Unmöglichkeit, ihn jetzt noch zu restituieren, Rechnung getragen haben, indem er sich den Restitutionsbefehl sparte. Da der Ich des Falles aber die Restitution, wenn auch in einem frühen Stadium, so doch nach Kenntnis vom Begehren des Mävius, also bewußt vereitelt hat, soll er nicht besser stehen, als er bei Restitution gestanden hätte; m. a. W. der Richter hat den Ego so zu behandeln, als hätte er die Restitution unterlassen, und also in den Wert der Sache, in diesem Fall in den vielleicht hier besonders günstigen Weiterverkaufspreis zu verurteilen, ohne daß der beklagte Ich die seinerzeit an Titius bezahlte Summe absetzen könnte. Ganz entsprechend regelt das § 990 Abs. 1 S. 2 i. V. m. 989 BGB, welch letztere Vorschrift möglicherweise auch unmittelbar zum Zuge käme; für die Lösung nach dem BGB ist Ulpians Sachverhaltsschilderung zu ungenau.

Imperator Gordianus Augustus Herasiano (Cod. Just. 3, 32, 5)
Domum, quam ex matris successione ad te pertinere et ab adversa parte iniuria occupatam esse ostenderis, praeses provinciae cum pensionibus, quas percepit aut percipere poterat, et omni causa damni dati restitui iubebit. Eius autem, quod impendit, rationem haberi non posse merito rescriptum est, cum malae fidei possessores eius quod in rem alienam impendunt, non eorum negotium gerentes quorum res est, nullam habeant repetitionem, nisi necessarios sumptus fecerint; sin autem utiles, licentia eis permittitur sine laesione prioris status rei eos auferre.
Proposita pridie idus Februarias Gordiano Augusto et Aviola consulibus.

Kaiser Gordian an Herasian
Das Haus, von dem du nachgewiesen hast, daß es aus Erbfolge nach der Mutter dir gehört und vom Prozeßgegner rechtswidrig in Besitz genommen worden ist, wird der Provinzgouverneur mitsamt den Mieterträgen, die jener einnahm oder hätte einnehmen können, und vollem Ausgleich etwa angerichteten Schadens dir zurückzuerstatten befehlen. Dessen aber, was er aufgewendet hat, kann Rücksicht nicht stattfinden, wie mit Recht reskribiert worden ist, da bösgläubige Besitzer das, was sie auf eine fremde Sache verwenden, ohne dabei (auftraglos) die Geschäfte der Eigentümer zu führen, in keiner Weise zurückfordern können, sofern sie keine notwendigen Verwendungen gemacht haben; haben sie aber nützliche Verwendungen gemacht, dann wird ihnen gestattet, diese ohne Beeinträchtigung des ursprünglichen Zustands wegzunehmen.
Ausgehängt am 12. Februar im Jahre 239 n. Chr.

Hier ist im Gegensatz zum vorigen Text die Sache, ein Wohnhaus, noch vorhanden; und es geht nur um Sekundärfragen wie Abrechnung über Mietzinsen, Verschlechterungen der Sache und Erstattung etwa auf sie gemachter Verwendungen. Was die Mietzinsen, also die vom Besitzer gezogenen oder zu ziehen versäumten Nutzungen betrifft, so soll der hier bösgläubige Besitzer die gezogenen wie die versäumten erstatten (vgl. § 990 Abs. 1 i. V. m. 987 BGB). Technisch war das dadurch zu erreichen, daß der Richter Restitution der Sache nur dann bejahte, nur dann nicht verurteilte, wenn der Beklagte auch die eingezogenen Mietzinsen erstattet und die versäumten ersetzt hatte; ließ er es daran fehlen, so wurde eine ordnungsmäßige Restitution der Sache verneint, der Beklagte in den fehlenden Betrag ver-

urteilt. Für allen etwa angerichteten Schaden hat der Beklagte Ersatz zu leisten (vgl. § 990 Abs. 1 S. 1 i. V. m. 989 BGB), was auf dem gleichen Wege verwirklicht wird. Schließlich soll aber auch umgekehrt Herasian dem Beklagten gewisse Ausgaben für Verwendungen auf die Sache erstatten, und zwar hier, wo der Okkupant bösgläubig war, nur – soweit er nicht als auftragloser Geschäftsführer für Herasian anzusehen ist –: die notwendigen (vgl. § 994 Abs. 1 S. 1 u. Abs. 2 BGB, beides um einen Grad zurückhaltender); wegen der nützlichen hat der Beklagte nur ein Wegnahmerecht ähnlich § 997 Abs. 1 BGB.
Wie aber sollte der Geschworenenrichter im Rahmen des Formulars diese gegenläufigen, vom Beklagten gegen den Kläger geltend zu machenden Rechte berücksichtigen? Ohne Erweiterung der Formel war das in der Tat nicht möglich, sondern nur, wenn der Beklagte rechtzeitig im Termin vor dem Prätor – bei Versäumnis konnte in Ausnahmefällen an ihn zurückverwiesen werden – eine in die Formel einzuschaltende *exceptio* erwirkt hatte, hier die *exceptio doli*, die wörtlich lautet: „*si in ea re nihil dolo malo Auli Agerii factum sit neque fiat* (sofern in dieser Angelegenheit nichts durch Arglist des Klägers geschehen ist noch geschieht)", und unmittelbar vor der *condemnatio*, also zwischen *restituetur* und *quanti* eingeschaltet wurde; und wieder wurde *dolus malus* als unbestimmter Rechtsbegriff aufgefaßt, und als arglistiges Verhalten des Klägers gewertet, wenn er die *rei vindicatio* geltend machte, ohne zugleich Erstattung der Verwendungen im gebotenen Ausmaß anzubieten.
Die Regulierung der Verwendungen, der auch im BGB von allen Sekundärfragen der *rei vindicatio* der größte Raum eingeräumt ist (§§ 994–1003), regte schon die römischen Juristen zu immer neuen Differenzierungen an:

Celsus, Digesta III, Tit.: De rei vindicatione (Dig. 6, 1, 38)
In fundo alieno, quem imprudens emeras, aedificasti aut conseruisti, deinde evincitur. Bonus iudex varie ex personis causisque constituet. Finge et dominum eadem facturum fuisse. Reddat impensam, ut fundum recipiat, usque eo dumtaxat, quo pretiosior factus est, et si plus pretio fundi acessit, solum quod impensum est. Finge pauperem, qui, si reddere id cogatur, laribus sepulchris avitis carendum habeat. Sufficit tibi permitti tollere ex his rebus quae possis, dum ita ne deterior sit fundus, quam si initio non foret aedificatum. Constituimus vero, ut, si paratus est dominus tantum dare, quantum habiturus est possessor his rebus ablatis, fiat ei potestas. Neque malitiis indulgendum est; si tectorium puta, quod induxerit, piturasque corradere velis, nihil laturus nisi ut officias. Finge eam personam esse domini, quae receptum fundum mox venditura sit. Nisi reddit, quantum prima parte reddi oportere diximus, eo deducto tu condemnandus es.

Celsus, Digesten Buch 3, Titel: Über die Eigentumsherausgabeklage
Auf einem fremden Grundstück, das du unwissend gekauft hattest, hast du gebaut und gesät, nachher wird es entwehrt. Ein guter Richter wird verschieden je nach Person und Sachlage entscheiden. Angenommen auch der Eigentümer hätte dasselbe getan. Er erstatte die Kosten, um sein Grundstück zurückzubekommen, aber nur insoweit, als es wertvoller geworden ist, und wenn mehr zum Wert des Grundstücks hinzugekommen ist (mehr als die Kosten betrugen), nur was aufgewendet worden ist. Angenommen der Eigentümer ist arm, der, wenn er das erstatten müßte, die Laren und Grabstätten seiner Vorväter fahrenzulassen gezwungen wäre. Es genügt, daß dir gestattet wird, von diesen Sachen wegzunehmen was du kannst, jedoch so, daß das Grundstück nicht weniger wert ist, als wenn nicht gebaut worden wäre. Doch setzen wir fest, daß, wenn der Eigentümer bereit ist, so viel zu geben, wie der Besitzer gehabt hätte, wenn er diese Sachen weggenommen hätte, seinem Wunsche zu entsprechen ist. Außerdem darf keiner Schikane Raum gegeben werden; wenn du z.B. Stuck, den du angebracht hast, und Wandmalereien abkratzen willst, würdest du nichts zustandebringen außer daß du schadest. Angenommen so jemand sei der Eigentümer, der das zurückerlangte Grundstück alsbald weiterverkaufen würde. Wenn er nicht erstattet, wieviel wir im ersten Teil gesagt haben, daß erstattet werden müsse, dann bist du (in den Geldwert des Grundstücks) abzüglich dieses Betrages zu verurteilen.

Celsus greift drei besondere Konstellationen heraus, für die der genau genommen außerrechtliche und unfertige Maßstab des *bonus iudex* (rechtschaffener Geschworenenrichter) ein eindeutiges Urteil erlaubt, mit deren Lösung aber keineswegs alle Eventualitäten abgedeckt waren; vielmehr beanspruchte Celsus offenbar nur, damit für die Lösung anderer Konstellationen Orientierungspunkte zu liefern. Zunächst wird der wenig problematische Fall gesetzt, daß die Verwendungen zugleich im individuellen Interesse des Eigentümers geschahen. Dann mußte dieser, wie auch – wenngleich allgemeiner – § 996 BGB bestimmt, den vollen Wertzuwachs (höchstens natürlich die wirklichen Kosten) erstatten; ohne dieses Anerbieten ist seine Klage als arglistig anzusehen und also an sich kurz abzuweisen oder aber der Beklagte in den objektiven Geldwert der Sache abzüglich des zu erstattenden Betrages zu verurteilen; der Jurist scheint hiervon stillschweigend auszugehen. Nun aber wird es dramatisch. Der Eigentümer hätte die zwar nützlichen, aber kostspieligen Verwendungen nicht nur nicht gemacht, sondern könnte sie gar nicht bezahlen, hat aber trotzdem ein großes Affektionsinteresse an der Sache, und zwar derart, wie es gerade einem Römer besonders achtenswert erscheinen mußte. Wenn dieser sein Eigentum geltend macht, ohne zugleich Erstattung der wertsteigernden Verwendungen anzubieten, kann sein Verhalten beim besten Willen nicht als arglistig beurteilt werden; hier nutzt dem Besitzer, der für sich gesehen in genau derselben Lage war wie im vorigen Fall, die Einrede der Arglist nichts; und er darf lediglich, wozu es keines besonderen Anhaltspunkts in der Klagformel bedarf, mit der herauszugebenden Sache verbundene eigene Sachen gefahrlos abtrennen und behalten, hat also ein Wegnahmerecht. Aber auch dies hat er nur mit drei Einschränkungen: Die herauszugebende Sache darf deshalb nicht in lädiertem Zustand herausgegeben werden (ebenso § 997 Abs. 1 S. 2 i. V. m. 258 S. 1 BGB); der Besitzer muß dem Eigentümer erlauben, das Wegnahmerecht abzulösen (§ 997 Abs. 2, 3. Alt.); und er darf, hiernach nur folgerichtig, keine Schikane üben (§ 997 Abs. 2, 2. Alt.). Hielt sich der Besitzer bei der Ausübung des Wegnahmerechts nicht an diese Grenzen, so wurde die Rückgabe der Sache nicht als ordentliche Rückgabe anerkannt und der Besitzer trotzdem, nämlich in das verbleibende Geldinteresse des Eigentümers verurteilt. Schließlich setzt Celsus den Fall, daß dem Eigentümer die Sache feil war. Hier kommt es offenbar nicht mehr darauf an, ob die Ausgaben mit seinen persönlichen Absichten übereinstimmten wie im ersten Fall; sondern auch, wenn das nicht der Fall gewesen sein sollte, ist sein Herausgabeverlangen ohne Erstattung der wertsteigernden Kosten als arglistig zu werden und also ohne weiteres zur Verurteilung bloß in den objektiven Geldwert abzüglich des zu erstattenden Betrages zu schreiten.

Für uns ungewohnt differenziert Celsus nur nach der Lage des Eigentümers, nicht des Besitzers; diesen hat er sich offenbar in allen drei Fällen als redlich vorgestellt. Das BGB nimmt dagegen in den §§ 987 ff. auf die besondere Lage des Eigentümers keine Rücksicht, dem klaren Grundgedanken folgend, daß der redliche Besitzer, der den Kaufpreis und nicht objektiv wertsteigernde Verwendungen ohnehin, jedenfalls vorerst abschreiben muß, in gewissem Umfang geschützt werden soll, und das kann wirksam nur geschehen, wenn die dem Besitzer nicht erkennbaren Belange des Eigentümers dabei keine Rolle spielen. Aber die deutsche Rechtsprechung nimmt das nicht mehr hin; allerdings scheinen in den bekanntgewordenen Fällen[113] die Besitzer in

[113] BGHZ 10, 171 ff., und vor allem in den drei Urteilen zu den Grindelhochhäusern in Hamburg: BGHZ 27, 204 ff.; 41, 156 ff.; u. BGH NJW 1965, 816. Freilich war hier auch ein sozialer Gesichtspunkt zu berücksichtigen, was jedoch offen ins Feld zu führen gewesen wäre. Z. B. hätte man aus diesem Grunde, unter Berufung auf Art. 14 Abs. 2 GG, ausnahmsweise auch in diesem Fall die Überbau-Regelung des BGB (§§ 912–915) analog anwenden können.

Wahrheit bösgläubig gewesen zu sein, was auszusprechen die Gerichte sich nur scheuten. In den Prozessen um die Grindelhochhäuser in Hamburg ging es um eine von Celsus nicht gelöste Frage: wie der gewöhnliche, weder bauwütige noch verkaufslustige noch mit schützenswerten Gefühlen an seinem Grundstück hängende Eigentümer angesichts ganzer auf dem Grundstück errichteter Hochhäuser behandelt werden soll. Der BGH verließ die Wertung des BGB mit einem begriffsjuristisch anmutenden Argument: das sei keine ‚Verwendung' i.S. der §§ 994 ff. BGB mehr, sondern eine völlige Umgestaltung, wofür diese Regeln nicht gälten. Die Celsus-Stelle belehrt uns aber, daß der BGB-Regelung gerade die Fälle des Baus auf fremdem Boden zugrundeliegen, und man kann nicht sagen, in der römischen Welt seien die Aufbauten im Verhältnis zu den Grundstückspreisen allgemein erheblich weniger aufwendig gewesen als heute. Auch der zur Abwehr hoher Verwendungserstattungsansprüche gelegentlich bemühte Gedanke der aufgedrängten Bereicherung, die, wie es in freier Rechtsschöpfung heißt, niemand zu dulden brauche, hat jedenfalls im Rahmen des Eigentümer-Besitzer-Verhältnisses keinen Platz, das, wie unsere drei Stellen und noch viele andere zeigen, auf Eviktionsfälle und Fälle vorsätzlicher Bemächtigung fremden Guts zugeschnitten ist, nicht jedoch bei mißlungenen Austauschgeschäften, rückgängig zu machenden Käufen, Schenkungen usw. ohne weiteres ebenso gilt. Vertragsrecht einschließlich des Rechts der Abwicklung beendeter und auch der Rückabwicklung gescheiterter Verträge über die Leistungskondiktion gehen dem Recht der *rei vindicatio* vor, und nur dort hat der Gedanke der aufgedrängten Bereicherung seinen bescheidenen Platz [114].

c) Das Prinzip der Geldverurteilung

Beschreitet der Beklagte die ihm, um ihn nicht förmlich verurteilen zu müssen, angebotene goldene Brücke nicht, d.h. kommt er der mit dem Zwischenbescheid des *iudex* verbundenen Aufforderung, die Sache herauszugeben, nicht freiwillig nach, so wird er verurteilt. Aber nicht, wie heute, in die Herausgabe der Sache, sondern in ihren Geldwert. Das beruht auf einem allgemeinen Prinzip des römischen Rechts. Alle römischen Zivilurteile lauteten auf Geld [115]; niemand wurde

[114] Dazu sehr klar Karl-Heinz Schindler, Die aufgedrängte Bereicherung beim Ersatz von Impensen, in: AcP 165 (1965) 499–519.

[115] Finster gedeutet von J. M. Kelly, Roman litigation (Oxford 1966) 69–84. S. andererseits etwa v. Woeß, a.a.O. (oben Anm. 18) 392–394 (womit freilich der Ursprung der Geldverurteilung nicht voll erfaßt sein dürfte, s. das folg. Kap. Abschn. 1 c).

gezwungen, fremde Sachen wirklich herauszugeben, ebensowenig wie er gezwungen wurde, eine eigene Sache, die zu übereignen z.B. in Erfüllung eines Kaufvertrags er sich verpflichtet hat, wirklich zu übereignen; oder eine sonstige Handlung, zu der er sich verpflichtet hat, wirklich vorzunehmen. Veruteilt wurde man immer nur in einen Geldbetrag, den Wert des Streitgegenstands: der fremden Sache, der eigenen Sache, der Handlung usw. Bei der *rei vindicatio* aber wurde der Wert vom Kläger geschätzt, nachdem der Richter eine Höchstsumme festgelegt hatte; daß der Kläger sich zu seinen Ungunsten verschätzen würde, war nicht zu befürchten. Auf den Beklagten wurde also nur mittelbar Druck ausgeübt, die Sache herauszugeben; mehr nicht. War er in den Schätzwert verurteilt worden und hatte er ihn geleistet, dann durfte er die Sache endgültig behalten. Er wurde so angesehen, als hätte er sie gekauft. Im Prozeß ist alles Eigentum, sind alle Pflichten feil. Dafür wird die unmittelbare Handlungsfreiheit auch des Verpflichteten in denkbar weitem Umfang geachtet, mehr als heute. Das geltende deutsche Recht hat an Vergleichbarem nur den § 888 Abs. 2 ZPO, wonach bloß eine Verurteilung zur Leistung von Diensten lediglich nicht vollstreckt werden kann. Dafür war das römische Vollstreckungsrecht gnadenlos hart. Jede Verurteilung führte, wenn der Schuldner die Urteilssumme nicht von sich aus erlegte, zum Konkurs. Schuldnerschutz gab es nur bei einigen wenigen, enge persönliche Beziehungen voraussetzenden Klagen. Erst die kaiserliche *cognitio extra ordinem* hat die schonendere Einzelvollstreckung, bei der man sich mit der Verwertung einzelner Vermögensstücke des Schuldners begnügt, herausgebildet. Der besonderen Freiheit des klassischen Schuldners entspricht besondere Schärfe der Schuldvollstreckung.

d) Das Formular der Herausgabeklage des bonitarischen Eigentümers

Nicht nur, was schon erwähnt wurde, der bonitarische Eigentümer, sondern jeder, der dabei ist, eine Sache zu ersitzen, hat für den Fall, daß die Sache während der Ersitzungsfrist in die Gewalt eines Dritten gelangt, auch selber gegen diesen eine Herausgabeklage, ist zur Wiedererlangung der Sache nicht auf die Hilfe des (zivilen) Eigentümers angewiesen, die in den meisten Ersitzungsfällen gar nicht zu erlangen sein wird. Diese Klage, nach ihrem Urheber, ein gewisser Publicius, *actio Publiciana* genannt, war etwas verwickelt, darin ähnlich dem § 1007 BGB, der ihren Rechtsgedanken verallgemeinert. Die *rei vindicatio* konnte deshalb nicht dienen, weil sie auf quiritisches Eigentum des Klägers abstellte, woran es hier gerade fehlte. Aber der Ersitzende war nahe daran, es zu erwerben: Mit Ablauf der noch fehlenden Restfrist hätte er ziviles Eigentum und damit die *rei vindicatio* gehabt. Daß die Frist noch nicht abgelaufen war, durfte dem an der damit verbundenen Eigentumsverschiebung unbeteiligten dritten Besitzer nicht zum Vorteil gereichen, da die Frist, wie Gajus sagte, dem Eigentümer eingeräumt war, damit er die aus seiner Gewalt geratene Sache ermitteln kann. Sie auch dem Dritten zugutekommen zu lassen und diesen dadurch besser als den Ersitzenden zu stellen, ist nicht gerechtfertigt. Aber auch bei demjenigen zivilen Eigentümer, der seine Sache nur nicht formgerecht veräußert hat, entfällt dieser Sinn der Ersitzungsfrist; er sucht seine Sache ja gar nicht. Dem Dritten und dem formlosen Veräußerer gegenüber ist es also gerechtfertigt, den Ersitzenden schon jetzt so zu behandeln, als wäre die ein- bzw. zweijährige Frist abgelaufen, die Sache schon ersessen. Auf diesem Gedanken beruht die von Publicius entwickelte Klagformel: Sie unterstellt den vollständigen Ablauf der Ersitzungsfrist:

Gaius Seius iudex esto.
Si, quem hominem Stichum Aulus Agerius bona fide emit et is ei traditus est, anno possedisset, tum si eum hominem, quo de agitur, eius ex iure Quiritium esse pareret,
si is homo arbitrio tuo Aulo Agerio non restituetur,
quanti is homo erit, tantam pecuniam, iudex, Numerium Negidium Aulo Agerio condemna.
Si non paret, absolve.

Gajus Sejus soll Richter sein.
Wenn der Sklave Stichus, den der Kläger gutgläubig gekauft hat und der ihm übergeben worden ist, sofern ihn der Kläger ein Jahr lang besessen hätte, sich nach dem Recht der Römer als ihm gehörig erwiesen hätte,
und wenn dieser Sklave nach deinem Dafürhalten dem Kläger nicht zurückerstattet werden wird,
dann sollst du, Richter, den Beklagten dem Kläger in den Geldbetrag verurteilen, den dieser Sklave wert sein wird.
Wenn es sich nicht erweisen würde, sollst du freisprechen.

Letztlich handelt es sich nur um eine analoge Anwendung der *rei vindicatio*, allerdings bei sorgfältiger Vergegenwärtigung der für eine direkte Anwendung fehlenden Klagvoraussetzung.

VIERTES KAPITEL

Die römischen Schuldverträge

1. Schuld und Haftung

a) Die Grundbedeutung des Rechtsworts ‚haften'

Die Figur der Obligation, für welches aus der römischen Rechtssprache entlehnte Fremdwort es im Deutschen bezeichnenderweise nur eine Lehnübersetzung (Verbindlichkeit) gibt, ist eine Schöpfung der Römer, die in ihrer Unmittelbarkeit und Allgemeinheit sowohl z.B. den altgriechischen als auch den germanischen Rechten fremd ist. Der Ausgangspunkt der römischen Entwicklung, die Haftung, begegnet allerdings auch in anderen frühen Rechtsordnungen. Aus der heutigen Verwendung der Worte ‚haften', ‚Haftung' ist ihre eigentliche Bedeutung freilich nicht ohne weiteres zu erschließen. Wenn wir z.B. an einer Baustelle lesen: „Betreten verboten. Eltern haften für ihre Kinder", so wird zwar für den Fall, daß Kinder dem Verbot zuwiderhandeln, ihren Eltern gedroht, aber doch nicht mit Gefängnis, wie ein Unkundiger meinen könnte. Der Aufgeklärte weiß, daß hier allenfalls ein Vermögensopfer droht: Richtet ein Kind Schaden an, so werde er, droht der Bauunternehmer, die Eltern dafür in Anspruch nehmen, Geldersatz von ihnen verlangen. Und dieselbe harmlose Bedeutung hat das Wort im Gesetz [116]. Wenn es trotzdem auf den ersten Eindruck so viel drohender klingt, so deshalb, weil es ursprünglich und bis vor nicht allzu langer Zeit eine einschneidendere Bedeutung hatte. Eigentlich bedeutet haften ‚festhängen, festsitzen', verhaftet werden bedeutet ‚festgenommen werden', Haft ‚Eingesperrtsein', und ursprünglich geriet auch der Geldschuldner in letzter Konsequenz in Haft. Die Schuldhaft ist in Europa erst seit gut hundert Jahren abgeschafft und hat sich nur mehr in Resten als Beuge- und Sicherheitshaft gegenüber besonders widerspenstigen, auch das ihnen Mögliche nicht beitragenden Schuldnern erhalten

[116] Z. B. §§ 780ff. ZPO; 276 Abs. 2, 277, 436–438, 459f., 702f., 818 Abs. 4 u. 1967 BGB.

(§§988 Abs. 1, 890, 901ff., 918 ZPO). In Rom war die Personalvollstreckung mit Schuldknechtschaft in klassischer Zeit noch immer die einzige zivile Vollstreckungsform von Urteilen auf Grund persönlicher Klagen, die aber in der honorarrechtlichen Vermögensvollstreckung einen Konkurrenten erhalten hatte, der sie praktisch in den Hintergrund gedrängt zu haben scheint. In älterer Zeit war sie immer die letzte Konsequenz einer persönlichen Klage, einst mit, wie oben S. 21 gezeigt, sehr ernsten Folgen; wenn es nach Cassius Dio[117] auch nie wirklich zu einer Zerstückelung des Schuldners gekommen sein soll. Aus der sinnfälligen Erscheinung der Schuldhaft ist das vergeistigte Gebilde der Obligation, des Forderungsrechts oder der Schuldverpflichtung, erst hervorgegangen. Eigentlich bedeutet *obligare* ‚binden, knüpfen', und auch das rechtliche *obligare* wird ursprünglich realiter gemeint gewesen sein. Der älteste rechtlich anerkannte Grund für solche private Verhaftung waren aber nicht geschäftliche Schulden, sondern Delikte der Betroffenen, die einstmals vom Verletzten bzw. seiner Sippe privat zu ahnden waren; später wurde die unkontrollierte Rache ersetzt durch staatlich kontrollierten Zugriff auf die Person des Täters, die *manus iniectio* (Handauflegung). Und eines Tages wurde dieses Zugriffsrecht dann ablösbar durch Zahlung von Bußgeldern. Dieses urtümliche Zugriffsrecht auf den Delinquenten gab das Vorbild zur Vereinbarung eines Zugriffsrechts z.B. in Zusammenhang mit einem Kreditgeschäft: die Schuldhaft. Sie ist künstliche Nachbildung einer rechtlichen Elementarerscheinung; *obligare* i.S.v. ‚haftbar machen' ist ein Kunstprodukt.

b) Vertraglich begründete Haftung

Der älteste Geschäftstyp, durch den eine Haftung für eine zugesagte, vereinbarte Leistung begründet werden konnte, war das *nexum*, wörtlich ‚Verschlingung', ein Geschäft mit Erz und Waage wie die *mancipatio*. Gegen Zuwägung der Darlehnssumme unterwarf sich der Geldnehmer der (wohl nur tatsächlich) vorerst in der Schwebe gelassenen Zugriffsgewalt des Geldgebers; dieser bekam das Recht, sich des Betroffenen zu bemächtigen und ihn, vom Prätor in einem Verfahren mit Berücksichtigung nur formeller Beweise sanktioniert, als Knecht zu behalten. Der Vorgang ist auf einem etruskischen Sarkophag aus mittel- oder spätrepublikanischer Zeit so dargestellt[118]:

[117] Historia romana, Fragm. 17,8 (aus Buch 4). S. a. Gellius 20, 1, 52.

[118] S. Okko Behrends, Die röm. Geschworenenverfassung (Göttingen 1970) 6f. u. Fußn. 11. Gerade Behrends freilich gehört zu denen, die angesichts der spärlichen und nicht widerspruchsfreien Quellen zu dem radikalen

Sarkophag aus Tarquinia. Florenz, Museo Archeologico.

Die Figuren sind, da die Darstellung Friedhofsatmosphäre atmen, hier offenbar die Trost- und Schutzlosigkeit des Verstorbenen symbolisieren sollte, unrealistisch heroisiert mit entblößtem Oberkörper abgebildet. Rechts sitzt auf dem charakteristischen Amtsschemel der römischen Magistrate, der *sella curulis* (eine Art Klappstuhl), der Prätor, der mit hoheitsvoller Gebärde genehmigt, was sich rechts von ihm abspielt: Der Berechtigte (dritter von rechts) legt seine Hand auf den hinter dem Tisch sitzenden, die Arme zum Zeichen der Hilflosigkeit breitenden Betroffenen. Nebem dem Berechtigten sitzt dem Prätor gegenüber sein *scriba* (Schreiber), hinter dem weitere fünf Personen aufmarschiert sind: die fünf Zeugen des Erz-und-Waage-Geschäfts, die das seinerzeit Geschehene nun vor dem Magistrat bekunden.

Auf diese Weise stand der Betroffene für unterlassene Rückzahlung von Krediten oder Nichterfüllung anderer übernommener Verpflichtungen ein. Derartige Geschäfte kannten nach dem Bericht des Tacitus, zu dessen Zeit das römische *nexum* obsolet war und also als unkritisch wiedererkanntes Muster kaum gedient hat, auch die Germanen:

Aleam quod mirere sobrii inter seria exercent, tanta lucrandi perdendive temeritate, ut, cum omnia defecerunt, extremo ac novissimo iactu de libertate ac de corpore contendant. Victus voluntariam servitutem adit. Quamvis iuvenior, quamvis robustior alligari se ac venire patitur. Ea est in re prava pervicacia. Ipsi fidem vocant. Servos condicionis huius per commercia tradunt, ut se quoque pudore victoriae exsolvant. Tacitus, Germania 24, 2

Schluß kommen, ein besonderes nexum-Geschäft habe es nicht gegeben. S. seinen Aufsatz Das nexum im Manzipationsrecht oder die Ungeschichtlichkeit des Libraldarlehens, in: RIDA 21 (1974) 137–184. Er fußt dabei auf einer Rekonstruktion der Vorgeschichte der Stipulation, die mir nicht annehmbar erscheint. S. sofort im Text.

Tacitus, Deutschland 24, 2
Würfel spielen sie erstaunlicherweise auch nüchtern sehr ernst, mit solcher Leidenschaft im Gewinnen und Verlieren, daß sie, wenn alles dahin ist, mit dem letzten, entscheidenden Wurf um Freiheit und Leben spielen. Der Unterliegende geht ohne Widerstreben in die Sklaverei. Auch wenn er jünger und stärker ist, läßt er sich fesseln und verkaufen. Solcher Starrsinn herrscht in dieser verrückten Sache. Sie selbst nennen es Treue. Sklaven, die so erworben sind, veräußern sie weiter, um auch sich von der Beschämung über einen solchen Gewinn zu befreien.

Das römische *nexum* war in den Zwölf Tafeln anerkannt in der schon zitierten Bestimmung (6, 1): „*Cum nexum faciet mancipiumque, uti lingua nuncupassit, ita ius esto* (Wenn er Bindung machen wird und Handgreifen, wie die Zunge benannt haben wird, so soll es Recht sein)".

c) Haftungslösung

Wie schließlich, jedenfalls zur Zwölftafelzeit, die deliktische Haftung, so war schon damals auch die wesentlich jüngere geschäftlich begründete Haftung, ebenso wie die Haftung kraft Verurteilung auf eine *actio in personam*, stets ablösbar durch Zahlung einer Geldsumme, übrigens der historische Grund für die obligatorische Geldverurteilung in Rom[119]. Gegen die Interessen der Gläubiger, die im Zweifel rechtzeitig abgewogen hatten, ob der in Aussicht genommene Schuldknecht das dafür ausgeworfene Geld wert war, und bei Verwirklichung der Haftung regelmäßig besser abgeschnitten haben werden als bei Rückerhalt des Kredits, setzte die Rechtsgemeinschaft, die solche Verringerung des Bestandes an freien Rechtsgenossen nicht sich selbst überlassen durfte, durch, daß jeder von Privathaft bedrohte Bürger durch jedermann ausgelöst werden konnte, auf welche Vergünstigung übrigens noch unser § 267 BGB zurückgeht. Soll eine Haftung aber wirklich durch jedermann ablösbar sein, so muß das Mittel der Ablösung nicht nur allgemeines Zahlungsmittel sein, sondern auch seine Höhe feststehen. Sie ergab sich aus dem *nexum*-Geschäft nicht von selbst, denn einmal kamen zu der darin genannten Summe regelmäßig noch Zinsen hinzu (in alter Zeit höchstens 12% im Monat), und vor allem konnten solche Haftungsgeschäfte auch zur Sicherung sonstiger Geschehnisse abgeschlossen worden sein: in Verbindung mit einem Kauf dafür, daß der Käufer die gekaufte Sache ungestört genießen konnte, das verkaufte Grundstück eine bestimmte Größe hat, oder auch dafür, daß eine Sache unter be-

[119] Paul Koschaker, SZ 37 (1916) 355–359.

stimmten Umständen dem Berechtigten herausgegeben werden wird, sich ein Dritter dem Berechtigten vor Gericht stellt u.v.a. Wenn der Berechtigte hier den Betroffenen vor den Prätor gebracht und durch Aufmarschierenlassen der fünf Zeugen das geschehene *nexum* oder mit entsprechenden formellen Beweisen das sonst geschehene Haftungsgeschäft bewiesen hatte, durfte dieser ihn dem Berechtigten nicht sofort zusprechen *(addicere)*, sondern mußte er erst einmal die genaue Ablösesumme feststellen bzw. feststellen lassen. Und darauf mußte erst noch, wenn das ausdrücklich auch nur für den Verurteilten und den gerichtlich Anerkennenden überliefert ist, eine 30-Tages-Frist verstreichen, in der der Haftkandidat auf dem Markt zur Auslösung ausgeboten wurde.

Da also der Berechtigte den Betroffenen letztlich nur unter der negativen Bedingung, daß ihm eine bestimmte Summe Geldes bis zu einem bestimmten Termin nicht gezahlt worden war, in Haft nehmen konnte und die Erfüllung der Bedingung so weit als möglich begünstigt, die letzte Konsequenz der Verhaftung tunlichst hintertrieben wurde, trat sie immer mehr zurück und die Bedingung, unter der dieses Übel abzuwenden war, das Zahlenmüssen trat in den Vordergrund. Schließlich beherrscht dieses die Vorstellung; jenes ist nur mehr letzte, selten zum Zuge kommende Konsequenz. Die Geldbezahlung und bereits der sonstige Erfolg, für den der Betroffene einstehen will, ursprünglich bloße Obliegenheiten, mit deren Erfüllung die an sich verwirkte Schuldknechtschaft abgewendet werden konnte, wandelten sich unter der Schwere dieser Drohung in Notwendigkeiten von eigenem Gewicht, in unmittelbare Rechtspflichten. Und die Haftungslösung wandelte sich zur Schuldtilgung, wenn auch die Sprache diesen Wandel nicht mehr mitgemacht hat. Eine Schuld ‚erfüllen, tilgen' hieß im Lateinischen stets *solvere* oder *exsolvere*, wörtlich ‚lösen, auslösen'; sich oder einen anderen einer Schuld ‚entledigen' immer *liberare*, eigentlich ‚befreien'; noch heute ist die Lehnübersetzung gebräuchlicher und gibt es nicht nur gynäkologische, sondern auch juristendeutsche ‚Entbindungen'.

d) Der Abbau der persönlichen Haftung

Schon in der älteren Republik muß das Töten und das Verkaufen des addizierten Haftenden ins Ausland nicht nur tatsächlich abgekommen, sondern auch rechtlich verboten worden sein. Als Marktstein der Entwicklung verzeichnet die römische Geschichtsschreibung die *Lex Poetelia* (326 v.Chr.), nach der der Schuldknecht nicht einmal mehr gefesselt werden durfte. *Nexum* und Schuldknechtschaft überhaupt wurden mit immer lästigeren Beschränkungen für den Berechtigten versehen, so daß am Ende der Republik das *nexum* verschollen ist und die Personalvollstreckung überhaupt außer Übung gerät, obwohl sie de jure die ganze klassische Zeit hindurch fortgalt.

2. Die Stipulation

a) Ursprung und Struktur

Bevor das *nexum* aber verschwand, befruchtete es das römische Recht, indem es das Modell für die selbständige, nicht mehr in ein Verknechtungsgeschäft eingebettete Obligation abgab, die Stipulation. Heute begegnet das deutsche Fremdwort ‚Stipulation, stipulieren' gelegentlich noch in völkerrechtlichem Zusammenhang, welches Rechtsgebiet so manchen Terminus der französischen Rechtssprache entliehen hat. Und hier bedeutet *stipuler* ‚förmlich vereinbaren, ausdrücklich festsetzen'. Die Bedeutung des lateinischen Worts war konkreter. *Stipulari* bedeutete ‚in bestimmter mündlicher Form sich versprechen lassen', *stipulatio* bezeichnete ein solches Versprechen. Ursprünglich wurde es wahrscheinlich unter Eid abgegeben, denn der Versprechende mußte dazu einst das Wort *spondeo* verwenden, das ersichtlich mit griechisch σπένδω ‚ein Trankopfer darbringen' urverwandt ist, im späteren Latein aber nur noch ‚geloben, versprechen' bedeutet. Das die Tätigkeit des Gläubigers dabei bezeichnende Wort *stipulari* kommt von *stips* ‚Stab', und das für ‚versprechen' außerdem gebrauchte *promittere* bedeutet eigentlich ‚vorstrecken' (die Hand), was darauf hindeutet, daß ursprünglich noch weitere Förmlichkeiten, ein Handschlag und irgendein Stabritus, das Geschäft begleiteten[120]. In dem Versprechen verpflichtete sich der Schuldner unmittelbar zu einer Leistung, die in klassischer Zeit bestehen konnte in einem *dare* ‚geben', meist prägnant ‚übereignen'; *facere* ‚tun', vertretbare und unvertretbare Handlungen umfassend; oder *praestare* ‚einstehen' für sonst einen Erfolg. Gegen-

---

120 Zum Ursprung der stipulatio sind viele, z. T. abenteuerliche Hypothesen aufgestellt worden. Meine Ansicht habe ich näher begründet im Rahmen einer Untersuchung über den Contrarius actus, in: Sympotica Franz Wieacker (Göttingen 1970) 134–136, Ähnlich jetzt Kaser, a.a.O. (oben Anm. 89) I (= 1. Abschn.) 168–170. Zum griechischen σπόνδαι s. noch Johannes Herrmann, Σπονδή und σπόνδαι, in: Studi in onore di Edoardo Volterra (Mailand 1971) III 135–142.

stand einer Stipulation konnte also bereits fast jeder heute mögliche Leistungsgegenstand sein, nur – zunächst – ein Unterlassen nicht, bis das *non facere* schließlich doch als Unterfall des *facere* anerkannt wurde [121].

Im einzelnen wurde die Stipulation wie folgt umschrieben:

Gaius, Institutiones III, Tit.: De obligationibus verbis contractis, §§ 92f.
Verbis obligatio fit ex interrogatione et responsione, velut: „... dari spondes?" „Spondeo"; „... dabis?" „Dabo"; „... promittis?" „Promitto"; „... facies?" "Faciam". Sed haec quidem verborum obligatio: „... dari spondes?" „Spondeo" propria civium Romanorum est. Ceterae vero iuris gentium sunt; itaque inter omnes homines, sive cives Romanos sive peregrinos, valent.

Gajus, Institutionen Buch 3, Titel: Über die Wortverbindlichkeiten
Die Wortverbindlichkeit wird durch Frage und Antwort abgeschlossen, wie z.B.: „Gelobst du ... zu geben?" „Ich gelobe es"; „Wirst du ... geben?" „Ich werde es geben"; „Versprichst du ...?" „Ich verspreche es"; „Wirst du ... tun?" „Ich werde es tun". Aber die Wortverbindlichkeit: „Gelobst du ... zu geben?" „Ich gelobe es" kann nur von römischen Bürgern abgeschlossen werden. Die andern jedoch gehören dem allen Kulturvölkern geläufigen Recht an; und so gelten sie zwischen allen Menschen, römischen Bürgern wie Nichtbürgern.

Erstens mußte also der Gläubiger das Vereinbarte zusammenfassen und als Frage in Worten hörbar formulieren, ausdrücklich zur Sprache bringen. Zweitens mußte die Frage in Anwesenheit des Verpflichteten gestellt und von ihm sofort beantwortet werden, die Parteien mußten also zum Abschluß gleichzeitig anwesend sein. Schließlich mußte die Antwort der Frage bis in die Wortwahl hinein genau entsprechen, womit einem bereits äußerlichen Auseinanderfallen der beiden Erklärungen vorgebeugt war. Dieser Formalismus enthält also mannigfache für das Problem des Vertragsschlusses noch heute als sachgerecht anerkannte Elemente. Der Verpflichtete kann gar nicht umhin, vor Abschluß zur Kenntnis zu nehmen, welche Pflichten ihn alles treffen sollen [122], was sich bei schriftlichem Vertragsschluß mit Hilfe von Formularen so leicht verbergen läßt. Zwischen Vorverhandlungen und endgültigem Abschluß ist ein deutlicher Einschnitt. Viele Mißverständnisse kommen unter Anwesenden, sich unmittelbar Verständigenden weniger leicht zustande als bei Verwendung von Boten oder Briefen. Und solange die Rechtsgemeinschaft nicht größer ist als eine mittlere Landstadt, ist der Aufwand,

---

[121] S. Karl-Heinz Schindler, Justinians Haltung zur Klassik (Köln 1966) 305f.

[122] Vgl. § 13 BeurkG.

zum Vertragsschluß zusammenzukommen, zu bewältigen, zumal solange ein ohnehin bestehender Hang zur Geselligkeit noch nicht durch Arbeitsethos behindert wird und die Zahl der auch von einem rührigen Hausvater getätigten Geschäfte noch gering ist. Freilich kann das flüchtige Wort vor dem Richter nicht ohne weiteres nachgewiesen werden. Doch wird einst der Eid den Schuldner vor mutwilligem Ableugnen haben zurückschrecken lassen. Und das Erinnerungsvermögen der Menschen war bis in die jüngste Vergangenheit unvergleichlich zuverlässiger. Später wurde Beurkundung von Stipulationen (wie übrigens auch von Manzipationen) üblich, wovon das Geschäft selbst aber nie abhängig war. Das lehrte die Römer früh zwischen Existenz und Beweisbarkeit eines Rechts scharf scheiden. Die harte Folge der Nichtigkeit des ganzen Geschäfts, sobald einer dieser Anforderungen nicht genügt war, mußte freilich, als Rom aus seiner Enge herausgewachsen und die führende Wirtschaftsmacht der damals bekannten Welt geworden war, sehr hart erscheinen. In ihrem stark entwickelten Sinn für Traditionen hielten die Römer aber im Hauptsächlichen an dem Geschäft fest, solange Rom die Rechtsfortbildung beherrschte.

b) Handhabung im klassischen Rom

So gut es ging, richtete man sich mit dem Geschäft jedoch ein. Solange die Grundstruktur intakt blieb, ließ man vielfältige Erleichterungen zu:

Ulpianus, Ad Sabinum XXXXVIII, Tit.: De verborum obligatione (Dig. 45, 1, 1 pr. – § 5, gekürzt)

Stipulatio non potest confici nisi utroque loquente, et ideo neque mutus neque surdus neque infans stipulationem contrahere possunt; nec absens quidem quoniam exaudire invicem debent. Qui praesens interrogavit, si antequam sibi responderetur discessit, inutilem efficit stipulationem. Sin vero praesens interrogavit, mox discessit et reverso responsum est, obligat; intervallum enim medium non vitiavit obligationem. Si quis ita interrogatus: „... dabis?" responderit: „Quid ni?", et is utique in ea causa est, ut obligetur. Contra, si sine verbis adnuisset. Si quis simpliciter interrogatus responderit: „Si illud factum erit, ... dabo", non obligari eum constat. Aut si ita interrogatus: „Intra kalendas quintas ...?" responderit: „Dabo idibus", aeque non obligatur. Non enim sic respondit, ut interrogatus est. Et versa vice si interrogatus fuerit sub condicione, responderit pure, dicendum erit eum non obligari. Cum adicit aliquid vel detrahit obligationi, semper probandum est vitiatum esse obligationem, nisi stipulatori diversitas responsionis ilico placuerit; tunc enim alia stipulatio contracta esse videtur. Si stipulanti mihi decem milia IIS tu: „Viginti milia IIS ..." respondeas, non esse contractam obligationem nisi in decem constat. Ex contrario quoque si me vingiti interrogante tu decem respondeas, obligatio nisi in decem non erit contracta; licet enim oportet congruere summam, attamen manifestissimum est vinginti et decem inesse. Sed si mihi Pamphilum stipulanti tu Pamphilum et Stichum spoponderis, Stichi adiectionem pro supervacuo habendam puto. Nam si tot sunt stipulationes, quot corpora, duae sunt quodammodo stipulationes: una utilis, alia inutilis; neque vitiatur utilis per hanc inutilem.

Ulpian, Sabinuskommentar Buch 48, Titel: Über die Wortverbindlichkeit
Eine Stipulation kann nur, indem beide Teile sprechen, abgeschlossen werden, und deshalb können weder ein Stummer noch ein Tauber noch ein Kind, das noch nicht sprechen kann, eine Stipulation eingehen; und auch ein Abwesender nicht, weil die Parteien einander hören müssen. Jemand, der noch eben die Frage gestellt hat, bevor ihm geantwortet wurde aber weggegangen ist, macht die Stipulation ungültig. Wenn er aber die Frage gestellt hat, dann weggegangen ist und ihm nach seiner Rückkehr geantwortet wurde, dann macht er den andern verbindlich; eine kurze Unterbrechung nämlich macht die Verbindlichkeit nicht fehlerhaft. Wenn jemand fragt: „Wirst du ... geben?“ und man ihm geantwortet hat: „Warum nicht?“, dann wird auch in diesem Fall der Antwortende verpflichtet. Anders jedoch, wenn er nur wortlos genickt hätte. Wenn jemand, schlicht gefragt, geantwortet hat: „Wenn das und das geschehen sein wird, werde ich ... geben“, wird er gewiß nicht verpflichtet. Und wenn er so gefragt: „... bis zum 28.?“ geantwortet hat: „Ich werde es am 15. geben“, wird er ebensowenig verpflichtet. Denn er hat nicht so geantwortet, wie er gefragt worden ist. Und umgekehrt: wenn er unter einer Bedingung gefragt worden ist, jedoch unbedingt geantwortet hat, muß man sagen, daß er nicht verpflichtet wird. Wenn er der Verbindlichkeit etwas hinzufügt oder wegnimmt, dann ist stets anzunehmen, daß die Verbindlichkeit fehlerhaft ist, sofern der Versprechensempfänger nicht sofort der Abweichung zustimmt; dann nämlich wird es so angesehen, als sei eine neue Stipulation abgeschlossen. Wenn ich im Begriff bin, mir 10000 Sesterzen versprechen zu lassen, und du „20000 Sesterzen“ antwortest, dann steht fest, daß nur in Höhe von 10000 Sesterzen eine Verpflichtung begründet wurde. Aber auch umgekehrt wenn du, nachdem ich „20000“ gefragt habe, „10000“ antwortest, kommt eine Verpflichtung nur in Höhe von 10000 zustande. Obgleich nämlich der Betrag übereinstimmen muß, sind doch selbstverständlich 10000 in 20000 enthalten. Aber wenn du, der ich den Sklaven Pamphilus mir versprechen zu lassen im Begriff bin, Pamphilus und dazu den Sklaven Stichus gelobst, dann meine ich, daß die Hinzufügung des Stichus als nicht geschehen zu erachten ist. Denn wenn in Wahrheit so viele Stipulationen anzunehmen sind, wieviele Einzelgegenstände in Rede stehen, dann handelt es sich hier gewissermaßen um zwei Stipulationen: die eine gültig, die andere ungültig; und die gültige wird durch die ungültige nicht berührt.

Kann man angesichts dieses Beispiels von Abbau der Form mit zunehmendem Alter des betreffenden Rechtsinstituts sagen, daß Formen allgemein im Laufe der Zeit reduziert zu werden pflegen, daß sich der Rechtsverkehr überall immer formloser zu vollziehen pflege, die Auflösung von Formgeboten geradezu als Zeichen des Fortschritts gelten könne[123]? Das wäre falsch, ein ungeschichtliches Denken in einbahnigen Entwicklungsgesetzen. Wohl sind die einzelnen Formen geschichtlichem Wandel unterworfen, werden sie hervorgebracht und verschwinden sie eines Tages auch wieder. Dafür aber treten neue Formvorschriften auf den Plan. Jeder Zeit sind ihre je besonderen Formen wichtig. Uns heute sind der Aufklärung dienende Formvorschriften (§ 1 a AbzG, die zu erwartenden besonderen Vorschriften für AGB) und Partizipationsförmlichkeiten wichtig: An den Universitäten fällt kaum eine Entscheidung mehr ohne Einschaltung eines Gremiums, mag dieses noch so lustloses Zustimmungsorgan ohne wirkliche eigene Entscheidungsfreiheit sein.

c) Vom Wortformalismus zur Schriftform[124]

Bereits Kaiser Septimius Severus hatte sich in einem Reskript aus der Zeit, als der wahrscheinlich aus Syrien stammende Papinian der Libellkanzlei vorstand, viel großzügiger gezeigt:

Imperatores Severus et Antoninus Augusti Secundo (Cod. Just. 8, 37, 1)
Licet epistulae, quam libello inseruisti, additum non sit stipulatum esse eum cui cavebatur, tamen, si res inter praesentes gesta est, credendum est praecedente stipulatione vocem spondentis secutam.
Accepta XVII kalendas Maias Severo III et Victorino consulibus

Kaiser Severus und Caracalla an Secundus
Obwohl in dem Brief, den du deiner Eingabe beigefügt hast, nicht hinzugesetzt ist, daß der, dem die Zusage gemacht wurde, sich hat stipulieren lassen, so ist doch, wenn die Angelegenheit unter Anwesenden ausgeführt worden ist, anzunehmen, daß, nachdem Stipulationsworte des Gläubigers vorangegangen sind, die Stimme des Gelobenden folgte.
Eingegangen am 15. April im Jahre 200 n. Chr.

Wenn ein Versprechen unter Anwesenden schriftlich niedergelegt worden ist, sei von einer Stipulation auszugehen[125]. Auch wenn man sinngemäß ergänzt: sofern (später ein Streit darüber entsteht, ob die

[123] S. etwa heute die §§ 9 Abs. 2; 10–12; 13 Abs. 1 S. 2 u. 4 u. Abs. 3 S. 2; 14 Abs. 3 S. 2; 16 Abs. 1; Abs. 2 S. 1 (2. Halbs.); Abs. 2 S. 2; Abs. 3 S. 3 u. 4; u. 17 BeurkG von 1969: alles nur mehr Sollvorschriften, die bis vor kurzem noch unabdingbar waren.

[124] Zum Folgenden Dieter Simon, Studien zur Praxis der Stipulationsklausel (München 1964) passim, bes. S. 26–40; u. Dietrich V. Simon, a.a.O. (oben Anm. 59) § 8 C VI 1.

[125] Vgl. zu einem analogen Fall schon Kaiser Antoninus Pius (138–161 n. Chr.) nach Diokletian, Fragm. Vat. 314.

erforderlichen Worte tatsächlich getauscht worden sind, und) eindeutig nicht geklärt werden kann, was nun vorgefallen ist, ist die Entscheidung trotzdem revolutionär zu nennen. Die Urkunde braucht ja nicht einmal von einer Stipulation zu sprechen. Wenn der Gläubiger nicht gerade den Gegenbeweis ermöglichte, brauchten also schon seit Beginn des 3. Jhs. die Stipulationsworte nicht mehr wirklich gesprochen zu werden, genügte ein schriftliches Schuldversprechen, wie es die hellenistischen Rechte unter bestimmten Bedingungen genügen ließen und wie es den Bedürfnissen des Rechtsverkehrs im Weltreich und demnächst der Rechtsüberzeugung der Mehrheit der Rechtsgenossen entsprach. Offen wird die Frage-und-Antwort-Form aber erst im späten 5. Jh. erlassen:

Imperator Leo Augustus Erythrio praefecto praetorio Orientis (Cod. Just. 8, 37, 10)

Omnes stipulationes etiamsi non sollemnibus vel directis sed quibuscumque verbis pro consensu contrahentium compositae sint, legibus cognitae suam habeant firmitatem.

Data kalendas Ianuarias Constantinopoli Marciano consule

Kaiser Leo an den Prätorianerpräfekten des Ostens Erythrius

Alle Stipulationen, auch wenn sie nicht mit den herkömmlichen bzw. unmittelbaren, sondern irgendwelchen Worten mit dem Erfolg der Einigung der Vertragschließenden abgefaßt worden sind, sollen, gesetzlich anerkannt, ihre Gültigkeit haben.

Gegeben am 1. Januar zu Konstantinopel im Jahre 472 n. Chr.

Die Wahl der Worte ist gleichgültig, entscheidend ist die Einigung der Parteien; und in der Tat kann man sich ausmalen, wie der echt römisch humorlose Frage-und-Antwort-Zauber aufgeklärte Griechen und Syrer lächerte. Damit war endlich offiziell anerkannt, womit Papinian im Namen des Kaisers fast 300 Jahre vorher nur unter dem falschen Etikett einer – dem römischen Recht überdies an sich fremden – Beweisregel in einem einzelnen, konkreten Fall vorzupreschen gewagt hatte. Erst Justinian war indessen so frei, zugleich mit seinem Versuch einer Wiederbelebung auch des ganzen alten Stipulationsrechts ein neues, viel weitergehendes Zugeständnis zu machen, aber bezeichnenderweise wieder auf dem Umweg über eine Beweisregel:

Institutiones Iustiniani III, Tit. (19): De inutilibus stipulationibus, § 12

Item verborum obligatio inter absentes concepta inutilis est. Sed cum hoc materiam litium contentiosis hominibus praestabat, forte post tempus tales allegationes opponentibus et non praesentes esse vel se vel adversarios suos contendentibus, ideo nostra constitutio (Cod. Just. 8, 37, 14 v. 1. Nov. 531) propter celeritatem dirimendarum litium introducta est, quam ad Caesarienses advocatos scripsimus, per quam disposuimus tales scripturas, quae praesto esse partes indicant, omnimodo esse credendas, nisi ipse, qui talibus utitur improbis allegationibus, manifestissimis probationibus vel per scripturam vel per testes idoneos approbaverit in ipso toto die, quo conficiebatur instrumentum, sese vel adversarium suum in aliis locis esse.

Institutionen Justinians Buch 3, Titel (19): Über ungültige Stipulationen, § 12 Weiter ist eine Wortverbindlichkeit, die unter Abwesenden geschlossen worden ist, ungültig. Aber weil dies streitsüchtigen Menschen Stoff für Prozesse gab, die etwa nach längerer Zeit solche Vorbringen entgegensetzen und behaupten, sie oder ihre Gegner seien nicht zugegen gewesen, daher ist Unsere Konstitution um der Schnelligkeit der zu entwirrenden Prozesse willen eingeführt worden, die Wir den Anwälten von Cäsarea ausgefertigt und in der Wir bestimmt haben, daß solchen Urkunden, die angeben, die Parteien seien gegenwärtig, auf jeden Fall zu glauben ist, sofern nicht derjenige, der sich solchen unbilligen Vorbringens bedient, mit absolut eindeutigen Beweisen sei es durch eine Urkunde oder durch geeignete Zeugen nachweisen sollte, daß während des ganzen Tages, an dem die Urkunde ausgestellt wurde, er selbst und sein Gegner an verschiedenen Orten gewesen seien.

Hatten die Parteien ihren Vertrag schriftlich geschlossen und sich dazu des richtigen Formulars bedient, dann war danach nur noch in seltenen Fällen der seit Leo allein mögliche Einwand, der Vertrag sei nicht wirklich unter Anwesenden geschlossen worden, zu beachten. So war aus einem Geschäft, das durch förmelnde Rede der Parteien gekennzeichnet war, unter der Hand ein schriftlicher Vertrag mit ein paar reminiszierenden Klauseln geworden.

d) Die Stipulation im Prozeß

Während das *nexum* als Libralgeschäft jedenfalls sechs Mitbürgern: den fünf Zeugen und dem Wägemeister, offenkundig war, gehörte bei der Stipulation ein Kundbarkeitsmittel nicht dazu; schon in Hinblick darauf kam hier sofortige Vollstreckbarkeit ohne Sachprüfung vor dem Geschworenen allein auf Grund dem Prätor vorzulegender formeller Beweise nicht in Betracht. Außerdem zielte das *nexum* von vornherein auf persönliche Haftung, beinhaltete es eine schwebende Selbstverknechtung, die durch (Geld-)Leistung nur abgelöst werden konnte, während die Stipulation unmittelbar auf die verabredete Leistung gerichtet war, deren Zusage durch den Eid, die bedingte Selbstverfluchung nur bekräftigt wurde; wohl erst später übernahm die staatliche Gerichtsbarkeit die Verwirklichung solcher Zusagen. Bestritt der in Anspruch Genommene, die aus Stipulation geforderte Leistung (noch) schuldig zu sein, dann wurde die Sache einem Geschworenenrichter zur Prüfung gegeben, der alle für die Frage des Bestehens der Schuld etwa erheblichen Tatsachen prüfte. Kam er allerdings zu dem Schluß, daß der in Anspruch Genommene wirklich die Leistung schuldig war, dann erging es ihm zur Zeit der Zwölf Tafeln ebenso wie einem *nexum*-Verbundenen: Er wurde, wie die oben S. 21 zitierten Zwölftafelvorschriften sagten, unter Umrechnung der geschuldeten Leistung in Geld verurteilt und nach 30 Tagen dem Gläubiger als Schuldknecht addiziert. Im Laufe der Zeit freilich trat auch hier, parallel zu Milderung und Verschwinden des *nexum*, an die Stelle der Personalvollstreckung faktisch, nicht zwingend, die Vermögensvollstreckung in der Form des Konkurses, der wegen jeder noch so geringfügigen unerfüllten Urteilsschuld drohte: Ohne Vollstreckungsschutz und ohne sonstige Beschränkung (außer bei Senatoren)[126] beschlagnahmte und verkaufte der Gläubiger das Vermögen des Schuldners insgesamt; mit der Pfändung einzelner Stücke hielt man sich nicht auf.

Zur Zeit der Zwölf Tafeln gab es neben der Stipulation nur eine kleine, überschaubare Zahl anderer Schuldgründe, von denen die meisten die praktische Bedeutung der Stipulation längst nicht erreichten. Für das Geschäftsleben neben der Stipulation am wichtigsten war wohl die Obligation aus Hausbucheintragung. Der römische Hausvater trug Zu- und Abgänge sowie Außenstände und Passiven in einen *codex accepti et expensi* (Buch der Einnahmen und Ausgaben) ein, wobei die Überschreibung *(transscriptio)* einer kredidierten Summe ins Hausbuch des Gläubigers, wenn der Schuldner eingewilligt hatte, als hinreichende Grundlage für eine Klage auf Zahlung der Summe, also als schuldbegründend, gegebenenfalls neubegründend, anerkannt war. Andere altüberkommene Möglichkeiten, eine Verbindlichkeit zu begründen, waren die kleineren Delikte wie unbefugtes Fällen fremder Bäume und leichte Körperverletzung, wofür beides man 25 As (ursprünglich: Pfund Kupfer) schuldete; oder nicht förmlich nachgewiesener Diebstahl und verschiedene Veruntreuungen, wofür man das Doppelte des gestohlenen bzw. veruntreuten Gutes schuldete. Für all diese Delikte waren besondere Klagen mit den dazugehörigen Spruchformeln und später Schriftformularen vorgesehen, in denen jeweils der besondere Grund für die konkrete Klage bzw. Verbindlichkeit angegeben war: die *actio de arboribus succisis, iniuriarum, furti nec manifesti* und wie sie alle heißen. Und ebenso gab es zur Geltendmachung von Verbindlichkeiten aus Stipulation oder Hausbucheintragung besondere Klagen, einst alle vom Typ der *legis actio sacramento in personam* als *actio ex sponsione* oder *actio ex*

---

[126] Dazu etwa Garnsey, a.a.O. (oben Anm. 41) 186f.

transscriptione. Schon die Zwölf Tafeln aber stellten speziell für die Stipulation und ein paar weitere Klaggründe einen neuen Klagtyp zur Verfügung, die *legis actio per iudicis arbitrive postulationem* (durch Forderung eines Geschworenenrichters oder Schiedsmanns), bei der die Parteien kein *sacramentum*, also keine Wettsumme von 50 bzw. 500 As, vorzuschießen brauchten, um einen Prozeß führen zu können (Gajus, Inst. 4, 17a); was also viele Schuldner erst wirklich in die Lage versetzte, sich auf einen Prozeß einzulassen. Mit zunehmendem Wirtschaftsverkehr im Laufe des 3. Jhs. v. Chr. scheint sich aber auch dieser Klagetyp als zu schwerfällig für Geschäftsschulden erwiesen zu haben. Jedenfalls wurde jetzt ein dritter Klagetyp gesetzlich eingeführt mit folgenden Besonderheiten: Erstens wurde zugunsten des Schuldners eine weitere 30-Tage-Frist zur freiwilligen Erfüllung der Schuld eingeführt, die der Gläubiger bis zur förmlichen Klagerhebung abzuwarten hatte. M. a. W. der Gläubiger mußte dem Schuldner die Klage 30 Tage vorher ansagen *(condicere)*. Diese Besonderheit gab dem neuen Klagetyp seinen Namen: Er hieß *condictio* (Ansagung[sverfahren], Gajus 4, 17b–19). Die zweite Besonderheit bestand darin, daß der Unterlegene ein Drittel der Schuldsumme, gegebenenfalls also zusätzlich zur Urteilssumme, als Prozeßstrafe für leichtfertiges Prozessieren zahlen mußte (Gajus 4, 172 u. 180); der Kläger übrigens auch, wenn er wegen Zuvielforderung *(plus petitio)* abgewiesen wurde, was ja überdies endgültig war. Drittens sah bei dieser Klage die Formel selbst Angabe des Schuldgrundes nicht vor, lautete sie vielmehr kurzerhand oder, wie man sagt, abstrakt auf Schuldigsein einer bestimmten Summe Geldes oder einer bestimmten Menge vertretbarer Sachen. Im Spruchformelverfahren brauchte der Kläger also nur zu sagen: „*Aio te mihi IIS X milia dare oportere* (Ich sage, daß du mir 10000 Sesterzen geben mußt)" oder: „*Aio te mihi X modios tritici Africi optimi dare oportere* (Ich sage, daß du mir 10 Scheffel [à circa 9 l.] besten afrikanischen Weizen geben mußt)". Das war für den Kläger insofern günstig, als er sich so auf den Verpflichtungsgrund nicht festzulegen brauchte; es nichts schadete, wenn inzwischen etwa eine Stipulations- in eine Hausbuchforderung umgewandelt worden war. Alles in allem war die *condictio* also nach kurzer Schonfrist besonders streng, darin der heutigen Wechselverpflichtung vergleichbar, wo dem Schuldner drei Monate sicher sind, danach es jedoch rasch ernst wird. In klassischer Zeit, nach der Umstellung vom Spruchformel- auf das Schriftformelverfahren, wurde wegen Forderungen aus Stipulation stets mit der *condictio* geklagt, sofern die Stipulation nur entweder auf *certa pecunia* (eine bestimmte Geldsumme) lautete: dann mit der *condictio certae pecuniae*, häufiger *actio certae creditae pecuniae* (Klage auf eine bestimmte kreditierte Geldsumme) genannt; oder auf *certa res* (eine bestimmte Sache): dann mit der *condictio certae rei*. Mit der *condictio* bewehrt wurden also recht eigentlich Handelsgeschäfte, welches Stipulation und Überschreibung im Alltag waren – einst zwar wohl nicht die einzigen, aber jedenfalls die wichtigsten, am vielseitigsten verwendbaren vertraglich zu begründenden Verbindlichkeiten.

3. Die Realverträge

a) Die schlichten Rückgewährschuldverhältnisse

Wer im frühen Rom formlos Geld verlieh [127], ohne seinem Schuldner das Selbstverknechtungszeremoniell abzuverlangen, ohne die Rückzahlung förmlich zu stipulieren und ohne den Außenstand förmlich ins Hausbuch einzutragen, konnte wegen der Rückzahlung des Geldes die Hilfe der Gerichte einst anscheinend nicht in Anspruch nehmen. Dem die Form nicht achtenden Kreditgeber sei es von Geld, sei es sonstiger vertretbarer Sachen, halfen die Gerichte einst nicht. Das braucht kein Mangel gewesen zu sein. Die Rückzahlung formloser, unter Freunden oder im Rahmen der Nachbarschaftshilfe gewährter Handdarlehen (*mutuum*, eigentlich ‚Vertauschtes') läßt sich gewöhnlich mit anderen, ebenso wirksamen Mitteln erzwingen: Man droht, den in engen Gemeinschaften existenznotwendigen nachbarschaftlichen Verkehr abzubrechen, die Unverläßlichkeit des Darlehnsnehmers zu verbreiten. Mit der Vergrößerung der Rechtsgemeinschaft im Zuge des wirtschaftlichen Aufschwungs im weiteren Verlauf des 3. Jhs. v. Chr. scheinen diese Mechanismen aber ihre Wirkung eingebüßt zu haben und scheint das Unterlassen der altertümlichen Förmlichkeiten nicht mehr als so schwerwiegend empfunden worden zu sein. Jedenfalls wird jetzt die Rückforderung eines *mutuum* klagbar, ohne daß der Gesetzgeber tätig geworden zu sein scheint, nämlich allein mit Hilfe eines Auslegungskunststücks. Womöglich aus Anlaß eines Prozesses um Darlehensrückzahlung, bei dem sich herausstellte, daß Stipulation oder Überschreibung aus irgendeinem Grund unterblieben oder unwirksam waren, könnte ein mutiger *iudex* bzw. sein beratender Jurist das *dare oportere* der *condictio*

[127] Zum Folgenden Verf., a.a.O. (oben Anm. 29) 96–101.

dennoch bejaht haben, allein auf Grund der unstreitigen Valutaauszahlung. Die abstrakte Formel ermöglichte das. Jedenfalls wird die schlichte Valutaauszahlung der dritte Tatbestand, auf den eine *condictio* gestützt werden konnte. Das war gefestigte Meinung zur Zeit Ciceros, wie seine Rede *pro Roscio comoedo* (für den Schauspieler Roscius) ergibt[128]. Aber die Entwicklung blieb hier nicht stehen. In der Kaiserzeit kommen weitere, dem der schlichten Valutaauszahlung ähnliche Fallgruppen hinzu: die Leistung wegen eines (verabredeten weiteren) Zwecks, der nicht folgt, d.h. verfehlt wird *(datio ob causam causa non secuta)*, Leistung wegen eines mißbilligten Zwecks *(datio ob turpem causam)*, und, interessanterweise erst an dritter Stelle, die (irrtümliche) Entrichtung einer Nichtschuld *(solutio indebiti)*, später zur Leistung (schlicht) ohne Rechtsgrund *(datio sine causa)* verallgemeinert, wovon dann weiter unterschieden wurde der Fall der Leistung auf einen (zunächst bestehenden) Rechtsgrund, der (später) wegfällt *(condictio ob causam finitam)*. Die Fälle sind uns aus dem BGB (§§ 812, 814, 817) wohlbekannt als Unterfälle der Leistungskondiktion, neben die im römischen Recht nur erst vereinzelte Fälle von Eingriffskondiktionen traten: *ex causa furtiva* (wegen Diebstahls) und *ex iniusta causa* (aus unrechtmäßigem Grund): vereinzelte dem Diebstahl gleichzusetzende Fälle wie Ehegattendiebstahl[129]. So wird ausgerechnet die strenge, einer Wechselklage vergleichbare *condictio* zur Bereicherungsklage, heute der Inbegriff eines Rechtsbehelfs mit Billigkeitscharakter, d.h. unscharfen Grenzen. Dazu sollte es bei der römischen *condictio* aber nicht mehr kommen, insbesondere nicht zur Beschränkung des Anspruchs auf die bei Klagerhebung etwa noch vorhandene Bereicherung, wie sie § 818 Abs. 3 BGB vorsieht; obschon der Rechtsgedanke auch dieser Vorschrift aus den römischen Quellen übernommen ist: der Regelung bei einzelnen besonderen, auf besondere Fälle beschränkten, sog. prätorischen Bereicherungsklagen. Die römische *condictio* dagegen blieb in klassischer Zeit eine strengrechtliche Klage, im wesentlichen beschränkt auf unsere Fälle der Leistungskondiktion; und auch Justinian änderte daran kaum etwas. Ihre Grundlage war vertraglich oder doch, wie Gajus die Fälle der Leistungskondiktion einstufte, quasivertraglich (*quasi ex contractu*, s. Dig. 44, 7, 5 § 3; s.a. § 1).

In all diesen Fällen und insbesondere im Ausgangsfall des Handdarlehens war einheitlich Klagvoraussetzung, daß wirklich Geld aus-

[128] Übersetzt von Manfred Fuhrmann in: Marcus Tullius Cicero, Sämtliche Reden I (Zürich 1970) 177–207.

[129] S. Verf., a.a.O. (oben Anm. 29) 48 Fußn. 52.

bezahlt bzw. eine andere fungible Sache übereignet worden war. Ein dem Handdarlehen ähnlicher, wie dieses erst spät klagbar gewordener Fall war die (unentgeltliche und) formlose, d.h. ohne förmliches Rückgabeversprechen geschehene Leihe. Hier entwickelten die Prätoren eine besondere Rückgabeklage (s. oben S. 39), die vor allem die Voraussetzung enthielt, daß die verliehene Sache wirklich übergeben worden war. Auch die Haftung des Verwahrers und des Faustpfandgläubigers auf Rückgabe der Sache nach Abruf der verwahrten Sache durch den Verwahrer bzw. Tilgung der gesicherten Forderung, auch diese Rückgewähransprüche setzen eine frühere Hingabe voraus.

b) Zusammenfassung der Rückgewährschuldverhältnisse zum Verpflichtungstyp ‚Realkontrakt'. Heutige Realverträge.

Diese vier Fälle: Handdarlehen, Leihe, Verwahrung und Faustpfand und einige weitere werden später dogmatisch zusammengefaßt zu einer besonderen Kategorie von *contractus* (eigentlich: ‚Zusammenziehung, Zustandebringen' [von Verbindlichkeiten], Bedeutung einst weiter als ‚Vertrag'[130]). Ihnen ist für die Entstehung einer Verbindlichkeit, der Rückgewährpflicht, das Erfordernis gemeinsam, daß die betreffende Sache vorher einmal geleistet worden ist. Und da die Römer Leistung *res* nannten, nannten sie diese Kategorie von Obligationen *obligationes re contractae* oder *re contractus*, woraus „Realverträge" wurde. Das Wort ist dem in den römischen Rechtsquellen nicht Bewanderten schwer verständlich, weil ‚real' hier nicht ‚wirklich' bedeutet; der Realvertrag hat mit Realität i.S.v. ‚Wirklichkeit' ebensowenig zu tun wie mit ‚reell' i.S.v. ‚vertrauenswürdig', sondern kommt von *re* i.S.v. ‚durch Tat, faktisch', d.h. (formlos) ‚vollzogen'. Hier entsteht überall eine Verbindlichkeit erst, wenn schon etwas, schon ein Akt des ganzen Geschäfts vollzogen, eine Leistung erbracht ist. Vorher besteht keine Verbindlichkeit, eine bloße Leistungszusage ist hier unverbindlich: die Darlehenszusage, Zusage einer unentgeltlichen Sachleihe, einer Verwahrung und auch einer Verpfändung. Nur durch Stipulation konnten diese Zusagen verbindlich gegeben werden.

Die Realverträge waren also die faktischen Verträge der Römer, nur daß es bei ihnen nicht schon, wie bei den heutigen faktischen „Verträgen", an einer Einigung fehlte, sondern an der Einhaltung der Form. Die Realkontrakte waren der erste Schritt zur Begründung

---

130 Dazu Sven Erik Wunner, Contractus (Köln 1964) 1–94 (Zusammenfassung 93f.) u. dazu Joseph Georg Wolf, in: Iura 17 (1966) 274–285.

von Verbindlichkeiten durch formlos getätigte Geschäfte: Ohne weiteres bringen sie keine Verbindlichkeit hervor, sondern nur, wenn sie schon ‚getätigt' sind, jedenfalls zum Teil. Realverträge sind (zum Teil) ‚getätigte' Verträge.

Gibt es das noch im geltenden deutschen Recht? Bevor man diese Frage zu beantworten versucht, muß man sich klar gemacht haben, daß der Ausgangspunkt heute grundverschieden ist. Bei uns sind grundsätzlich alle Verträge ohne weiteres formlos verbindlich, auch eine formlose Darlehenszusage, Leihezusage usf., sofern sie nur verbindlich gemeint, d.h. zu verstehen gewesen war. Für die Praxis liegt darin das Problem. Woran soll sie messen, ob die unentgeltliche Zusage einer Leistung oder eines Verhaltens rechtsverbindlich zu verstehen war oder nur als sog. Gefälligkeitszusage ohne Rechtsverbindlichkeit? Sogar Parteien eines gegenseitigen Vertrages schenken der Frage, ob er notfalls rechtlich erzwingbar sein soll, häufig zunächst keinerlei Aufmerksamkeit. Bei gegenseitigen Verträgen wird man freilich im Zweifel von einem der gängigen Vertragstypen, also einem rechtsverbindlichen Vertrag ausgehen können. Bei formlosen Zusagen unentgeltlicher Leistungen bieten Schenkungsrecht – vor Bewirkung der Leistung ist die Zusage unverbindlich, § 518 Abs. 2 BGB, also Realvertrag – und Recht der unentgeltlichen Geschäftsbesorgung oder Auftragsrecht – die Zusage ist sofort verbindlich, aber frei kündbar, § 671 BGB – immerhin Anhaltspunkte; d.h. es kann danach entschieden werden, ob der Gegenstand der Zusage einer Vermögenszuwendung oder einer Geschäftsbesorgung nähersteht. Danach wird man z.B. die formlose Zusage eines zinslosen Darlehens im Zweifel für unverbindlich halten, ein zinsloses Darlehen im Zweifel als Realvertrag verstehen, unbeschadet der § 610 BGB zu entnehmenden Möglichkeit, den Vertrag auch zinslos erklärtermaßen vorweg rechtsverbindlich zu schließen. Die Zusage kostenloser Beförderung, jemanden im eigenen Vehikel mitzunehmen, wäre dagegen im Zweifel verbindlich und nur im weiten Rahmen des § 671 kündbar[131]. Durch

[131] In BGHZ 56, 204 lag dagegen in der Tat weder Auftrag noch ein auftragähnliches Rechtsverhältnis vor, aber auch kein bloßes Gefälligkeitsverhältnis. Der Kläger handelte im eigenen Interesse, und dann grundsätzlich auch auf eigenes Risiko. Wie aber, wenn der Beklagte, von dem in der Widerstandstätigkeit als solcher steckenden Risiko hier abgesehen, durch grobe Fahrlässigkeit den Kläger gewissermaßen unnötig geopfert hätte? Beide Teile hatten sich zu dem gemeinsamen Zweck des Widerstandes zusammengetan, so daß zumindest ein gesellschaftsähnliches Verhältnis anzunehmen ist, jedenfalls wegen etwaiger Schadensersatzansprüche Gesellschaftsrecht

positive Ausnahmevorschrift sind im geltenden deutschen Recht aber auch einige wenige gegenseitige Verträge als Realverträge ausgestaltet: Nach § 313 S. 2 BGB wird der ohne notarielle Beurkundung geschlossene Grundstücksveräußerungs- und/oder -erwerbsvertrag mit Leistung des Veräußerers in vollem Umfang verbindlich; nach § 1 a Abs. 3 AbzG wird der ohne Beachtung der in Abs. 1 festgelegten Verbraucherschutzvorschriften geschlossene Abzahlungskauf wenigstens in reduziertem Umfang mit Übergabe der Sache für beide Teile verbindlich; und nach § 652 Abs. 1 S. 1 BGB entsteht der Anspruch auf Maklerlohn erst mit Erbringung (und Ausnutzung) der Leistung des Maklers, zu der dieser nicht schon auf Grund des Maklervertrags verpflichtet ist. Es wäre eine Überlegung wert, ob diese Vorschrift nicht auf gewisse Beraterverträge und Verträge über sonstige in ihrem Nutzen und ihrer Wirksamkeit schwer zu kontrollierende Hilfsdienste zu erstrecken ist. Der ihr zugrundeliegende Rechtsgedanke kann jedenfalls allgemeinere Geltung beanspruchen. Die immer wieder mit Aufklärungspathos vorgetragene Polemik gegen die Figur des Realvertrags überhaupt [132] macht es sich jedenfalls zu einfach.

Von ihrem entgegengesetzten Ausgangspunkt aus, die Verbindlichkeit formlos getätigter Geschäfte überhaupt erst zu begründen, blieben auch die Römer nicht bei den schlichten Rückgewährschuldverhältnissen stehen, sondern fügten schließlich noch einige kompli-

---

anzuwenden wäre, wobei man den ohnehin problematischen § 708 BGB sinngemäß als abgeändert anzusehen hätte: Im Rahmen der nach dem Vertragszweck ohnehin bestehenden großen Risiken mußte die Beklagte bei ihren Anweisungen die allergrößte Sorgfalt beobachten. Die haftungsrechtlichen Probleme solcher außerhalb des normalen Rechtsverkehrs spielenden Kontakte werden durch den verbreiteten modernen Terminus ‚Gefälligkeitsverhältnis' eher verdeckt als erhellt. Kein menschlicher Kontakt kann sich gänzlich im rechtsfreien Raum bewegen, da er stets Konflikte hervorrufen kann, auf die das Recht antworten muß. Wenn ein aus ‚Gefälligkeit' von mir beköstigter oder beherbergter Gast bei mir zu Schaden kommt, dann ist eben doch Schenkungsrecht, insbesondere § 521 BGB, in anderen Fällen Auftragsrecht (§ 276 BGB) anwendbar.

[132] Z. B. Heinrich Honsell, Die Rückabwicklung sittenwidriger oder verbotener Geschäfte (München 1974) 70 ff. Insbesondere ist es verfehlt, wenn S. 72 das Abstraktionsprinzip gegen den Realvertrag ins Feld geführt wird. Denn auch bei Realverträgen behält es seine Bedeutung: Wenn ich etwa Geld schenke, über etwaige Auflagen in Wahrheit aber keine Einigung erzielt wurde, ist die Übereignung nach dem Abstraktionsprinzip trotzdem gültig, die Schenkungsabrede, also der Rechtsgrund aber unwirksam.

ziertere Verhältnisse den klassischen Realverträgen hinzu. Verständlich wird dieser Endpunkt der römischen Entwicklung aber erst, wenn auch der letzte römische Vertragstyp bekannt ist, der zunächst die Entwicklung übernahm und um einen großen Schritt voranbrachte.

4. Konsensualverträge

a) Die Entwicklung des Geldwesens in Rom

Wie schon mehrfach angedeutet, wirtschaftete man in Rom mit gemünztem Geld erst verhältnismäßig spät. Noch die Zwölf Tafeln setzen als allgemeines Zahlungsmittel rohes, d.h. ungemünztes und nicht einmal mit staatlicher Gewichtsgarantie versehenes Kupfer *(aes rude)* voraus, das jedesmal eigens abgewogen werden mußte. Die Griechen wirtschafteten damals schon seit mehr als hundert Jahren mit Gold- und vor allem Silbermünzen, übernommen von den Königen von Lydien (u.a. Krösus), die im 7. und 6. Jh. v. Chr. das Münzsystem mit festen Paritäten entwickelt hatten; als die Zwölf Tafeln ergingen, erlebte der auf Handelsreichtum gegründete attische Seebund seine höchste Blüte. Immerhin kam in Rom im 4. Jh. v. Chr. das *aes signatum* (signiertes Kupfer) auf, versah der Staat also Kupferbarren mit Gewichtsangaben. Und um 300 tauchen die ersten Kupfermünzen auf, schwer und unhandlich, nämlich ein ganzes römisches Pfund (ca. 330 g) wiegend *(aes grave)*. Die ersten Silbermünzen folgen erst nach dem Pyrrhuskrieg (282–272 v. Chr.), aber zunächst nur für den auswärtigen Handel und bloß in Prägegemeinschaft mit unteritalischen Griechenstädten. Erst nach erfolgreich überstandenem erstem punischem Krieg, etwa ab 235 v. Chr., prägt Rom eigene Silbermünzen, auch diese vorerst nur für den Handel mit dem Ausland. Um 210 dann, mitten im zweiten punischen Krieg, gibt es auch für den Binnenmarkt Silbermünzen mit fester Relation zum *aes grave*. Militärisch war Rom seit 300 eine ansehnliche Mittelmacht, seit 270 mit der Vertreibung von König Pyrrhus aus Italien Großmacht, wirtschaftlich dagegen ein Zwerg. Darin holte es endgültig erst auf, nachdem es militärisch die vier anderen Großmächte ausgeschaltet hatte, dann allerdings um so rascher.

b) Kauf (emptio venditio)

Die Zwölf Tafeln schützten, wie vor allem Manzipationsformular und an die Manzipation geknüpfte Rechtsmängelhaftung zeigen, vor allem den Barkauf. Den Kreditkauf nur unter bestimmten Bedingungen: wenn die offenstehende Kaufpreisforderung gesichert wurde;

eine einfache Stipulation des Verkäufers reichte dazu nicht aus. Mit der *mancipatio nummo uno* umging man dieses Hemmnis freilich. Mit Hilfe der Stipulation aber konnte man noch weiter gehen und bloße Kaufabreden vor jedem Vollzug verbindlich machen. Allen Anzeichen nach grob um 200 v. Chr. jedoch tat man einen folgenreichen weiteren Schritt. Obgleich tatsächlich nach wie vor regelmäßig in Frage-und-Antwort-Form Käufe vereinbart wurden[133], sollte es für die Frage der Verbindlichkeit der Kaufabrede auf die gewählten Worte, die Syntax und überhaupt die Verständigungsmittel nicht mehr ankommen. Jede Verständigung über einen Kauf verpflichtete die Parteien rechtlich, den geplanten Austausch von Ware und Geld zu vollziehen. Zur Begründung beriefen sich jedenfalls die späteren Juristen darauf, so sei es bei allen Kulturvölkern zu beobachten, es sei dies *ius gentium* (Recht der Völker). In Wahrheit haben Griechen, Karthager, Phönizier usw. den Kauf zwar formlos vollzogen, eine formlose Kaufabrede erkannten die anderen Rechtsordnungen aber mitnichten als verbindlich an, insbesondere auch die Griechen nicht, die über das Barkaufprinzip nur insoweit hinausgelangten, als sie die Kreditierung des Kaufpreises ermöglichten; selbst das geschah aber nur über die Fiktion einer Darlehensauszahlung des Verkäufers an den Käufer. Die vorausplanende Kaufabrede dagegen sicherten sie mittelbar durch Hingabe eines Angeldes *(arrha)*, das bei Wortbruch des Käufers dem Verkäufer verfiel, bei Wortbruch des Verkäufers vervielfacht zurückzugeben war. Die Römer hatte offenbar der Umgang mit der Stipulation gelehrt, vorausplanende, lediglich verpflichtende Vereinbarungen selbständig zu fassen und sie unabhängig von jedem Beginn eines Vollzugs als verbindlich sich vorzustellen, so daß sie schließlich sogar auf die obligatorische Heraushebung der vorausplanenden Vereinbarung durch Förmlichkeiten verzichten konnten.

c) Zur-Verfügung-Stellung/Vergabung Mitführung (locatio conductio)

Der zweite der insgesamt vier Vertragstypen, dessen bereits formlose Vereinbarung vom römischen Recht als bindend anerkannt wurde, war gleichfalls ein Umsatzgeschäft, das im Gegensatz zum Kauf aber keine dauernde, sondern eine bloß vorübergehende Überstellung von Sachen oder sonstigen wirtschaftlichen Werten zum Gegenstand hatte, aber ebenso wie der Kauf gegen Geld, also mit Verdienstmöglichkeit. Gegenstand dieses Vertrags konnten sehr ver-

[133] S. Joseph Georg Wolf, a.a.O. (oben Anm. 108) 35–43.

schiedene wirtschaftliche Interessen sein, so daß die Rolle des Zahlenden mal der *locator* (Hinsteller) und mal der *conductor* (Mitführer) übernahm. Im einzelnen sind drei Untertypen zu unterscheiden: Erstens die *locatio conductio rei* (Zur-Verfügung-Stellung Mitführung einer Sache) zum Gebrauch der Sache gegen Entgelt, also eines Zugtiers, Wohnraums, Landguts: unsere Miete und Pacht. Zweitens die *locatio conductio operarum* oder *sui ipsius* (der [eigenen] Arbeit oder seiner selbst), der Arbeitsvertrag. Wenn Karl Marx also den Arbeitsvertrag der Industriearbeiter des frühen 19. Jhs. als Veräußerung der eigenen Arbeitskraft kennzeichnete[134], so hat er diese mit Enthüllungspathos vorgetragene Betrachtungsweise dem ihm wohlbekannten römischen Recht entnommen. Anders als in den vom Christentum geprägten Rechtsgemeinschaften mit ihrer Hochschätzung der Arbeit gehörte in der Antike jeder, der manuelle Arbeit für andere verrichtete, damit zur untersten gesellschaftlichen Schicht; er rangierte nächst den Sklaven und war auch rechtlich der Hausgewalt seines Dienstherrn unterworfen[135]. Um so unbefriedigender mußte freilich die Rezeption des römischen Arbeitsvertragsrechts ins BGB (§§ 611 ff.) ausfallen, was auch durch einige wenige in letzter Minute eingefügte „Tropfen sozialen Öls" wie die §§ 616–618 nicht entscheidend zu ändern war[136]. Der dritte Untertyp der *locatio conductio* schließlich war die *l. c. operis* (eines Werks), unser Werkvertrag. *Locare* bedeutet hier etwa so viel wie ‚ausschreiben, ausbieten, vergeben'. Bei diesem letzten Untertyp geht die Rolle des Zahlenden vom *conductor*, dem Sachmieter, Pächter und Dienstmieter (Arbeitgeber), über auf den *locator*, den das Werk, den Auftrag Vergebenden. Einen der römischen *locatio conductio* entsprechenden Vertragstyp mit denselben drei Untertypen kannte übrigens schon das altgriechische Recht: die μίσθωσις.

d) Gesellschaft (societas)

Die älteste Form gemeinsamen Wirtschaftens unter mehreren Gewaltfreien war, wie gesagt, die ungeteilte Erbengemeinschaft, die sich offenbar, jedenfalls in gewissen Hinsichten, als so vorteilhaft erwies,

[134] Das Kapital I (1. Aufl. Hamburg 1867, 3. Aufl. 1890) 4. Kap. Ziff. 3 = MEW 23, 181 ff.

[135] Heinz Bellen, Studien zur Sklavenflucht im röm. Kaiserreich (Wiesbaden 1971) 160; s. a. Kaser, a.a.O. (oben Anm. 89) I (= Abschn. 1) 301 u. Fußn. 2 u. 3 u. 569 oben.

[136] Dazu Alfred Söllner, Der industrielle Arbeitsvertrag in der deutschen Rechtswissenschaft des 19. Jhs., in: Studien zur europäischen Rechtsgeschichte (Frankfurt am Main 1972) 288–303.

daß die gewachsene Einrichtung künstlich durch Rechtsgeschäft nachgeformt wurde, das wie die *in iure cessio* vor dem Prätor durch *legis actio* begründete *consortium* (eigentlich: ‚Schicksalsgemeinschaft'), eine Wahlbrüderschaft. Diese Gesellschaftsform hatte jedoch drei schwerwiegende Nachteile: Sie konnte nur unter römischen Bürgern begründet werden; der dazu erforderliche Akt war umständlich; und vor allem erfaßte sie grundsätzlich das gesamte Vermögen der Genossen, so daß jeder über jedes Vermögensstück jedes Genossen frei verfügen konnte (s. oben S. 132). Fühlbar mußten diese Nachteile zumal werden, als nach glücklichem Abschluß des ersten punischen Krieges und Erwerb der ersten Provinzen (*Sicilia* und kurz darauf *Sardinia/Corsica*) größere Wirtschaftsunternehmungen wie Straßenbau, Steuerpacht, Seehandel und Sklavenhandel zu bewältigen waren, die die Kräfte der römischen Einzelkaufleute überstiegen. So wird ihre Massierung dadurch erleichtert, daß formlose Zusammenschlüsse wenigstens als Innengesellschaften anerkannt werden, ohne Vertretungsbefugnis nach außen und mit der Möglichkeit, das einzubringende Vermögen und insbesondere die Verlustgemeinschaft vertraglich beliebig zu beschränken, z.B. auf den gemachten Gewinn. Diese Gesellschaft, die klassische *societas*, ist außerdem besonders locker: Der Tod eines Gesellschafters hebt die ganze Gesellschaft auf, auch wenn mehrere übrigbleiben; doch kann etwas anderes vereinbart werden (Paulus Dig. 17, 2, 65 § 9; vgl. a. oben S. 146f.). Jeder Gesellschafter kann sie jederzeit kündigen, und zwar unabdingbar. Ebenso beendet eine Klage unter den Gesellschaftern, d.h. Erhebung der *actio pro socio* (Klage als Gesellschafter) wegen Abrechnung, die Gesellschaft ipso jure. Dies scheint die *societas* vom Modell des *consortium* geerbt zu haben, das notwendig mit Durchführung der Teilungsklage endete. Aber auch sonst führt die klassische Gesellschaft so manches aus der alten Wahlbrüderschaft noch mit, wie z.B. den Haftungsmaßstab: Zunächst haftete auch der *socius* nicht für jede dem anderen Genossen gegenüber begangene Fahrlässigkeit, sondern nur für *dolus* und *diligentia quam in suis* (Sorgfalt wie in eigenen Angelegenheiten):

Gaius, Res cottidianae II, Tit.: De obligationibus consensu contractis, 3. De societate (Dig. 17, 2, 72)

Socius socio etiam culpae nomine tenetur, id est desidiae atque neglegentiae. Culpa autem non ad exactissimam diligentiam dirigenda est. Sufficit etenim talem diligentiam communibus rebus adhibere, qualem suis rebus adhibere solet, quia qui parum diligentem socium sibi adquirit, de se queri debet.

Gajus, Alltägliche Sachen Buch 2, Titel: Über die durch Einigung zustandekommenden Verbindlichkeiten, 3. Über die Gesellschaft.
Der Gesellschafter haftet dem Gesellschafter auch wegen Fahrlässigkeit, also wegen Untätigkeit und Nachlässigkeit. Unter Fahrlässigkeit darf hier aber nicht pünktliche Sorgfalt verstanden werden. Es genügt nämlich, wenn der Gesellschafter in den gemeinschaftlichen Angelegenheiten die gleiche Sorgfalt anwendet, die er in eigenen Angelegenheiten anzuwenden pflegt, da, wer sich einen wenig sorgfältigen Gesellschafter nimmt, sich bei sich selbst beklagen muß.

Innerhalb der Familie ist diese Haftungsbeschränkung sehr wohl angemessen [137], doch paßt sie nicht wirklich auf die unpersönliche Profitgesellschaft. So blieb dieses Privileg des Gesellschafters auf die Dauer auch nicht unwidersprochen und setzte sich schließlich die Ansicht durch, daß auch der Gesellschafter für jede *culpa* hafte:

Ulpianus, Ad edictum praetoris XXXI, Tit.: De iudicio pro socio (Dig. 17, 2, 52 §§ 1 u. 2, Fragm. 49 u. 26)
Venit autem in hoc iudicium pro socio bona fides. Utrum ergo tantum dolum an etiam culpam praestare socium oporteat, quaeritur. Et Celsus libro VII digestorum ita scripsit: Socios inter se dolum et culpam praestare oportet. Si in coeunda societate, inquit, artem operamve pollicitus est alter, veluti cum pecus in commune pascendum aut agrum pollitori damus in commune quaerendis fructibus, nimirum ibi etiam culpa praestanda est; pretium enim operae artis est velamentum. Quod si rei communi socius nocuit, magis admittit culpam quoque venire, si hoc facto societatem laesit, si verbi gratia negotiatorem servum vulneraverit vel occidit. Si socius quaedam neglegenter in societate egisset, in plerisque autem societatem auxisset, non compensatur compendium cum neglegentia, ut Marcellus libro VI digestorum scribit.

Ulpian Kommentar zum Edikt des Prätors Buch 31, Titel: Über die Gesellschafterklage
Es fällt aber unter diese Klage des Gesellschafters die gute Treue. Es fragt sich somit, ob der Gesellschafter nur für Vorsatz oder auch für Fahrlässigkeit einstehen muß. Dazu schreibt Celsus im siebenten Buch der Digesten: Gesellschafter müssen untereinander für Vorsatz und Fahrlässigkeit einstehen. Wenn der eine bei Eingehung der Gesellschaft eine besondere Befähigung oder Dienste zugesagt hat, z.B. wenn wir Vieh geben, damit es zu gemeinsamem Gewinn zur Weide geführt wird, oder (verstepptes) Land einem Kultivator, um gemeinsam die Früchte zu ernten, dann ist hier ohne Zweifel auch für Fahrlässigkeit einzustehen; Arbeitsleistung und besondere Befähigung sind nämlich in bestimmter Weise bewertet worden. Wenn nun der Gesellschafter eine gemeinsame Sache beschädigt hat, nimmt er eher an, daß auch Fahrlässigkeit darunter falle, sofern er durch diese Tat die Gesellschaft beeinträchtigt hat, etwa wenn er einen unfreien Filialleiter verwundet oder getötet hat. Wenn ein Gesell-

[137] Vgl. heute §§ 1359, 1664 u. 2131 BGB.

schafter im Rahmen seiner Tätigkeit für die Gesellschaft in einem Punkt fahrlässig gehandelt hat, im ganzen aber das Vermögen der Gesellschaft vermehrt hat, wird der Gewinn nicht gegen die Nachlässigkeit aufgerechnet, wie Marcellus im sechsten Buch der Digesten schreibt.

Unglücklicherweise wurde jedoch die Gajusstelle, da sie in einem Anfängerlehrbuch stand, in Justinians Anfängerlehrbuch übernommen: Inst. Just. 3, 25 § 9, von wo sie dann Geschichte machte und auch ins BGB (§ 708) gelangte.

e) Auftrag (mandatum)

Der vierte Schuldvertragstyp, der formlos geschlossen gültig war, m. a. W. wo schlichter Konsens wechselseitige Verbindlichkeit hervorbrachte, war kein Umsatzgeschäft, hatte aber ebenfalls mit der wachsenden Verstrickung der römischen Rechtsgenossen in außerrömische und schließlich außeritalische Belange zu tun. Wo die römischen Waffen gesiegt hatten, pflegten seit je der Einrichtung von Militärstützpunkten italische Siedler, Kaufleute und allerlei Glücksritter alsbald zu folgen; auch die Militärs selbst, insbesondere die mittleren und höheren Chargen, sammelten Reichtümer in den Provinzen. Jedenfalls bilden sich seit dem 2. Jh. v. Chr. rasch große und weitverzweigte Vermögen in der Hand von römischen Bürgern, die allein zu verwalten die Eigentümer nicht mehr in der Lage waren, auch nicht mit Hilfe gewaltunterworfener Söhne und geeigneter Sklaven. Es wurde nötig, in größerem Umfang freie Hilfspersonen einzusetzen, mit der Verwaltung einzelner Vermögensteile und der Besorgung der damit zusammenhängenden Geschäfte zu betrauen. Dabei konnte man auf alteingewurzelte Vorstellungen zurückgreifen, wonach es Ehrenpflicht war, die Belange des abwesenden Freundes freiwillig und ohne Entlohnung zu übernehmen; man revanchierte sich anders, etwa durch politische Unterstützung im allgemeinen Wettbewerb um die staatlichen Machtpositionen und Gewinnchancen. So hatte sich der ohne Formalität gültige aristokratische Vertragstyp der unentgeltlichen Geschäftsbesorgung für andere herausgebildet, der sich dann auch für weniger aristokratische Betätigungen als nützlich erwies [138]. Konstituierendes Element dieses Vertragstyps war und blieb aber die Unentgeltlichkeit:

[138] Zum sozialgeschichtlichen Hintergrund des Mandats und seines Vorbilds: der von einem regelrechten Auftrag sogar unabhängige procurator omnium bonorum, s. Okko Behrends, Die Prokuratur des klassischen römischen Zivilrechts, in: SZ 88 (1971) 215–299, insbes. 219–228 u. ff. (bis 235) sowie Fußn. 137.

Paulus, Ad edictum praetoris XXXII, Tit.: De iudicio mandati (Dig. 17, 1, 1 § 4)
Mandatum nisi gratuitum nullum est. Nam originem ex officio atque amicitia trahit. Interveniente enim pecunia res ad locationem et conductionem potius respicit.

Paulus, Kommentar zum Edikt des Prätors Buch 32, Titel: Über die Auftragsklage
Ein Auftrag, der nicht unentgeltlich ist, ist keiner. Denn er leitet seinen Ursprung von Anstandspflicht und Freundschaftsdienst her. Wenn nämlich Geld hinzukommt, läuft die Sache eher auf einen Arbeitsvertrag hinaus.

Das schloß indessen tatsächliche Leistungen des Auftraggebers und Geschäftsherrn an den Auftragnehmer und Geschäftsbesorger zu dessen Unterhalt nicht aus, die gegebenenfalls neben den seit alters vorgesehenen Auslagenersatz traten, wenngleich das Mandat nur hierauf einen Anspruch gewährte:

Ulpianus, Ad edictum praetoris XXXI, Tit.: De iudicio mandati (Dig. 17, 1, 10 § 9)
Labeo ait et verum est reputationes quoque hoc iudicium admittere. Et sicuti fructus cogitur restituere is qui procurat, ita sumptum quem in fructus percipiendos fecit deducere eum oportet. Sed et si ad vecturas suas, dum excurrit in praedia, sumptum fecit, puto hos quoque sumptus reputare eum oportere, nisi si salariarius fuit et hoc convenit, ut sumptus de suo faceret ad haec itinera, hoc est de salario.

Ulpian, Kommentar zum Edikt des Prätors Buch 31, Titel: Über die Auftragsklage
Labeo sagt, und das ist richtig, diese Klage erlaube auch, Gegenposten abzuziehen. Und ebenso wie der Beauftragte Einkünfte zu erstatten gezwungen wird, muß er die Ausgaben, die er zur Erlangung der Einkünfte gemacht hat, abziehen. Aber auch wenn er für seine Reisen, derweilen er auf die Grundstücke hinausfährt, Ausgaben gemacht hat, meine ich, daß er auch diese Kosten abziehen muß, sofern er kein Kostgeldempfänger war und vereinbart worden ist, daß er die Kosten für diese Wege aus eigener Tasche bestreite, das heißt vom Kostgeld.

Die Entlohnung der Beauftragten mit einem *salarium* (Salz-, Kostgeld) oder, bei den sog. Freien Berufen *(artes liberales)* wie Ärzten, Lehrern, Landvermessern und Advokaten, mit einem *honorarium* (Ehrengeld), geschah ursprünglich freiwillig ohne Rechtsanspruch, daher häufig im vorhinein; wer ein Salär oder Honorar lediglich zugesagt hatte, konnte nach Erledigung des Auftrags zur Erfüllung seiner Zusage gerichtlich nicht gezwungen werden. Erst um die Mitte des 2. Jhs. n. Chr. machten die Kaiser angesichts der auch in Stadtrom wachsenden Zahl der von solchen Honoraren und Salären Existierenden Honorarforderungen klagbar, und zwar auf dem Wege der *cognitio extra ordinem* (außerordentliche Gerichtsbarkeit) vor einem meist besonders hochgestellten Magistrat. In dem Mandatsprozeß vor dem ordentlichen Gerichtsherrn: in Rom der Prätor und in den Provinzen ein Delegierter des Statthalters, verlautete davon nichts:

Imperatores Severus et Antoninus Augusti Leonidae (Cod. Just. 4, 35, 1)
Adversus eum, cuius negotia gesta sunt, de pecunia, quam de propriis opibus vel ab aliis mutuo acceptam erogasti, mandati actione pro sorte et usuris potes experiri. De salario quod promisit a praeside provinciae cognitio praebebitur.

Kaiser Severus und Caracalla an Leonidas
Gegen den, dessen Geschäfte besorgt worden sind, kannst du wegen des Geldes, das du aus eigenen Mitteln oder von anderen geliehen aufgewendet hast, mit der Auftragsklage wegen des Betrags selbst und wegen der Zinsen vorgehen. Wegen des Honorars, das er versprochen hat, wird vom Provinzgouverneur (selbst) Rechtsschutz gewährt werden.

So konnte der Schein der Unentgeltlichkeit der Mandate im ordentlichen Prozeß bis zuletzt gewahrt werden. Und auch daran hielt man fest, daß der Beauftragte im Gegensatz zum Lohnarbeiter *(operarius)* einer regelrechten Weisungsbefugnis seines Geschäftsherrn nicht unterworfen war; doch hatte der Mandant die Möglichkeit, den Gegenstand des Auftrags einzugrenzen, was sehr weit gehen konnte. Als grundsätzlich unentgeltlich, altruistisch Handelnder haftete der Mandatar ursprünglich nur für *dolus*, dem die Juristen wie in den andern Fällen bloßer *dolus*-Haftung später die *culpa dolo proxima* (dem Vorsatz sehr nahes Verschulden) gleichstellten. Und bei den wirklich unentgeltlich handelnden Mandataren wie insbesondere Bürgen blieb es im ganzen auch dabei[139]. Anders jedoch beim typischerweise fest besoldeten *procurator*[140] und beim wohl ebensowenig unentgeltlich tätigen Einkaufskommissionär[141]: Sie hafteten für *dolus* und *culpa* schlechthin. Bei der Generalisierung dieser Kasuistik nach der Rezeption des römischen Rechts in der Neuzeit trugen diese Stellen dann den Sieg davon, und so kam es, daß im BGB der Auftrag zwar grundsätzlich unentgeltlich ist, der Beauftragte aber trotzdem nach den allgemeinen Vorschriften für Vorsatz und jede Fahrlässigkeit haftet.

---

[139] S. Dig. 17, 1, 29 pr. – § 3 aus Ulpians Disputationen; ebd. Fragm. 8 § 8 aus seinem Ediktkommentar; u. Fragm. 31 aus Julians Digesten.

[140] Dig. 17, 1, 10 pr. u. § 1 aus Ulpians Ediktkommentar; Alexander Cod. Just. 4, 35, 4; u. Diokletian Cod. Just. 4, 35, 9; 11; 13; u. 21.

[141] Dig. 17, 1, 22 § 11 aus Pauls u. 17, 1, 8 § 10 aus Ulpians Ediktkommentar.

f) Anhang: Die Innominatrealverträge und die schlichten pacta

Jener Kreis von formlos ohne Rücksicht auf begonnenen Vollzug, allein kraft Einigung der Parteien verbindlichen Schuldverträgen wurde von den Römern nicht mehr erweitert. Nich einmal die Verabredung zum Tausch, dem Kauf ähnlich, gelang es, in den exklusiven Kreis der schon kraft Konsenses verbindlichen Verträge einzubeziehen. Zwar hatten die Sabinianer versucht, den Tausch als bloßen Sonderfall des Kaufs hinzustellen, waren damit gegen den Widerspruch der Proculianer aber nicht durchgedrungen. Doch wurde der Tausch am Ende wenigstens als Realvertrag anerkannt, d.h. er wurde durch Vorleistung nur von einer Seite in vollem Umfang verbindlich, der Vorleistende konnte vom andern Teil Erfüllung und nicht bloß Rückgabe verlangen. Ein anderes als Realvertrag gültiges Geschäft war der Trödelvertrag *(aestimatum)*, eine Art Kommissionsgeschäft, wo jemand vom Eigentümer eine Sache erhält, um sie zu verkaufen: Ist ihm die Sache übergeben, so ist er verpflichtet, entweder die Sache zurückzugeben oder die vereinbarte Summe zu zahlen, gleichgültig, ob er die Sache zu einem höheren oder niedrigeren Preis oder überhaupt nicht hat losschlagen können. Anknüpfend an diese beiden Fälle entwickelte der spätklassische Jurist Paulus ein ganzes System von kraft Vorleistung des einen Teils irgendwie rechtsgültigen gegenseitigen Verträgen, aufgebaut auf die beiden Hauptleistungsinhalte einer Stipulation: *dare* (übereignen, bloßes übergeben) und *facere* (sonst etwas tun, eine sonstige Leistung erbringen). In Dig. 19, 5, 5 pr. – § 5 handelt er nacheinander ab: in § 1 den Typ *do ut des* (ich gebe [vorleistend], damit du gibst), wozu, nachdem der Kauf schon konsensual verbindlich ist, vor allem der Tausch gehört; in § 2 den Typ *do ut facias* (ich gebe [vorleistend], damit du tust), wozu er, nachdem Arbeits- und Werkvertrag schon konsensual verbindlich sind, vor allem den Trödelvertrag rechnet, obwohl gerade hier ein Anspruch auf Erfüllung schlechthin gerade nicht entsteht; zum Typ *facio ut des* (ich tue [vorleistend], damit du gibst, § 3) kann Paulus überhaupt kein Beispiel mit Erfüllungsanspruch des Vorleistenden beibringen, immerhin habe der Vorleistende aber bei Nichterfüllung durch den andern Teil die *actio de dolo* (Arglistklage, entspricht etwa § 826 BGB); und ebenso scheint er beim letzten Typ *facio ut facias* (ich tue [vorleistend], damit du tust, §§ 4 u. 5), sofern nicht zwei wechselseitige Aufträge vorlagen, bloß Schadensersatzansprüche in Höhe der Kosten der Vorleistung gewährt zu haben. Obwohl Paulus also bei der Mehrzahl der Fälle zur Erfüllung verpflichtende Realverträge gar nicht anerkennt, hat sein Schema doch die mittelalterlichen und neuzeitlichen Juristen beeindruckt und zur Entwicklung eines Systems der unbenannten Realverträge, d.h. nach keinem dem Geschäftsleben entnommenen Vertragstyp benannten Realverträge geführt, lateinisch: Innominatrealverträge.

Schlichte Vereinbarungen heißen bei den Römern demgegenüber, sofern sie keinen Konsensualvertragstyp erfüllen, *pacta nuda* (nackte Abreden). Sie zu erfüllen konnte man nicht gezwungen werden, jedenfalls nicht klagweise. So waren etwa zwischen Miterben getroffene Erbteilungsverträge, die nicht in Stipulationen gekleidet waren, oder formlose Zinsversprechen in Zusammenhang mit einem Darlehen nicht einklagbar. Aber auch das galt nicht ausnahmslos: Formlose Nebenabreden zu Konsensualverträgen waren, sofern sie nur *in continenti* (zusammen) mit dem Hauptvertrag und nicht *ex intervallo* (nachträglich) getroffen waren, verbindlich, z.B. die Vereinbarung, den kreditierten Kaufpreis zu verzinsen (vgl. unten S.254f.). Außerdem enthielt das Edikt des Prätors im vierten *De pactis conventis* (Über Abmachungen und Übereinkünfte) überschriebenen Titel die Verheißung: *Pacta conventa, quae neque dolo malo neque adversus leges plebis scita senatus consulta edicta decreta principum neque quo fraus cui eorum fiat facta erunt, servabo* (Abmachungen und Übereinkünfte, die weder arglistig noch gegen die Gesetze, Volksbeschlüsse, Senatsbeschlüsse, Edikte oder Entscheidungen der Kaiser noch zu ihrer Umgehung getroffen sein werden, werde ich schützen). Damit war zwar keine Klagbefugnis gemeint, aber Berücksichtigung auf dem Wege der Einrede. Hatte z.B. ein Schuldner von seinem Gläubiger formlos eine Stundung erwirkt oder gar die formlose Zusage, überhaupt nicht zu klagen (*pactum de non petendo*; der Erlaß war formbedürftig), und klagte der Gläubiger dann doch bzw. vor Ablauf der Stundungsfrist, so konnte der Schuldner diese Klage mit der *exceptio pacti* (Einrede der formlosen Vereinbarung) abwehren. Zum Angriff jedoch taugte ein *pactum nudum* nicht, auch nicht, wenn es beurkundet worden war, was den Neubürgern nach 212 klarzumachen die Kaiser viel Geduld aufwandten; erst ihr Vollzug oder aber Stipulationen, jener Wortformalismus, der den nur oberflächlich romanisierten Bürgern vor allem der östlichen Reichshälfte so schwer beizubringen war, machten z.B. ein Erbteilungsabkommen auch aktiv erzwingbar.

5. Vom Enumerationsprinzip zur Verbindlichkeit aller Schuldverträge[142]

Je länger die Liste verbindlicher oder doch bedingt verbindlicher schuldrechtlicher Vereinbarungen im römischen Recht wurde, um so unübersichtlicher war schließlich die ganze Regelung. Und als im Mittelalter das römische Recht wieder zur Geltung kam in einer römischen Traditionen gründlich entfremdeten Umgebung, konnte von diesem vielschichtigen Gewächs nicht erhofft werden, daß es in vollem Umfang einleuchten würde. Zunächst spielten freilich die Schuldverträge überhaupt keine große Rolle. Erst im Spätmittelalter geht die Entwicklung weiter.

a) Die Moraltheologie

Der wichtigste Anstoß dazu kam von der Kirche. Das Neue Testament überliefert das Jesuswort: „Eure Rede sei ja ja nein nein; und was darüber ist, das ist vom Übel" (Matth. 5, 37). Die Moraltheologie entwickelt den Satz, vor dem eigenen Gewissen, dem *forum internum* (inneres Gericht), sei jeder an sein Wort gebunden, an sich ein elementares moralisches Gebot; jeder weiß, wie nervenaufreibend der Umgang mit jemandem ist, auf den man sich nicht verlassen kann. Die Moraltheologie betont zumal die Verbindlichkeit des Gott gegebenen Wortes, des Gelübdes, sofern es nur in Freiheit und überhaupt fehlerfrei abgegeben worden ist. Die von der Erfüllung eines Gelübdes entbindenden Fehler bei seiner Eingehung mitsamt den späteren Ereignissen mit derselben Wirkung bringt Thomas von Aquin in ein System, das wesentlich auf der Ethik des Aristoteles fußt: Willensmängel wie Irrtum, Zwang und Drohung, anfängliche und nachträgliche Unmöglichkeit[143] mitsamt der *clausula rebus sic stantibus* (Vorbehalt, daß die Umstände so bleiben) werden in scholastischer Manier systematisiert. Der unberechtigte Gelöbnisbruch ist eine schwere Sünde, die gebeichtet und gebüßt werden muß. Aber

---

[142] Dazu Lothar Seuffert, Zur Geschichte der obligatorischen Verträge (Nördlingen 1881); u. Hermann Dilcher, Der Typenzwang im mittelalterlichen Vertragsrecht, in: SZ 77 (1960) 272–303. S. a. Artur Steinwenter, Die Vertragstreue im bürgerlichen Recht, in: Juristische Blätter 72 (1950) 173–176 u. 197–200; Ekkehard Kaufmann, Ein Mann – ein Wort, in: JuS (1961) 120–122; u. Stig Jørgensen, Der Vertrag als Form, in: ders., Vertrag und Recht (Kopenhagen 1968) 13–46.

[143] Dazu im einzelnen Christian Wollschläger, Die willenstheoretische Unmöglichkeitslehre im aristotelisch-thomistischen Naturrecht, in: Sympotica Franz Wieacker (Göttingen 1970) 154–179.

auch der unbegründete Bruch eines in weltlichen Dingen gegebenen Wortes ist ohne Rücksicht auf weltliche Rechtspflichten zu beichtende und zu büßende Sünde; und zwar fallen darunter nicht nur Zusagen im Rechtsverkehr, sondern etwa auch ein im Angesicht fremder Not gegebenes Versprechen, zu helfen, das, sobald man sich dem mitleiderregenden Anblick entzogen hat, oft rasch wieder vergessen wird.

b) Das kanonische Recht

In die Gerichtsbarkeit gingen die Maßstäbe der Moraltheologie über die kirchlichen Gerichte ein, die in kirchlichen, aber auch in weltlichen Sachen nach kanonischem Recht urteilten. Unter den gelehrten Juristen des kanonischen Rechts gab es im späten Mittelalter zwei Meinungen über die Frage der Verbindlichkeit von Verträgen und insbesondere Versprechen. Eine Gruppe, zu der Richardus, Bartholomeus de Saliceto und Angelus Aretinus gehörten, beharrten für die weltlichen Belange auf dem Standpunkt des römischen Rechts. Andere übertrugen die Grundsätze der Moraltheologie auf das kanonische Recht. Wenn das zunächst auch nur für Kleriker gelten sollte, so erstreckte man es im Kirchenstaat doch bald auf alle der kirchlichen Gerichtsbarkeit Unterworfenen, seien die Rechtssuchenden nun Kleriker oder etwa Kaufleute, sofern sie nur ein kirchliches Gericht anriefen. Zu den wissenschaftlichen Verfechtern dieser Meinung gehörten so berühmte Namen wie Baldus de Ubaldis (ca. 1320 bis 1400), Jason de Mayno (1435–1519) und Philipp Decius (1454 bis 1535), der am weitesten ging. Viele Autoritäten äußerten sich zwiespältig. War die römische Regelung schwer überschaubar und dadurch uneinsichtig und mußte die Lehre der Moraltheologie, wonach schlicht jedes Versprechen verbindlich war, in ihrer Einfachheit geradezu als die natürliche Regelung erscheinen, so konnte einem kritischen Praktiker doch nicht verborgen bleiben, daß die Erzwingbarkeit jeder schlichten Zusage, auch etwa aller Zusagen bloß fremdnützigen Verhaltens, zu rigoros wäre; daß sie Leistungsversprechen, mag es noch so flüchtiger Situation entsprungen sein, und Stabilität heischende ökonomische Vorausplanung durch Selbstverpflichtung vorschnell verselbigte. Aber so weit war man noch nicht, dieses Problem klar auszusprechen, geschweige denn es zu lösen; doch in der Sache speiste es jenen ungefähr zwischen Civilisten und Kanonisten verlaufenden Gegensatz, der sogar in den Schriften ein und desselben Autors, ja in ein und demselben Stadtrecht aufbrechen konnte. Ulrich Zasius (1461–1535), der Freiburger Humanist, folgte in seinen Vorlesungen strikt dem Standpunkt des römischen Rechts und lehnte die Klagbarkeit atypischer formloser Verträge ab, mit Geltungsanspruch auch für das kanonische Recht. Bei seiner Reformation des Freiburger Stadtrechts indessen, das am 1. Januar 1520 in Kraft trat, also als Gesetzgeber folgte er der (wie er meinte) natürlichen Vernunft und erklärte auch formlose atypische Versprechen für verbindlich, übrigens die älteste diesbezügliche deutsche Gesetzesnorm. § 8 des Zweiten Tractats, Sechster Titel („Von Vertauschen und andern gemeinläufigen Pacten und Gedingen“) lautet (in heutiger Orthographie):

Wer bedächtlich zusagt, der soll es halten
Welcher dem andern etwas mit Bedächtlichkeit zusagt, es sei mit bloßen Worten oder andern Zusagungen, die Worte seien wie sie wollen, so soll derjenige, der zugesagt hat, seine Zusage halten und mag mit Recht dazu gezwungen werden. Denn es gebührt sich menschlicher Ehrbarkeit, daß man Geloben halte, es wäre denn das Zusagen um unehrliche Sachen.

Daß dies nicht etwa später Durchbruch eines altgermanischen Rechtsgedankens ist, lehrt schon die bei aller sachlichen Divergenz doch enge sprachliche Anlehnung an folgende Digestenstelle aus Ulpians Kommentar zum prätorischen Edikt, Titel *De pactis* (vgl. oben S. 216):

Dig. 2, 14, 1 pr.
Huius edicti aequitas naturalis est. Quid enim tam congruum fidei humanae, quam ea quae inter eos placuerunt servare?

Dieses Edikt bringt einen elementaren Rechtsgedanken zum Ausdruck. Denn was entspricht menschlicher Redlichkeit so sehr wie das einzuhalten, was zwischen ihnen abgemacht worden ist?

Vor allem aber traut das Freiburger Stadtrecht von 1520 der eigenen Courage selbst nicht ganz: In den §§ 1–3 sind nämlich zuvor Tausch und Innominatrealverträge nach romanistischem Vorbild bloß bei Vorleistung eines Teils verbindlich.

c) „Pacta sunt servanda“ im weltlichen Recht

Die französischen eleganten Juristen des 16. und 17. Jhs. haben alle am Standpunkt des römischen Rechts festgehalten, nur bestimmte schuldrechtliche Vertragstypen als verbindlich anzuerkennen; und in Deutschland taten sie es zunächst jedenfalls mehrheitlich, fand der kirchenrechtlich-naturrechtliche Standpunkt nur bei einer Minderheit Zustimmung. Er gewinnt aber rasch an Boden und überwiegt im 17. Jh. schließlich; Widerspruch regt sich nur mehr vereinzelt. Den entscheidenden Durchbruch bringt Hugo Grotius (1583 bis 1645)[144], der in seinem nicht nur für das Völkerrecht grundlegend gewordenen Buch *De iure belli ac pacis libri III* (Drei Bücher über das Recht des Kriegs und Friedens, Paris 1625) in Buch 2 Kapitel 11 eine umfassende Lehre vom Versprechen entwickelt. Sein entscheidendes Argument für die Verbindlichkeit jedes ernsthaften (und natürlich angenommenen) Versprechens (II 11 § 4) ist übernatürlich: So wie Gott selbst, der durch Zeichen die Annahme eines Gelübdes kundgetan hat, gegen seine Natur handeln würde, wenn er den Wunsch nicht erfüllte, um dessen willen der Mensch das Gelübde tat, ebenso müsse der vernunftbegabte Mensch (als Gottes Ebenbild) seine Versprechen erfüllen. Das Ganze wird dann angereichert mit mehr oder minder passenden Zitaten aus Bibel und antiken Schriftstellern und mit dem natürlich einleuchtenden negativen Argument beschlossen, die Stipulationsform, rational gedeutet als bloßes Indiz für die Wohlüberlegtheit der eingegangenen Verpflichtung, könne in der Gegenwart nicht der einzige Indikator für Ernsthaftigkeit eines Versprechens sein. Bei seinem Hauptargument hat Grotius pikanterweise übergangen, daß beim Gelübde Gott menschliche Wünsche nur gegen Gegenleistung zu erfüllen verheißt. Wenn Gott selbst auf einer Gegenleistung besteht, sich auf einen Pakt nur einläßt, wenn auch für ihn dabei etwas herausschaut, dann ist das Verhalten Gottes gerade kein taugliches Argument für die Verbindlichkeit jedes Versprechens, auch des uneigennützigen. Gelübdewesen und göttliche Vorzeichen stammen vielmehr, von der christlichen Religion rezipiert, aus der antiken Religiösität mit sehr menschlichen Göttern, auch was das handfeste *do ut des* betrifft.

Seit Grotius gilt das juristische Schlagwort *pacta sunt servanda*, vor allem in Deutschland, wo die idealistische Philosophie und ihre Adaption für die Rechtswissenschaft durch Savigny im Verein mit dem wirtschaftlichen Liberalismus diesem Wort eine beinahe transzendentale Weihe verschafft hat[145]. Auswärts blieben die Juristen nüch-

---

[144] Vgl. Malte Dießelhorst, Die Lehre des Hugo Grotius vom Versprechen (Köln 1959), bes. 34–55. Zur überragenden Stellung des Vertrages schlechthin im Rechtssystem der Naturrechtler Wieacker, Die vertragliche Obligation bei den Klassikern des Vernunftrechts, in: Festschrift f. Hans Welzel (Berlin 1974) 7–22. Zur völkerrechtlichen Bedeutung Ernst Reibstein, Völkerrecht – Eine Geschichte seiner Ideen in Lehre und Praxis I (Freiburg 1958) 333–391.

[145] Nüchterner z. B. noch Gustav Hugo, Lehrbuch eines civilistischen Cursus II – Naturrecht als Philosophie des positiven Rechts (1. Ausg. Göttingen 1798, 4. 1819) § 275.

terner[146]. So herrscht im anglo-amerikanischen Recht die *consideration doctrine*, wonach eine durch formlosen Vertrag eingegangene Verpflichtung nur bindend ist, wenn ihr eine *consideration* (Ansehung) gegenübersteht, irgendein Gegenopfer: eine Sachleistung, der Verzicht auf eine Berechtigung und was es sonst gibt. Der Wert dieses Gegenopfers ist unerheblich, Gleichwertigkeit von Leistung und Opfer verlangt man nicht. Verträge ohne *consideration* sind grundsätzlich nur gültig, wenn sie entweder *under seal* geschlossen sind (vgl. § 518 BGB), wozu freilich in manchen Staaten der USA eine in jedem Drugstore erhältliche Papiermarke genügt; oder wenn sie vollzogen sind. Im französischen und italienischen Recht entspricht dem die elastischere Lehre von der *cause suffisante* bzw. *causa sufficiente*, wonach Leistungszusagen nur verbindlich sind, wenn ein zureichender Grund dafür bestand, womit nicht nur Gegenleistungen gemeint, sondern alle letzlich von der allgemeinen Sozialmoral anerkannten Leistungsgründe eingeschlossen sind, auch bloße Anstandspflichten wie beim Unterhaltsversprechen an die Schwiegermutter, das weitergilt, auch wenn die Frau kinderlos gestorben ist; oder beim Spendenversprechen zugunsten von Kriegsteilnehmern.

Nach geltendem deutschen Recht begründet, nach allgemeiner Lesart, jeder zwischen zwei Parteien vereinbarte und verbindlich gemeinte Schuldvertrag ohne Rücksicht auf die gewählte Form eine rechtlich erzwingbare Verpflichtung, soweit nicht das Gesetz ein anderes vorschreibt; insbesondere kommt es nicht darauf an, ob sein Inhalt einem im Gesetz vorgesehenen Schuldvertragstyp entspricht. Man leitet das aus § 305 BGB ab, obwohl diese Bestimmung nur vom Erfodernis des Vertragsschlusses spricht, nicht auch den Vertragsschluß für genügend erklärt. Zahlreiche Vorschriften sprechen bestimmten Vereinbarungen die Verbindlichkeit ab wie die §§ 137 S. 1, 247 Abs. 1 S. 2, 248 Abs. 1, 276 Abs. 2, 306, 310, 311, 312 Abs. 1, 1136, 1149 und 1229 BGB; andere fordern die Einhaltung einer bestimmten Form wie die §§ 313, 518, 761, 766, 780 und 781 BGB. Ist damit aber schon gesagt, daß jede kritische Vereinbarung, die unter keine vorbedachte Nichtigkeits- oder Formvorschrift subsumiert werden kann, schlechthin gültig ist? Besteht eine Vermutung für die Gültigkeit von Schuldverträgen? Erinnert sei etwa an so dubiose Geschäfte wie die vor dem 30. Mai 1973, als § 313 BGB ergänzt wurde, verbreiteten Eigenheim-Kaufverpflichtungen, Automatenaufstellverträge mit

146 Das Folgende nach Konrad Zweigert, Seriositätsindizien – Rechtsvergleichende Bemerkungen zur Scheidung verbindlicher Geschäfte von unverbindlichen, in: JZ 1964, 349–354.

hochgeschraubtem Abnahmezwang und einseitiger Risikoverteilung, Leasingverträge mit Ausschluß jeglicher Haftung des Leasinggebers selbst für falsche Beratung über die Eigenschaften des Geräts durch die eigenen Vertreter, zweifelhafte Beraterverträge oder sonstige Abgeltungszusagen für nicht wirklich erbrachte Gegenopfer, hinter denen sich meist Dinge verbergen, die nicht zufällig das Licht scheuen. Manche weisen der grundsätzlichen Verbindlichkeit formlos eingegangener Verpflichtungen sogar Verfassungsrang zu und bemühen Art. 2 Abs. 1 GG, wonach jeder das Recht auf die freie Entfaltung seiner Persönlichkeit hat[147]. Diese Argumentation ist natürlich einseitig, gewährt Entfaltung nur denen, die sich darauf verstehen, Zusagen hereinzuholen, zu organisieren[148]; übersieht, daß zur freien Entfaltung auch die Freiheit der Sinnesänderung gehören kann. Viele Zusagen zumal außerhalb oder am Rande des Wirtschaftslebens können nach allgemeiner Überzeugung rechtsverbindlich nicht gegeben werden, ohne daß es besonderer Vorschriften dafür bedürfte: die Zusage, jemanden beruflich zu fördern, etwa seine Nominierung für einen lukrativen Posten zu betreiben, oder die womöglich gegenseitige Vereinbarung, einander bestimmte Ehrungen zu verschaffen. Bei bestimmten Betätigungen für andere bestehen wir auf gesteigerter Freiwilligkeit, die eine vorherige Verpflichtung nicht verträgt. Aber auch im Bereich des Wirtschaftens beginnen wir, gegenüber allzu ungleichen Verträgen hellhörig zu werden. Solange ein Vertragstyp noch nicht gesetzlich geregelt ist, was ja nichts anderes bedeutet, als Mindestanforderungen für die Ausgewogenheit der beiderseitigen Rechte und Pflichten aufzustellen, sollte die Justiz nicht den eilfertigen Büttel cleverer Vertragstexter machen[149]. Gewiß gilt bei uns im Schuldrecht, d.h. im Recht der Leistungszusagen, weitestgehende

---

[147] S. etwa Wolfgang Fikentscher, Schuldrecht (Berlin) § 21 (4. Aufl. 1973: S. 71–78); Hans Brox, Allgemeines Schuldrecht (München) § 4 I 1 (4. Aufl. 1974: S. 20f.); u. Joachim Schmidt-Salzer, Vertragsfreiheit und Verfassungsrecht, in: NJW 1970 S. 8–15. Treffend dazu Hans Huber, Die Verfassungsrechtliche Bedeutung der Vertragsfreiheit (Berlin 1966); u. Hans Ryffel, Grundprobleme der Rechts- und Staatsphilosophie (Neuwied 1969); 313 u. 467–475.

[148] Vgl. Thilo Ramm, Vertragsfreiheit – Instrument der Ausbeutung? in: Gerechtigkeit in der Industriegesellschaft – Rechtspolitischer Kongreß der SPD 5.–7. Mai 1972 (Karlsruhe 1972) 39–56.

[149] Wie es geschehen zu sein scheint in den Urteilen BGH NJW 1960, 667 (s. dazu Verf., AcP 174 [1974] 29 Fußn. 13 u. 50 Fußn. 64); BAG NJW 1967, 751 (dazu Verf., a.a.O. 47 u. Fußn. 60); BGH NJW 1968, 32; OLG

Gestaltungsfreiheit. Trotzdem beurlaubt das den Richter nicht von der Aufgabe, gerade neuartige Abreden nicht nur lustlos auf ihre Vereinbarkeit mit § 138 BGB nach bisheriger Rechtsprechung, sondern ernstlich auf ihre Verträglichkeit mit der ungeschriebenen, gar noch nicht artikulierten, weil noch nicht herausgeforderten allgemeinen Rechtsüberzeugung zu überprüfen, was § 138 ja in Wahrheit meint; und dem nicht nur die Fassung des Vertrags, die Deklaration seines Inhalts durch den, dem er nützen soll, zugrundezulegen, sondern dessen wirklichen Inhalt. Allzu viele Zivilurteile hier hinterlassen den Eindruck, bei uns gelte der Satz *ius civile scriptum est simulantibus*[150]. Zumindest gilt § 242 BGB in besonderem Maße bei solchen Abmachungen, die noch keiner Einzelnormierung unterzogen worden sind.

Frankfurt NJW 1968, 1093; oder LG Koblenz, NJW 1973, 706 (dazu Verf., a.a.O. 31 u. Fußn. 20 u. S. 50). Dabei ist natürlich der Vorbehalt zu machen, daß die veröffentlichten Entscheidungen möglicherweise den Sachverhalt nicht vollständig widergeben.

[150] Besonders krass BGH JZ 1970, 777 m. krit. Anm. v. Deutsch.

FÜNFTES KAPITEL

Bona fides als Rechtsschöpferisches Element am Beispiel des Kaufrechts

1. Die klassischen Klagformulare des Käufers und des Verkäufers

a) Bona fides und Sozialmoral

Die im 4. Abschnitt des vorigen Kapitels geschilderte umwälzende Neuerung etwa im 3. Jh. v. Chr., daß Güterumschlag und andere wirtschaftliche Aktivitäten vorsehende Abreden ohne Bindung an Formalitäten rechtsverbindlich werden, mit Hilfe des Prätors ihre Erfüllung erzwungen werden kann, hatte, wie geschildert, ihre wirtschaftsgeschichtlichen Bedingungen. Aber das ist nicht alles, Diese befreiende Schöpfung, zu der es die altgriechischen Rechte trotz bei ihnen schon viel früher erfüllten ähnlichen Bedingungen nie gebracht haben, ist undenkbar ohne eine zweite, ebenso wichtige Vorbedingung. Das tatsächliche Verhalten der römischen Rechtsgenossen zueinander, jedenfalls der maßgeblichen Schicht, war auch im an sich rechtlich geregelten Bereich, also vor allem bei den Vermögensbeziehungen, nicht allein vom Recht bestimmt, sondern daneben, wie in den meisten archaisch engen, geschlossenen Gemeinschaften, von mannigfachen außerrechtlichen Normen, insbesondere der *fides*. *Fides* bedeutet eigentlich so viel wie ‚mündliche Garantiezusage, Verläßlichkeit', und zwar in zweierlei Hinsichten: bezüglich Leistungszusagen und bezüglich Schutzzusagen etwa des Patrons gegenüber dem Klienten oder des Siegers gegenüber dem Besiegten. Wenn jemand aus der römischen Nobilität etwas auf seine *fides* genommen hatte, konnte man ebenso sicher sein wie bei einer rechtlichen Bindung, daß er seine Zusage einhalten würde, ähnlich wie es vom *gentlemen's agreement* oder dem Ehrenwort gewisser Militärs berichtet wird. Grundlage dieser Verläßlichkeit ist die innerrömische Sozialmoral; ein wichtiges Anwendungsgebiet seit je der Verkehr mit Angehörigen anderer Gemeinschaften: Schutzzusagen gegenüber wehrlosen Fremden in Rom wie auch der Handelsverkehr mit Ausländern.

b) Die Rezeption der bona fides in das Recht[151]

Es blieb nicht aus, daß solche formlosen *fides*-Zusagen mit förmlichen Rechtsgeschäften, insbesondere *mancipatio (nummo I)* und *in iure cessio*, aufs engste verbunden wurden: in der Form von *pacta fiduciae*, das Veräußerungsgeschäft begleitenden Treuhandabreden, mit deren Hilfe jene Übertragungsgeschäfte sich ja erst voll entfalteten, für die mannigfachsten wirtschaftlichen Zwecke wie Sicherungsübereignung, Verwaltungstreuhand usw. genutzt werden konnten. Die Einhaltung zumindest dieser mit alten Rechtsgeschäften eng verwobenen *fides*-Zusagen konnte das Recht auf die Dauer nicht der nie für alle Mitglieder der Gemeinschaft gleich wirksamen Sozialmoral überlassen. So gewährte der Prätor bei einem Verhalten des Treunehmers, das der Zusage widersprach, dem Treugeber eine Klage, die abstellte auf *ut inter bonos bene agier oportet et sine fraudatione* (wie unter Anständigen richtig gehandelt werden soll und ohne Hintergehung). Es wird nicht lange gedauert haben, bis nach diesen förmliche Rechtsgeschäfte begleitenden *fides*-Zusagen auch sie vorwegnehmende oder gar ersetzende *fides*-Zusagen klagbar wurden: die vier Konsensualverträge, ob die Vereinbarung nun ausdrücklich auf die *fides* Bezug nahm oder nicht; aber auch auftraglose Geschäftsführung, die aber nichtsdestoweniger auf der innerrömischen *fides*, der unter Bürgern gepflogenen Solidarität beruhte. Bei ihnen allen ging die Klage nunmehr einheitlich auf *quidquid dare facere oportet ex fide bona* (was immer [der Beklagte dem Kläger] zu geben und zu tun schuldig ist nach guter Treue). Diese Formel erwies sich als besonders glückliche, zur gerechten Entscheidung vieler Einzelprobleme in besonderer Weise befähigende Umschreibung der Schuldnerpflichten; jedenfalls treffen wir im klassischen Recht, fertig spätestens seit der frühen Kaiserzeit, bei zahlreichen weiteren Schuldverhältnissen Klagformulare mit *bona-fides*-Klausel an, die zumindest zum Teil neben ältere, eng gefaßte Klagformulare ohne Treueklausel treten: die Vormundschaftsabrechnungsklage *(actio tutelae)*, Frauengutsklage *(actio rei uxoriae)*, Grenzscheidungsklage *(actio finium regundorum)*, Erbteilungsklage *(actio familiae erciscundae)*, Gemeinschaftsteilungsklage *(actio communi dividundo)*, Verwahrungsklage *(actio depositi)*, Leiheklage *(actio commodati)*, Verpfändungsklage (auf unbeschädigte Rückgabe des Pfandes nach Zahlung, *actio pigneraticia*) und noch die späten prätorischen Klagen aus durch Vorlei-

[151] Dazu etwa Franz Wieacker, Zum Ursprung der *bonae fidei iudicia*, in: SZ 80 (1963) 1–41.

stung verbindlich gewordenem Tausch oder Trödelvertrag[152]. Das ist eine stattliche Zahl, aber alle Schuldverhältnisse sind es nicht. Insbesondere waren die Klagen aus Stipulation und aus formlosem Darlehen *(mutuum)*, die *actio ex stipulatu* und die *condictio* ausgeschlossen; sie wurden als strengrechtliche Klagen *(stricti iuris iudicia)* den *bonae fidei iudicia* gegenübergestellt.

c) Der Spielraum der bona-fides-Formulare

Die Klagformulare des Käufers und des Verkäufers lauteten im einzelnen folgendermaßen:

Edictum perpetuum praetoris urbani, Tit. XVIIII: De bonae fidei iudiciis, 5. De iudicio empti venditi

Formula actionis empti

(Datio iudicis)	Gaius Seius iudex esto.
(Demonstratio)	Quod Aulus Agerius de Numerio Negidio rem qua de agitur emit, qua de re agitur,
(Intentio)	quidquid ob eam rem Numerium Negidium Aulo Agerio dare facere oportet ex fide bona,
(Condemnatio)	eius, iudex, Numerium Negidium Aulo Agerio condemna. Si non paret, absolve.

Formula actionis venditi

Gaius Seius iudex esto.
Quod Aulus Agerius Numerio Negidio rem qua de agitur vendidit, qua de re agitur,
quidquid ob eam rem Numerium Negidium Aulo Agerio dare facere oportet ex fide bona,
eius, iudex, Numerium Negidium Aulo Agerio condemna.
Si non paret, absolve.

Ständiges Edikt des Stadtprätors, Titel 19: Über die Prozesse nach guter Treue, 5. Über den Prozeß wegen Kauf und Verkauf

Formular der Kaufklage

(Richterbestellung)	Gajus Sejus soll (Geschworenen-) Richter sein.
(Betreff)	Was das anbetrifft, daß der Kläger vom Beklagten die und die Sache gekauft hat, um welche Angelegenheit es (hier) geht,
(Rechtsbehauptung)	was immer der Beklagte dem Kläger dieserhalb zu geben und zu tun schuldig ist nach guter Treue,
(Verurteilung)	in das (den Geldbetrag) sollst du, Richter, den Beklagten dem Kläger verurteilen.

[152] Gajus, Institutiones 4, 63. Zur Lesung (Text abgedruckt g. E. dieses Kap.) Verf., SZ 86 (1969) 183 Fußn. 50.

> Wenn es sich nicht erweist (daß er etwas schuldig ist), sollst du freisprechen
>
> Formular der Verkaufklage
>
> Gajus Sejus soll Richter sein.
>
> Was das anbetrifft, daß der Kläger dem Beklagten die und die Sache verkauft hat, um welche Angelegenheit es (hier) geht,
>
> was immer der Beklagte dem Kläger dieserhalb zu geben und zu tun schuldig ist nach guter Treue,
>
> in das sollst du, Richter, den Beklagten dem Kläger verurteilen.
>
> Wenn es sich nicht erweist, sollst du freisprechen.

Diese Formulare gründen also die jeweilige Leistungspflicht, das *dare facere oportere*, auf die *bona fides*, die zur Erfüllung z.B. von Kaufabreden verpflichtet; der individuelle Kaufvertrag ist Maßstab für den genauen Inhalt der jeweiligen Leistungspflicht. Mit ihrer weiten, generalklauselartigen Formulierung *quidquid dare facere oportet* decken die Formulare aber nicht nur die Pflicht des Verkäufers zur Lieferung der Ware und des Käufers zur Zahlung des Kaufpreises ab, sondern schlechthin alles, was im einzelnen dazu noch vereinbart worden sein mag: präzisierende, ergänzende und modifizierende Abmachungen. Ja, die Möglichkeiten des Formulars reichen noch weiter: Auch was nicht eigens vereinbart ist, sich für einen anständigen Vertragspartner aber nichtsdestoweniger schickt, kann unter die Formel subsumiert werden und wird es mit der Zeit in steigendem Maße. Die *bona-fides*-Klausel wird der Ansatzpunkt zur Präzisierung der Leistungspflichten, beim Kauf von Verkäufer und Käufer; zur Bestimmung der Rechte der Parteien bei Vertragsstörungen und zur Herausarbeitung eines ganzen Fächers von nicht vereinbarten Nebenpflichten der Parteien. In klassischer Zeit liegt die Bedeutung der *bona-fides*-Klausel nicht mehr darin, formlos geschlossene Kauf- etc. Verträge überhaupt erst rechtlich erzwingbar zu machen – das ist inzwischen selbstverständlich geworden; sondern sie wird zum Maßstab für Inhalt und Umfang der Schuldnerpflichten, eine Art unbestimmter Rechtsbegriff, der sich als höchst produktiv erweist.

2. Rechtsmängelhaftung[153]

Von einem Rechtsmangel spricht man im Zusammenhang mit einem Kauf bekanntlich, wenn der Verkäufer dem Käufer die Sache zwar

[153] Dazu Ernst Rabel, Die Haftung des Verkäufers wegen Mangels im Recht I – Geschichtliche Studien über den Haftungserfolg (Leipzig 1902)

geliefert, ihm aber nicht die optimale, nur eine begrenzte oder prekäre Rechtsposition an ihr verschafft hat, konkret: dem Käufer trotz Einigung und Übergabe entweder überhaupt kein Eigentum (weil es sich bei einem am Geschäft nicht beteiligten Dritten befindet) oder bloß (mit dem beschränkten dinglichen Recht eines Dritten) belastetes Eigentum verschafft hat. Das konnte in Rom leichter passieren als bei uns, da dort gutgläubiger Erwerb vom Nichtberechtigten dem Erwerber nicht sofort wie bei uns (§ 932 BGB), sondern erst nach Ablauf einer Frist von einem bzw. zwei Jahren Eigentum verschaffte; bei gestohlenen Sachen überhaupt nicht.

a) Die actio auctoritatis des Manzipationskäufers

Das archaische römische Recht, das nur den Barkauf anerkannte, löste die Frage der Haftung des Verkäufers für Rechtsmängel entsprechend altertümlich, übrigens ganz ähnlich wie das altdeutsche und das altgriechische Recht: Der Manzipationskäufer, dem die Sache von einem Dritten streitig gemacht wurde, benannte dem Gegner seinen Verkäufer und zugleich Vormann *(auctor)* und teilte diesem den Streit mit. Der *auctor* und Verkäufer mußte die Verteidigung des Käufers gegen die Ansprüche des Dritten übernehmen. Hatte der *auctor* seinerseits die Sache von einem andern gekauft oder sonst erworben, so benannte er dem Dritten seinen Vormann und teilte ihm den Streit mit; und dieser mußte dann die Verteidigung der Sache übernehmen usf. Übernahm der Vormann den Streit nicht oder verlor er ihn, siegte im Prozeß also der Dritte, was man *evincere* (heraussiegen, entwehren) nannte, war also der Manzipationskäufer trotz geschehener Manzipation Eigentümer der Sache nicht geworden, dann mußte der Verkäufer und *auctor* seinem Vertragspartner den für leichtere Unredlichkeiten üblichen Bußbetrag leisten: das Doppelte *(duplum)*, nämlich des gezahlten Kaufpreises, was mit der sog. *actio auctoritatis* geltend zu machen war. Entsprechend konnte der Verkäufer seinerseits mit dieser Klage gegen seinen Vormann vorgehen usf. Dieses Rechtsmittel stand dem Käufer aber nur zu, wenn der Kauf durch Manzipation geschehen war. Hatte keine stattgefunden, sondern hatte man zur Übereignung der Ware etwa die

---

1–163. Zur Regelung in Mitteleuropa bis zur preußischen und österreichischen Kodifikation ebd. 164–347. Zum mittelalterlichen römischen Recht s. noch Hermann Dilcher, Die Theorie der Leistungsstörungen bei Glossatoren, Kommentatoren und Kanonisten (Frankfurt am Main 1960) 241–259.

in iure cessio gewählt oder schlicht die *traditio*, sei es, weil man sich die Manzipationsformalitäten ersparen wollte oder weil die Ware nicht manzipationsfähig oder eine Partei Ausländer war, dann schied diese Möglichkeit, dem Käufer zu helfen, aus.

b) Stipulatio duplae und Marktaufsicht

Diese Käufer konnten sich gegen die Eventualität eines Rechtsmangels vertraglich sichern, und das haben sie in gewissem Umfang getan. Es wurde gebräuchlich, sich nach dem Vorbild der *actio auctoritatis* für den Fall einer Entwehrung die doppelte Summe des Kaufpreises stipulationsweise versprechen zu lassen, den sei es formlos geschlossenen, sei es in zwei wechselseitige Stipulationen überführten Kaufvertrag mit einer sog. *stipulatio duplae* (*sc. pecuniae*, Stipulation des doppelten Geldes) zu verbinden, oder auch, sich vom Vorbild der *actio auctoritatis* lösend, den einfachen, dreifachen oder vierfachen Kaufpreis. Bei Sklavenkäufen auf dem Marktplatz in Rom (und ähnlich in den außerrömischen Bürgerstädten) zwang die römische Marktaufsichtsbehörde, die Ädilen (und in den Munizipien die dort zuständige Behörde), die Verkäufer, eine solche *stipulatio duplae* abzuschließen.

c) Die actio empti. Einstige Grenzen

Wer ohne Manzipation und ohne *stipulatio duplae* gekauft hatte und erfahren mußte, daß ihm der Kaufgegenstand wieder entwehrt wird, konnte sich grundsätzlich nicht bei seinem Verkäufer schadlos halten. Wußte dieser aber, daß die Sache in Wahrheit einem Dritten gehört, und hatte er seinen Käufer darüber in Unkenntnis gelassen, so war sein Verhalten als *dolus malus* (böse List, Arglist) zu qualifizieren, der Gegenbegriff zur *bona fides*. In diesem Fall half dem Käufer also die *actio empti*, mit der er vom Verkäufer Schadlosigkeit verlangen konnte, genauer: einen Geldbetrag in Höhe *eius quod interest emptori* (dessen, was dem Käufer daran liegt, nämlich daß die Sache nicht evinziert worden wäre). Damit konnte der Käufer also unabhängig vom Kaufpreis sein gesamtes Interesse liquidieren. Die Höhe des Schadens wurde ähnlich wie heute berechnet.

Wo die römischen Juristen die Grenze zwischen Arglist des Verkäufers und zulässiger Wahrnehmung der eigenen Interessen zogen, beleuchtet folgender Text:

Ulpianus, Ad Sabinum XXVIII, Tit.: De emptione et venditione (Dig. 19, 1, 11 § 1)

VENDITOR SI, CUM SCIRET DEBERI, SERVITUTEM CELAVIT, NON

EVADET EX EMPTO ACTIONEM, SI MODO EAM REM EMPTOR IGNORAVIT.
Omnia enim, quae contra bonam fidem fiunt, veniunt in empti actionem. Sed ‚scire venditorem' et ‚celare' sic accipimus: non solum si negavit servitutem istam deberi, cum esset ab eo quaesitum, sed et si non admonuit. Sed et si proponas eum ita dixisse: „Nulla quidem servitus debetur; verum ne emergat inopinata servitus, non teneor", puto eum ex empto teneri, quia servitus debebatur et scisset. Sed et si egit, ne cognosceret emptor aliquam servitutem deberi, opinor eum ex empto teneri. Et generaliter dixerim, si improbato more versatus sit in celanda servitute, debere eum teneri, non si securitati suae prospectum voluit. Haec ita vera sunt, si emptor ignoravit servitutes, quia non videtur esse celatus, qui scit, neque certiorari debuit, qui non ignoravit.

Ulpian, Sabinuskommentar Buch 28, Titel: Über Kauf und Verkauf
WENN DER VERKÄUFER, DA ER WUSSTE, DASS SIE BESTEHT, EINE DIENSTBARKEIT VERHEIMLICHT HAT, ENTGEHT ER DER KLAGE AUS KAUF NICHT, SOFERN NUR DER KÄUFER DIESEN UMSTAND NICHT GEWUSST HAT.
Die Kaufklage erfaßt nämlich alles, was der guten Treue zuwider geschieht. Aber ‚Wissen des Verkäufers' und ‚Verheimlichen' sind folgendermaßen zu verstehen: nicht nur wenn er verneint hat, daß die und die Dienstbarkeit besteht, als er von ihm gefragt worden war, sondern auch, wenn er nicht von sich aus darauf aufmerksam gemacht hat. Aber auch wenn du vorbringst, er habe folgendes gesagt: „Zwar besteht keine Dienstbarkeit; sollte aber eine unvermutete Dienstbarkeit auftauchen, so hafte ich nicht", meine ich, daß er aus Kauf haftet, weil eine Dienstbarkeit bestand und er es gewußt hatte. Aber auch wenn er schlicht dafür gesorgt hat, daß der Käufer nicht erfährt, daß irgendeine Dienstbarkeit besteht, halte ich dafür, daß er aus Kauf haftet. Und ganz allgemein würde ich sagen, wenn er auf unlautere Weise das Verborgenbleiben der Dienstbarkeit betrieben hat, müsse er haften, nicht dagegen, wenn er nur (unvermuteter) Inanspruchnahme vorgebeugt hat. All das gilt mit der Einschränkung, daß der Käufer die Dienstbarkeit nicht kannte, weil, wer Bescheid weiß, nicht als in Unkenntnis gelassen anzusehen ist, und nicht unterrichtet werden mußte, wer sehr wohl im Bilde war.

Trotz dieses Schutzes des Käufers gegen Arglist des Verkäufers war derjenige römische Käufer, der nicht auf dem Markt oder dort etwas anderes als das damals wichtigste Wirtschaftsgut, einen Sklaven, gekauft hatte, schlecht dran; denn Arglist des Vertragspartners ist ein subjektives Moment, das schwer beweisbar zu sein pflegt. Die arglistigsten Verkäufer treffen Vorkehrungen gegen ihre Entdeckung. So leitete man unmittelbar aus der *bona fides* ab, daß ein anständiger Verkäufer sich nicht weigern dürfe, noch nachträglich eine *stipulatio duplae* abzuschließen; der Käufer konnte mit der *actio empti* vom Verkäufer verlangen, eine *stipulatio duplae* zu leisten. Und am Ende

wird der Käufer, der auch dies versäumt hat, dem rührigen, sein Recht auf *stipulatio duplae* wahrnehmenden gleichgestellt.
Wenn nun die verkaufte Sache zwar einem Dritten gehörte, dieser sich um sie aber nicht bemühte, so daß der Käufer sie, wenn er auch rechtlich nicht ihr Eigentümer geworden ist, doch tatsächlich genießen konnte, so gewährte ihm das römische Recht ursprünglich keinerlei Anspruch, aus der *actio empti* ebensowenig wie aus einer *stipulatio duplae* oder der *actio auctoritatis*, die ja beide wirkliche Entwehrung voraussetzten. Man sagte, der Verkäufer schulde nur *habere licere* (haben dürfen), nicht etwa Verschaffung des Eigentums; ein bis in das geltende deutsche Recht fortgeerbtes Überbleibsel dieser Ansicht ist die Regelung des § 440 Abs. 2 BGB. Dieser Käufer hatte, so war der Gedanke, ja keinen wirklichen Schaden und würde bei Zuerkennung des doppelten Kaufpreises ohne Eviktion einen ungebührlichen Gewinn machen.

d) Die Überwindung des Eviktionsprinzips

Die auch in der Sanktion elastische *actio empti* aber befähigte schon die hochklassischen Juristen, zu erkennen, daß dieser Gedanke keineswegs immer stichhaltig ist:

Africanus, Quaestiones VIII, Tit.: De emptione et venditione (Dig. 19, 1, 30 § 1)
Si sciens alienam rem ignoranti mihi vendideris, etiam priusquam evincatur, utiliter me ex empto acturum putavit (sc. Iulianus) in id, quanti mea intersit meam esse factam. Quamvis enim alioquin verum sit venditorem hactenus teneri, ut rem emptori habere liceat, non etiam ut eius faciat, quia tamen dolum malum abesse praestare debeat, teneri eum, qui sciens alienam, non suam ignoranti vendidit, id est maxime, si manumissuro vel pignori daturo vendiderit.

Afrikan, Untersuchungen Buch 8, Titel: Über Kauf und Verkauf
Wenn du wissentlich eine fremde Sache mir, der ich nicht Bescheid wußte, verkauft hast, könne ich, wie er (Julian) meinte, auch bevor die Sache entwehrt wird, erfolgreich aus Kauf klagen auf das, wieviel mir daran liegt, daß die Sache in mein Eigentum gelangt wäre. Obschon nämlich an sich zutreffe, daß der Verkäufer nur dafür haftet, daß sich der Käufer der Sache ungestört erfreuen kann, und nicht auch dafür, daß er ihr Eigentümer wird, hafte dennoch deshalb, weil er dafür einstehen muß, daß Arglist nicht vorliegt, derjenige Verkäufer, der wissentlich eine fremde, nicht ihm gehörige Sache einem unwissenden Käufer verkauft hat, nämlich vor allem dann, wenn er jemandem verkauft hat, der freilassen oder zum Pfande geben wollte.

Wenn der Käufer die gekaufte Sache nicht nur tatsächlich, sondern auch rechtlich nutzen will, indem er sie weiterveräußert, zur Sicherung eines Kredits einsetzt oder den gekauften Sklaven freiläßt, so behindert ihn dabei ein Rechtsmangel auch dann, wenn der Dritte untätig bleibt, sein Recht nicht geltend macht. Für den gewöhnlichen Verbraucher außerhalb von Kommerz und Kreditwirtschaft steht die tatsächliche Nutzung eingekaufter Ware ganz im Vordergrund; sie ist sozusagen die primäre, elementare Form der Eigentumsnutzung. Julian und Afrikan beginnen, auch wenn ihr erstes Beispiel rechtlicher Nutzung, die Freilassung, noch dem häuslichen Bereich entnommen ist, jedenfalls mit dem Pfandbeispiel zur Kenntnis zu nehmen, daß für den an Handel und Kreditwirtschaft teilnehmenden Rechtsgenossen die sekundäre, nämlich die rechtliche Eigentumsnutzung nicht vernachlässigt werden darf, wenn sie beim konkreten Käufer nicht gar die Hauptrolle spielt. Leider wurde dieser Gedanke in der Neuzeit nicht weiter ausgebildet, so daß auf Grund von § 440 Abs. 2 BGB der im Wirtschaftsleben stehende Käufer uneinbringliche Schäden erleiden kann, wenn eine Weiterveräußerung der Sache oder ihre Verwendung als Kreditsicherungsmittel an einem Rechtsmangel scheitern sollte; der Gedanke, daß der Käufer aus dem Rechtsmangel keinen Gewinn machen soll, wäre passender bei der Berechnung des Schadens zu verwirklichen. Immerhin gilt die Vorschrift nur mehr für den Anspruch auf Schadensersatz wegen Nichterfüllung; einen uneingeschränkten Anspruch auf Eigentumsverschaffung hat der Käufer heute doch. Außerdem ist der Anwendungsbereich der Vorschrift heute dadurch gering, daß viele Rechtsmängel durch den erweiterten Gutglaubensschutz im Gegensatz zu früher geheilt werden.

Auch von Papinian ist eine, wenngleich schwerer zu durchschauende, Entscheidung im fortschrittlichen Sinne Julians überliefert[154], die Justinian allerdings wieder rückgängig gemacht hat[155]. Und schließlich haben wir eine Paulusstelle mit einem freilich verwickelten Fall, die uns zeigt, daß auch dieser Spätklassiker, im Gegensatz zu seinem erfolgreicheren Rivalen Ulpian, Julian gefolgt ist:

Paulus, Quaestiones V, Tit.: Ex empto et vendito (Dig. 19, 1, 43/45)

Titius cum decederet, Seiae Stichum Pamphilum Arescusam per fideicommissum reliquit eiusque fidei commisit, ut omnes ad libertatem post annum perduceret. Cum legataria fideicommissum ad se pertinere noluisset nec tamen heredem a sua petitione liberasset, heres eadem mancipia Sempronio vendidit nulla commemoratione fideicommissae libertatis facta. Emptor, cum pluribus annis manicipia supra scripta sibi servissent, Arescusam manumisit; et, cum ceteri quoque servi cognita voluntate defuncti fideicommissam libertatem

[154] Fragm. Vat. 12.
[155] Dig. 18, 6, 19 § 1.

petissent et heredem ad praetorem perduxissent, iussu praetoris ab herede sunt manumissi. Arescusa quoque nolle se emptorem patronum habere responderat. Cum emptor pretium a venditore empti iudicio Arescusae quoque nomine repeteret, lectum est responsum Domitii Ulpiani, quo continebatur Arescusam pertinere ad rescriptum sacrarum constitutionum, si nollet emptorem patronum habere, emptorem tamen nihil posse post manumissionem a venditore consequi. Ego cum meminissem et Iulianum in ea sententia esse, ut existimaret post manumissionem quoque empti actionen durare, quaero, quae sententia vera est. Illud etiam in eadem cognitione nomine emptoris desiderabatur, ut sumptus, quos in unum ex his quem erudierat fecerat, ei restituerentur. Idem quaero, Arescusa, quae recusavit emptorem patronum habere, cuius sit liberta constituta an possit vel legatariam quae non liberavit vel heredem patronum habere? Nam ceteri duo ab herede manumissi sunt.
Respondi: Semper probavi Iuliani sententiam putantis manumissione non amitti ex empto actionem, quamvis auctoritatis actio non competit nisi in libertatem evicto mancipio, quod iam fieri non potest. De sumptibus vero, quos in erudiendum hominem emptor fecit, videndum est. Nam empti iudicium ad eam quoque speciem sufficere existimo. Non enim pretium continet tantum, sed omne quod interest emptoris servum non evinci. Plane si in tantum pretium excedisse proponas, ut non sit cogitatum a venditore de tanta summa, veluti si ponas agitatorem postea factum vel pantomimum evictum esse eum, qui minimo veniit pretio, iniquum videtur in magnam quantitatem obligari venditorem, idque et Iulianum agitasse Africanus refert. Quod iustum est. Sicut minuitur praestatio, si servus deterior apud emptorem effectus sit, cum evincitur. Illud expeditius videbatur, si mihi alienam aream vendideris et in eam ego aedificavero atque ita eam dominus evincit. Nam quia possim petentem dominum, nisi impensam aedificiorum solvat, doli mali exceptione summovere, magis est, ut ea res ad periculum venditoris non pertineat. Quod et in servo dicendum est, si in servitutem, non in libertatem evinceretur, ut dominus mercedes et impensas praestare debeat. Quod si emptor non possideat aedificium vel servum, ex empto habebis actionem. Superest tertia deliberatio: cuius debet esse liberta Arescusa, quae recusat emptorem. Et non sine ratione dicetur eius debere effici libertam, a quod vendita est, id est heredis, quia et ipse ex empto actione tenetur.

Paulus, Untersuchungen Buch 5, Titel: Über Kauf und Verkauf
(Konsulent): Als Titius starb, hinterließ er der Seja die Sklaven Stichus und Pamphilus und die Sklavin Arescusa und erlegte der Seja auf, sie solle allen nach einem Jahr die Freiheit verschaffen. Da die Vermächtnisnehmerin die Auflage nicht übernehmen wollte, ohne aber den Erben von ihrem Anspruch zu befreien, verkaufte der Erbe diese Sklaven dem Sempronius, ohne von der Freilassungsauflage etwas verlauten zu lassen. Nachdem die oben genannten Sklaven mehrere Jahre lang beim Käufer Sklavendienste versehen hatten, ließ er Arescusa frei; und da auch die anderen Sklaven, nachdem sie den Willen des Verstorbenen erfahren hatten, die ihnen zugedachte Freiheit forderten und

den Erben vor den Prätor zogen, wurden sie auf Anordnung des Prätors vom Erben freigelassen. Dabei hatte Arescusa auch angegeben, sie wolle den Käufer nicht zum Patron haben. Als nunmehr der Käufer den Kaufpreis vom Verkäufer mit der Klage aus Kauf auch bezüglich der Arescusa zurückforderte, wurde ein Rechtsbescheid von Domitius Ulpianus verlesen, in dem es hieß, der Arescusa stehe ein Rückschreiben aus den allerhöchsten Verordnungen zur Seite, wenn sie den Verkäufer nicht zum Patron haben wolle; trotzdem könne der Käufer nach Freilassung vom Verkäufer nichts erlangen. Da ich mich aber erinnere, daß auch Julian der Ansicht war, daß er meinte, auch nach Freilassung bestehe die Kaufklage fort, frage ich an, welche Ansicht richtig ist. Auch darum ging es dem Käufer in diesem Prozeß, daß ihm die Auslagen, die er für einen von ihnen, den er ausgebildet hatte, gehabt hat, erstattet würden. Weiter frage ich an, wessen Freigelassene Arescusa, die den Käufer als Patron ablehnte, geworden ist; ob sie die Vermächtnisnehmerin, die sie nicht freigelassen hat, oder den Erben zum Patron haben würde. Die andern zwei sind ja vom Erben freigelassen worden.

Ich (Paulus) habe den Bescheid gegeben: Schon immer habe ich die Ansicht Julians gebilligt, wenn er meint, durch Freilassung verliere man die Klage aus Kauf nicht, obgleich die Auctoritätsklage dem Käufer nur zusteht, wenn er im Prozeß um die Freiheit unterlegen ist, was nunmehr nicht mehr geschehen kann. Wegen der Ausgaben jedoch, die der Käufer zur Ausbildung des Sklaven gemacht hat, ist zu prüfen. Ich meine nämlich, daß die Kaufklage auch für diesen Punkt zu Gebote steht. Denn sie umfaßt nicht nur den Preis, sondern alles, weswegen dem Käufer daran gelegen ist, daß der Sklave ihm nicht entwehrt wird. Allerdings wenn du vorbringst, das habe den Preis so sehr überschritten, daß der Verkäufer eine so hohe Summe niemals in Betracht gezogen hätte, z.B. wenn ein zum Rennfahrer oder zum Pantomimen ausgebildeter Sklave entwehrt worden ist, der für einen sehr niedrigen Preis verkauft worden ist, dann ist es offenbar ungerecht, den Verkäufer für einen so hohen Betrag haften zu lassen, und diese Problematik hat, wie Afrikan berichtet, auch Julian behandelt. Und in der Tat ist diese Haftungsbeschränkung nur billig. Entsprechend mindert sich die Haftung, wenn der Sklave, bis er entwehrt wird, beim Käufer an Wert verloren hat. Einfacher verhält es sich, wenn du mir ein fremdes Grundstück verkauft hast, ich das Grundstück bebaut habe und dann der Eigentümer es entwehrt. Denn weil ich den herausverlangenden Eigentümer, wenn er die Baukosten nicht bezahlt, mit der Einrede der Arglist abwehren kann, ist es richtiger, daß dieses Risiko den Verkäufer nicht trifft. Und das gleiche muß bei einem Sklaven gelten, wenn er als Sklave eines anderen, nicht als Freizulassender entwehrt wird, so daß der Eigentümer Vergütung (für die Ausbildung) und Auslagen erstatten muß. Besitzt allerdings der Käufer das Gebäude oder den Sklaven nicht, dann wird er mit der Kaufklage vorgehen. Damit bleibt noch die dritte Frage übrig: wessen Freigelassene Arescusa, die den Käufer ablehnt, sein solle. Und man wird nicht unverständig sagen, daß sie dessen Freigelassene werden müsse, von dem sie verkauft worden ist, also des Erben, zumal dieser auch dem Käufer haftet.

An dem Fall, der Anlaß zu nicht weniger als sechs Konkretisierungen der *bona fides* im Rahmen der *actio empti* gab, sind sieben Personen beteiligt: Der Erblasser Titius, sein nicht beim Namen genannter Erbe, die Fideikommissarin, eine Art Vermächtnisnehmerin: Seja, die drei zunächst auf den Erben übergegangenen Sklaven des Erblassers Stichus, Pamphilus und Arescusa, die der Seja zukommen und von ihr binnen Jahresfrist freigelassen werden sollten, und Sempronius, der die Sklaven vom Erben gekauft hat, nachdem sich Seja an dem Fideikommiß wegen der damit verbundenen Auflage uninteressiert gezeigt hat. Sempronius hat Arescusa von sich aus freigelassen, Stichus und Pamphilus aber nicht; doch erwirken diese die ihnen zugedachte Freiheit mit Hilfe des Gerichts. Deshalb wendet sich Sempronius jetzt an seinen Verkäufer, den Erben, mit der *actio empti*, mit der er zunächst nur Rückerstattung des von ihm gezahlten Kaufpreises verlangt, auch des für Arescusa bezahlten. Denn Arescusa ist auf Grund der letztwilligen Verfügung des Titius nicht seine, des Sempronius, Freigelassene geworden, Sempronius hat auch ihr gegenüber keine Patronatsrechte erlangt: das Recht auf eine bestimmte Zahl von Tagewerken, auf Respektbezeugung, Erbrecht bei kinderlosem Tod der Arescusa, Recht auf Unterhalt bei Verarmung u.v.a. Zunächst geht es um die rechtliche Qualifizierung des dem Kaufgegenstand anhaftenden Mangels. Da letztwillige Freilassungen auch in der lockeren Form des Fideikommisses unter allen Umständen zu respektieren waren, notfalls sogar von den an sich rechts- und prozeßunfähigen Bedachten gerichtlich erzwungen werden konnten, trug diese Menschenware im Augenblick des Verkaufs bereits den Keim der Freiheit in sich, stand das Ende ihrer Eignung als Ware schon jetzt fest, und zwar aus rechtlichen Gründen; ihr rechtlicher Status stand unheilbar, auch Gutgläubigkeit des Erwerbers half hier nichts, ihrer unbegrenzten Verwendung als Eigentum entgegen. Das ist ein Rechtsmangel, auch wenn die Entwehrung hier nicht von einem Dritten ausgeht, sondern gewissermaßen vom Objekt selbst; die Römer sprachen von *evincere in libertatem* (in die Freiheit entwehren). Bezüglich Stichus und Pamphilus ist die Rechtslage also klar; bei Arescusa dagegen entstehen Schwierigkeiten. Wegen jener kann Sempronius, zumal der Erbe und Verkäufer ja im Bilde war, seinen Käufer aber in Unkenntnis ließ, vom Erben Schadensersatz verlangen; sein Begehren auf Rückzahlung des Kaufpreises bezüglich dieser beiden wird gar nicht weiter erörtert, zwischen Schaden und nutzlos aufgewendetem Kaufpreis zunächst pauschalierend nicht unterschieden. Problematisch in diesem Prozeß war nur der für Arescusa bezahlte

Kaufpreis, die Sempronius mittlerweile von sich aus freigelassen hatte. Hierzu war bei Ulpian ein Rechtsgutachten eingeholt worden, und dieser hatte einen Anspruch des Sempronius abgelehnt. Gründe sind nicht genannt, doch ist anzunehmen, daß Ulpian der Gesichtspunkt leitete, daß es zur Entwehrung der Arescusa ja nicht gekommen ist; Ulpian also dem alten Grundsatz folgte, wonach wegen Rechtsmängel Ansprüche nur bei wirklich geschehener Entwehrung bestehen, und wonach einer Entwehrung beim zur Freiheit gelangenden Sklaven nur die Erzwingung der Freiheit, nicht auch der Verlust des Patronats gleichzusetzen sei. Der Konsulent (der Prozeßvertreter des Sempronius?) gibt sich damit nicht zufrieden und bittet, nachdem er ermittelt hat, daß Julian folgerichtig auch hier abweichender Meinung war, Paulus um ein Gutachten, wobei er namens des Käufers um Äußerung auch zu der mittlerweile aufgetretenen weiteren Frage bittet, ob Sempronius auch aufgewandte Ausbildungskosten, die sich für ihn nun nicht mehr auszahlen können, ersetzt verlangen kann. Paulus hält sich bei der Hauptfrage nicht lange auf: Selbstverständlich folge er Julian. Zur Frage der Ausbildungskosten dagegen holt er weit aus. Hierzu ist vorauszuschicken, daß der Kläger im römischen Prozeß, jedenfalls im *bonae fidei iudicium*, anders als heute keinen bestimmten Antrag stellen, sein Begehren nicht schon bei Klagerhebung festlegen mußte, so daß Sempronius dieses zusätzliche Begehren ohne weiteres nachschieben konnte, es eigentlich sogar von Amts wegen zu berücksichtigen war. Zur materiellrechtlichen Seite führt Paulus dann aus, gründsätzlich – dies ist die dritte Folgerung aus der *bona-fides*-Klausel der *actio empti* in unserem Fall – seien dem Käufer auch zur Ausbildung des Sklaven gemachte Ausgaben, die sich durch das Freiwerden beim Käufer nicht mehr auswirken, zu ersetzen. Aber das gelte nicht schlechthin. Für den Verkäufer unvorhersehbar hohe Ausbildungskosten – vierte Folgerung – seien davon ausgeschlossen; umgekehrt mindere sich – fünfte Folgerung – der Ersatzanspruch, wenn der Wert des Sklaven beim Käufer in der Zwischenzeit gesunken ist, wenn also das positive Interesse das negative Interesse unterschreitet, das, sofern keine Aufwendungen gemacht wurden, dem gezahlten Kaufpreis entspricht. Und schließlich – sechste Folgerung – wird der Fall noch abgewandelt, um zu demonstrieren, daß der Verkäufer für zusätzliche Kosten nur subsidiär hafte, soweit der Käufer sie nämlich nicht vom Entwehrenden erlangen kann. Am Ende geht Paulus dann noch auf die dritte Frage seines Konsulenten ein, wer nun Arescusas Patron werde, was mit *actio empti* und *bona-fides*-Klausel aber nichts mehr zu tun hat.

3. Sachmängelhaftung

a) Die Rechte des Manzipationskäufers

Solange nur Barkäufe getätigt werden, kommt es wegen tatsächlicher Mangelhaftigkeit der verkauften Sache selbst, wegen Sachmängel, weniger leicht zum Streit. Bei Abschluß des Geschäfts durch *mancipatio, in iure cessio* oder *traditio* ist die Sache gegenwärtig, ein umsichtiger Käufer inspiziert sie vor Vollendung des Geschäfts. Nur bei Grundstücksveräußerungen war das, wie gezeigt, nicht der Fall; weder die *in iure cessio* noch auch die Manzipation eines Grundstücks geschahen an Ort und Stelle, sondern anderswo, und das Grundstück vertrat eine Scholle oder ein Ziegel. Hier konnte also auch ein umsichtiger Käufer leichter benachteiligt, mit einer minderwertigen und insbesondere zu kleinen Fläche abgespeist werden. So bezieht sich denn auch der älteste Rechtsbehelf des Käufers wegen eines Mangels der verkauften Sache selbst nur auf Grundstücke. Bei beweglichen Sachen kannte das Manzipationsrecht anscheinend keine Sachmängelhaftung des Verkäufers. Auch das altdeutsche Rechtssprichwort „Augen auf, Kauf ist Kauf", das ja gleichfalls Sachmängelhaftung ausschließt, bezog sich auf Barkäufe, könnte, wenn überhaupt, nur für sie Geltung beanspruchen, was sich nicht immer klarmacht, wer es heute anführt. Beim Grundstückskauf durch Manzipation nun spricht die entscheidenden Worte, wie gesagt, der Erwerber; der Veräußerer schwieg. Doch konnte auch er das Wort ergreifen, eine förmliche Erklärung *(nuncupatio)* abgeben, was dann stets etwas Besonderes bedeutete. Sprach er bei einer eigentlichen, wirklich einen Kauf bezweckenden *mancipatio* eines Grundstücks, um seinen Umfang anzugeben, und stimmte seine Angabe nicht, so hatte der Käufer, wie bei einem Rechtsmangel, einen Bußanspruch auf das Doppelte: des zuviel gezahlten Kaufpreises, berechnet nach dem Verhältnis von angegebener und tatsächlicher Größe des Grundstücks: die *actio de modo agri* (Klage vom Maß des Landes).

b) Das Sonderrecht der Marktaufsichtsbehörden

Diese alte *duplum*-Haftung spielte bei der Weiterentwicklung der Sachmängelhaftung jedoch eine geringere Rolle als bei der Rechtsmängelhaftung. Die römische Marktaufsichtsbehörde, die Ädilen, entwickelten hier eigene Rechtsbehelfe. Für den Verkauf von Sklaven sowie von Zug- und Lasttieren, den wichtigsten Handelsgütern, bei denen Sachmängel sich besonders schwer auswirken können und zugleich die Gefahr ihrer Verdeckung durch allerlei Manipulationen besonders groß ist – noch heute gelten ja beim Viehkauf besonders strenge Bestimmungen –, ordnen die Ädilen an, daß alle Verkäufer auf den Märkten Roms bestimmte, im einzelnen aufgezählte Mängel dem Käufer unter allen Umständen kundzutun haben. Und zwar die wichtigsten Krankheiten und bei Sklaven auch die wichtigsten „Charakterfehler“: Flucht, Herumtreiberei, Kapitaldelikte, Kampf in der Arena mit wilden Tieren und Selbstmordversuch. Zeigt sich einer dieser Mängel beim Käufer, ohne daß ihm der Verkäufer ihn offenbart hatte, dann konnte der Käufer innerhalb eines halben Jahres gegen Rückgabe der Sache seinen Kaufpreis zurückverlangen mit Hilfe der *actio redhibitoria* (Wandlungsklage). Statt dessen konnte er aber auch innerhalb eines Jahres die Sache behalten und vom Verkäufer nur einen Bußbetrag verlangen, dessen Höhe die Ädilen für jeden einzelnen Mangel jährlich festlegten (s. tabula Herculanensis 60)[156]; die jährliche Erneuerung dieses Tarifs sollte es offenbar ermöglichen, Preisänderungen zu berücksichtigen. Später empfand man dieses System offenbar trotzdem als zu starr und ersetzte den Tarif durch eine Generalklausel, wonach der Käufer vom Verkäufer so viel verlangen konnte, als die Sache durch den Mangel weniger wert war, und nannte die Klage *actio quanti minoris* (Klage um wieviel weniger, Minderungsklage). Ob der Verkäufer den Mangel kannte oder nicht, war bei alledem gleichgültig. Das Edikt der Ädilen verhieß in hochklassicher Zeit ausdrücklich nur noch die *actio redhibitoria*, enthielt allerdings Formulare für beide Klagen. Und ergänzend dazu bestimmte es, daß der Verkäufer überdies für ausdrückliche Zusicherungen sowie für arglistiges Verhalten haftet. Schließlich gewährte es dem (Sklaven-)Käufer das Recht, vom Verkäufer noch nachträglich zu verlangen, daß er die Haftung für die genannten Mängel stipulationsweise übernimmt, wodurch der Käufer den kurzen Gewährleistungsfristen zuvorkommen konnte; lehnte der Verkäufer die Garantiestipulation ab, so konnte der Käufer binnen zwei Monaten auf Wandlung klagen.

c) *Die Möglichkeiten der actio empti*

Wem die Regelung der Sachmängelhaftung im BGB geläufig ist, der konnte sie bereits in dem soeben Geschilderten, den letzten Punkt ausgenommen, wiedererkennen: Wandlungs- und Minderungsan-

---

[156] Vgl. Vincenzo Arangio-Ruiz, Tabulae Herculanenses IV, in: La parola del passato 9 (1954) 55 u. 58–61; u. ders., La compravendita in dir. rom. (Neapel 1954) 390 Fußn. 1.

spruch setzen nur das objektive Bestehen eines Mangels voraus; unabhängig davon haftet der Verkäufer für besondere Zusicherungen und Arglist. Damit diese Sonderregelung der römischen Marktaufsichtsbehörde ins heutige Kaufrecht gelangen konnte, mußte sie erst einmal in Rom selbst der Kollege von der allgemeinen Gerichtsbarkeit, der Prätor, übernehmen, auf alle Käufe erstrecken. Der Prätor tat dies mit Hilfe der *bona-fides*-Klausel der *actio empti*, jedoch nicht ohne zahlreiche Abänderungen seines Vorbilds. Im Rahmen der *actio empti* wurde jene zwar wirkungsvolle, aber z.T. noch immer zu starre Regelung der Polizeijustiz, deren Positivierung nicht in einem Guß, sondern offenbar Stück für Stück geschehen war und der daher manche Zufälligkeiten anhafteten, elastisch gehandhabt und den mannigfachen Bedürfnissen der verschiedenartigen Kaufvertragsparteien angepaßt. Nur zwei Punkte seien hier herausgegriffen, die noch heute eine Rolle spielen.

(1) Nach § 462 BGB hat der heutige Käufer bei einem Sachmangel die freie Wahl, Wandlung oder Minderung (oder gegebenenfalls Nachlieferung, § 480 BGB) zu verlangen. Danach kann, wer z.B. ein Buch beim Händler gekauft hat, in dem ein Bogen fehlt oder falsch gebunden ist, das Buch zurückgeben und sich den schon verbraucht geglaubten Kaufpreis zurückholen; auf das Angebot des Buchhändlers, das verdruckte oder falsch gebundene Exemplar in ein einwandfreies umzutauschen, braucht er sich nicht einzulassen. Der Käufer kann also einen Sachmangel zum Vorwand nehmen, um das ganze Geschäft rückgängig zu machen, auch wenn es ihm bei Kaufabschluß nur auf irgendein einwandfreies Exemplar angekommen war. Dieser Käufer hat, von besonderen Konstellationen abgesehen, mehr Rechte, als ihm gemäß seiner eigenen Motivation bei Kaufabschluß gebührt. Die deutsche Rechtsprechung hat denn auch, soweit sich nicht bereits der Verkäufer selbst durch besondere Abmachungen oder Allgemeine Geschäftsbedingungen gegen ein ungerechtfertigtes Reurecht des Käufers geschützt hat, die dem Käufer durch das BGB gewährten Wahlmöglichkeiten in gewissem Umfang unter Berufung auf § 242 BGB eingeschränkt. Aber schon die römischen Juristen hatten dem gelegentlich Rechnung getragen:

Ulpianus, Ad edictum praetoris XXXII, Tit.: De iudicio empti venditi, 1. De actione empti (Dig. 19, 1, 13 § 4)
Si venditor dolo malo fecerit, ut rem pluris venderet, puta de artificio mentitus est aut de peculio, empti eum iudicio teneri, ut praestaret emptori, quanto pluris servus valuisset, si ita peculiatus esset vel eo artificio instructus.

Ulpian, Kommentar zum Edikt des Prätors Buch 32, Titel: Über den Prozeß aus Kauf und Verkauf, 1. Über die Kaufklage

Wenn der Verkäufer durch Arglist bewirkt hat, daß er die Sache teurer verkauft, z.B. über besondere Fertigkeiten falsche Angaben gemacht hat oder über das Sondergut (des verkauften Sklaven), wird er mit der Kaufklage angehalten, dem Käufer so viel zu gewähren, um wieviel mehr der Sklave wert gewesen wäre, wenn er mit einem so großen Sondergut ausgestattet oder in diesen Fertigkeiten ausgebildet gewesen wäre.

Ulpian setzt hier offenbar voraus, daß der Käufer diesen Sklaven unabhängig von angegebenen Fertigkeiten bzw. der Höhe seines Sonderguts kaufen wollte und die diesbezüglichen falschen Angaben des Verkäufers nicht für den Kaufentschluß selbst ursächlich waren, sondern nur bei der Festsetzung des Preises eine Rolle spielten. Folgerichtig kann der Käufer nur mindern, das Recht auf Wandlung zieht Ulpian nicht in Betracht. In gleichem Sinne belehrt ein Kaiserreskript:

Imperatores Diocletianus et Maximianus Augusti et Constantius et Maximianus nobilissimi Caesares Aureliae Zaniae Antipatrae (Cod. Just. 4, 49, 9)
Si minor a venditore sive sciente sive ignorante dicebatur capitatio praedii venditi et maior inventa sit, in tantum convenitur, quanto, si scisset emptor ab initio, minus daret pretii. ...
Subscripta XV kalendas Iulias Philippopoli Diocletiano V et Maximiano IIII Augustis consulibus.

Kaiser Diokletian und Maximian und die sehr edlen Cäsaren Constantius und Galerius an Aurelia Zania Antipatra
Wenn vom Verkäufer, sei es wissentlich oder unwissentlich, eine zu geringe Steuer des verkauften Grundstücks angegeben wurde und sich herausgestellt hat, daß sie höher ist, wird er auf so viel belangt, wieviel der Käufer, wenn er das von Anfang an gewußt hätte, weniger bezahlt hätte.
Unterfertigt am 17. Juni zu Philippopel im Jahre 293 n. Chr.

Die Grundsteuer war damals Haupteinnahmequelle des Staates und durchweg hoch, weshalb sie für die Bewertung eines landwirtschaftlichen Grundstücks einen wichtigen Faktor bildete. Ging man bei der Veräußerung von einem zu niedrigen Satz aus, so hatte der Verkäufer, und zwar gleichgültig, ob er im Bilde war oder nicht (etwa als entfernter Erbe), die Preisdifferenz zu erstatten; Rücknahme des Grundstücks wird wieder nicht in Betracht gezogen.
Das sind Einzelentscheidungen. Bei der Systematisierung der römischen Kasuistik zum Zwecke ihrer besseren Lehrbarkeit in der Neuzeit blieben sie außer Betracht, so daß die heutige, zu starre Regelung herauskam.

(2) Auch die Haftung des Verkäufers für Mangelfolgeschäden beim Käufer ist im geltenden Recht in den Einzelheiten noch heute nicht befriedigend gelöst. Die gesetzliche Regelung des Kaufrechts, wonach für einen Schadensersatzanspruch des Käufers die Zusicherung einer Eigenschaft oder Arglist des Verkäufers Voraussetzung ist (§ 463 BGB), hat sich rasch als unzureichend erwiesen[157], zumal man in Deutschland mit der Bejahung von Arglist beim Verkäufer zurückhaltender ist als man es in Rom war. Schon bald nach Inkrafttreten des BGB griff man deshalb zu praeter legem entwickelten Rechtsbehelfen: Verschulden bei Vertragsschluß und positive Vertragsverletzung[158], die nur Fahrlässigkeit voraussetzen und die allerdings auch nur das negative Interesse des Käufers abdecken, wozu Mangelfolgeschäden ja aber gehören. Doch bereitet dabei wiederum die kurze Ausschlußfrist des § 477 BGB, die auf diese Ansprüche erstreckt wird, Schwierigkeiten[159]. Die engherzige BGB-Regelung ist rezipiertes römisches Fallrecht, das insbesondere Julian geprägt hat. Es beruht hauptsächlich auf folgender Stelle:

Ulpianus, Ad edictum praetoris XXXII, Tit.: De iudicio empti venditi, 1. De actione empti (Dig. 19, 1, 13 pr. – § 3)

Iulianus libro XV (sc. digestorum) inter eum, qui sciens quid aut ignorans vendidit, differentiam facit in condemnatione ex empto. Ait enim, qui pecus morbosum aut tignum vitiosum vendidit, si quidem ignorans fecit, id tantum ex empto actione praestaturum, quanto minoris essem empturus si id ita esse scissem. Si vero sciens reticuit et emptorem decepit, omnia detrimenta, quae ex ea emptione emptor traxerit, praestaturum ei. Sive igitur aedes vitio tigni corruerunt, aedium aestimationem; sive pecora contagione morbosi pecoris perierunt, quod interfuit id non evenisse erit praestandum. Item qui furem vendidit aut fugitivum: si quidem sciens, praestare debebit quanti emptoris interfuit non decipi. Si vero ignorans vendiderit, circa fugitivum quidem tenetur quanti minoris empturus esset si eum esse fugitivum scisset; circa furem non tenetur. Quod autem diximus ‚quanti emptoris interfuit non decipi', multa continet: et si alios secum sollicitavit ut fugerent vel res quasdam abstulit. Quid tamen si ignoravit quidem furem esse, adseveravit autem bonae frugi et fidum, et caro vendidit? Videamus, an ex empto teneatur. Et putem teneri.

[157] S. vor allem Max Hachenburg, Gutachten über den zweiten Abschnitt des Rechts der Schuldverhältnisse, in: Gutachten aus dem Anwaltsstande über die erste Lesung des Entwurfs eines BGB (Berlin 1890) 139 f.; Franz Leonhard, Die Haftung des Verkäufers für sein Verschulden beim Vertragsschlusse (Göttingen 1896); u. ders., Verschulden beim Vertragsschlusse (Berlin 1910).

[158] S. die Rechtsprechungsnachweise bei Günther Todt, Die Schadensersatzansprüche des Käufers, Mieters und Werkbestellers (Heidelberg 1970) 69 f.

[159] S. etwa BGH NJW 1973, 845 unter 4. m. weit. Nachw.

Atqui ignoravit. Sed non debuit facile quae ignorabat adseverare. Inter hunc igitur et qui scit et tacuit non multum interest. Nam qui scit, praemonere debuit furem esse; hic non debuit facilis esse ad temerariam indicationem.

Ulpian, Kommentar zum Edikt des Prätors Buch 32, Titel: Über den Prozeß aus Kauf und Verkauf, 1. Über die Kaufklage.
Julian macht im 15. Buch (der Digesten) zwischen dem, der bewußt, und der unwissentlich etwas verkauft hat, einen Unterschied bei der Verurteilung aus Kauf. Er sagt nämlich, wer krankes Vieh oder schadhaftes Bauholz verkauft hat, der müsse, wenn er das unwissentlich getan hat, aus der Kaufklage nur so viel gewähren, um wieviel weniger ich gekauft hätte, wenn ich gewußt hätte, daß es sich so verhält. Wenn er aber bewußt verschwiegen und den Käufer getäuscht hat, müsse er dem Käufer alle Nachteile, die er aus diesem Kauf gezogen hat, erstatten. Sei es also, daß wegen des Fehlers im Bauholz ein Gebäude zusammengebrochen ist, so müsse er den Schätzwert des Gebäudes; sei es, daß (eigenes) Vieh durch die Berührung mit dem kranken Vieh verendet ist, dann werde er so viel ersetzen müssen, als dem Käufer daran lag, daß er nicht getäuscht wird. Wenn er aber unwissentlich verkauft hat, haftet er wegen des zur Flucht Neigenden auf so viel, um wieviel weniger er ihn gekauft hätte, wenn er gewußt hätte, daß er zur Flucht neigt; wegen des Diebs haftet er nicht. Wenn wir aber gesagt haben ‚wieviel dem Käufer daran lag, daß er nicht getäuscht wird', so umfaßt das vielerlei, auch den Fall, daß er andere mit ihm zusammen zu fliehen angestiftet oder irgendwelche Sachen mitgenommen hat. Was indessen, wenn er zwar nicht gewußt hat, daß er ein Dieb ist, aber zugesichert hat, er sei rechtschaffen und treu, und ihn teuer verkauft hat? Schauen wir, ob er aus Kauf haftet. Und ich würde meinen, daß er haftet. Aber er wußte doch nicht Bescheid. Indes durfte er nicht leichthin zusichern, worüber er nicht Bescheid wußte. Es besteht somit zwischen diesem und dem, der Bescheid weiß und schweigt, kein großer Unterschied. Denn wer Bescheid weiß, hätte zuvor darauf hinweisen müssen, daß er ein Dieb ist; dieser hätte nicht leichthin eine kühne Angabe machen dürfen.

Julian/Ulpian stufen die den Verkäufer einer mangelhaften Sache treffende Haftung also nach dem Grad seines Verschuldens ab. Dies tun wir heute vor allem im Strafrecht bei der Bemessung der angemessenen staatlichen Strafe. Aus dem Privatrecht ist dieser Gedanke eliminiert; nur im Rahmen des § 847, insbesondere bei der analogen Anwendung der Vorschrift auf Persönlichkeitsverletzungen, wurde er in Deutschland jüngst wiederbelebt. Julian dagegen hatte den Privatstrafgedanken, der im altrömischen wie in allen archaischen Rechten die deliktischen Klagen ganz beherrscht hatte, wo also Schadensausgleich und Privatstrafe noch nicht getrennt waren, auch im vertraglichen Schadensersatzrecht, obwohl die Unterscheidung und folgerichtig die Begrenzung zumindest der Vertragsklagen auf Schadensausgleich längst geläufig war, öfter beibehalten. Außer der schon oben S. 57f. behandelten Stelle bezeugt das insbesondere eine andere Stelle aus dem Kaufrecht:

Iulianus, Digesta XIII, Tit.: De iudicio fiduciae (Dig. 19, 1, 23)
Si quis servum, quem cum peculio vendiderat, manumiserit, non solum peculii nomine, quod servus habuit tempore quo manumittebatur, sed et eorum, quae postea adquirit, tenetur; et praeterea cavere debet, quidquid ex hereditate liberti ad eum pervenerit, restitutu iri.
Marcellus notat: Illa praestare venditor ex empto debet, quae haberet emptor, si homo manumissus non esset. Non continebuntur igitur quae, si manumissus non fuit, adquisiturus non esset.

Julian, Digesten Buch 13, Titel: Über die Treuhandklage
Wenn jemand den Sklaven, den er mit Sondergut verkauft hatte, freigelassen hat, haftet er nicht nur (außer auf den Wert des Sklaven selbst) wegen des Sonderguts, das der Sklave im Zeitpunkt seiner Freilassung innehatte, sondern auch dessen, was (der Sklave) später erwirbt; und außerdem muß er sicherstellen, daß alles, was aus einer Beerbung des Freigelassenen an ihn gelangen sollte, erstattet werden werde.
Marcellus merkt an: Der Verkäufer muß aus dem Kauf das gewähren, was der Käufer hätte, wenn der Sklave nicht freigelassen worden wäre. Deshalb ist darin nicht enthalten, was er, wenn er nicht freigelassen worden wäre, auch nicht erworben hätte.

Julian erlegt dem vertragsbrüchigen Verkäufer nicht nur vollen Wertersatz auf, sondern obendrein Abführung bzw. Erstattung sämtlicher Vorteile, die der Verkäufer oder auch nur sein Freigelassener aus dem Vertragsbruch etwa noch ziehen sollte. Er trifft damit den Verkäufer doppelt: Erst muß er in die eigene Tasche greifen und dann auch noch etwaige Rückflüsse abliefern. Marcellus stellt dem das Differenzprinzip entgegen: Der Käufer hat nicht mehr zu beanspruchen, als er gehabt hätte, wenn sich der Verkäufer vertragsgemäß verhalten hätte, also das positive Interesse. Aber auch Julians Stellung zur Haftung des Verkäufers für Mangelfolgeschäden war nicht unbestritten, wie folgende Stelle zeigt:

Pomponius, Ad Sabinum VIIII, Tit.: De emptione et venditione (Dig. 19, 1, 6 § 4)
Si vas mihi vendideris ita, ut adfirmares integrum, si id integrum non sit, etiam id, quod eo nomine perdiderim, praestabis mihi. Si vero non id actum sit ut integrum praestas, *Iulianus ait* dolum malum dumtaxat praestare te debere. Labeo contra putat et id solum observandum, ut, nisi in contrarium id actum sit, omnimodo integrum praestari debeat. Et est verum. Quod et in locatis doliis praestandum Sabinum respondisse Minicius refert.

Pomponius, Sabinuskommentar Buch 9, Titel: Über Kauf und Verkauf
Wenn du mir ein Gefäß in der Weise verkauft hast, daß du zusicherst, es sei ganz, es aber nicht ganz ist, dann mußt du auch das, was ich deswegen ver-

loren habe, mir ersetzen. Wenn aber nicht ausgemacht worden ist, daß du ein intaktes leistest, müssest du, meint Julian, nur für Arglist einstehen. Labeo ist anderer Ansicht und meint, es sei allein dies zu beobachten, daß, wenn nicht das Gegenteil ausgemacht worden ist, stets für ein intaktes eingestanden werden müsse. Und das ist richtig. Auch bei vermieteten Fässern sei das zu gewährleisten, habe Sabinus beschieden, wie Minicius berichtet.

Glücklicherweise ist uns die Meinung des Sabinus zur Vermietung schadhafter Fässer an anderer Stelle genauer überliefert: Dig. 19, 2, 19 § 1, so daß trotz des nicht ganz eindeutigen *praestare* kein Zweifel darüber besteht, daß Labeo und Pomponius einen Verkäufer schadhafter, insbesondere undichter Gefäße für typische Mangelfolgeschäden unabhängig von arglistigem Verhalten haftbar machten. Fahrlässigkeit kann man solch einem Verkäufer gewiß immer vorwerfen.

Für die Frage, wer einen Mangelfolgeschaden bei einem Kauf letztlich tragen soll, Käufer oder Verkäufer, ist die Kenntnis des Mangels durch den Verkäufer bzw. seine Arglist oder seine Zusicherung, die Sache sei mangelfrei, in der Tat ein zu grobes Kriterium. Es geht um die richtige Abgrenzung der beiderseitigen Verantwortungsbereiche. Daß dabei auch den Käufer eine gewisse Verantwortung trifft, besagt die ebenfalls auf Entscheidungen der römischen Juristen zurückgehende Bestimmung des § 460 BGB, wonach nicht nur Kenntnis des Mangels durch den Käufer ihm sämtliche Ansprüche abschneidet, Ansprüche wegen Mangelfolgeschäden eingeschlossen; auch grobfahrlässige Unkenntnis kann nur durch Arglist, d.h. positives Wissen des anderen Teils überspielt werden. Es geht also letztlich darum, das beiderseitige Verschulden am Eintritt des Mangelfolgeschadens, ein Verschulden der zur Pflichterfüllung eingesetzten Hilfspersonen eingerechnet, gegeneinander abzuwägen; und den beim Käufer eingetretenen Schaden auf den Verkäufer zu überwälzen ist nur gerechtfertigt, wenn seine Verantwortung größer ist. Beim Kauf undichter Gefäße hat Labeo am Verlust des Inhalts dem Verkäufer die größere Schuld gegeben; m.a.W. Labeo stellte den Satz auf, ein Käufer könne sich gemeinhin auf die Tauglichkeit der gekauften Sache für so elementare Zwecke wie Behalten des Inhalts bei einem Gefäß verlassen. Aber man zweifelt, ob Labeo diesen Satz auf den Fall erstreckt hätte, daß der Käufer die Gefäße ungeprüft mit einem ungewöhnlich wertvollen Inhalt füllt[160].

[160] Zur weiteren Geschichte der Sachmängelhaftung bis heute s. Hermann Dilcher, a.a.O. (oben Anm. 153) 214–241; und Walter-Jürgen Klempt, Die Grundlagen der Sachmängelhaftung des Verkäufers im Vernunftrecht und Usus modernus (Stuttgart 1967).

4. Weitere Ableitungen aus der bona fides

a) Anfängliche objektive Unmöglichkeit

Eine Leistung, die zu erbringen niemandem möglich, die objektiv unmöglich ist, kann man zwar, leichtsinnig wie der Mensch ist, versprechen, doch kann ihre Bewirkung rechtlich nicht erzwungen werden. Für das deutsche Recht spricht dies § 306 BGB aus, wonach ein Vertrag über eine derartige Leistung nichtig, unverbindlich ist. Das ist aber nicht alles. Nach § 307 BGB trifft den Versprechenden unter Umständen doch eine gewisse Verantwortung, eine nicht selbstverständliche Regelung, die von den römischen Juristen entwickelt wurde an Hand der *bona-fides*-Klausel der *bonae fidei iudicia*. Ursprünglich bewendete es im römischen Recht bei einer dem § 306 BGB entsprechenden Norm. Aus einem stipulationsweise abgegebenen Versprechen stand dem Versprechensempfänger nämlich die *condictio* zu, deren Formular folgendermaßen lautete:

Edictum perpetuum praetoris urbani. Tit. XVII: De rebus creditis, 1. Si certum petetur. Formula condictionis certae rei
Gaius Seius iudex esto.
Si paret Numerium Negidium Aulo Agerio hominem Stichum dare oportere,
quanti is homo est, tantam pecuniam, iudex, Numerium Negidium Aulo Agerio condemna.
Si non paret, absolve.

Ständiges Edikt des Stadtprätors, Titel 17: Über kreditierte Sachen, 1. Wenn etwas Bestimmtes eingeklagt wird. Formular der Kondiktion auf eine bestimmte Sache
Gajus Sejus soll Richter sein.
Wenn es sich erweist, daß der Beklagte dem Kläger den Sklaven Stichus zu übereignen verpflichtet ist,
sollst du, Richter, den Beklagten dem Kläger in den Geldbetrag verurteilen, den dieser Sklave wert ist.
Wenn es sich nicht erweist, sollst du freisprechen.

War eine mit dieser Formel einzuklagende Leistung unmöglich zu erbringen, dann blieb dem Richter nichts andres übrig, als das *dare* (bzw. *facere* oder *praestare*) *oportere* zu verneinen und den Beklagten freizusprechen; eine andre Möglichkeit läßt das Klagformular nicht zu. Materiellrechtlich heißt das für die Stipulation:

Gaius, Institutiones III, Tit.: De obligationibus verbis contractis, § 97
Si id quod dari stipulamur tale sit, ut dari non possit, inutilis est stipulatio, velut si quis ... locum sacrum vel religiosum, quem putabat humani iuris esse, dari stipuletur,

Gajus, Institutionen Buch 3, Titel: Über die Wortverbindlichkeiten
Wenn das, was wir (uns) übereignet zu werden in Stipulationsform uns versprechen lassen, so beschaffen ist, daß es nicht übereignet werden kann, ist die Stipulation unwirksam, z. B. wenn jemand sich versprechen ließe, daß ihm ein geweihter oder der Bestattung gewidmeter Platz übereignet werde, in der Annahme, es handle sich um ein gewöhnliches Grundstück.

Und dabei blieb es. Für einen etwaigen Schadensersatzanspruch war der enttäuschte Vertragspartner auf die allgemeine Arglistklage, die *actio de dolo* (s. unten 6. Kap. 2c) angewiesen. War die unmögliche Leistung dagegen Bestandteil eines Kaufvertrags, so daß die *actio empti* einschlägig war, dann konnte der Richter, wenn sich im Prozeß Unmöglichkeit der Leistung herausstellte, trotzdem den Beklagten, der die unmögliche Zusage gemacht hatte, sofern in seinem Verhalten ein Verstoß gegen die *bona fides* zu erblicken war, vermöge des *quidquid* ... (was immer ...) des Formulars ohne weiteres in den Betrag verurteilen, der zum Ausgleich des dem Kläger entstandenen Schadens erforderlich sein mochte:

Modestinus, Regulae V, Tit.: De alienatione et quaestu prohibito (Dig. 18, 1, 62 § 1)
Qui nesciens loca sacra vel religiosa vel publica pro privatis comparavit, licet emptio non teneat, ex empto tamen adversus venditorem experietur, ut consequatur quod interfuit eius ne deciperetur.

Modestin, Grundlinien Buch 5, Titel: Über unzulässige Veräußerung und Erwerb
Wer unwissentlich geweihte oder der Bestattung oder öffentlichen Zwecken gewidmete Plätze als im Privateigentum befindlich gekauft hat, kann, obwohl der Kauf nicht gültig ist, trotzdem mit der Kaufklage gegen den Verkäufer vorgehen, um zu erhalten, woran ihm gelegen ist, nicht getäuscht zu werden.

Daß an sich ein verbindlicher, realisierbarer Kaufvertrag auch hier wirksam nicht zustandegekommen, die Voraussetzung *emit* des Formulars womöglich nicht erfüllt ist, bereitete den Klassikern anders als uns heute offenbar keine Skrupel. Immerhin hatte man kontrahiert, und wenn wir heute sagen, der Vertrag sei „nichtig", so besagt das genau genommen ja keineswegs, daß er für das Recht als nicht geschehen zu behandeln sei, sondern nur, daß er nicht zu erfüllen ist. Andere Rechtsfolgen sind damit nicht von vornherein abgeschnitten[161].

---

[161] S. Hans-Martin Pawlowski, Rechtsgeschäftliche Folgen nichtiger Willenserklärungen (Göttingen 1966); u. knapper ders., Allgemeiner Teil des BGB (Tübingen: UTB 176, 1972) II 239–256.

b) Nachträgliche objektive Unmöglichkeit

Starb nachträglich ein stipulationsweise versprochenes Stück Vieh oder ein Sklave vor Lieferung, so war nach der Logik des Klagformulars der Kläger ebenfalls abzuweisen, da *dare oportere* des Sklaven im Zeitpunkt der Klage verneint werden mußte. Dieses Ergebnis befriedigt dann nicht, wenn die Unmöglichkeit der Leistung, der Tod, vom Versprechenden selbst herbeigeführt worden, der Untergang der Sache von ihm verschuldet war; ihn auch dann zu entlasten, schien nicht gerechtfertigt. Um auch hier zu einer Geldverurteilung aus der *condictio* zu gelangen, haben die römischen Juristen das *dare oportere* des Schuldners künstlich verlängert:

Paulus, Ad Plautium XVII, Tit.: De condictione (Dig. 45, 1, 91, stark gekürzt)
Si Stichum mihi dari stipulatus fuero et is Stichus decesserit, an promissor liberatur considerandum. Et si quidem non stetit per debitorem, quominus dari poterit, expeditum est. Quid si occidat eum promissor? Si neglegat infirmum? Aut si nesciens se debere eum occiderit? Et veteres constituerunt: quotiens culpa intervenit debitoris, perpetuari obligationem. Effectus huius constitutionis ille est, ut adhuc peti possit res post stipulationem contractam perempta, nec idcirco dubitationis est, quia neque hominem qui non est dare oportere possumus neque ob id pecuniam debemus.

Paulus, Plautiuskommentar Buch 17, Titel: Über die Kondiktion
Wenn ich mir habe in Stipulationsform versprechen lassen, daß mir der Sklave Stichus übereignet wird, und dieser Stichus vor Vollzug des Geschäfts gestorben ist, ist zu prüfen, ob der Versprechende frei wird. Wenn es freilich nicht am Schuldner gelegen hat, daß nicht geleistet werden konnte, ist die Sache klar. Wie aber, wenn der Versprechende den Sklaven selbst getötet hat? Wenn er ihm, da er krank war, nicht geholfen hätte? Oder wenn er ihn, ohne zu wissen, daß er ihn schuldet, getötet hat? Dazu haben die alten Juristen den Satz aufgestellt: daß, sooft ein Verschulden des Schuldners dazwischengekommen ist, die Verbindlichkeit fortdauert. Die Wirkung dieses Satzes ist die, daß die nach Abschluß der Stipulation untergegangene Sache noch immer eingeklagt werden kann und dies nicht etwa deshalb zweifelhaft ist, weil wir weder einen Sklaven, den es nicht gibt, zu übereignen verpflichtet sein könnten noch deswegen Geld schuldeten.

Bei der *actio empti* konnten solche Skrupel gar nicht erst entstehen, da das Klagformular eben nicht isoliert auf die Erfüllungspflicht abstellte, sondern allgemein auf *quidquid dare facere oportet*, so daß sich auch bei Wegfall der Erfüllungspflicht festsetzen läßt, welche sonstigen Pflichten dem Vertragspartner verbleiben. Dazu gehört nicht nur Schadensersatz bei treuwidriger Teilhabe an Verlust oder Untergang, sondern z.B. auch Rückerstattung etwa schon geleisteter Zahlungen:

Africanus, Quaestiones VIII, Tit.: De locatione et conductione (Dig. 19, 2, 33 pr. S. 3 u. 4)
Si vendideris mihi fundum isque, priusquam vacuus traderetur, publicatus fuerit, tenearis ex empto. Quod hactenus verum erit, ut pretium restituas, non ut etiam id praestes si quid pluris mea intersit eum vacuum mihi tradi.

Afrikan, Untersuchungen Buch 8, Titel: Über Verpachtung und Pacht
Wenn du mir ein Landgut verkauft hast und dieses, bevor es mir geräumt übergeben wurde, beschlagnahmt worden ist, haftest du aus Kauf (meinte Julian). Das ist soweit richtig, daß du den Preis zurückzahlen mußt, nicht jedoch auch dafür einstehen mußt, wenn ich ein besonderes Interesse daran hätte, es geräumt übergeben zu bekommen.

War dagegen für eine stipulationsweise versprochene Leistung etwas als Entgelt gezahlt worden, so konnte es der enttäuschte Gläubiger nur mit der *condictio ob causam datorum causa non secuta*, der Vorgängerin unserer Kondiktion wegen Zweckfortfalls (§ 812 Abs. 1 S. 2 BGB, 2. Alternative), zurückverlangen.

c) Verzug des Verkäufers mit der Lieferung

Auch Verzugsschäden, d.h. dem Gläubiger durch Verspätung[162] der Leistung zugefügte Schäden, konnten im Rahmen der *stricti iuris iudicia* nur in beschränktem Umfang berücksichtigt werden: Auf eine nach Verzug erhobene Klage war der Schuldner, wenn der Wert der Sache mittlerweile gestiegen war, in den höheren Wert zu verurteilen, so daß der Verzugsschuldner für Wertschwankungen aufkommen mußte. Mehr war ihm mit strenger Klage aber nicht aufzubürden. Und an diese Grenze hat man sich zunächst auch gehalten, wenn der Schuldner mit einem *bonae fidei iudicium* belangt wurde:

Paulus, Ad edictum XXXIII, Tit.: De iudicio empti venditi (Dig. 19, 1, 21 § 3)
Cum per venditorem steterit, quo minus rem tradat, omnis utilitas emptoris in aestimationem venit, quae modo circa ipsam rem constitit. Neque enim, si potuit ex vino puta negotiari et lucrum facere, id aestimandum est, non magis quam si triticum emerit et ob eam rem, quod non sit traditum, familia eius fame laboraverit. Nam pretium tritici, non servorum fame necatorum consequitur. Nec maior fit obligatio, quod tardius agitur, quamvis crescat, si vinum hodie pluris sit. Merito, quia, sive datum esset, haberem emptor; sive non, quoniam saltem hodie dandum est quod iam olim dari oportuit.

Paulus, Ediktkommentar Buch 33, Tit.: Über den Prozeß aus Kauf und Verkauf
Wenn es am Verkäufer gelegen hat, daß er die Sache nicht übergibt, wird das volle Interesse des Käufers bei Bestimmung der Urteilssumme veranschlagt,

162 Zur Frage von Mahnung und Verschulden H. H. Jacobs, Culpa und interpellatio bei der mora debitoris nach klassischem Recht, in: TR 42 (1974) 23–56.

soweit es sich nur um die Sache selbst dreht. Nicht etwa ist zu veranschlagen, wenn der Käufer z. B. mit gekauftem Wein hätte handeln und Gewinn erzielen können, ebensowenig wie wenn er Korn gekauft hat und deshalb, weil es nicht übergeben worden ist, sein Gesinde Hunger gelitten hat. Denn er erlangt den Wert des Korns, nicht der verhungerten Sklaven. Und durch verspätetes Klagen (gemeint: nach vergeblichem Warten) wird die Verpflichtung nicht größer, wiewohl sie sich erhöht, wenn etwa der Weinpreis mittlerweile angezogen hat. Und das mit Recht, weil, wenn geliefert worden wäre, ich jetzt einen Käufer hätte; und wenn nicht geliefert worden wäre, weil wenigstens jetzt zu liefern ist, was schon damals hätte geliefert werden müssen.

Entgangenen Gewinn und durch den Verzug verursachte mittelbare Schäden an den eigenen Sachen, also Verzugsfolgeschäden, soll der Käufer nicht liquidieren können, ohne daß darauf abgestellt wird, ob er diesen Schaden etwa durch einen Deckungskauf hätte vermeiden können. Eine Begründung dafür gibt Paulus in Wahrheit nicht; was sich grammatisch als Begründung ausgibt *(enim ..., nam ...)*, umschreibt die Regelung lediglich auf neue Art und Weise. Bei Pauls Standpunkt blieben die Römer aber anscheinend nicht stehen. Jedenfalls umschreiben, freilich ohne ihre Aussage durch Beispiele außer Zweifel zu stellen, Ulpian und Diokletian den Umfang dessen, was der Käufer vom Verkäufer bei Verzug verlangen kann, ähnlich weit wie § 286 BGB:

Ulpianus, Ad Sabinum XXVIII, Tit.: De emptione et venditione (Dig. 19, 1, 1 pr.)
SI RES VENDITA NON TRADATUR, IN ID QUOD INTEREST AGITUR. Hoc est quod rem habere interest emptoris. Hoc autem interdum pretium egreditur, si pluris interest quam res valet vel empta est.

Ulpian, Sabinuskommentar Buch 28, Titel: Über Kauf und Verkauf
WENN DIE VERKAUFTE SACHE NICHT ÜBERGEBEN WIRD, WIRD AUF DAS, WAS DARAN LIEGT, GEKLAGT. Das bedeutet: soviel dem Käufer daran liegt, die Sache zu haben. Das aber überschreitet mitunter den Preis, wenn sein Interesse größer ist, als die Sache wert oder zu wieviel sie gekauft ist.

Imperatores Diocletianus er Maximianus Augusti et Constantius et Maximianus nobilissimi Caesares Titio Attalo (Cod. Just. 4, 49, 10)
Cum venditorem carnis fide conventionis rupta tempore placito hanc non exhibuisse proponas, empti actione eum quanti interest tua tunc tibi praestitam fuisse apud praesidem provinciae convenire potes.
Subscripta XV kalendas Iunias Philippopoli Diocletiano V et Maximiano IIII Augustis consulibus

Kaiser Diokletian und Maximian und die sehr edlen Cäsaren Constantius und Galerius an Titius Attalus

Da du vorbringst, daß der Verkäufer eines Postens Fleisch unter Bruch der Vereinbarung zum festgesetzten Zeitpunkt die Ware nicht geliefert hat, kannst du ihn beim Provinzstatthalter mit der Kaufklage auf so viel belangen, wie dir daran liegt, daß die Ware seinerzeit geleistet worden wäre.
Unterfertigt am 17. Mai zu Philippopel im Jahre 293 n. Chr.

Zwar sprechen beide Stellen nicht ausdrücklich vom Verzug, aber da durch das Prinzip der Geldverurteilung im römischen Recht das Unterlassen einer Leistung mitsamt der Leistungsverweigerung im Verzug aufgeht, handelt es sich aus römischer Sicht um reine Verzugsfälle.

d) Verzug des Käufers mit der Bezahlung

Bei Forderungen, die mit der *condictio certae pecuniae* (Kondiktion einer bestimmten Summe Geldes), auch *actio certae creditae pecuniae* (Klage einer bestimmten Summe kreditierten Geldes) genannt, eingeklagt werden, ist im Falle des Verzugs für die Geltendmachung von Zinsen oder eines sonstigen über die Erfüllung hinausgehenden Interesses kein Raum. Anders wieder bei der *actio venditi* (Klage aus Verkauf) wie überhaupt bei allen *bonae fidei iudicia*: Aus der *bona fides* folgerte man eine Verzinsungspflicht des sich verspätenden Schuldners:

Marcianus, Regulae IIII, Tit.: De mora (Dig. 22, 1, 32 § 2)
In bona fidei contractibus ex mora usurae debentur.

Marcian, Grundlinien Buch 4, Titel: Über den Verzug
Bei den auf die gute Treue abstellenden Verträgen werden aus Verzug Zinsen geschuldet.

Die Höhe war seit alters gesetzlich festgelegt. In immer neuen Höchstzinsgesetzen der Republik war der Satz immer weiter heruntergedrückt worden, bis er, wohl zur Zeit Cäsars, den Betrag von *centesimae* (daher das Wort ‚Zinsen') *usurae*, d.i. ein Hundertstel monatlich, also 12 % im Jahr erreicht hatte. Doch hatte der Anspruch auf Verzugszinsen eine Schwäche, die uns befremdet. Er konnte nicht nachträglich, nachdem der Verkäufer den Kaufpreis wenn auch verspätet erhalten hatte, eingeklagt werden:

Hermogenianus, Iuris epitomae II, Tit.: De emptione et venditione (Dig. 19, 1, 49 § 1)
Pretii, sorte licet post moram soluta, usurae peti non possunt, cum hae non sint in obligatione, sed officio iudicis praestentur.
Hermogenian, Ausgewählte Rechtssätze Buch 2, Titel: Über Kauf und Verkauf
Vom Kaufpreis können Zinsen, nachdem das Kapital, wenn auch erst nach

Verzug, bezahlt worden ist, nicht verlangt werden, da diese nicht Inhalt der Verpflichtung des Käufers sind, sondern kraft richterlicher Amtspflicht gewährt werden[163].

Daß Geldschulden bei Verzug zu verzinsen seien, galt schließlich, sofern nur das Klagformular dafür Raum ließ, bei allen Klagen, unabhängig davon, ob sie eine *bona-fides*-Klausel hatten, z. B. auch, wenn jemand eine unbestimmte Geldsumme, etwa Wert- oder Auslagenersatz, in Stipulationsform versprochen hatte. Hierfür war die *actio ex stipulatu* (Stipulationsklage) zuständig, deren Formular so aussah:

Edictum perpetuum praetoris urbani, Tit. XIIII: De iudiciis omnibus, 3. Si cum eo agatur qui incertum promiserit.
Formula actionis ex stipulatu
Gaius Seius iudex esto.
Quod Aulus Agerius de Numerio Negidio incertum stipulatus est, cuius rei dies fuit,
quidquid ob eam rem Numerim Negidium Aulo Agerio dare . . . oportet,
eius, iudex, Numerium Negidium Aulo Agerio condemna.
Si non paret, absolve.

Ständiges Edikt des Stadtprätors, Tit. 14: Über allerlei Prozesse, 3: Wenn mit dem geklagt wird, der etwas Unbestimmtes versprochen hat.
Formular der Stipulationsklage
Gajus Sejus soll Richter sein.
Was das betrifft, daß der Kläger sich vom Beklagten etwas Unbestimmtes hat stipulieren lassen, welche Sache jetzt fällig ist,
was immer deswegen der Beklagte dem Kläger geben ... muß,
in das (den Geldwert) sollst du, Richter, den Beklagten dem Kläger verurteilen.
Wenn es sich nicht erweist, sollst du freisprechen.

Bei Verzug beruhte von all dem, das der Schuldner nach der Stipulationsklage *dare oportet* (geben muß), also nur ein Teil (das geschuldete Kapital) unmittelbar auf dem alten Verpflichtungsgrund Stipulation, der andere Teil (die Zinsen) dagegen auf Rechtsfortbildung durch die Jurisprudenz.
Verzugszinsen sind heute nur das dem Geldgläubiger ohne weiteres zustehende Minimum; hatte der Zahlungsverzug einen größeren

---

163 Vgl. Ulpian, Disputationes III (Exkurs zu De re uxoria – Über das Frauengut?) Dig. 44, 2, 23; und Gordian, Cod. Just. 4, 34, 4: Vor Erfüllung konnte man Zinsen selbständig einklagen. Dem Gläubiger wurde also nur auferlegt, bei Empfang bzw. Einklagen des Kapitals auch die Frage der Zinsen sofort zu klären: durch gleichzeitiges Geltendmachen der Zinsen bzw. Klarstellung bei Zahlung, ob und welcher Betrag für Zinsen abgeht. Heute geschieht das ipso jure, § 367 Abs. 1 BGB.

Schaden zur Folge, verfiel etwa eine Vertragsstrafe oder ein Pfand oder mußte sich der Gläubiger mangels Bargeld ein Geschäft entgehen lassen, das ihm mehr eingebracht hätte, als die Zinsen ausmachen, so kann er solchen weitergehenden Schaden trotzdem geltendmachen, wie §288 Abs. 2 BGB ausdrücklich klarstellt. Im römischen Recht dagegen scheint das ausgeschlossen gewesen zu sein:

Hermogenianus, ibidem (Dig. 18, 6, 20)

Venditori si emptor in pretio solvendo moram fecerit, usuras dumtaxat praestabit, non omne omnio, quod venditor mora non facta consequi potuit, veluti si negotiator fuit et pretio soluto ex mercibus plus quam ex usuris quaerere potuit.

Hermogenian, ebenda

Wenn der Käufer gegenüber dem Verkäufer bei der Zahlung des Preises in Verzug gekommen ist, wird er nur Zinsen leisten, nicht alles in allem, was der Verkäufer bei Unterbleiben des Verzugs hätte erlangen können, z. B. wenn er Kaufmann war und mit dem gezahlten Kaufpreis aus Warenumsatz mehr als die Summe der einzelnen Zinszahlungen hätte erwerben können.

Man hat diese Zurückhaltung mit dem Verbot zu erklären versucht, einen höheren Zinssatz als 12% zu vereinbaren [164]. Aber diese gegen Wucherdarlehen gerichtete Bestimmung hat im Recht des Schadensersatzes wegen Verletzung einwandfreier Verträge keinen Platz [165]; auch analoge Anwendung wäre befremdlich. Vielmehr wird Hermogenian, der um 300 n. Chr. wirkte und hauptsächlich klassische Texte ausschrieb [166], aus einer Quelle geschöpft haben, die auch hier, wie beim Verzug des Verkäufers noch Paulus, Schadensersatzansprüche nur erst vorsichtig in engen Grenzen zuerkannte. Ulpian hingegen ist folgerichtig auch zugunsten des Geldgläubigers großzügiger und belastet den Geldschuldner im Verzug sowohl mit weitergehenden positiven Schäden des Gläubigers als auch ihm etwa entgangenem Gewinn (s. Dig. 13, 4, 2 §8 u. 12, 3, 3). Dennoch hat der Hermogeniantext die neuere Rechtsentwicklung eine Zeit lang in Bann gehalten und die endgültige Anerkennung vollen Schadensersatzes für den Geldschuldgläubiger verzögert [167]; erst im späten 19. Jh. setzte er sich in Deutschland ganz durch [168].

[164] Heinrich Honsell, Quod interest im bonae-fidei iudicium (München 1969) 168 f.

[165] S. a. Dieter Medicus, SZ 88 (1971) 452.

[166] Verf., Hermogenians iuris epitomae (Göttingen 1964) 39–91.

[167] Im Mittelalter wurde Dig. 18, 6, 20 von den meisten übergangen, Dilcher, a.a.O. (oben Anm. 153) 279. Aber die historische Rechtsschule z. B. hat die Stelle ernst genommen, s. statt vieler Georg Friedrich Puchta, Pandekten §225 bei Fußn. i; s. a. ders., Cursus der Institutionen §260 bei Fußn. m; u.

e) Nebenpflichten des Grundstücksverkäufers

Cervidius Scaevola, Responsa II, Tit.: De emptione et venditione (Dig. 19, 1, 48)
Titius heres Sempronii fundum Septicio vendidit ita: „Fundus Sempronianus, quidquid Sempronii iuris fuit, erit tibi emptus tot nummis", vacuamque possessionem tradidit neque fines eius demonstravit. Quaeritur, an empti iudicio cogendus sit ostendere ex instrumentis hereditariis, quid iuris defunctus habuerit, et fines ostendere.
Respondi: Id ex ea scriptura praestandum, quod sensisse intelleguntur. Quod si non appareat, debere venditorem et instrumenta fundi et fines ostendere. Hoc etenim contractui bonae fidei consonat.
Cervidius Skävola, Bescheide Buch 2, Titel: Über Kauf und Verkauf
Titius beerbte den Sempronius und verkaufte (aus der Erbschaft) dem Septicius ein Landgut mit den Worten: „Das Sempronische Landgut mit allem, was dem Sempronius gehört hat, sollst du gekauft haben für so und so viel Sesterzen", übertrug den geräumten Besitz, bezeichnete aber nicht seine Grenzen. Es wird angefragt, ob er mit der Kaufklage zu zwingen ist, auf Grund der Erbschaftsurkunden aufzuzeigen, was dem Verstorbenen alles gehörte, und die Grenzen darzulegen.
Ich habe den Bescheid gegeben: Aus dieser Urkunde sei alles zu gewähren, wovon ermittelt wird, daß es gemeint war. Wenn sich das jedoch nicht feststellen lasse, müsse der Verkäufer sowohl die das Landgut betreffenden Urkunden vorweisen als auch die Grenzen angeben. Denn das steht mit einem der guten Treue unterliegenden Vertrag in Einklang.

Die hier auftauchende Frage war im römischen Recht, anders als mittlerweile bei uns (s. § 444 BGB), weder durch Gesetz noch im Edikt geregelt, und Skävola rechnet damit, daß auch der Vertrag dazu nichts hergibt. Aber auch dann wird dem Käufer geholfen: Kraft *bona fides* ist der Verkäufer verpflichtet, das in seiner Macht Stehende in den Grenzen des Zumutbaren zu tun. Wir sprechen heute in solchen Fällen von ergänzender Vertragsauslegung, welches Stichwort aber – wohl um der besseren Durchsetzungschancen willen, wenn etwas gemogelt wird – den entscheidenden Punkt im Zwielicht läßt, wird ja hier nicht etwa bereits Feststehendes nur noch ans Licht gebracht.

Friedrich Mommsen, Zur Lehre von dem Interesse (Braunschweig 1858) 293–295, der sie freilich für das „heutige Recht" schon nicht mehr gelten ließ, s. S. 295 f.

[168] S. Bernhard Windscheid, Lehrbuch des Pandektenrechts, der § 258 Fußn. 16 sich ausdrücklich gegen Puchta wendet und § 280 Fußn. 3 bei Erörterung der Wirkungen des Verzugs Dig. 18, 6, 20 gar nicht mehr erwähnt. Zur Generalisierung und Systematisierung der Vertragsstörungen schon im Mittelalter Dilcher, a.a.O. (oben Anm. 153).

Nach dem hypothetischen Parteiwillen, dem, was die Parteien vereinbart hätten, hätten sie den Punkt bedacht, zu forschen, ist sinnlos, weil es ihn nicht gibt; und führt womöglich auch gar nicht weiter, weil Privatparteien sich irrational verhalten, eine unberechenbar eigenwillige Regelung hätten wollen können. Vielmehr wird ein noch nicht geregelter Punkt nunmehr autoritativ vom Richter bzw. Juristen einer Regelung unterworfen, eine neue Norm gesetzt. Freilich unter Respektierung des von den Parteien gesetzten Rahmens, jedoch mit dem über diesen Einzelfall hinausweisenden Anspruch, für alle derartigen Verträge zu gelten. Wir erleben die Entstehung einer ausfüllenden Norm des Vertragstyps Grundstückskauf, die Entstehung des § 444 BGB. Solche Ergänzung des vorhandenen Normbestandes gehört heute noch, unbeschadet des verfassungsmäßigen Gesetzgebungsmonopols der Legislative, zu den Aufgaben von Rechtswissenschaft und Rechtsprechung[169].

f) Formlose Nebenabreden (pacta adiecta in continenti)

In diesem Zusammenhang ist noch einmal auf oben S. 216 schon kurz Erwähntes zurückzukommen: In den *bonae fidei iudicia* sind, trotz grundsätzlichem Numerus clausus der Konsensualverträge, beliebige Zusatzabreden einklagbar, sofern es sich nur um sofort *(in continenti)* getroffene Nebenabreden zu einem der *bona fides* unterstellten Geschäft handelt, was alle vier Konsensualverträge ja sind, und nicht nur sie. So kam das merkwürdige Ergebnis zustande, daß eine formlose Zinszusage zu einem Vereinbarungsdarlehen nur dann verbindlich ist, wenn man das Geschäft gerade nicht als Darlehen *(mutuum)* qualifizieren konnte, sondern etwa, wie in folgendem Fall, als Auftrag:

Africanus, Quaestiones VIII, Tit.: De mandato (Dig. 17, 1, 34 pr.)

Qui negotia Lucii Titii procurabat, is, cum a debitoribus eius pecuniam exegisset, epistulam ad eum emisit, qua significaret certam summam ex administratione apud se esse eamque creditam sibi se debiturum cum usuris semissibus. Quaesitum est, an ex ea causa credita pecunia peti possit et an usurae peti possint.

Respondit (sc. Iulianus) non esse creditam. Alioquin dicendum ex omni contractu nuda pactione pecuniam creditam fieri posse. Nec huic simile esse quod, si pecuniam apud te depositam convenerit ut creditam habeas, credita fiat, quia tunc nummi qui mei erant tui fiunt; item quod, si a debitore meo iussero

[169] Vgl. etwa Hubert Pilz, Richterliche Vertragsergänzung und Vertragsabänderung (Villingen 1963); u. Otto Sandrock, Zur ergänzenden Vertragsauslegung im nationalen und internationalen Schuldvertragsrecht (Köln 1966).

te accipere pecuniam, credita fiat, id enim benigne receptum est. His argumentum esse eum, qui, cum mutuam pecuniam dare vellet, argentum vendendum dedisset, nihilo magis pecuniam creditam recte petiturum; et tamen pecuniam ex argento redactam periculo eius fore, qui accepisset argentum. Et in proposito igitur dicendum actione mandati obligatum fore procuratorem, ut, quamvis ipsius periculo nummi fierent, tamen usuras, de quibus convenerit, praestare debeat.

Afrikan, Untersuchungen Buch 8, Titel: Über den Auftrag

Jemand, der Geschäfte des Lucius Titius besorgte, entsandte, als er von dessen Schuldnern Geld eingezogen hatte, einen Brief an ihn, in dem er anzeigte, daß sich eine bestimmte Summe aus der Verwaltung bei ihm befinde, die er als geliehen schulden werde mit hälftigen (ein halbes Hundertstel im Monat = 6% im Jahr) Zinsen. Es ist angefragt worden, ob (Zustimmung des Geschäftsherrn wird vorausgesetzt) danach die Darlehensklage (die *actio certae creditae pecuniae)* erhoben werden könne und ob Zinsen verlangt werden könnten.

Er (Julian) hat den Bescheid gegeben, es sei kein Darlehen. Andernfalls müsse man sagen, daß aus jedem Vertrag durch bloße Abrede ein Darlehen gemacht werden könne. Dem Fall sei auch nicht der ähnlich, da, wenn vereinbart worden ist, daß du bei dir hinterlegtes Geld als Darlehen behältst, (daraus) ein Darlehen wird, weil dort Geldstücke, die mir gehörten, deine werden; noch (der Fall), da, wenn ich dich geheißen habe, von meinem Schuldner (i. d. R. die Bank des Gläubigers) Geld in Empfang zu nehmen, (auch daraus) ein Darlehen wird, denn dies wurde als besonderes Entgegenkommen (gegenüber den Erfordernissen des Geschäftsverkehrs) anerkannt. Für dieses Ergebnis spreche auch, daß derjenige, welcher, während er ein Darlehen geben will, Silber zum Verkauf gegeben hatte, darum nicht schon ein Gelddarlehen zu recht einklagen werde[170]; und dennoch werde für das gegen das Silber erlangte Geld der die Gefahr tragen, der das Silber angenommen hatte. Auch im vorliegenden Fall sei also zu sagen, daß der Geschäftsführer mit der Auftragsklage haften werde, so daß er, obwohl die Gefahr für das Geld auf ihn übergeht, dennoch die Zinsen, über die man sich verständigt hat, gewähren müsse.

Nachdem sich Julian eingehend mit den Erfordernissen eines Darlehens herumgeschlagen hat, das im römischen Recht wie gesagt Realvertrag war, also eine Leistung des Gläubigers an den Schuldner zur Voraussetzung hatte, woran es nach Julian hier fehlt, nimmt die Erörterung ein unverhofft glückliches Ende: Lucius Titius hat einen Anspruch, zwar nicht aus Darlehen, doch aus Geschäftsbesorgung. Dadurch kann er sogar die Verzinsungsabrede realisieren, was er bei Qualifizierung des Ganzen als Darlehen paradoxerweise nicht gekonnt hätte.

---

170 Hier war z. B. Ulpian großzügiger, s. Dig. 12, 1, 11 pr. aus Buch 26. S. dazu Max Kaser, Die Verteilung der Gefahr beim sog. „contractus mohatrae“, in: Synteleia Vincenzo Arangio-Ruiz (Neapel 1964) 74–82.

g) *Aufrechnung (compensatio)*

Die Aufrechnung ist heute ein Institut des materiellen Rechts und deshalb auch im BGB, §§ 387–396, geregelt. Auch im Corpus juris civilis, Dig. 16, 2 und Cod. Just. 4, 31, scheint sie das zu sein. Aber ursprünglich, im klassischen Recht, konnte nur im Prozeß aufgerechnet werden. Ausgangspunkt der Entwicklung ist die verfahrensrechtliche Möglichkeit der Widerklage. Der ordentliche römische Zivilprozeß wurde vor dem Prätor, wie gesagt, nicht bis zum Ende ausgefochten, sondern nur eingeleitet; Beweisaufnahme und Urteil oblagen einem Geschworenenrichter, der, wenn sich die Parteien nicht selbst auf jemand einigten, aus einer alljährlich nach festen Regeln aufgestellten Liste durch Los bestimmt wurde. Das römische Zivilprozeßrecht enthielt mannigfache der Prozeßökonomie dienende Regeln, und eine davon besagte, daß ein Kläger gegen einen bestimmten Beklagten nur einmal im Gerichtsjahr klagen konnte; eine zweite Klage konnte der Beklagte mit der *exceptio rei residuae* (Einrede der übriggebliebenen Sache) abwehren. Auf den Kläger wurde also ein sanfter Druck ausgeübt, alle etwaigen Ansprüche gegen einen Beklagten zusammenzufassen, d.h. vor einen und denselben Richter zu bringen. Außerdem wurde er gezwungen, sich auf etwaige Widerklagen des Beklagten einzulassen[171], so daß der einmal eingesetzte Geschworenenrichter über sie gleich mitentscheiden konnte. Gerieten zwei Parteien in einen Rechtsstreit, so sollte tunlichst reiner Tisch gemacht werden. Der Geschworenenrichter konnte zwar über die einzelnen bei ihm kumulierten Klagen getrennt entscheiden, aber vollstreckt werden durfte erst, wenn alles entschieden war und miteinander verrechnet werden konnte[172]. Bei den *bona fidei iudicia* ging man noch einen Schritt weiter. Hier brauchte der Beklagte, der Gegenansprüche aus demselben Rechtsverhältnis geltend machen wollte, diese nicht erst förmlich zu erheben, was immer einen neuen Termin beim Prätor erforderte und dadurch die ganze Sache verzögerte; vielmehr genügte es, wenn er vor dem Geschworenenrichter mit seinem Anliegen herausrückte. Daraus, daß dieser den Beklagten nach dem Klagformular nur in das zu verurteilen hatte, was er nach *bona fides* zu leisten schuldig war, leitete man ab, daß z.B. Minderungsansprüche des Käufers gegen den gerichtlich erhobenen Zah-

---

171 Behrends, a.a.O. (oben Anm. 118) 198–202; zur Einrede der übriggebliebenen Sache ebd. 193–198.

172 S. etwa Macer Dig. 49, 8, 1 § 4.

lungsanspruch des Verkäufers ohne weiteres verrechnet werden konnten, so daß der Käufer nur mehr in den Kaufpreis abzüglich des Minderwerts verurteilt wurde:

Gaius, Institutiones IV, Tit.: De compensatione et deductione, §§ 61–63
In bonae fidei iudiciis libera potestas permitti videtur iudici ex bono et aequo aestimandi, quantum actori restitui debeat. In quo et illud continetur, ut habita ratione eius, quod invicem actorem ex eadem causa praestare oporteret, in reliquum is, cum quo actum est, condemnetur. Sunt autem bonae fidei iudicia haec: ex empto vendito, locato conducto, negotiorum gestorum, mandati, depositi, fiduciae, pro socio, tutelae, rei uxoriae, commodati, pigneraticia, familiae erciscundae, communi dividundo, praescriptis verbis, quae de aestimato proponitur, et ea quae ex permutatione competit. Liberum est tamen iudici nullam omnino invicem compensationis rationem habere, Nec enim aperte formulae verbis praecipitur, sed quia id bonae fidei iudicio conveniens videtur, ideo officio eius contineri creditur.

Gajus, Institutionen Buch 4, Titel: Über Aufrechnung und Abzüge
Bei den Prozessen nach guter Treue wird dem erkennenden Richter augenscheinlich die freie Befugnis eingeräumt, nach Billigkeit und Gerechtigkeit zu bestimmen, wieviel dem Kläger entrichtet werden muß. Darin ist auch dies enthalten, daß der Beklagte unter Abrechnung dessen, was umgekehrt der Kläger aus demselben Rechtsverhältnis leisten muß, in den Rest verurteilt wird. Prozesse nach guter Treue sind aber folgende: aus Kauf und Verkauf, Zur-Verfügung-Stellung und Mitführung, Geschäftsführung ohne Auftrag, Auftrag, Hinterlegung, Treuhand, Gesellschaft, Vormundschaft, Frauengut, Leihe, die Pfandklage, Erbteilungsklage, Gemeinschaftsteilungsklage, die Spezialklage aus Trödelvertrag, und die, welche aus Tausch zusteht. Der Richter hat jedoch die Freiheit, eine gegenseitige Aufrechnungsmöglichkeit nicht zu berücksichtigen. Denn die Formelworte schreiben das keineswegs eindeutig vor, sondern weil es zu einem Prozeß nach guter Treue offenbar paßt, glaubt man, daß seine (des Richters) Amtspflicht dies mitumfasse.

Mark Aurel ermöglicht dann diese vereinfachte Berücksichtigung von Gegenforderungen auch bei den *stricti iuris iudicia* durch Einschaltung einer *exceptio doli* (Einrede der Arglist, Wortlaut oben S. 182) in das Klagformular:

Iustinianus, Institutiones IV, Tit. (6): De actionibus, § 30
Sed et in strictis iudiciis ex rescripto divi Marci opposita doli mali exceptione compensatio inducebatur.

Justinian, Institutionen Buch 4, Titel: Über die Klagen
Aber auch bei den strengen Klagen wurde aus einem Reskript des göttlichen Mark Aurel durch Einwendung der Arglisteinrede die Aufrechnung eingeführt.

Soweit der Kläger Gegenforderungen von seinem Klagbegehren nicht abzieht, handelt er arglistig und ist seine Klage abzuweisen. Im spätantiken, von Anfang bis Ende vor einem Beamten ablaufenden Prozeß, was die Klagformulare überflüssig macht, wird die Berücksichtigung von Gegenansprüchen weiter vereinfacht. Und Justinian schließlich gestaltet die *compensatio* völlig um, indem er verordnet (Cod. Just. 4, 31, 14), daß gleichartige liquide Forderungen stets schon von dem Zeitpunkt an, da sie einander gegenübergetreten sind, soweit sie sich decken, ipso jure erlöschen. Damit nimmt das Institut, was vorher nur in engen Grenzen der Fall war, allgemein materiellrechtlichen Charakter an; die Berücksichtigung von Gegenforderungen im Prozeß ist nur noch eine Folge jener schon vorher und unabhängig von ihm eingetretenen Wirkung. Auf dieser Stufe wird das römische Recht in Europa rezipiert. So galt die ipso jure Kompensation in Preußen (I 16 § 301 ALR) und gilt sie im französischen Rechtskreis (Art. 1290 Code civil) und in Österreich (§ 1438 ABGB) noch heute; all diese Vorschriften folgen dem älteren Gemeinen Recht, während die heutige deutsche Regelung des § 388 BGB wie auch Art. 124 schweiz. OblR, wonach erst die Erklärung eines der Beteiligten die Aufrechnung herbeiführt, den einander gegenüberstehenden Gläubigern also ein materiellrechtliches Gestaltungsrecht gibt, auf eine neuere, nur mehr deutsche gemeinrechtliche Praxis des späteren 19. Jhs. zurückgeht.

Die Produktivität der *bona fides*, die im klassischen Recht zur Entstehung immer neuer Rechtsnormen führte, endete nicht mit dem Formularprozeß. Die Rezeption dieses Motors der Rechtsentwicklung ins deutsche Schuldrecht an hervorragender Stelle, nämlich in den für alle Schuldverhältnisse geltenden Allgemeinen Teil des Schuldrechts gleich als zweite Bestimmung (§ 242 BGB)[173], hat ihm ermöglicht, sich von neuem zu entfalten, was zumal nach dem Umbruch von 1918/19 zur Schaffung neuer Rechtsnormen in einem 1896 bei Erlaß des BGB nicht von ferne geahnten Umfang führte und heute noch anhält, die Legislative nicht nur ergänzend, sondern auch korrigierend – zumindest bei nachkonstitutionellen Gesetzen nicht unbedenklich[174].

---

173 Im Code civil, der noch kein allgemeines Schuldrecht kennt, findet sich die entsprechende Bestimmung im allgemeinen Vertragsrecht: Art. 1135.

174 S. etwa Josef Esser, Vorverständnis und Methodenwahl in der Rechtsfindung (Frankfurt am Main 1970 = FAT 6001) Kap. VII.

SECHSTES KAPITEL

Deliktsrecht im Zeichen der Privatstrafe

1. Reaktionsweisen früher Rechtsgemeinschaften auf Unrechtstaten ihrer Mitglieder

Wenn wir heute von Deliktsrecht sprechen, meinen wir einen Teil des Privatrechts: das Recht der unerlaubten Handlungen, wie wir ohne Fremdwort schwerfällig sagen müssen. Es ist heute geregelt in den §§ 823 ff. BGB und zielt stets auf Schadensersatz. Das Wort Delikt selbst dagegen ist nicht so eindeutig, gehört nicht nur einer juristischen Disziplin an. Eine zweite gebraucht es ebenfalls: das Strafrecht. Das deutet darauf hin, daß beide Rechtsbereiche ursprünglich zusammengehörten. So war es in der Tat, in Rom wie in allen frühen Rechtsordnungen. Das eigentliche, das öffentliche Strafrecht, bei dem der Prozeß im Namen des Staates geführt wird: durch einen Staatsanwalt oder, bevor Beamte diese Aufgabe wahrnahmen, durch irgendeinen Bürger in der Rolle des Staatsanwalts; und bei dem der Staat das Urteil selber vollstreckt: dieses öffentliche Strafrecht hat sich überall nur langsam durchgesetzt. Auf früher Stufe betraf es nur wenige, die Allgemeinheit besonders betreffende Straftaten: Hoch- und Landesverrat, Sakraldelikte, Mord und andere Gewaltverbrechen. Die leichte und mittlere Kriminalität: Diebstahl, einfacher Raub, Betrug usw., war ursprünglich dem Privatrecht überlassen, d.h. dem Privatstrafrecht. Der Dieb usw. hatte nur eine Klage des Bestohlenen vor den Zivilgerichten zu gewärtigen, gerichtet auf eine dem Verletzten zufließende Privatstrafe in Form einer Geldbuße, die den erlittenen Vermögensschaden in der Regel deutlich überstieg. Dabei zeichnet sich das römische Recht dadurch aus, daß es diese urtümliche Ineinssetzung von Sühne- und Ausgleichsgedanken allmählich überwunden und ein für alle Mal bewußt gemacht hat, daß zwischen Privatstrafe und Schadensersatz zu unterscheiden ist[175].

[175] S. dazu Verf., Die Klagenkonkurrenz im römischen Recht – Zur Geschichte der Scheidung von Schadensersatz und Privatstrafe (Göttingen 1972) 87–240 u. (Zusammenfassung) 263–274.

Das war die Vorbedingung für die spätere vollständige Überweisung aller über materiellen Ausgleich hinausgehenden Sanktionen ins öffentliche Strafrecht, heute fast lupenrein durchgeführt. Im Zivilrecht geht es um Schadensersatz, den Ausgleich von Vermögenseinbußen. Den Täter einer Unrechtstat darüber hinaus treffende Übel verhängt heute allein das öffentliche Strafrecht. Nur die §§ 188 und 231 StGB sind die letzten, demnächst ebenfalls abzuschaffenden[176] Überbleibsel aus einer Zeit, als beides weder formell, was die Zuständigkeit der Gerichte betrifft, noch sachlich scharf getrennt wurde.

a) *Blutrache und Fehderecht*

Die urtümlichste, älteste Form, auf erlittenes Unrecht zu reagieren, ist die persönliche Rache des Verletzten bzw. seiner Angehörigen und Freunde, die Selbsthilfe. Sie läuft stets Gefahr, sich zu einem Konflikt mit Ausmaßen zu steigern, die in keinem Verhältnis mehr zum einstigen Anlaß stehen. Ihre Unkontrollierbarkeit scheint die Selbsthilfe außerhalb des Rechts zu stellen, zu einer vorrechtlichen Einrichtung zu stempeln. Aber dieser Eindruck beruht auf einem allerdings naheliegenden Vorurteil. Heute verbinden wir mit Recht einen starken Staat mit überragender Zwangsgewalt, mit Souveränität. Es gibt aber auch weniger gefestigte Rechtsgemeinschaften ohne übergeordnete hoheitliche Macht, die trotzdem Rechtsgemeinschaften sind, wie die heutige Völkerrechtsgemeinschaft oder auch primäre menschliche Gemeinschaften auf frühen Gesellungsstufen von Sippe, Stamm und Häuptlingtum[177]. In ihnen herrscht Fehderecht als Rechtseinrichtung, nicht schrankenlose Möglichkeit der Selbsthilfe: insofern schon rechtlich gebändigt, als die Voraussetzungen rechtlich festgelegt sind ebenso wie der Umfang zulässiger Maßnahmen. Das Duell der guten alten Zeit – dies nicht staatliches Recht, sondern Regelkomplex einer Subkultur – war durch und durch reglementierte, geradezu ritualisierte Privatfehde.

---

[176] Alle Entwürfe für ein neues Strafgesetzbuch seit Beginn unseres Jhs. sehen ihre Streichung vor. Allerdings schlägt der (Alternativ-)Entwurf eines Gesetzes gegen Ladendiebstahl von Gunther Arzt u. a. (Tübingen: Recht und Staat 439, 1974) für einen bestimmten Bereich von Bagatelldelikten die Verquickung in engen Grenzen bewußt wieder vor in der Form einer Strafanspruch und private Fahndungskosten zugleich abgeltenden „Sanktion", s. d. §§ 2, 9 u. 12 u. dazu S. 9f., 15f. u. 24ff. Diese „Sanktion" ist nichts anderes als eine Privatstrafe auf einem Gebiet, wo eine Reaktion mit öffentlicher Strafe sich nicht zu lohnen scheint.

[177] S. z. B. Farb, a.a.O. (oben Anm. 92) 170–175.

b) Sühnevergleich

Die i.d.R. weitreichenden Folgen der Privatfehde legen vor allem dem Täter nahe, nach Möglichkeiten zu sinnen, die Rache des Verletzten abzuwehren, d.h. den Verletzten anders als durch Erduldung seiner Rache zu besänftigen. Eine elementare Möglichkeit besteht darin, sich zu unterwerfen und um Gnade zu bitten. Der Verletzte kann dann an sich frei wählen, womit der Täter sein Unrecht sühnen soll. Dem sich nicht wehrenden Täter gegenüber aber genießt der Verletzte das Gefühl der Überlegenheit, und schon dies wirkt besänftigend, so daß der Verletzte vom Wehrlosen erfahrungsgemäß eine geringere Sühneleistung heischt, sich bei geringeren Vergehen gar mit einer Demutsgebärde des anderen, der Bitte um Verzeihung begnügt. Diese oder eine andere durch freie Übereinkunft der Beteiligten festgesetzte Sühneleistung hieß in Rom *supplicium*[178], etymologisch zusammenhängend mit *placare* (versöhnen). Der Sühnevergleich hieß *pactum*, etymologisch zusammenhängend mit *pax* (Frieden). Die Sühneleistung bestand in der auf Besitz ausgerichteten Agrargesellschaft in Hingabe von Vermögensstücken.

c) Rechtliche Festlegung der Sühneleistungen

Solch friedliche Beilegung von inneren Streitigkeiten lag im Interesse der Gemeinschaft und wurde von ihr deshalb begünstigt. So leiht der werdende Staat dem formlosen Vergleich unbedingte Gültigkeit und legt auch die Höhe der Sühneleistungen für die verschiedenen Taten im vorhinein fest, stellt gewissermaßen Bußtarife auf. Eine soziale Pflicht zur Blutrache ist heute nur noch in solchen Gemeinschaften zu beobachten, die die Stufe der Seßhaftigkeit noch nicht oder noch nicht lange erreicht haben: bei Zigeunern, Hirtenvölkern und innerhalb von Kriegerkasten. Die Römer hatten das System staatlicher Bußtarife in den süditalischen Griechenstaaten beobachten können, die dafür den Terminus ποινή besaßen. Mit der Sache übernahmen die Römer auch den Namen, aus ποινή wurde *poena*. Das Wort bedeutet also eigentlich den staatlich fixierten Bußsatz[179], festgesetzt entweder als Geldbetrag in Währungseinheiten, z.B. 25 As

---

[178] Dazu Richard Heinze, Supplicium, in: Archiv für lateinische Lexikographie 15 (1908) 89–105.

[179] S. Verf., Damnum, damnare und damnas – Zur Bedeutung einiger lateinischer Rechtswörter, in: SZ 85 (1968) 198 m. weit. Nachw. Fußn. 109, vor allem Manfred Fuhrmann, Art. poena, in: RE Suppl. 9 (1962) 843–861 mit der ganzen weiteren Entwicklung.

(Ganze, nämlich Pfund Kupfer) für unbefugtes Baumfällen; dabei mußte der Täter aber wohl nicht notwendig Geld leisten, sondern konnte er seiner Bußpflicht auch anders genügen: durch Vieh oder Waffen, was nur den festgesetzten Geldbetrag wert sein mußte. Oder die Buße wurde als Vielfaches des Gutes festgesetzt, an dem sich der Täter vergriffen hatte: *duplum* (das Doppelte) bei nicht handhaftem Diebstahl, unredlicher Verwahrung und vielem anderen; in anderen Fällen *triplum* (das Dreifache), *quadruplum* (Vierfache), *octuplum* (Achtfache) oder auch nur einfacher Schadensersatz, alles überdies oft durchsetzt mit einseitig den Verletzten begünstigenden Berechnungsvorschriften. Äußerstensfalls durfte der Verletzte den Täter gefahrlos ohne Gerichtsverfahren töten oder ihn sich als Sklaven zusprechen lassen. Später verallgemeinerte sich die Bedeutung von *poena*. Das Wort bezeichnete im klassischen Latein jede Strafe mit Einschluß der körperlichen und bürgerlichen Strafen, die der Staat verhängte. Und als im Verlauf der Spätantike die klassische Privatstrafe fast ganz verschwand, blieb nur noch die Bedeutung ‚Leibes- und Lebensstrafe' übrig, in der das Wort dann in die heutigen europäischen Sprachen gelangt ist: ‚Peinliche Strafe' meint nur noch die Leibesstrafe gerade im Gegensatz zur Vermögens- wie auch zur Freiheitsstrafe. Mit Erbringung der vereinbarten bzw. gesetzlich vorgeschriebenen Leistung war die Tat vollständig abgegolten, für den Verletzten wie für den Staat.

2. Sachbeschädigung

a) Die Bestimmungen der Zwölf Tafeln

Die ältesten staatlichen Sanktionen der Römer für Unrechtstaten, die wir heute zu den Sachbeschädigungen rechnen würden, sind in den Zwölf Tafeln zu finden. Einen allgemeinen Tatbestand der Sachbeschädigung kannten diese allerdings noch nicht, sondern nur einen bunten Strauß von Spezialtatbeständen, von denen einige damals so schwer wogen, daß sie mit staatlichen, und zwar Kapitalstrafen bedroht waren. Schadenszauber gegen Feldfrucht: *Qui fruges excantassit* ... (Wer Feldfrüchte herausgesungen hatte, ... XII Taf. 8, 8 a) und gegen frische Saat: ... *neve alienam segetem pellexeris* (und daß du auch nicht fremde Saat [durch magische Künste] herüberlockst [auf den eigenen Acker], XII Taf. 8, 8 b) hatte qualifizierte Todesstrafe zur Folge. Für Vernichtung der angebauten Frucht, der *frux aratro quaesita* (mit dem Pflug gewonnene Frucht), durch heimliches Abweisen *(pascere)* oder Abmähen *(secare)*, also nicht nur erst der reifen Frucht, wurde man der Ceres, der Göttin der Fruchtbarkeit der Felder, geopfert: gehenkt; unmündige Täter wurden ausgepeitscht und mußten den Schaden durch Leistung des doppelten Sachwerts ausgleichen (XII Taf. 8, 9). Der dritte kapital geahndete Sachbeschädigungstatbestand war Brandstiftung an Wohnhäusern. Der vorsätzliche Täter wurde gefesselt, ausgepeitscht und dem Scheiterhaufen überantwortet; der unvorsätzliche mußte Schadensersatz leisten. War er vermögenslos und also dazu nicht in der Lage, so wurde er körperlich gezüchtigt (XII Taf. 8, 10). Bei diesen als besonders schwer empfundenen Sachbeschädigungen liegen also Sanktionierung durch öffentliche Strafe und durch dem Verletzten zufließende Privatstrafe bzw. Schadensersatz nahe beieinander. Nur privatstrafrechtlich geahndet wurde zum Beispiel das widerrechtliche Fällen fremder Bäume, worauf eine Buße von 25 As je Stamm stand (XII Taf. 8, 11); das Weidenlassen des Viehs auf fremder Wiese *(pastus pecoris)*, wofür als *poena* lediglich *noxiam sarcire* (den Schaden ersetzen) vorgesehen war (XII Taf. 8,7); und vermutlich eine Fülle weiterer Sondertatbestände, die heute verschollen sind.

b) Die Lex Aquilia de damno und ihre klassische Handhabung

Die dezemviralen Schadensersatzbestimmungen wurden früh ersetzt durch eine zusammenfassende Regelung des Rechts der Sachbeschädigungen in der *Lex Aquilia de damno*, einem Plebiscit vom Jahre 286 v. Chr.

Lex Aquilia de damno, Caput I III (nach Dig. 9, 2, 2 pr. und 27 § 5)
Qui servum servamve alienum alienamve quadrupedemve pecudem iniuria occiderit, quanti id in eo anno plurimi fuit, tantum aes dare ero damnas esto...
Ceterarum rerum praeter hominem et pecudem occisos si quis alteri damnum faxit, quod usserit fregerit ruperit iniuria, quanti ea res fuit in diebus tringinta proximis, tantum aes ero dare damnas esto.

Aquilisches Gesetz über Schaden, Kapitel 1 und 3
Wer einen fremden Sklaven oder eine fremde Sklavin oder ein Stück vierfüßiges Vieh zu Unrecht erschlagen hat, soll dem Herrn so viel Kupfer zu geben belastet sein, wieviel es in diesem Jahr günstigstenfalls wert gewesen ist.
Wenn jemand wegen anderer Sachen außer erschlagenem Sklaven und Vieh einem anderen eine Einbuße zugefügt haben wird, indem er widerrechtlich brannte, brach oder riß, soll er so viel Kupfer dem Herrn zu geben belastet sein, wieviel diese Sache innerhalb der nächsten 30 Tage wert gewesen ist.

Kapitel 1 des Gesetzes regelte also die Folgen einer Tötung von fremden Sklaven und fremdem Vieh, den wichtigsten und am leichtesten verletzlichen Gütern des Landwirts. Was dazu im einzelnen zählte, zeigt folgender Text:

Gaius, Ad edictum provinciale VII, Tit.: Ad legem Aquiliam (Dig. 9, 2, 2 § 2)
Ut igitur apparet, servis nostris exaequat (sc. lex Aquilia) quadrupedes, quae pecudum numero sunt et gregatim habentur, veluti oves caprae boves equi muli asini. Sed an sues ‚pecudum' appellatione continentur, quaeritur. Et recte Labeoni placet contineri. Sed canis inter pecudes non est. Longe magis bestiae in eo numero non sunt, veluti ursi leones pantherae. Elefanti autem et cameli quasi mixti sunt. Nam et iumentorum operam praestant et natura eorum fera est. Et ideo primo capite contineri eos oportet.

Gajus, Kommentar zum Provinzialedikt Buch 7, Titel: Zum aquilischen Gesetz
Wie sich also zeigt, stellt das Gesetz unseren Sklaven die Vierfüßer gleich, die zum Vieh gehören und in Herden gehalten werden, wie Schafe, Ziegen, Rinder, Pferde, Maultiere und Esel. Ob aber Schweine in dem Wort ‚Vieh' enthalten sind, ist fraglich. Und Labeo hält zutreffend für richtig, daß sie dazugehören. Aber der Hund zählt nicht zum Vieh. Noch viel weniger gehören die wilden Tiere dazu wie Bären, Löwen und Panther. Elefanten aber und Kamele bilden gleichsam eine Mischart. Denn einerseits leisten sie die Arbeit von Zugtieren, andererseits ist ihre Natur wild. Folglich sind sie ins erste Kapitel einzubeziehen.

Wie muß die Tat begangen sein? Das Gesetz spricht kurz von *occidere*, wörtlich ‚erschlagen'. Erfaßte das Gesetz also nur absichtliches Töten, gar nur gewaltsames Töten?

Ulpianus, Ad edictum XVIII, Tit.: Ad legem Aquiliam (Dig. 9, 2, 7 §§ 1 u. 6; 9 pr. §§ 2 u. 3)
‚Occisum' accipere debemus, sive gladio sive etiam fuste vel alio telo vel manibus (si forte strangulavit eum) vel calce petiit vel capite vel qualiter qualiter ... Celsus autem multum interesse dicit occiderit an mortis causam praestiterit, ut, qui mortis causam praestitit, non Aquilia sed in factum actione teneatur. Unde adfert eum, qui venenum pro medicamento dedit, et ait causam mortis praestitisse, quemadmodum eum, qui furenti gladium porrexit. Nam nec hunc lege Aquilia teneri, sed in factum ... Item si obstetrix medicamentum dederit et inde mulier perierit, Labeo distinguit, ut, si quidem suis manibus supposuit, videatur occidisse; sin vero dedit, ut sibi mulier offerret, in factum mortis praestitit quam occidit ... Si quis hominem fame necaverit, in factum actione teneri Neratius ait. Si servum meum equitantem concitato equo effeceris in flumen praecipitari atque ideo homo perierit, in factum esse dandam actionem Ofilius scribit, quemadmodum si servus meus ab alio in insidias deductus ab alio esset occisus.

Ulpian, Ediktkommentar Buch 18, Titel: Zum aquilischen Gesetz
‚Erschlagen' ist zu bejahen, wenn er ihn mit dem Schwert oder Messer oder einem Knüttel oder einer anderen Waffe oder mit den Händen (wenn er ihn etwa erwürgt hat) oder mit einem Stein gepackt hat oder mit einem spitzen

Gegenstand oder wie auch immer ... Celsus aber sagt, es sei ein großer Unterschied, ob jemand ‚erschlagen' oder nur ‚den Tod verursacht' habe, weil, wer nur den Tod verursacht habe, nicht mit der aquilischen, sondern (allenfalls) mit einer analogen Klage in Anspruch genommen werde. Dazu führt er den an, der Gift als Arznei gegeben hat, und sagt, dieser habe nur den Tod verursacht, ebenso wie der, der einem Geisteskranken ein Messer hingehalten hat. Denn auch dieser hafte nicht nach dem aquilischen Gesetz, aber analog ... Ebenso wenn eine Hebamme Arznei verabreicht und die Frau daran stirbt, unterscheidet Labeo, so daß, wenn sie es mit eigenen Händen eingegeben hat, sie erschlagen zu haben angesehen werde; wenn sie es aber reichte, damit die Frau es sich selber einflöße, sei eine analoge Klage zu geben. Und diese Meinung ist richtig. Sie hat nämlich eher den Tod verursacht als erschlagen ... Wenn jemand einen Sklaven Hungers zu Tode bringt, hafte er mit einer analogen Klage sagt Neraz. Wenn du bewirkst, daß mein Sklave beim Reiten, indem du das Pferd scheu machst, in den Fluß stürzt und dabei ertrinkt, sei, wie Ofilius schreibt, eine analoge Klage zu geben, ebenso wie wenn mein Sklave von jemandem in einen Hinterhalt gelockt und dort von einem Dritten erschlagen worden wäre.

Ursprünglich war wohl wirklich nur gewalttätiges Erschlagen gemeint, dem man das Töten durch Einflößen von Gift jedoch gleichstellte; das Wort *occidere* erfuhr eine Bedeutungserweiterung, es heißt jetzt ‚töten' schlechthin, sofern nur die letzte, entscheidende Bewegung nicht vom Opfer selbst kam. Nach heutigen Begriffen tötet auch, wer Gift als Arznei ausgibt und den andern gutgläubig einnehmen läßt; wer einem Rasenden scheinbar passiv ein Messer hinhält, in das sich dieser stürzt; oder wer, um andere von den römischen Juristen erörterte Fälle zu erwähnen, als Krankenpfleger seine Pflicht versäumt, als Heizer vor dem zu bewachenden offenen Feuer einschläft. Töten durch Unterlassen oder gar in Ausnutzung unkontrollierter Handlungen des Opfers unter *occidere* zu bringen, schien den römischen Juristen jedoch zu gewagt, ähnlich wie heute eine bloß mittelbare Verursachung eines Erfolgs und zumal ein vom Täter nicht gesteuertes Dazwischentreten eines Dritten immer wieder Skrupel auslöst, ob der Täter den Erfolg überhaupt verursacht hat[180]. Bei den römischen Juristen änderten diese Skrupel am Ergebnis meist nichts; wenn die betreffende Tat ihnen gleichwohl sanktionswürdig schien, konnte der Verletzte zwar nicht die *actio legis Aquiliae* erheben, aber dem Prätor wurde empfohlen, seine Befugnis zur Rechtsfortbildung einzusetzen und eine Spezialklage zu gewähren. Eine Ausdehnung solcher *actiones in factum* (auf den [konkreten] Sachverhalt

180 Dazu Jürgen Rödig, Die Denkform der Alternative in der Jurisprudenz (Berlin 1969) 62–139 mit neuer Kausalitätsformel S. 125 = 22.9.3.

[abstellende] Klagen) ins Unferlose war deshalb nicht zu befürchten, weil jede solche Überschreitung des Gesetzestexts einzeln gerechtfertigt sein mußte, einer besonderen Billigkeitsprüfung unterlag, die die Prätoren nicht selbstherrlich anstellten, sondern im Einklang mit der Autorität der Fachjuristen.

Das Gesetz qualifiziert die Tathandlung weiter durch den Ablativ *iniuria* (zu Unrecht):

Ulpianus, ibidem (Collatio legum Mosaic. et Rom. 7, 3, 1 u. Dig. 9, 2, 5 §§ 1 u. 2)

‚Iniuria' occisum esse merito adicitur. Non enim sufficit occisum, sed oportet iniuria id esse factum. Proinde si quis servum latronem occiderit, lege Aquilia non tenetur, quia iniuria non occidit ... ‚Iniuriam' hic damnum accipiemus culpa datum etiam ab eo, qui nocere noluit. Et ideo quaerimus, si furiosus damnum dederit, an legis Aquiliae actio sit. Et Pegasus negavit. Quae enim in eo culpa sit, cum suae mentis non sit? Et hoc est verissimum. Cessabit igitur Aquiliae actio, quemadmodum si quadrupedes damnum dederit, Aquilia cessat, aut si tegula ceciderit. Sed et si infans damnum dederit, idem erit dicendum. Quodsi impubes id fecerit, Labeo ait, quia furti tenetur, teneri et Aquilia eum. Et hoc puto verum, si sit iam iniuriae capax.

Ulpian, ebenda

Aus gutem Grund ist hinzugesetzt, daß er ‚zu Unrecht' erschlagen worden sein muß. Es genügt nämlich nicht, daß er erschlagen worden ist, sondern es muß das zu Unrecht geschehen sein. Wenn also jemand einen Sklaven, der sich als Räuber betätigte, erschlagen hat, haftet er nicht nach dem aquilischen Gesetz, weil er nicht zu Unrecht erschlagen hat. ... Wir werden ‚Unrecht' hier als schuldhaft zugefügten Schaden verstehen, auch von jemandem, der keinen Schaden zufügen wollte. Und deshalb fragen wir, wenn ein Geisteskranker einen Schaden zugefügt hat, ob die Klage aus dem aquilischen Gesetz statthat. Und Pegasus verneint es. Denn was soll bei dem für ein Verschulden vorliegen, da er nicht bei Verstande ist? Und das ist sehr wahr. Die aquilische Klage entfällt also, ebenso wie sie entfällt, wenn ein Haustier einen Schaden zugefügt hat oder ein Dachziegel heruntergefallen ist. Aber auch wenn ein Kleinkind einen Schaden anrichtet, ist dasselbe zu sagen. Wenn aber ein unmündiges Kind das getan hat, sagt Labeo, es hafte, weil es (auch) mit der Diebstahlsklage belangt wird, auch mit der aquilischen Klage. Und ich halte das für richtig, sofern es schon zu Unrecht fähig ist.

Aufgrund des Wortes *iniuria* konnten also erstens besondere Rechtfertigungsgründe des Täters berücksichtigt werden, allen voran Notwehrsituationen. Außerdem diente das Wörtchen den Juristen aber dazu, für ihre Handlungen nicht verantwortliche Täter von der Haftung freizustellen. Und nachdem man einmal den unvorsätzlich Handelnden einbezogen hatte, dessen Tat mit *occidere* ursprünglich kaum gemeint war, konnte man mit Hilfe des Erfordernisses *iniuria* auch denjenigen Verursacher eines Todeserfolgs entlasten, dem nichts vorzuwerfen war, der die erforderliche Sorgfalt beobachtet hatte, wie schon Quintus Mucius klarstellte:

Paulus, Ad Sabinum X, Tit.: De lege Aquilia (Dig. 9, 2, 31)
Si putator ex arbore ramum cum deiceret hominem praetereuntem occidit, ita tenetur, si is in publicum decidat nec ille proclamavit, ut casus eius evitari possit. Sed Mucius etiam dixit, si in privato idem accidisset, posse de culpa agi. Culpam autem esse, quod cum a diligente provideri poterit non esset provisum, aut tum denuntiatum esset cum periculum evitari non possit. Secundum quam rationem non multum refert, per publicum an per privatum iter fieret, cum plerumque per privata loca vulgo iter fiat. Quod si nullum iter erit, dolum dumtaxat praestare debet: ne immitat in eum, quem viderit transeuntem. Nam culpa ab eo exigenda non est, cum divinare non potuerit, an per eum locum aliquis transiturus sit.

Paulus, Sabinuskommentar Buch 10, Titel: Über das aquilische Gesetz
Wenn ein Baumbeschneider vom Baum aus, indem er einen Ast hinunterwirft, einen drunten vorübergehenden Sklaven erschlägt, haftet er, sofern er auf ein öffentliches Grundstück niederfällt und jener keinen Warnruf abgegeben hat, durch den der Unfall hätte vermieden werden können. Mucius sagt jedoch, auch, wenn dasselbe auf einem privaten Grundstück passiert wäre, könne wegen Verschuldens geklagt werden. Verschulden aber sei, was, da es von einem Sorgfältigen hätte vorhergesehen werden können, nicht vorhergesehen worden ist; oder erst dann angekündigt worden sei, da die Gefahr nicht mehr vermieden werden konnte. Danach macht es keinen großen Unterschied, ob ein Weg durch öffentliches oder durch privates Gebiet führt, da sehr oft Pfade auch durch Privatgelände hindurch führen. Wenn aber keinerlei Weg da ist, muß er nur Vorsatz vertreten: daß er nicht auf jemanden wirft, den er hindurchgehen sieht. Denn Sorgfalt ist von ihm nicht zu fordern, da er nicht hellsehen konnte, ob jemand durch dieses Gelände hindurchgehen würde.

Den für eine Sklaven- oder Viehtötung verantwortlichen Täter trifft nach dem Gesetz grundsätzlich lediglich die Pflicht zu Schadensersatz in Geld, allerdings mit einer wichtigen Besonderheit bei der Berechnung des zu erstattenden Betrags: Zu erstatten war der Höchstwert der Sache in diesem Jahr, d.h. im Jahr der Tat. Damit war ursprünglich wohl das Kalenderjahr gemeint, und Sinn dieser Regelung war es vermutlich, den Verletzten vor einer Benachteiligung zu schützen: Er sollte nicht mit einem bei Klagerhebung etwa saisonal bedingt besonders niedrigen Marktpreis abgespeist werden können, sondern sich umgekehrt den günstigsten Preis des Jahres aussuchen können. In klassischer Zeit allerdings erlangt die Klausel eine andere Bedeutung. Der Wert auf diese Weise abgegangener Stücke wurde mehr und mehr individuell nach den konkreten Verhältnissen des Geschädigten berechnet. Ohne Beziehung zum Marktpreis wird das Kalenderjahr aber sinnlos, weshalb jetzt *in eo anno* (in diesem Jahr), auch unter dem Einfluß der in Kapitel 3 vorgesehenen andersartigen Frist, verstanden wurde als im Jahr vor der Tat. Durch die individuelle Berechnung konnten vor allem auch mittelbare Schäden einbezogen werden, z.B. wenn dem Sklaveneigentümer durch den vorzeitigen Tod seines Dieners eine Erbschaft entging, weil ein Dritter ihn zum Erben eingesetzt hatte (was natürlich dem Herrn zugutegekommen wäre), der Sklave den Tod des Erblassers nun aber nicht mehr erlebte, so daß die Erbschaft an einen andern fiel. Das Abstellen auf den höchsten individuellen Wert der Sache binnen Jahresfrist, also ohne Orientierung am Marktpreis, führte andererseits zu einem befremdlichen Hasardspiel: Sämtliche im letzten Jahr vor der Tat geschehenen Wertminderungen des Sklaven, für die den Täter Verantwortung nicht treffen kann, werden zu seinen Lasten hinwegfingiert. Handelt es sich z.B. um einen Maler, der elf Monate vor seiner Tötung die rechte Hand verloren und damit bereits praktisch wertlos geworden war, so mußte sein Totschläger für denjenigen Wert des Mannes aufkommen, den er vor Verlust der Hand hatte[181]. Die Jurisprudenz rechtertigte solch tückisches Spiel des Zufalls ohne viel Denkaufwand. Es traf ja einen Delinquenten und wurde so als Strafzuschlag oder besser Risikozuschlag gedeutet, der zur Schadensersatzpflicht hinzukam[182]. Daß es in der Kaiserzeit praktisch nur noch den fahrlässigen Täter traf – wer vorsätzlich einen Sklaven tötete, wurde mittlerweile kapital bestraft[183], verlor also sein Vermögen ohnehin wenn nicht mehr –, störte niemand.

Kapitel 1 der *Lex Aquilia* enthielt – oben nicht mit abgedruckt – noch die Bestimmung, daß die vom Täter zu entrichtende Summe auf das Doppelte anwuchs, wenn er seine Tat vor dem Prätor abstritt (im Prozeß aber überführt wurde): *infitiando lis crescit in duplum* (durch Leugnen wächst der Streit aufs Doppelte), die sog. Litiskreszenz; um die Höhe des Schadens dagegen konnte der Täter gefahrlos streiten. Und aus der Formulierung des Gesetzes: „Wer ..., soll so und so viel geben" folgerten die Juristen, daß, wenn mehrere zusammen die Tat begangen hatten, alle die volle Buße zu entrichten hätten, der Geschädigte also insgesamt ein Mehrfaches des Sachwerts er-

---

[181] Vgl. Ulpian Dig. 9, 2, 23 § 3.

[182] S. Justinian, Inst. 4, 6 § 19 S. 2 u. 3, vermutlich aus den Res cottidianae des Gajus (s. Verf., in: Index 1 [1970] 158 u. 174f.).

[183] Ulpian Dig. 9, 2, 23 § 9.

hielt. Da die Sanktion gleichzeitig Strafe bezweckte, war die Bestrafung eines Täters kein Grund, die andern straffrei davonkommen zu lassen[184]. War schließlich der Täter gestorben, bevor der Geschädigte Klage gegen ihn erhoben hatte, so hafteten die Erben des Täters nicht; Strafe richtet sich nur gegen den Täter persönlich[185].

Das 2. Kapitel der *Lex Aquilia* betraf unbefugten Forderungserlaß durch einen treuhänderischen Mitinhaber, einen Fall arglistigen Zusammenspiels zwischen Vermögensverwalter und Schuldner. Kapitel 3 schließlich enthält einen weit gefaßten Auffangtatbestand, wenn er ursprünglich auch nicht so weit gemeint war, wie er in klassischer Zeit ausgelegt wurde. Geschützt sind alle sonstigen Güter gegen Brennen, Brechen und Reißen, womit ursprünglich nur ihre Zerstörung gemeint gewesen sein wird; *damnum* bedeutete ursprünglich ‚Verlust'[186]. In klassischer Zeit allerdings fallen unter das 3. Kapitel der *Lex Aquilia* sämtliche sonstigen Schadenszufügungen, auch die bloße Verletzung von Sklaven und Großvieh; die Bedeutung von *damnum* weitet sich zu ‚Schaden'. Die zur Abgeltung der Tat zu entrichtende Summe war zu berechnen nach dem Wert der Sache „innerhalb der nächsten 30 Tage", womit offenbar wieder der Höchstwert gemeint ist, vermutlich der Marktwert, den die Sache im Monat nach der Tat gehabt hätte; in klassischer Zeit wird auch hier zurückgerechnet.

c) Die actio de dolo (Arglistklage)

Das entwickelte römische Recht kannte aber noch einen viel allgemeineren Auffangtatbestand, der einem gegen vorsätzliche Schädigungen aller Art wenigstens Schadensersatz verschaffte, die auf Gaius Aquilius Gallus aus dem 1. Jh. v. Chr. zurückgehende, prätorische *actio de dolo*:

Edictum perpetuum praetoris urbani, § 40: De dolo malo
Quae dolo malo facta esse dicentur, si de his rebus alia actio non erit et iusta causa esse videbitur, intra annum, cum primum experiundi potestas fuerit, iudicium dabo.

Formula actionis de dolo
Gaius Seius iudex esto.
Si paret dolo malo Numerii Negidii factum esse, ut Aulus Agerius ...
neque plus quam annus est, cum experiundi potestas fuit, neque ea res arbitrio iudicis restituetur,

---

184 S. Ulpian Dig. 9, 2, 11 §§ 2 u. 4; s. a. Julian Dig. 9, 2, 51 § 1.

185 Ulpian Dig. 9, 2, 23 § 8.

186 S. Verf., a.a.O. (oben Anm. 179) 173–252, bes. 196–198.

quanti ea res erit, tantam pecuniam, iudex, Numerium Negidium Aulo Agerio condemna.
Si non paret, absolve.

Ständiges Edikt des Stadtprätors, § 40: Über Arglist
Was aus Arglist geschehen zu sein vorgebracht werden wird, wenn wegen dieser Sachen keine andere Klage gegeben sein und die Angelegenheit gerecht zu sein erachtet werden wird, werde ich binnen eines Jahres, da erstmals die Möglichkeit zu klagen bestanden hat, ein Gericht einsetzen.
Schriftformel der Arglistklage
Gajus Sejus soll Richter sein.
Wenn es sich erweist, daß durch Arglist des Beklagten geschehen ist, daß der Kläger . . .,
und nicht mehr als ein Jahr vergangen ist, da die Möglichkeit zu klagen bestand, und die Sache nicht nach dem Dafürhalten des Richters wieder gutgemacht werden wird,
sollst du, Richter, den Beklagten dem Kläger in einen so hohen Geldbetrag verurteilen, wieviel diese Sache betragen wird.
Wenn es sich nicht erweist, sollst du freisprechen.

d) *Rezeption und Umbildung der aquilischen Klage in der Neuzeit*[187]

Als das römische Recht der Sachbeschädigungen im 12.–15. Jh. in Europa und im 16. Jh. auch in Deutschland rezipiert wurde, verschwanden die strafrechtlichen Elemente der *actio legis Aquiliae*. Von der Litiskreszenz hat die deutsche Praxis des Usus modernus pandectarum von vornherein keine Notiz genommen, obschon die Universitätslehrer dem anfangs widersprachen. Ebensowenig hat die Praxis jene Höchstwertberechnung mit der Rückrechnungswohltat für den Geschädigten mitgemacht, und die Lehre hat sich dem auch hier schließlich gebeugt. Kumulative Haftung mehrerer Mittäter hat die Praxis nie in Betracht gezogen; die Literatur versuchte zunächst, wenigstens dies als Strafzuschlag aus dem klassischen Recht zu retten, gab auch das aber auf, als sie sich damit nicht durchsetzen konnte. Wirklich längere Zeit umstritten war nur die passive Vererblichkeit der *actio legis Aquiliae*, die erst im 18. Jh. allgemein anerkannt wurde.
Außerdem machte die Klage mannigfache sonstige Wandlungen durch. Das klassische römische Recht kannte, wie gesagt, nur eine Verurteilung in Geld; Sachleistungen, gar Schadensersatz durch Herstellung in Natur, darauf erkannte ein römischer Richter der klas-

[187] Im einzelnen Horst Kaufmann, Rezeption und Usus modernus der actio legis Aquiliae (Köln 1958).

sischen Zeit nicht. Zwar bringt das späte 3. Jh. mit dem Währungsverfall auch die Verurteilung in Sachleistungen, sogar bei reinen Bußansprüchen wie *actio furti*; und auch für unsere Klage läßt sich ein Reskript Kaiser Gordians aus dem Jahre 239 n. Chr., Cod. Just. 3, 35, 2, zumindest dahin interpretieren, als sehe es allein Wiederherstellung in Natur vor. Justinians Corpus juris civilis enthält dann beides: hauptsächlich klassische Texte, welche Geldverurteilung voraussetzen; aber auch die Gordiankonstitution. Das Mittelalter faßt dies dahin zusammen, daß als Regel Geldverurteilung gilt, Verurteilung in Herstellung des vorigen Zustands aber ebenfalls zulässig sei. Daß der Schadensersatzschuldner in erster Linie zur Naturalrestitution verpflichtet sei, hat sich im Mittelalter und in der frühen Neuzeit nicht durchsetzen können.

Die *Lex Aquilia* selbst ahndete nur Sachschäden einschließlich Personenschäden an Sklaven, die insofern den Sachen gleichgestellt waren. Körperverletzungen an Freien unterlagen ihr nicht. Nachdem das Gesetz jedoch auf fahrlässige Verletzung oder Tötung eines Sklaven erstreckt worden war, konnte bei an einem Freien begangener fahrlässiger Körperverletzung ein Schadensersatzanspruch des Verletzten nicht wohl abgelehnt werden. Und da die bei vorsätzlichen Körperverletzungen einschlägige Klage, die *actio iniuriarum* (s. den übernächsten Abschnitt), auf die in einer vorsätzlichen Körperverletzung stets auch steckende Ehrverletzung abstellte, welcher Gesichtspunkt bei fahrlässiger Begehungsweise entfällt, diese Klage als Vorbild für eine analoge Klage also ausschied, half man mit einer analogen Klage *(actio utilis)* zur *actio legis Aquiliae*[188]. Der Ausgangsfall war anscheinend die Verletzung eines Scheinsklaven, der sich im Schadensersatzprozeß seines vermeintlichen Eigentümers als in Wahrheit frei herausstellte. Dann wurde der vermeintliche Eigentümer abgewiesen, was dem Täter aber nicht endgültig zugutekommen durfte. Vielmehr mußte er Heilungskosten und Verdienstausfall nunmehr dem Verletzten selbst ersetzen. Der unbestritten Freie durfte aber nicht schlechter als der Scheinsklave dastehen. Schon zur Zeit Julians war sein bzw., wenn er unter väterlichen Gewalt stand, seines Vaters analoger aquilischer Ersatzanspruch so fraglos, daß dem Juristen mitten in anderem Zusammenhang, nämlich bei Erläuterung des Wörtchens *iniuria* der *Lex Aquilia*, auch ein Fall eines freien Verletzten in die Feder floß:

---

188 Vgl. zu dieser Problematik Roland Wittmann, Die Körperverletzung an Freien im klassischen röm. Recht (München 1972).

Ulpianus, Ad edictum praetoris XVIII, Tit.: Ad legem Aquiliam (Dig. 9, 2, 5 §3, gekürzt und ergänzt aus Dig. 19, 2, 13 §4 und Papiri società Ital. 1449 recto)

Sutor puero discenti ingenuo filio familias parum bene facienti, quod demonstraverit, forma calcei cervicem tam vehementer percussit, ut oculus puero perfunderetur. Scripsit Iulianus libro LXXXVI digestorum (Tit.: Ad legem Aquiliam) ex locato esse actionem patri eius; quamvis enim magistris levis castigatio concessa sit, tamen hunc modum non tenuisse. Sed et de lege Aquilia utili actione posse agi. Qua actione patrem consecuturum ait, quod minus ex operis filii sui propter vitiatum oculum sit habiturus, et impendia, quae pro eius curatione fecerit.

Ulpian, Kommentar zum prätorischen Edikt Buch 18, Titel: Über das aquilische Gesetz

Ein Schuster hat einem freigeborenen und unter väterlicher Gewalt stehenden Lehrjungen, der schlecht ausführte, was er ihm vorgemacht hatte, mit dem Leisten so heftig auf den Nacken geschlagen, daß dem Jungen ein Auge ausgelaufen ist. Julian schrieb im 86. Buch der (sc. Julians) Digesten (wo die Lex Aquilia behandelt war), sein Vater habe die Klage aus Werkvertrag[189]; obwohl nämlich den Lehrherrn eine leichte Züchtigung eingeräumt ist, habe dieser das Maß jedoch nicht eingehalten. Aber auch aus dem aquilischen Gesetz könne mit einer analogen Klage geklagt werden. Mit dieser Klage, sagt er, werde der Vater erlangen, was er aus der Arbeit seines Sohnes wegen des fehlenden Auges weniger haben werde, sowie die Auslagen, die er für seine Pflege gemacht hat.

Die italienischen Kommentatoren des Corpus juris civilis wie auch die deutsche Jurisprudenz der Rezeptionszeit haben diese subtile Unterscheidung zwischen direkter und analoger aquilischer Klage von Anfang an ignoriert; schon Justinian hatte sie überall sorgfältig zu konservieren nicht mehr für wert befunden. Die Ersatzpflicht umfaßte, wie gesagt, wenn man jene Rückrechnungskünste hier beiseite läßt: Heilungskosten und Arbeitsausfall, sonst nichts; erlittene Schmerzen wurden nie, Entstellungen jedenfalls nicht bei einem Freien veranschlagt:

Gaius, Ad edictum provinciale VI, Tit.: De his qui deiecerint vel effuderint (Dig. 9, 3, 7)

Cum liberi hominis corpus ... laesum fuerit, iudex computat mercedes medicis praestitas ceteraque impendia, quae in curatione facta sunt, praeterea operarum, quibus caruit aut cariturus est ob id, quod inutilis factus est. Cicatricium autem aut deformitatis nulla fit aestimatio, quia liberum corpus nullam recipit aestimationem.

---

[189] Dazu Theo Mayer-Maly, Aus der Rechtsgeschichte des Lehrlingswesens, in: Festschrift f. Hans Schmitz 70. Gebtg. I (Wien 1967) 161–177.

Gajus, Kommentar zum Provinzialedikt Buch 6, Titel: Über die, welche hinabgeworfen oder -gegossen haben.
Wenn der Körper eines freien Menschen verletzt worden ist, veranschlagt der Richter die den Ärzten gewährten Vergütungen und die übrigen Aufwendungen, die zur Pflege gemacht worden sind, außerdem den Schätzwert der Arbeit, die er hat ausfallen lassen oder die er deswegen noch ausfallen lassen wird, weil er arbeitsuntauglich gemacht worden ist. Narben aber oder eine Entstellung werden nicht bewertet, weil ein freier Körper nicht taxiert wird.

Anders war es nämlich bei Sklaven und besonders bei Sklavinnen, bei denen Wohlgestalt und Makellosigkeit im Preis sich niederschlugen. Schmerzensgeld schloß diese Stelle wenigstens nicht ausdrücklich aus. Bei Bemessung des Wergeldes nach altdeutschem Recht, das für fahrlässige Taten bis zum Vorabend der Rezeption und in Sachsen noch länger in Kraft war, wurden Entstellungen und auch besondere Schmerzhaftigkeit einer Verletzung dagegen eigens berücksichtigt[190], und dies war so tief im Rechtsbewußtsein des Volks verwurzelt, daß die dem entgegenstehenden römischen Quellen machtlos waren; die Gerichte konnten nicht umhin, auch solche Posten in die aquilische Klage einzubeziehen, wiewohl bis ins 18. Jh. romanistische Rückfälle zu verzeichnen sind. Am Ende des 19. Jhs. war der Grundsatz so selbstverständlich, daß die Ausnahmevorschrift des § 847 (vgl. § 253) ohne große Diskussion ins BGB aufgenommen wurde.
Wird ein Freier nicht nur verletzt, sondern getötet, so kann er selber einen Ersatzanspruch nicht mehr geltend machen. Geschädigt sind jedoch die Hinterbliebenen, wenn der Getötete ihnen Unterhalt gewährt hatte. Die altdeutschen Wergelder waren im Falle der Tötung besonders hoch; und obwohl sie ursprünglich die Funktion hatten,

---

190 Vgl. a. Art. 20 der Peinlichen Gerichtsordnung Kaiser Karls V. vom Jahre 1532 (in heutiger Rechtschreibung): „DASS OHNE REDLICHE ANZEIGUNG NIEMAND SOLL PEINLICH GEFRAGT WERDEN. Item wo nicht zuvor redliche Anzeige der Missetat, danach man fragen wollte, vorhanden und bewiesen wurde, soll niemand gefragt werden. Und ob auch gleichwohl aus der Marter die Missetat bekannt wurde, so soll doch der nicht geglaubt noch jemand darauf verurteilt werden. Wo auch einige Obrigkeit oder Richter in solchem überführen, sollen sie dem, so also wider Recht, ohne die bewiesene Anzeigung, gemartert wäre, seiner Schmach, *Schmerzen*, Kosten und Schaden der gebührenden Ergötzung zu tun schuldig sein. Es soll auch keine Obrigkeit oder Richter in diesem Fall, keine Urfehde helfen, schützen oder schirmen, daß der Gepeinigte seine Schmach, *Schmerzen*, Kosten und Schaden mit Recht, doch alle tätliche Handlung ausgeschlossen, wie Recht nicht suchen möge." Vgl. ferner preuß. ALR I 6 §§ 112–114 mit bezeichnender Differenzierung je nach Stand des Opfers.

die Blutrache, zu der die Verwandten des Getöteten an sich verpflichtet waren, abzuwenden, wurde das Wergeld in späterer Zeit, da Blutrache nicht mehr zur Debatte stand, umgedeutet als Entschädigung für den Verlust des Ernährers oder einer anderen Arbeitskraft der Familie. Das römische Recht dagegen gewährte in diesem Fall keine Ansprüche. Trotzdem haben schon die italienischen Kommentatoren des Corpus juris civilis, in Fortführung oberitalienisch-langobardischer Rechtstradition, sich überwiegend auch im Rahmen der *actio legis Aquiliae* für einen entsprechenden Ersatzanspruch ausgesprochen. Und diesen Anspruch übernimmt die deutsche gelehrte Rechtsprechung ohne Skrupel, die wieder nur kurze Zeit einzelne juristische Schriftsteller plagen. Im BGB wurden daraus die §§ 842 bis 846.

Die größte Veränderung erfuhr die *actio legis Aquiliae* bei ihrer Rezeption in Deutschland jedoch im Bereich der eigentlichen Vermögensschäden. Das aquilische Gesetz hatte im Vergleich zu heute nur wenige haftungsbegründende Tatbestände aufgezählt und bei Sachschäden z. B. nur dem Eigentümer einen Ersatzanspruch zugebilligt. Den ersten Schritt zur Erweiterung dieser engen Grenzen taten schon die klassischen Juristen, indem sie auch allen sonstigen dinglich Berechtigten wie Nießbraucher, Pfandgläubiger usw. einen analogen Anspruch gaben, der nunmehr ausgedehnt wird auf alle Inhaber sonstiger Gerechtsame. Nur über den klassisch-römischen Ausschluß des bloß schuldrechtlich Berechtigten setzt man sich nicht hinweg: Zerstörte ein Dritter das gekaufte, aber noch nicht übereignete Objekt, so konnte der Käufer gegen den Dritten nichts unternehmen, sofern nicht etwa die *actio de dolo* eingriff. Dafür war man sonst nicht kleinlich mit der Gewährung analoger Klagen und vollen Schadensersatzes, sofern nur am Anfang eine einigermaßen konkrete Rechtsverletzung stand. Anknüpfungspunkt für diese großzügige Praxis war eine Digestenstelle (Dig. 9, 2, 33 § 1): *In damnis, quae lege Aquilia non tenentur, in factum datur actio* (Bei Schäden, die vom aquilischen Gesetz nicht erfaßt werden, wird eine analoge Klage gegeben). Der Satz gehört zu einer Paulusstelle, von der ihn erst die mittelalterliche Unterteilung der Digestenfragmente getrennt hat. Außerdem enthielten Justinians Institutionen (Inst. 4, 3 § 16) eine ähnlich allgemeine Empfehlung, bei Fehlen der gesetzlichen Voraussetzungen analoge Klagen zu gewähren. Auf diese Weise konnte z.B. jemand, der von seinen Feinden beim Magistrat seiner Stadt falsch angeschuldigt worden war und deshalb alle Ämter und Ehrenstellen verloren hatte, von den Tätern Schadensersatz auch hierfür verlangen; Amtspersonen wurden für die schädlichen Folgen einer Amtspflichtverletzung haftbar gemacht, sofern es sich nur um unmittelbare Folgen handelte und der Täter sie verschuldet hatte. Die römische *actio legis Aquiliae* diente gewissermaßen als Wäscheleine, an der man beliebige, frei nach Billigkeit gewährte Schadensersatzansprüche aufhängte.

e) Die Generalklausel im privaten Deliktsrecht

Diese längst inhaltsleer gewordene Anknüpfung durchschnitt erst das Naturrecht, das die Tradition der *Lex Aquilia* beiseiteschiebt und es unternimmt, das praktisch gehandhabte Recht erstmals wirklich allgemein zu umschreiben, die den unübersichtlich gewordenen Einzelentscheidungen zugrundeliegenden Maximen sichtbar zu machen. Es gründet die außervertraglichen Schadensersatzansprüche unmittelbar auf die Rechtswidrigkeit, das Unerlaubtsein der schadenstiftenden Handlung, und auf das Verschulden des Täters an der Entstehung des Schadens, worin immer dieser sich geäußert haben mag. Das ganze außervertragliche Schadensersatzrecht wird auf einen einzigen Grundtatbestand, eine Generalklausel zurückgeführt. Und die Gesetzgebung des 18. Jhs. greift diese neue Grundlegung auf, die im Vergleich zur zivilistischen Begründung des Schadensersatzrechts mit ihren vielen nicht mehr einleuchtenden und daher nur noch als Ballast empfundenen Einzelheiten nicht nur viel einfacher, sondern auch einsichtiger war:

Codex Maximilianeus Bavaricus civilis (1756), Tl. 4, Kap. 16 § 6
Daß der Schade, welcher einem anderen an Hab und Gut ungerechterweise zugefügt wird, von dem Damnifikanten wiederum ersetzt und gutgemacht werden müsse, ist zwar sowohl in dem natürlichen als römischen Recht offenbar gegründet. Wie aber das letzte durch die sogenannte legem Aquiliam von dem ersten in vielen Stücken diesfalls abweicht und allerhand unnötige Subtilität in sich hält, so konformiert sich der heutige Gebrauch mehr mit jenem als mit diesem Recht, usw.

Code civil, Art. 1382 u. 1150
Tout fait quelconque de l'homme, qui cause à autrui dommage, oblige celui par la faute, duquel il est arrivé, à le réparer.
Le débiteur n'est tenu que des dommages et intérêts qui ont été prévus ou qu'on n'a pas pu prévoir lors du contrat, lorsque ce n'est point par son dol que l'obligation n'est point executée.

Allgemeines Bürgerliches Gesetzbuch (1811, Österreich), § 1295
Jedermann ist berechtigt, von dem Beschädiger den Ersatz des Schadens, den dieser ihm aus Verschulden zugefügt hat, zu fordern; der Schaden mag durch

Übertretung einer Vertragspflicht oder ohne Beziehung auf einen Vertrag verursacht worden sein.

Obligationenrecht (1911, Schweiz), Art. 41
Wer einem andern widerrechtlich Schaden zufügt, sei es mit Absicht, sei es aus Fahrlässigkeit, wird ihm zum Ersatze verpflichtet.

Auch das preußische Allgemeine Landrecht geht im Recht der unerlaubten Handlungen vom Prinzip der Generalklausel aus, differenziert dabei aber stark, wie es auch die sekundären Fragen am gründlichsten durchnormiert hat. Auf die Grundnorm selbst, die Anspruchsgrundlage, verwendet es nicht nur einen einzigen Satz, sondern eine Kette von sieben Paragraphen mit genauer Abstufung des Umfangs der Ersatzpflicht nach dem Grad des Verschuldens:

Allgemeines Landrecht für die Preußischen Staaten (1794), Tl. 1 Tit. 6 §§ 10–16
Wer einen andern aus Vorsatz oder grobem Versehen beleidigt (s. § 8: wer jemandem ohne Recht Schaden zufügt, der kränkt oder beleidigt denselben; u. § 1: Schaden heißt jede Verschlimmerung des Zustandes eines Menschen, in Absicht seines Körpers, seiner Freiheit oder Ehre oder seines Vermögens), muß demselben vollständige Genugtuung leisten (s. § 7: zu einer vollständigen Genugtuung gehört der Ersatz des gesamten Schadens und des entgangenen Gewinns).
Eben dazu ist auch der verhaftet, welcher eine dem andern schuldige Pflicht aus Vorsatz oder grobem Versehen unterläßt und dadurch demselben Schaden verursacht.
Wer nur aus mäßigem Versehen den andern durch eine Handlung oder Unterlassung beleidigt, der haftet nur für den daraus entstandenen wirklichen Schaden.
Doch muß der Beschädiger auch einen solchen entgangenen Gewinn ersetzen, den der Beschädigte durch den gewöhnlichen Gebrauch desjenigen, woran er gekränkt worden, erlangt haben würde, wenn die Kränkung nicht vorgefallen wäre.
In einem solchen Falle muß der entgangene Gewinn vergütet werden, auch wenn der wirkliche Schade keiner Schätzung fähig wäre.
In Fällen, wo auch ein geringes Versehen vertreten werden muß, haftet der Beschädiger nur für den durch ein solches Versehen entstandenen unmittelbaren Schaden.
Der aus einer Handlung entstandene zufällige Schade darf nur alsdann vergütet werden, wenn die Handlung selbst wider ein Verbotsgesetz ist, oder wenn der Handelnde durch ein solches gesetzwidriges Verhalten in die Umstände, wodurch er zu der Handlung veranlaßt worden, sich selbst gesetzt hat.

Aber auch in vielen Sekundärfragen leisteten die Preußen Pionierarbeit. So begegnet hier erstmals der Anspruch auf billige Entschädigung gegenüber dem schuldlosen Schädiger, woraus im BGB § 829 wurde:

§§ 41–44

Wenn Wahn- und Blödsinnige oder Kinder unter sieben Jahren jemanden beschädigen, so kann nur der Ersatz des unmittelbaren Schadens aus ihrem Vermögen gefordert werden.

Doch haftet das Vermögen solcher Personen nur alsdann, wenn der Beschädigte den Ersatz aus dem Vermögen der Aufseher oder der Eltern nicht erhalten kann.

Auch haftet dasselbe nur so weit, als dadurch dem Beschädiger der nötige Unterhalt und, wenn er ein Kind ist, die Mittel zu einer standesgemäßen Erziehung nicht entzogen werden.

Hat der Beschädigte dergleichen Personen durch sein eigenes auch nur geringes Versehen zu der schädlichen Handlung veranlaßt, so kann er sich an das Vermögen derselben nicht halten.

Erst im Zeichen der am Ende des 18. Jhs. von Gustav Hugo in Göttingen und dann vor allem Friedrich Carl von Savigny inspirierten historischen Rechtsschule mit ihrer Skepsis gegenüber den mancherlei Übertreibungen, vor allem unpräzisen Verallgemeinerungen der Naturrechtler hat Christian Friedrich Glück wieder bewußt gemacht, daß die römische *actio legis Aquiliae* und auch die in Anlehnung an sie entwickelten *actiones in factum* als Grundlage eines Schadensersatzanspruchs immer eine Eigentumsverletzung voraussetzen[191]. Die damit begonnene gründlichere Wiederbeschäftigung mit dem klassischen Recht der aquilischen Klage und den Maximen ihrer Ausdehnung, im Verein mit in der Praxis auftauchenden Schwierigkeiten bei der Handhabung der geltenden Generalklauseln, verschaffte dem System der Einzeltatbestände wieder so viel Kredit, daß es sich bei Schaffung des BGB in gewissem Umfang erneut durchsetzen konnte[192]. Das Ergebnis ist ein Kompromiß zwischen beiden Systemen. Die Einzeltatbestände der §§ 823 Abs. 1, 824 und 825, von den §§ 831 bis 839 hier nicht zu reden, werden ergänzt durch die generalklausel-

---

191 Ausführliche Erläuterung der Pandecten 10, 2 (Erlangen 1808).

192 Die zwei wichtigsten Anspruchsgrundlagen des geltenden deutschen Deliktsrechts, § 823 Abs. 1 u. § 823 Abs. 2 BGB, gehen in ihrer Struktur zurück auf Bernhard Windscheid, s. dessen Lehrbuch des Pandektenrechts § 101 a. A. mit Präzisierung von Auflage zu Auflage; noch seine jüngsten Formulierungen stehen hinter der Gesetz gewordenen Formulierung aber deutlich zurück. Zur Entstehungsgeschichte des § 823 BGB selbst s. Burkhard Schmiedel, Deliktsobligationen nach deutschem Kartellrecht I – Zivilrechtsdogmatische Grundlegung – Untersuchungen zu § 823 Abs. 2 BGB (Tübingen 1974) 12–28.

artigen §§ 823 Abs. 2, der in Wahrheit nicht viel enger ist als die naturrechtliche Generalklausel, sofern man ‚Gesetze' nur richtig im Sinne von Art. 2 EGBGB versteht; und 826, die klassische *actio de dolo*. Diese dem System selbst innewohnende Elastizität[193] hat die Praxis bei der Rechtsfortbildung seit 1900 allerdings nicht genutzt, sondern sich damit begnügt, das erstbeste dazu geeignete Wort des allerersten Deliktstatbestands, das ‚sonstige Recht' in § 823 Abs. 1 auszuweiten, so daß wir heute mit Monstren wie dem „Recht am eingerichteten und ausgeübten Gewerbebetrieb" zu arbeiten haben.

Wegen dieser seiner vermeintlichen Sprödigkeit gegenüber Rechtsfortbildungen ist das deutsche System der Einzeltatbestände im Deliktsrecht getadelt worden und wird ihm, gleichzeitig im Namen europäischer Rechtsvereinheitlichung, immer wieder die Generalklausel, wie sie vor allem im französischen Code civil zum Ausdruck gekommen ist, als vorbildlich gegenübergestellt. So ist in Frankreich die Haftung des Produzenten für durch mangelhafte Produkte hervorgerufene Schäden längst anerkannt, während in Deutschland die Gerichte auf Grund der deutschen Regelung des Rechts der unerlaubten Handlungen eine Haftung lange Zeit gänzlich ausschlossen und erst seit kurzem wenigstens mit einer Beweislastumkehr helfen. Das liegt aber daran, daß im spät industrialisierten Deutschland die Richterschaft sich scheute, den Quell deutscher Wirtschaftsmacht mit unabsehbaren Haftungsrisiken zu belasten. Denn das nach deutschem Recht größte Hindernis für eine Schadensersatzpflicht der Produzenten: den Fehler des Produkts, der in den kritischen Fällen ja stets zu einer Eigentums- oder Körperverletzung führt, auf ein Verschulden des Produzenten bzw. seiner Organe zurückzuführen, stellte sich für die fanzösischen Richter im Rahmen des Art. 1150 Code civil eher noch schärfer. Die deutsche Regelung des Deliktsrechts hat gegenüber einer Generalklausel schlicht den Vorzug der besseren Berechenbarkeit der Rechtsfolgen. Für die Frage der Widerrechtlichkeit gibt bei uns das Gesetz selbst einen detaillierten Maßstab, der bei einer Generalklausel erst von der Rechtsprechung entwickelt werden muß mit allen Schwankungen, die das mit sich bringt; und den Zufälligkeiten, von denen es abhängt, welche Fälle vor die Gerichte kommen.

---

[193] Erwin Deutsch, Entwicklung und Entwicklungsfunktion der Deliktstatbestände, in: JZ 1963, 385–391; u. Schmiedel, a.a.O. 36 ff.

3. Sachentziehung

a) Die Regelung der Zwölf Tafeln

Konnten wir bei der *actio legis Aquiliae* eine Entwicklung von der Bußklage mit gleichzeitiger Schadensersatzfunktion zur reinen Schadensersatzklage beobachten, so entwickelt sich die jetzt zu behandelnde Klage in die andere Richtung. In fast allen uns bekannten frühen Rechtsordnungen: in den altgriechischen, der altchinesischen wie in den Rechtsordnungen der meisten Naturvölker ist ein Diebstahl dadurch zu ahnden, daß der Dieb dem Bestohlenen noch einmal so viel leistet, wie er gestohlen hat; hat er also ein Pferd gestohlen, so sühnt er diese Tat, indem er dem Bestohlenen zwei Pferde gibt. Im Ergebnis steht der Dieb dann so da, wie der Bestohlene gestanden hätte, wäre die Tat unentdeckt geblieben; offensichtlich liegt dem der uns aus dem mosaischen Gesetz vertraute Gedanke des „Wie du mir, so ich dir" zugrunde, die sog. Goldene Regel. Im Rom galt in klassischer Zeit für die Mehrzahl der Fälle grundsätzlich nichts anderes. Zur Zeit der Zwölf Tafeln war die primäre Sanktion für Diebstahl jedoch wesentlich härter: Der Dieb wurde vom Prätor dem Bestohlenen als Sklave zugesprochen. Diese einschneidende Strafe war allerdings an besondere Kautelen gebunden: Der Diebstahl mußte offenkundig sein, d.h. entweder mußte der Dieb auf frischer Tat ertappt oder die gestohlene Sache nach Spurfolge und feierlicher, ritueller Haussuchung beim Dieb gefunden worden sein[194]. Konnte der Bestohlene den Dieb nicht so schlagend, sondern nur irgendwie sonst überführen, so war die Sache „durch Leistung des Doppelten abzumachen", d.h. ein Sühnevergleich zu schließen:

XII Tafeln 8, 16
Si adorat furto, quod nec manifestum erit, duplione damnum decidito.

Wenn er (der Kläger) Diebstahl vorwirft, der nicht förmlich bewiesen sein wird, soll er (der Beschuldigte) den Verlust durch Doppelung abmachen.

Der Tatbestand des Diebstahls war in den Zwölf Tafeln, anders als bei anderen Delikten, nicht eigens umschrieben. Diebstahl wurde seit je sozial mißbilligt, mit Strafe belegt. Wir können keine Rechtsgemeinschaft oder soziale Gruppe bis zur Herausbildung der Bestrafung des Diebstahls, zur Entstehung des Diebstahlstatbestands zurückverfolgen. Er ist bei allen frühen Rechtsgemeinschaften fertig anzu-

---

[194] Dazu Joseph Georg Wolf, Lanx und licium – Das Ritual der Haussuchung im altröm. Recht, in: Sympotica F. Wieacker 59–79.

treffen, gerade auch bei noch nicht agrarisch wirtschaftenden, den Jägern und Sammlern. Man kann lediglich vermuten, daß die unvergleichlich schwerere, kapitale Bestrafung in bestimmter Weise qualifizierter Diebstähle, wie sie zum Beispiel auch im alten Griechenland begegnet, mit dem Übergang zur Seßhaftigkeit mit intensiver Bodennutzung und verstärkter Hervorkehrung des Besitzstrebens und Vorratswirtschaft zusammenhängt. Obwohl also der Diebstahlstatbestand in ältester Zeit nicht wörtlich umschrieben, nicht definiert wird, sondern den Rechtsgenossen offenbar aus der täglichen Anschauung klar war, muß er darum nicht unbestimmt, seine Grenzen nicht fließend gewesen sein. Sein Name im Lateinischen, *furtum*, leitet sich ab von *ferre* (tragen, davontragen). Die Tathandlung bestand also in einem Verbringen. Die Sprachgeschichte verrät uns aber noch mehr. Das lateinische Adverb *furtim* bedeutet nämlich im uns zugänglichen vorklassischen und klassischen Latein nicht etwa ‚diebisch', sondern ‚heimlich'. Heimlichkeit der Tat muß also kennzeichnend für den Diebstahl gewesen sein. Wer offen eine fremde Sache an sich nahm, kann in einer überschaubaren sozialen Gruppe nicht damit rechnen, sich ungestört der Sache erfreuen zu können; offenes Vorgehen bedeutet hier: erkannt werden, offenen Streit, Privatfehde, die nicht von vornherein mißbilligt wird. Nur die heimliche, die meuchlings begangene Tat gilt in frühen Rechtsgemeinschaften als schändlich, die offen ausgeführte war nicht ehrenrührig. Heimlich kann man aber keine Grundstücke, sondern nur bewegliche Sache wegnehmen. Somit fiel unter das römische *furtum* ursprünglich nur das heimliche Davontragen fremder beweglicher Sachen; nach Zueignungsabsicht fragte man offenbar nicht eigens.

Zur Zwölftafelzeit war das *furtum* also zwar das wichtigste, aber nicht das einzige Aneignungsdelikt. Heute stellen wir ihm die nicht weniger weiten Tatbestände der Unterschlagung, des Betrugs und der Untreue zur Seite. Die darin steckenden Abstraktionsleistungen gehen über das Vermögen dieser frühen Epoche jedoch weit hinaus. Sonstige Veruntreuung fremden Guts erfaßten die Zwölf Tafeln nur erst durch mannigfache Sondertatbestände, die alle Leistung von *duplum* (das Doppelte) des veruntreuten Gegenstandes vorsehen: die *actio de tigno iuncto* (Klage über fest verbundenes Bauholz) wegen unerlaubten Verbauens fremden Baumaterials, *actio rationibus distrahendis* (Klage wegen auseinanderzulegender Rechnungen) wegen unvollständiger Abrechnung nach Vormundschaftsbeendigung, oder die *actio despositi* (Verwahrungsklage) der Zwölf Tafeln wegen Unterschlagung verwahrten Gutes.

b) Die weitere Entwicklung des furtum

Mit fortschreitender Arbeitsteilung ergaben sich immer neue Möglichkeiten der Veruntreuung fremden Guts, gegen die der Prätor zunächst durch Schaffung neuer, honorarrechtlicher Spezialklagen einschritt, wie zum Beispiel der *actio oneris aversi* (des veruntreuten Frachtguts). Mit derartigen Neuerungen, die auch nichts weiter als Stückwerk sein konnten, war die Entwicklung jedoch nicht einzuholen; das schaffte man schließlich aber dadurch, daß man den Diebstahlstatbestand rigoros erweiterte, wozu es anscheinend im 2. Jh. v. Chr. kam. So wurde auch etwa die abredewidrige Verwendung einer geliehenen Sache unter das *furtum* gebracht. Aufsehen erregte folgender Fall[195]: Jemand hatte sich ein Pferd für einen Ritt von Rom nach Aricia, eine Stadt an der via Appia etwa 25 km südöstlich von Rom, geliehen und war, dort angekommen, ohne daß dies eigens vereinbart war, jenseits der Stadt noch einen Hügel hinaufgeritten. Obgleich er das Tier ordnungsgemäß wieder abgeliefert hatte, wurde er wegen Diebstahls an dem Pferd verurteilt. Schließlich setzte sich, nach heute unbeholfen wirkenden Ansätzen bei Quintus Mucius Skävola[196], folgende Definition des *furtum* durch: *rem alienam invito domino contrectare* (eine fremde Sache ohne Willen des Eigentümers ergreifen)[197]. Darin war sowohl der bloße Diebstahlsversuch als auch der Gebrauchsdiebstahl, das *furtum usus* enthalten, versuchte und vollendete Unterschlagung sowie einzelne Fälle vollendeten Betrugs, der Begünstigung und der Hehlerei. Einige Fälle aus der reichen Kasuistik:

Iavolenus, Ex Cassio XV, Tit.: De furtis (Dig. 47, 2, 74)
Si is, qui pignori rem accepit, cum de vendendo pignore nihil convenisset, vendidit, aut ante, quam dies venditionis veniret pecunia non soluta, id fecit, furti se obligat.

Javolen, Aus Cassius Buch 15, Titel: Über Diebstähle
Wenn der, der eine Sache zum Pfand genommen hat, sie verkauft hat, ohne daß ein Verkauf des Pfandes vereinbart worden war, oder wenn er dies getan hat, bevor, nachdem die Schuld nicht bezahlt worden war, der Verkaufstermin herangerückt ist, macht er sich wegen Diebstahls haftbar.

Iavolenus, Epistulae VI (Dig. 39, 5, 25)
Si tibi dederim rem, ut Titio meo nomine donares, et tu tuo nomine eam ei dederis, an factam eius putes?

195 Valerius Maximus, Facta et dicta memorabilia 8, 2, 4. S. a. Gellius, Noctes Atticae 16, 5, 1.

196 Zitiert bei Gellius, ebd. § 2.

197 S. Gajus, Inst. 3, 195. Im einzelnen Zoltán Végh, Art. contrectare, in: RE Suppl. 12 (1970) 162–189.

Respondit: si rem tibi dederim, ut Titio meo nomine donares, eamque tu tuo nomine ei dederis, accipientis facta non est et tu furti obligaris.

Javolen, Briefe Buch 6

Wenn ich Dir eine Sache gegeben habe, damit du sie dem Titius in meinem Namen schenkst, und du in deinem Namen sie ihm gegeben hast, meinst du, daß sie in sein Eigentum gelangt ist?

Er hat den Bescheid gegeben: wenn ich dir eine Sache gegeben habe, damit du sie dem Titius in meinem Namen schenkst, und du sie ihm in deinem Namen gegeben hast, hat der Empfänger kein Eigentum an ihr erlangt und hast du dich wegen Diebstahls haftbar gemacht.

Masurius Sabinus, Ius civile II, Tit.: De furtis (Gellius, Noctes Atticae 11, 18, 14)

Qui, cum fugitivus praeter oculos forte domini iret, obtentu togae tamquam se amiciens, ne videretur a domino, obstitisset, fur hominis iudicatus est.

Masurius Sabinus, Bürgerliches Recht Buch 2, Titel: Über Diebstähle

Jemand, der, da zufällig ein flüchtiger Sklave den Augen seines Herrn entkommen war, durch Vorhalten der Toga, als wollte er sich mit ihr umhüllen, so vor den Sklaven hingetreten war, daß der Sklave von seinem Eigentümer nicht gesehen werden konnte, ist als Dieb des Sklaven verurteilt worden.

Paulus, Ad Plautium VII, Tit.: De furtis (Dig. 47, 2, 67 § 4)

SI TU TITIUM MIHI COMMENDAVERIS QUASI IDONEUM, CUI CREDEREM, ET EGO IN TITIUM INQUISIVI, DEINDE TU ALIUM ADDUCAS QUASI TITIUM, FURTUM FACIES QUIA TITIUM ESSE HUNC CREDO. Scilicet si et ille qui adducitur scit. Quod si nesciat, non faciet furtum, nec hic qui adduxit opem tulisse potest videri, cum furtum factum non sit. Sed dabitur actio in factum in eum qui adduxit.

Paulus, Plautiuskommentar Buch 7, Titel: Über Diebstähle

WENN DU MIR TITIUS ALS ZAHLUNGSKRÄFTIG EMPFOHLEN HAST, DAMIT ICH IHM GELD LEIHE, UND ICH ÜBER TITIUS NACHFORSCHUNGEN ANGESTELLT HABE, DU DARAUFHIN EINEN ANDEREN ZU MIR FÜHRST UND ALS DEN TITIUS AUSGIBST, BEGEHST DU DIEBSTAHL, WEIL ICH GLAUBE, DIES SEI TITIUS. Sofern auch jener, der zu mir gebracht wird, eingeweiht ist. Ist er es dagegen nicht, so begeht er keinen Diebstahl, und auch bei dem, der ihn angebracht hat, kann man nicht sagen, er habe tätig beigetragen, da ein Diebstahl nicht begangen worden ist. Aber gegen den, der ihn angebracht hat, wird eine auf das Geschehene abstellende (besondere) Klage gegeben werden.

Ulpianus, Ad edictum praetoris XXXVII, Tit.: De furtis (Dig. 47, 2, 52 § 20)

Si quis asinum meum coegisset et in equas suas τῆς γονῆς dumtaxat χάριν admisisset, furti non tenetur, nisi furandi quoque animum habuit.

Ulpian, Kommentar zum prätorischen Edikt Buch 27, Titel: Über Diebstähle

Wenn jemand meinen Esel zu sich getrieben hat und lediglich auf meine Stuten gelassen hat à cause de la génération, haftet er nicht wegen Diebstahls, wenn er nicht außerdem die Absicht hatte, ihn wegzunehmen.

Bei einer so weiten Ausdehnung des Tatbestands war die kapitale Sanktion für voll erwiesenen Diebstahl nicht mehr aufrechtzuerhalten. Schon früh hat sie deshalb der Prätor durch eine hohe, nämlich das Vierfache betragende Geldbuße ersetzt. Das Recht der bloßen Geldbußen wurde aber wiederum in mehrfacher Hinsicht verschärft. Einmal wurde die Buße zugunsten des Bestohlenen danach berechnet, was die Sache speziell für ihn wert war, so daß etwa, wem Quittungen gestohlen worden waren, vom Dieb nicht nur den doppelten Papierwert, sondern das Doppelte der quittierten Summen verlangen konnte[198]. Sodann wurde zu Lasten des Diebes außer Betracht gelassen, wenn der Diebstahl nicht gelungen war; das bloße Anfassen der fremden Sache genügte, so daß, wer von einem Haufen Getreide nur ein paar Körner wirklich mitgenommen hatte, in das Doppelte des ganzen Vorrats verurteilt wurde; denn in diebischer Absicht angefaßt hatte er den ganzen Haufen[199]. Drittens wurde, wenn der Dieb die gestohlene Sache behielt, der Diebstahl als in jedem Augenblick neu begangen angesehen, so daß, wenn etwa ein Jungtier gestohlen worden war, beim Dieb heranwuchs und dadurch im Zeitpunkt der Klagerhebung, und sei es auf Kosten des Diebes, wertvoller geworden war, der Wert des erwachsenen Tiers der Diebstahlsbuße zugrundezulegen war[200]. Schließlich wurde die ursprüngliche Regelung, wonach mit Entrichtung der Buße die Tat abgegolten war, der Dieb die Sache selbst also, wenn er das Geld gezahlt hatte, behalten konnte, aufgegeben und dem Bestohlenen außer der *actio furti* auf den doppelten Sachwert auch die *rei vindicatio* auf Rückerlangung der Sache selbst gegeben; und weil die *rei vindicatio* für den Kläger die Schwierigkeit mit sich brachte, daß er sein Eigentum beweisen mußte, erleichterte man dem Bestohlenen seine Stellung im Prozeß, indem man ihm für diesen Fall ausnahmsweise zugestand, statt der *rei vindicatio* die *condictio* zu erheben, der Hauptfall einer Eingriffskondiktion im römischen Recht: *condictio ex causa furtiva* (Kondiktion auf Grund eines Diebstahls)[201]. Die *actio furti* auf den doppelten bzw. vierfachen Sachwert hatte damit nur noch Straffunktion, die Entschädigungsfunktion hatte die mit ihr zu kumulierende *condictio ex causa furtiva* an sich gezogen.

---

198 S. Ulpian Dig. 47, 2, 27 pr. – § 2 u. Paulus Dig. 47, 2, 32 pr.

199 So jedenfalls die spätrepublikanischen Juristen Ofilius und Trebaz, was Ulpian allerdings ablehnt: Dig. 47, 2, 21 pr.

200 S. etwa Celsus, Dig. 47, 2, 68 § 2.

201 S. Gajus, Inst. 4, 4.

c) Die Herausbildung der Kriminalstrafen. Stellionat

All diese in bewußter Benachteiligung des Delinquenten *(odio furis)* durchgedrungenen Verschärfungen und noch einige mehr änderten aber nichts daran, daß die für Diebstahl zu gewärtigende Strafe i.d.R. glimpflich war, ja, manche Täter gar nicht zu schrecken vermochte. Wer kein Vermögen hat, der Besitzlose, und diese Schicht pflegt die meisten Diebe zu stellen, braucht die Verhängung einer Geldbuße nicht zu fürchten. Zwar war sie nicht die einzige Folge einer Verurteilung wegen Diebstahls, sondern außerdem traf den Verurteilten eine Ehrenstrafe: er war *infamis* (verrufen), wodurch er z.B. keine Prozeßvertretung für andere mehr übernehmen konnte; aber auch das wird dem Wohlbefinden eines römischen Habenichts keinen Abbruch getan haben. Hier zeigt sich, daß das Privatstrafensystem nur unter Besitzenden funktioniert; gegenüber völlig Mittellosen ist damit nichts auszurichten. Zwar gab es in Rom seit je *proletarii*, doch scheint das in älterer Zeit jedenfalls nicht die große Masse des Volkes gewesen zu sein. Sie fristeten ihr Dasein durch Lohnarbeit oder begaben sich in ein Klientelverhältnis, und gegenüber den eigenen Lohnarbeitern und Klienten war die *actio furti* ohnehin ausgeschlossen[202]; ihre Stelle ersetzte die Zuchtgewalt des Arbeitgebers bzw. Patrons[203]. Erst die Kaiserzeit brachte eine immer größer werdende Schicht von Getreidespendenempfängern ohne Arbeitgeber und ohne Patron, der also auch mit jener Zuchtgewalt nicht beizukommen war. Folgerichtig entwickelt sich, von den Juristen erst spät wahrgenommen, neben der ordentlichen Diebstahlsverfolgung vor dem Prätor eine außerordentliche Diebstahlsverfolgung vor außerordentlichen Magistraten wie Stadtpräfekt, Präfekt der Feuerwache usw., die gegen ihnen vorgeführte Diebe nach Ermessen Sanktionen verhängten; meist ließen sie sie auspeitschen. Der Bestohlene konnte wählen, ob er den Dieb vor den Prätor oder vor einen außerordentlichen Magistrat bringen wollte[204]. Zweitens aber bildet sich nun, nicht als Alternative, sondern zusätzlich zur ordentlichen Diebstahlsverfolgung eine außerordentliche öffentliche Bestrafung besonders gefährlicher, das öffentliche Interesse besonders berührender Begehungsweisen heraus. Die dafür vorgesehenen Strafen reichen von zeitiger Verbannung bis zur Todesstrafe[205]. So ist für schweren Viehdiebstahl Tod durch das

[202] S. Dig. 47, 2, 90.

[203] S. Marcian Dig. 48, 19, 11 § 1.

[204] S. Julian Dig. 47, 2, 57 § 1; Pomponius Dig. 12, 4, 15; u. Macer Dig. 48, 19, 10 § 2.

[205] Ulpian Dig. 47, 17, 1 u. 47, 18, 1 §§ 1 u. 2.

Schwert, lebenslängliche oder zeitige Zwangsarbeit im Bergwerk vorgesehen; die Viehhaltung war offenbar ein staatswichtiger Wirtschaftszweig, der durch das Abschlachten ganzer Herden von Großvieh empfindlich gestört wurde. Für nächtlichen Diebstahl und Diebstahl in öffentlichen Bädern war zeitige Zwangsarbeit oder eine mildere peinliche Strafe zu gewärtigen. Bewaffneter Diebstahl wurde mit lebenslänglicher Bergwerksstrafe geahndet, Angehörige der Oberschicht wurden verbannt; dasselbe galt für Einbruchsdiebstahl. Auf Plünderung, Beutelschneiderei und Einschleichdiebstahl schließlich stand lebenslängliche oder zeitige Zwangsarbeit, für die Angehörigen der höheren Stände zeitweilige Aufenthaltsbeschränkungen bis zur Verbannung. Schließlich entwickelte die außerordentliche Beamtenrechtsprechung der späten Kaiserzeit noch ein dem Diebstahl nahestehendes außerordentliches Delikt, den Stellionat[206] (von *stellio*, eigentlich ‚Skorpion', übertragen ‚ränkevolle Person'), der vom erweiterten *furtum*-Begriff nicht erfaßte Betrugsarten pönalisiert. Die Strafe reichte für Angehörige der Oberschicht bis zur Verbannung, für das Volk bis zu lebenslänglicher Bergwerksarbeit.

4. Persönlichkeitsverletzung

SULEIKA. Volk und Knecht und Überwinder
Sie gestehn, zu jeder Zeit:
Höchstes Glück der Erdenkinder
Sei nur die Persönlichkeit.

HATEM. Kann wohl sein! so wird gemeinet;
Doch ich bin auf andrer Spur:
Alles Erdenglück vereinet
Find ich in Suleika nur.

Der Schutz der Einzelnen vor immateriellen Beeinträchtigungen ist im Zeitalter abnehmender Eigeninitiative der Massen und zunehmender allgemeiner Langeweile wieder aktuell geworden, da die Versuchung besteht, die Massen auf Kosten der privaten Sphäre Einzelner zu unterhalten. Die Rechtsprechung hilft mit dem sog. allgemeinen Persönlichkeitsrecht, das sie zu den sonstigen Rechten des § 823 Abs. 1 BGB zählt und dessen Verletzung also dem Opfer einen Schadensersatzanspruch einbringt, der auch für immaterielle Schäden Genugtuung in Geld umfasse. Das „allgemeine Persönlichkeitsrecht"

---

[206] Dig. 47, 20.

genauer abzugrenzen, ist bisher allerdings nicht gelungen und ist auch nicht möglich. Man begnügt sich mit der Herausbildung von Fallgruppen wie: Ausnutzung von der Öffentlichkeit bekannten Persönlichkeiten zu Zwecken der Werbung ohne ihre Einwilligung, Verletzung der Intimsphäre durch die Massenmedien, Gebrauch unfairer Mittel in Berichterstattung und Meinungskampf. Dieser sog. Persönlichkeitsschutz wird gestützt auf die Eingangsartikel des deutschen Grundgesetzes, dessen Art. 1 Abs. 1 bekanntlich lautet: „Die Würde des Menschen ist unantastbar. Sie zu achten und zu schützen ist Verpflichtung aller staatlichen Gewalt", und dessen Art. 2 Abs. 1 beginnt: „Jeder hat das Recht auf die freie Entfaltung seiner Persönlichkeit". Mit dieser hochfliegenden Begründung lassen sich entsprechend hohe Summen erstreiten; 10000 und 20000 Mark sind keine Seltenheit, während die bei unmittelbarer Anwendung von § 847 BGB zu gewinnenden Schmerzensgelder selbst bei schwerer körperlicher Verunstaltung noch immer weit darunter liegen. Der Genugtuungsanspruch für Persönlichkeitsverletzung wurde eben entwickelt in einer Zeit des Wohlstands jedenfalls der an solchem Streit Beteiligten, während der Schmerzensgeldanspruch wegen Körperverletzungen aus einer Zeit verbreiteten Gütermangels jedenfalls der an Körperverletzungen Beteiligten stammt. Gegenüber materiellen Leistungen zur Wiedergutmachung immaterieller Schäden hielt sich das BGB überhaupt zurück, wie in § 253 zum Ausdruck gekommen ist. Die Väter des BGB haben im Anschluß an die deutsche Rechtswissenschaft des 19. Jhs. einen so weit gehenden Schutz der Ehre und der Privatsphäre bewußt abgelehnt. Nur gegen materielle Folgen von Ehrverletzungen sorgten sie durch § 824 vor. Unser heutiger sog. Persönlichkeitsschutz, insbesondere der privatrechtliche Ehrenschutz ist aber keine Erfindung erst der neusten Zeit; vielmehr begegnet er in den früheren Epochen der deutschen und europäischen Rechtsgeschichte ununterbrochen. Ausgangspunkt war die *actio iniuriarum* des klassischen römischen Rechts, als deren Wiederkehr sich der heutige Persönlichkeitsschutz darstellt.

a) Die Tatbestände der Zwölf Tafeln

Am Anfang des römischen Persönlichkeitsschutzes steht der Schutz schlicht der Person gegen Beeinträchtigung ihrer körperlichen Integrität. Die *Lex Aquilia* ahndete an Freien verübte Körperverletzungen ja nicht, sondern schützte jedenfalls ursprünglich nur Sachen einschließlich Sklaven. Aus den Zwölf Tafeln aber kennen wir drei Bestimmungen zum Schutze der Person gegen Körperverletzungen, die zum Teil aus älteren Rechtsschichten überkommen sind, so daß die Zwölf Tafeln hier die Entwicklung der Privatstrafe überhaupt spiegeln. Gleich die erste Bestimmung wurde von den Zwölf Tafeln aus älterem Normenbestand übernommen. Sie lautet (8,2): *Si membrum rupsit, ni cum eo pacit, talio esto* (Wenn jemand ein Körperglied zerrissen haben wird, soll, wenn er [der Täter] sich mit ihm [dem Opfer] nicht vergleicht, Wiedervergeltung sein). Die Bestimmung betrifft Körperverletzungen, die zu Verstümmelungen führen, Körperverletzungen mit bleibenden schweren Folgen; der Tatbestand entspricht etwa unserem § 224 StGB. Das hohe Alter der Bestimmung ist aus der Sanktion zu schließen: *talio* (von *talis* ‚ebenso beschaffen'), was im Deutschen nur durch das Fremdwort ‚Talion' wiederzugeben ist, ein eingebürgertes deutsches Wort haben wir nicht; Wiedervergeltung sagt Kant. Der Täter soll das gleiche Übel erleiden, das er seinem Opfer zugefügt hat, wie im Gesetz Moses (2. Moses 21, 23–25). Dabei obliegt die Vollstreckung dem Opfer selbst bzw. seiner Sippe, nicht einem staatlichen Organ. Die Vergeltung von Gleichem mit Gleichem war ursprünglich nicht etwa eine besonders harte Rechtsfolge, sondern im Gegenteil Schranke gegen unmäßige Vergeltungsmaßnahmen bei der Privatrache, die stets ins Uferlose sich auszuweiten droht. Doch steht schon diese Bestimmung der Zwölf Tafeln nicht mehr auf der urtümlichen Entwicklungsstufe des mosaischen Gesetzes, sondern zeigt bereits den Übergang zur nächsten Stufe an. *Ni cum eo pacit* heißt es, womit einem Sühnevergleich der Vorrang eingeräumt ist. Was der Täter als Sühneleistung höchstens zu entrichten hat, das Opfer fordern kann, darüber sagt das Gesetz nichts; die Höhe der Sühneleistung war hier noch der freien Einigung der Parteien überlassen, beide Teile mußten zustimmen. Ob also das Vergeltungsrecht tatsächlich (durch Geld oder andere Vermögensleistungen) abgelöst wurde, blieb offen. Kam kein Vergleich zustande, so bewendete es beim Vergeltungsrecht.

Bei der zweiten Zwölftafelbestimmung ist dies schon anders (8,3): *Manu fustive si os fregit libero, CCC; si servo, CL poenas sunto* (Wenn jemand mit der Hand oder einem Knüttel einem Freien einen Knochen gebrochen hat, soll eine Buße von 300 [Pfund Kupfer]; wenn einem Sklaven, von 150 sein). Es wird sich hier nur um solche Verwundungen handeln, die keine dauernde Entstellung hinterlassen, wiederverheilende Knochenbrüche. Für solche Körperverletzungen setzt das Gesetz fest, wie hoch die Sühneleistung sein soll. Natürlich können sich die Parteien auch auf jede andere Summe einigen, nur können sie nicht einen Sühnevergleich überhaupt ablehnen. Hier gibt es kein Wiedervergeltungsrecht mehr. Die Ablösung der Privatrache wird nicht mehr lediglich befördert, sondern zwingend vorgeschrieben; der Verletzte bzw. seine Sippe dürfen nicht zur Privatfehde schreiten. Wenn der Täter die vorgeschriebene Sühneleistung nicht freiwillig erbringt, kann der Verletzte ihn beim Prätor darauf verklagen. 300 bzw. 150 Pfund (à 327 Gramm) Kupfer waren für die Zeit um 450 v. Chr. eine beträchtliche Summe; doch ist zu berücksichtigen, daß mit ihrer Entrichtung Verdienstausfall, Pflegekosten (vgl. 2. Moses 21, 19), kurz: alles abgegolten war. Bemerkenswert an dieser Bestimmung ist übrigens, daß Sklaven hier, im Gegensatz zur jüngeren *Lex Aquilia*, nicht grundsätzlich anders als Freie behandelt werden, noch nicht rigoros dem Sacheigentum gleichgestellt sind.

Die dritte Zwölftafelbestimmung über Körperverletzungen (8,4) lautet kurz: *Si iniuriam alteri faxit, XXV poenas sunto* (Wenn er einem anderen eine Widerrechtlichkeit zugefügt haben wird, soll eine Buße von 25 sein). Die Tatumschreibung *iniuriam facere* (eine Widerrechtlichkeit zufügen) kommt uns heute sehr ungenau und allgemein vor; doch scheint sie ursprünglich prägnant zu verstehen gewesen zu sein, nur widerrechtliche Gewalthandlungen gegen andere Personen *(alteri)* gemeint zu haben; die Bestimmung erfaßte danach Körperverletzungen aller Art und wohl auch (schwere) Beeinträchtigungen der Bewegungsfreiheit.

Noch eine vierte Bestimmung der Zwölf Tafeln ist in diesem Zusammenhang zu nennen, auch wenn sie ursprünglich in den Bereich des Kriminalstrafrechts hinübergriff. Sie richtete sich gegen das Reimen zum Schaden anderer Personen: *Qui malum carmen incantassit aut si occentassit*, ... (Wer einen schadenbringenden Zauberspruch hergesagt oder wenn jemand ein Schmählied öffentlich angestimmt hat, ...: 8, 1), und sah Todesstrafe vor. In archaischen, schriftlosen Rechtsgemeinschaften vollzieht sich der Nachrichtenaustausch mündlich, wobei gereimte Mitteilungen naheliegenderweise eine besonders große Verbreitungschance haben. Alle alten Dichtungen, die Epen, sind in Versen abgefaßt: Sie wurden mündlich durch fahrende Sänger überliefert. Diese durchschlagende Wirkung des Reimes konnte aber auch zum Schaden einzelner Rechtsgenossen eingesetzt werden. Verse konnten Furcht verbreiten; man schrieb ihnen magische Kraft zu, deren Folgen nicht abzusehen waren. So ist die für uns unverständlich hohe Kapitalstrafe zu erklären.

b) Die prätorische Neuregelung und ihre klassische Handhabung[207]

Die Regelung der Zwölf Tafeln galt verhältnismäßig lange. Nach und nach wurden offenbar unvorsätzliche Taten, insbesondere unvorsätzliche schwere Körperverletzung und unvorsätzlicher Knochenbruch einbezogen, sofern sie nur unmittelbar verursacht waren. Dabei mußten die festen Sühnebeträge aber weniger und weniger befriedigen. Vollends unzureichend wurden sie, seitdem das As immer mehr an Wert verlor; am Ende der Republik war es nur mehr eine kleine Kupfermünze.

Labeo, Ad XII tabulas (Gellius, Noctes Atticae 20, 1, 13)
Lucius Veratius fuit egregie homo improbus atque immani vecordia. Is pro delectamento habebat os hominis liberi manus suae palma verberare. Eum servus sequebatur ferens cruminam plenam assium. Ut quemque depalmaverat, numerari statim secundum XII tabulas XXV asses iubebat. Propterea praetores postea hanc abolescere et relinqui censuerunt iniuriisque aestumandis recuperatores se daturos edixerunt.

Labeo, Zwölftafelkommentar
Lucius Veratius war ein besonders boshafter und völlig verrückter Mensch. Der machte sich einen Spaß daraus, freien Männern mit der flachen Hand ins Gesicht zu schlagen. Ein Sklave folgte ihm, der einen mit Assen gefüllten Geldbeutel (am Hals) trug. Sobald er jemandem eine Ohrfeige verabreicht hatte, befahl er, dem Betroffenen sofort gemäß den Zwölf Tafeln 25 As auszubezahlen. Deshalb hielten es die Prätoren später für richtig, von dieser Buße abzugehen, und verordneten in ihrem Edikt, daß sie zur Bewertung von Widerrechtlichkeiten eine Geschworenenbank einsetzen würden.

Irgendwann gegen Ende der Republik stellte der Prätor also die Sanktion für einfache *iniuria* um. Und im Laufe der Zeit kamen weitere Umstellungen und prätorische Neuschöpfungen hinzu. Insbesondere ließ sich die Kapitalstrafe für Spruchmagie im aufgeklärten 2. Jh. v. Chr. nicht mehr aufrechterhalten, weshalb der Prätor das *convicium* gänzlich neu regelte, sich auch hier bei der Sanktion in keiner Weise festlegend; doch war ausgemacht, daß es sich nur noch um eine Privatstrafe, eine Geldbuße handeln würde, ebenso wie bei den anderen Tatbeständen. Das Schmählied wird der erste mit einer Privatstrafe geahndete Angriff auf eine Person ohne Gewalthandlung, dem freilich ein gesetzlicher Kapitalstraftatbestand vorausging. Bei den nächsten prätorischen Sondertatbeständen fehlt auch das. Und am Ende der prätorischen Neuregelung der *iniuria* steht eine Generalklausel, die an jedes In-Verruf-Bringen schlechthin eine Privatstrafe

---

[207] Zum Folgenden Fritz Raber, Grundlagen klassischer Injurienansprüche (Köln 1969) mit reicher Kasuistik.

knüpft, Körperverletzung und gewaltlose *iniuria* zusammenfaßt, ohne bestimmte Tathandlungen abzugrenzen:

Edictum perpetuum praetoris urbani, Tit. XXXV: De iniuriis

1. Formula generalis edicti

Gaius Seius Lucius Titius Publius Sempronius recuperatores sunto.
Quod Aulo Agerio pugno mala percussa est, qua de re agitur,
quantam pecuniam recuperatoribus bonum aequum videbitur ob eam rem Numerium Negidium Aulo Agerio condemnari, tantam pecuniam dumtaxat IIS ..., si non plus quam annus est, cum de ea re experiundi potestas fuit, recuperatores, Numerium Negidium Aulo Agerio condemnate.
Si non paret, absolvite.

2. Edcitum De convicio

Qui adversus bonos mores convicium cui fecisse cuiusve opera factum esse dicetur, quo adversus bonos mores convicium fieret, in eum iudicium dabo.

3. Edictum De adtemptata pudicitia

Qui matrifamilias aut praetextato praetextataeve comitem abduxisse quive eum eamve adversus bonos mores appellasse adsectatusve esse dicetur, in eum iudicium dabo.

4. Edictum Ne quid infamandi causa fiat

Ne quid infamandi causa fiat. Si quis adversus ea fecerit, prout quaeque res erit, animadvertam.

Ständiges Edikt des Stadtprätors, Tit. 35: Über Injurien

1. Formular des allgemeinen Edikts

Gajus Sejus, Lucius Titius und Publius Sempronius sollen Geschworenenrichter sein.
Was das anbetrifft, daß der Kläger eine Ohrfeige bekommen hat, um welche Angelegenheit es (hier) geht,
in wieviel Geld es die Geschworenen recht und billig dünken wird, daß der Beklagte dem Kläger wegen dieser Sache verurteilt wird, in so viel Geld bis zu ... Sesterzen, sofern nicht mehr als ein Jahr vergangen ist, daß Gelegenheit war, dessentwegen zu klagen, sollt ihr, Geschworene, den Beklagten dem Kläger verurteilen.
Wenn es sich nicht erweist, sollt ihr freisprechen.

2. Das Edikt Über Spottverse

Wer beschuldigt werden wird, gegen die guten Sitten über jemanden Spottverse angestimmt zu haben, oder daß es durch sein Werk geschehen sei, daß wider die guten Sitten Spottverse angestimmt worden sind, gegen den werde ich ein Gericht einsetzen.

3. Das Edikt Über den Angriff auf die Sittsamkeit

Wer beschuldigt werden wird, einer ehrbaren Frau oder einem Jugendlichen oder einer Jugendlichen den Begleiter weggeführt zu haben oder ihn oder sie gegen die guten Sitten angesprochen oder verfolgt zu haben, gegen den werde ich ein Gericht einsetzen.

4. Das Edikt Es soll nicht etwas getan werden, was einen andern in Verruf bringt
Es soll nicht etwas getan werden, was einen andern in Verruf bringt. Wenn jemand hiergegen verstoßen haben wird, werde ich je nach dem, wie sich die Sache darstellt, dagegen einschreiten.

Damit war der Rechtsentwicklung freier Lauf gelassen; auf eine genaue vorherige Beschreibung der Voraussetzungen für eine Privatstrafe wegen *iniuria* haben die rechtssetzenden Organe des römischen Staats verzichtet und die Konkretisierung der Gerichtspraxis überlassen. Und diese dehnte den Anwendungsbereich des Injurienedikts weiter und weiter aus. Bei der großen Macht der öffentlichen Meinung in Rom bis weit hinein in die Kaiserzeit gab es unzählige Möglichkeiten, jemanden in Verruf zu bringen. Am Ende machte man sich nicht einmal mehr die Mühe, die Fälle unter die verschiedenen Sondertatbestände des Edikts zu subsumieren, sondern ließ auch die gewaltlosen Injurien, also vor allen die Ehrverletzungen, unter das allgemeine Edikt (Nr. 1) fallen. Zum Beispiel:

Ulpianus, Ad edictum LVII, Tit.: De iniuriis (Dig. 47, 10, 13 § 7)
Si quis me prohibeat in mari piscari vel everriculum ducere, an iniuriarum iudicio possim eum convenire? Sunt qui putent iniuriarum me posse agere. Et ita Pomponius. Esse huic similem eum, qui in publicum lavare vel in cavea publica sedere vel in quo alio loco agere sedere conversari non patiatur, aut si quis re mea uti me non permittat; nam et hic iniuriarum conveniri potest. ... Si quem tamen ante aedes meas vel ante praetorium meum piscari prohibeam, quid dicendum est? Me iniuriarum iudicio teneri an non? Et quidem mare commune omnium est et litora, sicuti aer, et est saepissime rescriptum non posse quem piscari prohiberi; sed nec aucupari, nisi quod ingredi quis agrum alienum prohiberi potest. Usurpatum tamen et hoc est, tametsi nullo iure, ut quis prohiberi possit ante aedes meas vel praetorium meum piscari. Quare si quis prohibeatur, adhuc iniuriarum agi potest. In lacu tamen, qui mei dominii est, utique piscari aliquem prohibere possum.

Ulpian, Ediktkommentar Buch 57, Titel: Über Injurien
Wenn mich jemand hindert, im Meer zu fischen oder ein Netz auszulegen, kann ich ihn dann mit der Injurienklage belangen? Einige meinen, ich könne mit der Injurienklage klagen. Und dieser Ansicht ist auch Pomponius. Diesem sei vergleichbar der, der es nicht zuläßt, an einem öffentlichen Brunnen zu waschen oder auf einem öffentlichen Zuschauersitz zu sitzen oder irgendwoanders zu verweilen, zu sitzen oder sich zu unterhalten, oder wenn jemand es nicht zuläßt, daß ich meine eigene Sache benutze. Denn auch der kann mit der Injurienklage belangt werden. ... Indessen wenn ich jemanden vor meinem Haus oder meiner Villa zu fischen hindere, was gilt dann? Hafte ich mit der Injurienklage oder nicht? Und allerdings sind das Meer und die Küste Gemeingut aller, ebenso wie die Luft, und immer wieder ist reskribiert worden, daß

man am Fischen nicht gehindert werden kann, aber auch nicht am Vogelfang, außer daß man gehindert werden kann, ein fremdes Grundstück zu betreten. Dennoch haben sich manche auch dies angemaßt, wiewohl ohne jedes Recht, daß man gehindert werden könne, vor meinem Haus oder meiner Villa zu fischen. Sonach kann, wenn jemand gehindert würde, noch immer wegen Injurien geklagt werden. In einem See indessen, der mein Eigentum ist, kann ich jeden am Fischen hindern.

Ulpianus, Ad edictum XXV, Tit.: De religiosis et sumptibus funerum (Dig. 11, 7, 8 pr.)

Ossa quae ab alio illata sunt vel corpus an liceat domino loci effodere vel eruere sine decreto pontificum, quaestionis est. Et ait Labeo expectandum permissum pontificale, alioquin iniuriarum fore actionem adversus eum qui eiecit.

Ulpian, Ediktkommentar Buch 25, Titel: Über der Bestattung geweihte Sachen und Bestattungsaufwand.

Ob dem Grundstückseigentümer erlaubt ist, Gebeine, die von einem anderen bestattet worden sind, oder einen Leichnam ohne Entscheidung der Pontifices (die zuständige Priesterschaft) auszugraben oder sonst an sich zu bringen, ist fraglich. Und Labeo sagt, es müsse die Erlaubnis der Pontifices abgewartet werden, andernfalls gegen den, der die Sachen herausgeholt hat, die Injurienklage statthaben werde.

Gaius, Ad edictum provinciale XXII, Tit.: De iniuriis (Dig, 47, 10, 19)

Si creditor meus, cui paratus sum solvere, in iniuriam meam fideiussores meos interpellaverit, iniuriarum tenetur.

Gajus, Kommentar zum Provinzialedikt Buch 22, Titel: Über Injurien

Wenn mein Gläubiger, dem ich bereit bin zu zahlen, mir zum Tort meine Bürgen mahnt, haftet er mit der Injurienklage.

Ulpianus, Ad Edictum LVII, Tit.: De iniuriis (Dig. 47, 10, 15 §§ 27 und 29)

Qui ad invidiam alicuius veste lugubri utitur aut squalida, aut si barbam demittat vel capillos submittat, ad infamiam alterius hoc factum esse dicendum est. Si quis libello dato vel principi vel alicui famam alienam insectatus fuerit, iniuriarum erit agendum Papinianus ait.

Ulpian, Ediktkommentar Buch 57, Titel: Über Injurien

Wer, um einen anderen unbeliebt zu machen, Trauerkleidung trägt, seine Kleidung vernachlässigt, seinem Bartwuchs freien Lauf läßt oder seine Haare nicht pflegt, von dem ist zu sagen, daß er dies tut, um den andern in Verruf zu bringen (so daß er mit der Injurienklage belangt werden kann). Wenn jemand durch Überreichung einer Bittschrift an den Kaiser oder an sonst jemanden den Ruf eines anderen angegriffen hat, dann wird wegen Injurien zu klagen sein sagt Papinian.

Ulpianus, Ad Sabinum XXXXI, Tit.: De furtis (Dig. 9, 2, 41 pr. a. E.)

Si quis tabulas testamenti apud se depositas pluribus praesentibus legerit, iniuriarum agi potest, si iniuriae faciendae causa secreta iudiciorum publicavit.

Ulpian, Sabinuskommentar Buch 41, Titel: Über Diebstähle
Wenn jemand ein bei ihm hinterlegtes Testament in Anwesenheit anderer verliest, kann wegen Injurien geklagt werden, wenn er das Geheimnis des letzten Willens preisgegeben hat, um Schimpf zuzufügen.

c) *Außerordentliche Bestrafung schwerer Fälle*

Ähnlich wie beim Diebstahl erweist sich die Ahndung von Injurien nur durch Privatstrafen bei Vermögenslosen und auf ihre Ehre wenig Gebenden, möglicherweise bereits infamen Tätern als wirkungslos. So bürgert sich auch hier im Lauf der Kaiserzeit jedenfalls bei schweren Injurien die Möglichkeit peinlicher Bestrafung ein:

Ulpianus, De omnibus tribunalibus III (Dig. 47, 10, 35)
Si quis iniuriam atrocem fecerit, qui contemnere iniuriarum iudicium possit ob infamiam suam et egestatem, praetor acriter exequi hanc rem debet et eos, qui iniuriam fecerunt, coercere.

Ulpian, Über allerlei Gerichtshöfe Buch 3.
Wenn jemand eine schwere Injurie begangen hat, den die Injurienklage wegen bereits erlittener Ehrenstrafen und Vermögenslosigkeit gleichgültig lassen kann, muß der Prätor diese Sache empfindlich ahnden und die, die eine Injurie begangen haben, züchtigen.

In nachklassischer Zeit löst sich dann die peinliche Ahndung schwerer Injurien von diesen engen Voraussetzungen und nimmt überhand, bis sie um 300 n. Chr. die regelmäßig verhängte Strafe wird[208]. Justinian schließlich, der fast nur die Privatstrafe kennende Klassikertexte mit überwiegend peinlich strafender Praxis zu harmonisieren hatte, löst diesen Widerspruch verbal, indem er in seinem Anfängerlehrbuch (Inst. 4, 4 § 10) verordnet: *In summa sciendum est de omni iniuria eum qui passus est posse vel criminaliter agere vel civiliter* (Abschließend ist bei jeder Injurie zu beachten, daß der, dem sie zugefügt worden ist, entweder kriminalstrafrechtlich oder privatstrafrechtlich klagen kann).

d) *Die Entwicklung eines überpositiven allgemeinen Persönlichkeitsrechts in der Neuzeit*[209]

Bei der Verfolgung des Rechts der Persönlichkeitsverletzung in der Neuzeit sind zwei Gleise gleichzeitig im Auge zu behalten: die Gerichtspraxis, die die klassische *actio iniuriarum* im ganzen unver-

[208] S. Paulussentenzen 5, 4, 4; 5; 8; 14; u. 17; 5, 35, 3; Hermogenian Dig. 47, 10, 45; u. Lex rom. Burg. 5, 1.

[209] Dazu im einzelnen Manfred Herrmann, Der Schutz der Persönlichkeit in der Rechtslehre des 16. bis 18. Jhs. (Stuttgart 1968); u. Dieter Leuze, Die Entwicklung des Persönlichkeitsrechts im 19. Jh. (Bielefeld 1962).

ändert weiter anwendet; und die juristische Dogmatik nebst Rechtsphilosophie. Die Religionskriege zu Beginn der Neuzeit brachten den Juristen die Erfahrung, daß der Staat mit Verbrechern gemeinsame Sache machen; die Rechtsordnung korrumpiert, ihrer Glaubwürdigkeit beraubt werden kann. Überpositiven, d.h. den positiven Rechtsordnungen vorgegebene, natürliche, angeborene Rechte der Menschen werden herausgearbeitet. Hugo Donellus, französischer Emigrant in Deutschland, entwickelt aus Ansätzen in den römischen Rechtsbüchern den Gedanken des subjektiven Rechts in aller Deutlichkeit: des Rechts als Befugnis des Einzelnen, das dem Recht i.S.v. Rechtsordnung, objektives Recht gegenübersteht. Zugleich bringt er die subjektiven Rechte der Einzelnen in ein System. Dabei unterscheidet er zwischen Rechten an der eigenen Person und Rechten an Sachen außerhalb der eigenen Person. Auch die Rechte an der eigenen Person sind gegen Verletzungen durch andere geschützt. Sie sind verletzt, wenn dasjenige beeinträchtigt wird, was Gott dem Menschen zu eigen gegeben hat: körperliche Unversehrtheit, Freiheit und Wertschätzung (vgl. § 823 Abs. 1 BGB: „... das Leben, den Körper, die Gesundheit, die Freiheit ... verletzt"). Der positive Rechtsbehelf gegen derartige Verletzungen ist aber immer noch die römische *actio iniuriarum*, deren verwirrende Kasuistik in den justinianischen Rechtsbüchern Donellus nun nach seinem System zu ordnen unternimmt. Der Gedanke des subjektiven Rechts wird dann vertieft durch Althusius, Grotius, Pufendorf, Christian Thomasius, der die angeborenen den erworbenen Rechten *(jus connatum – acquisitum)* gegenüberstellt, und Christian Wolff, der, das positive Recht vollends hinter sich lassend, die angeborenen oder Persönlichkeitsrechte stark vermehrt. Unter dem Oberbegriff eines Rechts auf die eigene Vervollkommnung des Menschen findet sich da ein Recht am eigenen Leben, Körper, den Gliedern, an Ruf, Ehre, Wertschätzung; ein Recht auf Speise, Trank, Arznei, Kleidung, Gebrauch der Organe, und auf alles was das Leben bequem und angenehm macht.

Solche Übertreibungen mußten das ganze Naturrecht bei der Praxis diskreditieren, und der Umschlag in der Rechtsdogmatik ließ nicht lange auf sich warten. Savigny, das Haupt der historischen Rechtsschule, wertete die Rechtsmacht des Einzelnen und damit das subjektive Recht auf, indem er in ihm die Bedingung und wesentlichstes Element der Freiheit des Menschen erblickte. Jedoch lehnte er ein Recht auf Leben, körperliche Unversehrtheit usw. ab, ohne die besondere Schutzbedürftigkeit des Menschen grade in diesen Beziehungen zu bestreiten. Nur liege das nicht auf derselben Ebene wie z.B.

das Eigentumsrecht; vielmehr werde dieser Schutz durch besondere Institute gewährleistet, die auch außerhalb des Zivilrechts lokalisiert sein können, etwa im Kriminalstrafrecht. Den privatstrafrechtlichen Ehrenschutz durch die *actio iniuriarum* behielt er also bei, wenngleich der Anwendungsbereich dieser Klage auf Ehrverletzungen eingeschränkt wurde, wie denn überhaupt das frühe 19. Jh. der Berücksichtigung immaterieller Interessen im Obligationenrecht zurückhaltend gegenüberstand. Endgültig abgebaut wurde die *actio iniuriarum* aber erst im weiteren Verlauf des 19. Jhs. durch die Entwicklung im Kriminalstrafrecht. Dieses übernahm den Ehrenschutz immer vollständiger, wobei es gleichzeitig seine dogmatische Erfassung wesentlich förderte. Im Strafrecht nämlich vollzog sich im Lauf des 19. Jhs. der Übergang vom Denken in subjektiven Rechten zum Denken in geschützten Rechtsgütern, darunter die Ehre[210]. Und dies wirkte auf die Zivilrechtsdogmatik zurück, der somit als Grundlage von Schadensersatzansprüchen nicht mehr nur subjektive Rechte zur Verfügung stehen, deren Überstrapazierung Savigny mit Recht gegeißelt hatte, sondern daneben der Begriff des Rechtsguts, dessen Schutz die Rechtsordnung in mannigfacher Weise regeln kann: kriminalstrafrechtlich, schadensersatzrechtlich oder auch privatstrafrechtlich. Zunächst allerdings zog das Kriminalstrafrecht den Ehrenschutz vollständig an sich: Die §§ 185 ff. des deutschen StGB von 1870/71 sehen einen umfassenden strafrechtlichen Ehrenschutz vor; und die §§ 2 EGStGB: „Mit diesem Tage (1. Jan. 1871 bzw. 72) tritt das Reichs- und Landesstrafrecht, insoweit dasselbe Materien betrifft, welche Gegenstand des Strafgesetzbuchs für das Deutsche Reich sind, außer Kraft“ und 6: „Vom 1. Januar 1871 (bzw. 72) ab darf nur auf die im Strafgesetzbuch für das Deutsche Reich enthaltenen Strafarten erkannt werden“ wurden, außer in Württemberg, als Abschaffung der *actio in iniuriarum* verstanden. Speziell auf Württemberg gemünzt heißt es schließlich in § 11 Abs. 1 des Einführungsgesetzes zur StPO ausdrücklich: „Die Verfolgung von Beleidigungen und Körperverletzungen findet nur nach den Vorschriften der StPO statt“, eine in den heutigen Gesetzessammlungen, weil angeblich gegenstandslos, nicht mehr abgedruckte Vorschrift, mit der sich die heutige Rechtsprechung zum „allgemeinen Persönlichkeitsrecht“ auseinanderzusetzen gehabt hätte. 1885 versuchte Jhering noch einmal, die *actio iniuriarum* wiederzubeleben, jedoch ohne Erfolg.

---

210 Dazu Peter Sina, Die Dogmengeschichte des strafrechtlichen Begriffs Rechtsgut (Basel 1962).

Der drei Jahre später veröffentlichte Erste Entwurf zum BGB enthielt bereits eine dem heutigen § 253 entsprechende Bestimmung, und dabei blieb es. Zwar begegnen die alten, vorwolffschen Persönlichkeitsrechte in § 823 Abs. 1 als privatrechtlich geschützte Rechtsgüter: Leben, Körper, Gesundheit und Freiheit; und ist das Rechtsgut Ehre, das im Ersten Entwurf diesen Rechtsgütern noch angefügt gewesen war, nunmehr über die §§ 823 Abs. 2, 824, 825 und 1300 geschützt. Doch gilt das alles nur nach Maßgabe jener Vorschrift aus dem allgemeinen Schuldrecht. Bei unmöglicher oder unzulänglicher Wiederherstellung des ohne die Rechtsgutverletzung bestehenden Zustands gibt es Geldentschädigung nur für daraus entspringende materielle Schäden; für immaterielle Schäden kann Entschädigung in Geld nur im engen Rahmen der §§ 847 und 1300 verlangt werden, und hier sind Ehrverletzungen, Rufschädigungen, Verletzungen der Intimsphäre und dergleichen nicht aufgeführt. Dahinter steckt die Überzeugung, Ehrverletzungen usw. seien mit Geld nicht aufzuwiegen. Ein stolzer Standpunkt, den wirklich die damalige Oberschicht teilte, jedenfalls der tonangebende Teil: der Adel. Auf Ehrverletzungen reagierten Standespersonen mit Herausforderung zum Duell. Gegenüber nicht Satisfaktionsfähigen reagierte man entweder überhaupt nicht oder durch Anrufung des Strafrichters, der damals für Ehrverletzungen beträchtliche Strafen, auch längere Gefängnisstrafen auswarf. Er traf dabei hauptsächlich die bürgerliche und linke Presse[211]. Ehrverletzungen an einfachen Leuten dagegen gelangten meist gar nicht erst vor die Gerichte; wer im Lebenskampf steht, pflegt den Ehrenstandpunkt nicht zu übertreiben. Schlimmstenfalls ließ sich drohendes Aufsehen durch kleine Vermögensopfer vermeiden[212]; insoweit lebte also der alte Sühnevergleich, das Aufwiegen von Ehrverletzungen durch Geldleistungen, praeter legem fort. Der Standpunkt des BGB ist aristokratisch. Geldleistungen zu verschmähen erlaubt sich nur, wer das Nötigste hat.

Das BGB wurde darin auch von Anfang an kritisiert, und zwar nicht einmal in erster Linie von sozialistischer Seite. Der sog. Kathedersozialist Anton Menger forderte nur eine allgemeine Deflorationsklage[213], was für die Verlobte Wirklichkeit wurde; § 1300 BGB war

---

[211] Die amtliche Sammlung der Entscheidungen des Reichsgerichts in Strafsachen enthält zahlreiche Urteile zur Bestrafung wegen Beleidigung. Die Täter sind fast ausschließlich Presseleute.

[212] Vgl. etwa RGZ 62, 273.

[213] Das Bürgerliche Recht und die besitzlosen Volksklassen (Tübingen 1890) 64–69 = Nr. XXI. Zu diesem oft wunderlichen, aber auch scharf

im ersten Entwurf noch nicht enthalten. Grundsätzlicher kritisierte die Verfasser des BGB hier Otto von Gierke, der aber nur eine das ganze 19. Jh. durchziehende und in seinem letzten Drittel immer mächtiger gewordene Strömung repräsentiert, diejenigen nämlich, die Savignys bündige Verwerfung der naturrechtlich inspirierten Figur der angeborenen Rechte, die nunmehr Persönlichkeitsrechte genannt werden, nicht mitmachten: Puchta, Neuner, Regelsberger und dann vor allem die Urheberrechtler Garreis und Josef Kohler. Sie alle hielten an einem subjektiven Recht an der eigenen Person, einem Persönlichkeitsrecht fest, was z. T. mit der Rechtsfähigkeit und den Urheber- und Erfinderrechten zusammengebracht wurde, wobei sich auch eine Unterscheidung zwischen einem allgemeinen Persönlichkeitsrecht und besonderen, einzelnen Persönlichkeitsrechten anbahnte. Gierke bringt diese oft in rechtstheoretische und rechtsphilosophische Betrachtungen einmündenden Überlegungen zu einem gewissen Abschluß. Für ihn ist das „allgemeine Persönlichkeitsrecht" eine Art subjektives Urrecht, aus dem die einzelnen Persönlichkeitsrechte wie das Recht auf Leben, Freiheit und Ehre, aber auch Monopolrechte, Bannrechte und ausschließliche Aneignungsrechte sich im Lauf der geschichtlichen Entwicklung verselbständigt haben, das als Mutterrecht aber fortlebt und beständig neue besondere Persönlichkeitsrechte aus sich zu entlassen in der Lage ist. Dabei wünschte sich Gierke auch Genugtuungsleistungen in Geld für eine anders nicht oder nicht hinreichend zu ahndende Verletzung immaterieller Rechte wie des Rechts auf Ehre, oder für Tötung naher Verwandter[214].

Die Renaissance des „allgemeinen Persönlichkeitsrechts" Mitte der fünfziger Jahre trifft nicht zufällig zusammen mit einer damals zu beobachtenden allgemeinen Renaissance des Naturrechtsgedankens, wie denn der Staat damals überhaupt der katholisch-naturrechtlichen Sozialethik vielfach Raum gab. Hinzu kommt, daß mittlerweile das gute Gewissen für einen rigorosen kriminalstrafrechtlichen Ehrenschutz zusammen mit dem festgefügten Weltbild des Kaiserreichs geschwunden war, wenn das auch den Gesetzgeber nicht hinderte,

blickenden, sozial engagierten österreichischen Rechtsgelehrten Karl-Herrmann Kästner, Anton Menger (1841–1906) – Leben und Werk (Tübingen 1974); und Eckhart Müller, Anton Mengers Rechts- und Gesellschaftssystem – Ein Beitrag zur Geschichte des sozialen Gedankens im Recht (Berlin 1975).

214 Otto von Gierke, Deutsches Privatrecht III (München 1917) 972 Fußn. 68 u. 970 Fußn. 60.

einzelne Angriffe auf den höchstpersönlichen Bereich des Menschen mit neuen, strengen Sanktionen zu versehen, wie 1967 durch § 298 StGB geschehen. Die einzelnen unter dem Stichwort „allgemeines Persönlichkeitsrecht" ergangenen Gerichtsentscheidungen sind im Ergebnis meist zu billigen. Offenbar sind hohe Geldzahlungen heute das einzige durchgreifende Mittel gegen Übergriffe der Boulevardpresse. Ein selbstgezimmertes „allgemeines Persönlichkeitsrecht" dazu heranzuziehen, ist jedoch bedenklich. Die Rechtsprechung hat sich damit eine Generalklausel geschaffen, die ihr nahezu grenzenlose Freiheit bei der Verhängung von Geldbußen für öffentliche Äußerungen verschafft. Und das bedeutet eine ernste Gefahr für die Meinungsfreiheit, konstitutives Element des demokratischen Staates. Es ist sehr unbefriedigend, ja, man kann es als bedrohlich empfinden, wenn es den jeweiligen Richtern überlassen ist, zu bestimmen, welche Seriositätsanforderungen z.B. an die Enthüllung von Machtmißbräuchen zu stellen sind; durch zu hohe Anforderungen kann es praktisch unmöglich gemacht werden, Rechtsverletzungen der Mächtigen anderen auch nur zur Kenntnis zu bringen. Und ebenso ist der Richter überfordert, wenn er allein entscheiden soll, welche Werturteile man sich im politischen Meinungskampf gefallen lassen muß und welche als zur Meinungsbildung nicht mehr förderlich gelten sollen. Der hier nötige Freiraum muß gesetzlich abgesichert sein. Außerdem wäre eine Vervollständigung des Rechtsgüterkatalogs in § 823 Abs. 1 und insbesondere 847 BGB um Ehre, Ruf, Intimsphäre dem hochgegriffenen und unberechenbaren „allgemeinen Persönlichkeitsrecht" als einem weiteren „subjektiven Recht" vorzuziehen; und schließlich die unsoziale Diskrepanz zwischen Genugtuung für gewaltlose Persönlichkeitsverletzungen und Schmerzensgeld zu beseitigen[215]. Der Referentenentwurf 1967 genügt diesen Anforderungen nicht.

---

[215] S. immerhin schon OLG Karlsruhe (Freiburger Senat) NJW 1969, 1488; u. 1973, 851.

Kleiner romanistischer Apparat

Textausgaben

Digesten Justinians, Institutionen Justinians, Codex Justinianus und Novellen: Corpus iuris civilis, editio stereotypa, 3 Bde. (s. oben S. 101).

Gajus-Institutionen: Gai institutiones secundum ... iterum edidit M. David (Leiden 1964).

Paulussentenzen, Ulpianregeln, Fragmenta Vaticana, Collatio etc.: Collectio librorum iuris anteiustiniani, Bd. II u. III (Berlin 1878 u. 1890).

Inschriftlich und auf Papyrus überlieferte Gesetze und Urkunden: FIRA Bd. I (Leges) iterum edidit Salvator Riccobono (Florenz 1941) u. Bd. III (Negotia) edidit Vincenzo Arangio-Ruiz (Florenz 1943), iterum cum appendice Lucio Bove (1968).

Codex Theodosianus: Theodosiani libri XVI cum ... edidit ... Th. Mommsen, Bd. I Tl. 2 (Berlin 1904).

Hilfsmittel

Heumanns Handlexikon zu den Quellen des römischen Rechts, 9. Aufl. bearb. v. E. Seckel (Jena 1907).

Adolf Berger, Encyclopedic dictionary of roman law (Philadelphia 1953).

Fritz Schulz, Einführung in das Studium der Digesten (Tübingen 1916).

Otto Lenel, Palingenesia iuris civilis, 2 Bde. (Leipzig 1889).

Otto Lenel, Das edictum perpetuum, 3. Aufl. (Leipzig 1927).

Otto Seeck, Regesten der Kaiser und Päpste für die Jahre 311 bis 476 n. Chr. (Stuttgart 1919).

Handbücher

Alfred Heuß, Römische Geschichte (Braunschweig 1960).

Paul Krüger, Geschichte der Quellen und Litteratur des römischen Rechts, 2. Aufl. (München 1912).

Fritz Schulz, Geschichte der römischen Rechtswissenschaft (Weimar 1961).

Max Kasers drei Handbücher (s. oben S. 119 Fußn. 89).

Theodor Mommsen, Römisches Strafrecht (Leipzig 1899).

A. H. M. Jones, The later roman empire – a social, economic and administrative survey, 3 Bde. u. Karten (Oxford 1964).

Franz Wieacker, Privatrechtsgeschichte der Neuzeit unter besonderer Berücksichtigung der deutschen Entwicklung, 2. Aufl. (Göttingen 1967).

Handbuch der Quellen und Literatur der neueren europäischen Privatrechtsgeschichte, hrsg. v. Helmut Coing u. Walter Wilhelm (München 1973 ff., bisher Bd. I).

Bernhard Windscheid, Lehrbuch des Pandektenrechts, 9. Aufl. bearb. v. Theodor Kipp, 3 Bde. (Frankfurt am Main 1906).

Zeittafel

753 v. Chr.	Angebliches Gründungsdatum Roms
508 v. Chr.	Vertreibung der Könige. Beginn der Republik
449 v. Chr.	Zwölf Tafeln
367 v. Chr.	Lex Licinia Sextia
300 v. Chr.	Lex Ogulnia
Um 300 v.	Ius Flavianum
Um 250 v.	Coruncanius. Rechtsunterricht öffentlich
242 v. Chr.	Fremdenprätur errichtet
Um 200 v.	Tripertita
133–27 v.	Revolutionszeitalter
Um 90 v. Chr.	Iuris civilis libri XVI von Q. Mucius Skävola
Um 100–43 v.	Servius Sulpicius Rufus
49 v. Chr.	Cäsar überschreitet den Rubicon. Ende der Republik. Beginn der Kaiserzeit
27 v. Chr.	Augustus begründet den Prinzipat
Ca. 45 v.–15 n.	Labeo
Um 0	Ius respondendi ex auctoritate principis eingeführt
Ca. 20–60 n.	Masurius Sabinus Rechtslehrer. Iuris civilis libri III
Mitte 1. Jh. n.	Die Rechtsschulen der Sabinianer und Proculianer konsolidieren sich
Um 100 n. Chr.	Javolen Haupt der Sabinianer
Ca. 100–170	Hochklassik
Ca. 100–130	Celsus steht der prokulianischen Rechtsschule vor. Digestorum libri XXXVIIII
Ca. 120–170	Julian Schulhaupt der Sabinianer. Chefjurist mehrerer Kaiser
Um 130 n. Chr.	Ius respondendi wird Privileg. Ediktredaktion
Um 150 n. Chr.	Digestorum libri LXXXX von Julian
Ca. 150–180	Gajus Rechtslehrer
Um 175	Cervidius Skävola Rechtsgutachter und hoher kaiserlicher Beamter
Ca. 170–240	Spätklassik
203–212†	Papinian Prätorianerpräfekt
212	Constitutio Antoniniana
222–223†	Ulpian Prätorianerpräfekt
Ca. 190–230	Paulus juristischer Gutachter und Schriftsteller. Rechtsberater mehrerer Kaiser
Ca. 220–250	Modestin juristischer Schriftsteller, Gutachter und Prinzenerzieher
235–285	Große Reichskrise
Um 250	Ende der klassischen Rechtsliteratur
Ca. 280–310	Epiklassik. Erste Konstitutionencodices

Ende 3. Jh.	Beginn des Dominats. Verlegung der Residenz von Rom in Frontnähe. Reichsteilung eingeleitet
312/313	Konstantinische Wende vom pluralistischen zum christlichen Reich. Beginn des Ständezwangs
330	Einweihung Konstantinopels als Neues Rom
Spät. 4. Jh.	Aufschwung der Rechtsschule von Beirut Kodifikationsgedanke breitet sich aus
438	Codex Theodosianus
5./6. Jh.	Blütezeit der Rechtsschule von Beirut
476	Letzter weströmischer Kaiser von Odowakar abgesetzt. Westreich zerfällt endgültig in selbständige Barbarenreiche
Um 500	Barbarenkodifikationen bei Westgoten, Burgundern, Ostgoten und Franken
527–565	Justinian Kaiser
528–529	Codex Justinianus
530–533	Digesten
533	Institutionen
534	Codex Justinianus in neuer Fassung
534 ff.	Novellen Justinians
554	Die justinianischen Gesetzbücher im zurückeroberten Italien eingeführt
Seit 568	Die Langobarden in Italien. Residenz Pavia mit Rechtsschule
Um 750	Das Langobardenreich dem Frankenreich einverleibt
800	Frankenkönig Karl vom Papst zum röm. Kaiser gekrönt
Um 1100	Wiederbeschäftigung mit den Digesten im Abendland
12. Jh.	Erste Blütezeit der Rechtsschule von Bologna Bologneser Juristen im Dienst des deutschen Kaisers
Um 1250	Glossa ordinaria von Accursius
14./15. Jh.	Konsiliatoren. Bologna auf seinem Höhepunkt. Rechtsfakultäten in ganz Europa
16. Jh.	Das römische Recht in Deutschland endgültig rezipiert In Frankreich juristischer Humanismus
17./18. Jh.	Usus modernus pandectarum in Deutschland
Ende 18. Jh.	Naturrechtliche Kritik an der gemeinrechtlichen Praxis mündet in Kodifikationen
1794	Preußisches Allgemeines Landrecht
1804	Französischer Code civil
1811	Österreichisches Allgemeines Bürgerliches Gesetzbuch
1779–1861	Friedrich Carl von Savigny
1814	Kodifikationsstreit Thibaut-Savigny
19. Jh.	Historische Rechtsschule. Rechtswissenschaftlicher Positivismus
1874	Beginn der Arbeiten am BGB
1896	BGB verabschiedet

Register

Nach Möglichkeit sind deutsche Ausdrücke benutzt

Accursius 109
actio 28 ff., 37 ff.
– aquae pluviae arcendae 157 f.
– auctoritatis 228 f.
– certae creditae pecuniae 201 f., 250
– commodati 39, 204
– de dolo 269 f.
– – in rem verso 122 ff.
– – pauperie 37 f.
– – peculio 122 ff.
– empti 226 f.
– ex stipulatu 251
– familiae erciscundae 132
– mandati 213 f.
– pero socio 210 ff.
– Publiciana 186 f.
– venditi 226 f.
Ädilen 23, 37
agentes in rebus 81
Agnaten 131 ff.
Älius 34 f.
Ämterlaufbahn 25, 41 f.
Appellation 74
Appius Claudius 33
Arbeitsvertrag 209
Arbiträrklausel 179 ff.
Arcadius Charisius 87
Aufrechnung 256 f.
Auftrag 212 ff.
Auguren 26, 34
Augustus 45 ff.
Azo 108

Baldus 111
Bartolus 110 f.
Basiliken 103 f.
Bereicherungsklagen 203
Beryt 67 f., 90 f.
Besitzkonstitut 166
Besitzschutz 39 f.
Blutrache 260
bona fides 224 ff.
bonitarisches Eigentum 173 f., 186 f.
bonorum possessio 134 f.
brevi manu traditio 166
Buße 259 ff.

Callistrat 68 f.
Capito 53 f.
Cassius 54, 55
Celsus (d. J.) 56 ff.
censor 25, 33
Centuriatkomitien 18 f.
Cino da Pistoia 110
clausula rebus sic stantibus 217
Codex Gregorianus 87
Codex Hermogenianus 87
Codex Justinianus 96 f.
Codex Theodosianus 86
cognati 132
cognitio extra ordinem 73 ff.
comes rerum privatarum 81
comes sacrarum largitionum 81
condemnatio pecuniaria 185 f., 191, 78, 270 f.
condictio 201 ff., 245 ff., 283
consistorium 81
consortium 132, 153, 209 f.
constitutio Antoniniana 64
Coruncanius 34
Cujaz 112
culpa 267, 210 ff.

Darlehen 189 ff., 200, 202 f.
decem viri 20
decretum 70 f.
Dekurionen 78, 79
Deliktsrecht 259 ff.
Diebstahl 279 ff.
Dienstvertrag 209, 117
Digesten 97 ff.
Diktatur 25
diligentia quam in suis 210 ff.
Diokletian 77, 80 f., 87
Diözese 81
dolus malus 229, 269 f.
Dominat 80 f.
Donellus 112 f.
Dorotheos 97, 100, 103
droit écrit 105

Edictum Theoderici 95
Edikt des Prätors 37 ff.
Edikte der Kaiser 70, 82
Ediktkommentare 36, 52, 55, 60 f.
Ediktredaktion 49 f.
Ehegattenschenkung 128 f.
Ehegüterrecht 127 f.
Ehescheidung 124 ff.
Eigentum 148 ff.
–, Grenzen 155 ff.
Eigentümer-Besitzer-Verhältnis 180 ff.
Eigentumsübertragung 31 f., 163 ff.
Einrede der Arglist 36, 182
Emanzipation 121 f.
Enterbung 141 f.
Entwehrung 228 ff.
Epiklassik 87
epistulae 52 f.
epistulae principum 72
Erbfolge, gesetzliche 130 ff.
Erbvertrag 147
Erlaß 216
Ersitzung 174 ff.
Erwerb vom Nichtberechtigten 174 ff.
Eviktion 228 ff.
exceptio doli 36, 182
exceptio rei residuae 256
exceptio rei venditae et traditae 173

familia 120, 152
Feudalisierung 80, 92
Fideikommiß 75
fiducia 32
Formularprozeß 37 ff.
Freiburger Stadtrecht 219
Fremdenprätor 37
furtum 279 ff.
furtum usus 281

Gajus 66 ff.
Gajus-System 67 f.
Gebrauchsdiebstahl 281
Geld 207, 77
Geldschuld 250 ff.
Geldverurteilung 185 ff., 191, 78, 270 f.
Gemeines Recht 109 ff.
Generalklausel, deliktische 275 ff.
Gentilverband 22, 134
Geschworenensystem 30, 73
Gesellschaft 209 ff.
gesetzliche Erbfolge 130 ff.
Glossatoren 107 ff.
Gnäus Flavius 33
Goldene Regel 279
Grotius 219 f.
Gütertrennung 127 ff.
gutgläubiger Erwerb 174 ff.

Haftung 188 ff.
Haftungslösung 191 ff.
Heeresverfassung 18 ff.
Heermeister 81
heres extraneus 133 f.
heres necessarius 142
Hermogenian 87
Hexabiblos 104
historische Rechtsschule 115 ff.
homo novus 25 f., 34
honestiores 64 f.
Honorar 213 f., 75

imperium 48
in iure cessio 31
Injurien 286 ff.

Innominatrealverträge 215 f.
Institutionen 67 f., 100
Interdikte 39 f.
Interesse 229
Interpolationen 98
Interzession 24. 42 f.
Irnerius 107
iudicia bonae fidei 225 ff.
iudicia stricti iuris 226
ius civile 174. 35, 54
Ius Flavianum 33
ius gentium 40 f.
ius honorarium 39
ius Italicum 66, 152
ius publicum 51 f., 86
ius respondendi 54 f., 89 f.

Javolen 301
Julian 56 ff.
Juristen 34 ff., 51 ff., 87, 103, 107 ff.
Justinian 95 ff.

Kaiserkonstitutionen 69 ff.
kanonisches Recht 105 f., 218 f.
Kauf 32, 208 f., 224 ff.
Kautelarjurisprudenz 31
Kognitionsprozeß 73 ff.
Kolonat 78 f.
Komitialtestament 138
Konsensualverträge 40 f., 207 ff.
Konsiliatoren 109 ff.
Konsolidation 150 f.
Konstantin 78 f., 83 ff.
Konstantinos Harmenopoulos 104
Konstitutionen 69 ff.
Konsul 18, 24 f., 41 f.
Kuriatkomitien 18, 138

Labeo 52 f.
legis actio 28 ff., 210
Lehrling 272
lex 28, 19 f., 82 f.
– Aquilia 263 ff.
– Canuleia 22, 24
– Claudia de senatoribus 26
– Hortensia 25
– Licinia Sextia 24 f.
– Ogulnia 33 f.
– romana Burgundionum 95
– romana Visigothorum 95
Leyser 115
Libellkanzlei 71 f.
Litiskreszenz 268 f.
locatio conductio 208 f.
longa manu traditio 166
Lotharingische Legende 114

Macer 69
magister militum 81
magister officiorum 81
Mandat 212 ff.
mandata principum 72 f.
Mangelfolgeschäden 240 ff.
manumissio vindicta 31
Manzipation 32, 169 ff.
Manzipationstestament 138 ff.
Mevius 115
Minderung 238 ff.
Miteigentum 153
Mitgift 127 f., 129 f.
Modestin 302
mos Gallicus 112
mos Italicus 112
P. Mucius Skävola 35, 51 f.
Q. Mucius Skävola 35 f.

Nachbarrecht 155 ff.
Nebenpflichten 253 f.
Neraz 55
Nerva 52, 54
nexum 189 ff.
Nießbrauch 150 ff.
Nobilität 25 f.
Noterbrecht 142. 145
Notstandsrecht 44, 51 f.
Novellen 100 f.

Offerte in incertam personam 166
Optimaten 44
orationes Augusti 49
ordo iudiciorum 73

pacta sunt servanda 219 ff.
pactum de non petendo 216
pactum nudum 254 f.
Papinian 58 f.
Parentelsystem 136 f.
patria potestas 119 ff.
Patrizier 18 ff.
Paulus 60
Paulussentenzen 87
peculium 122 ff.
Persönlichkeitsrecht 285 f., 293 ff.
Pfandrecht 36, 150
Pflichtteil 144 f.
Plebs 18, 22 ff.
Plebiszit 24
plus petitio 201
Pomponius 55, 56
Pontifices 18, 26 ff.
Popularen 44
Prätor 18, 25, 37 ff.
Prätorianerpräfekt 59, 81
Prinzipat 48 f.
Privatstrafe 259 ff.
Privilegien 21, 82, 85
Proculus 55
Prokulianer 55 f.
proletarii 19 f., 21, 284
Provinzen 64 ff., 81 f.

quaestor sacri palatii 81
Quästor 24 f., 41
querela inofficiosi testamenti 144 ff.
quinquaginta decisiones 100

Realverträge 202 ff.
Rechtsliteratur 33 ff., 52 ff., 87 ff., 103, 107 ff.
Rechtsmängelhaftung 227 ff.
Rechtsmißbrauch 163 ff.
Rechtsunterricht 34, 55, 66 ff., 90 ff., 107 ff.
Reichskrise 62 f., 76 f.
rei vindicatio 29 f., 178 ff.
Reskripte 71 f., 82
res mancipi 163, 170 f.
Rezeption 111
Ritterstand 26, 58

Sabinianer 55 f.
Sabinus 54
Sachbeschädigung 262 ff.
Sachmängelhaftung 237 ff.
sacramentum 28 ff.
sanctio pragmatica 82
Savigny 116 f., 13
Schadensersatz 241–252, 259 f., 267 f., 283
Schenkung unter Ehegatten 128 f.
Schmerzensgeld 272 f., 296
Scholien 104
Schriftformel 37 ff.
Schuldknechtschaft 188 ff.
secessio plebis 23 f., 25
Selbsthilfe 28, 189, 260
Senatorenstand 18, 25 f., 58, 80
Senatsbeschluß 41 ff., 49
Servitut 149 f.
Servius 36
Cerv. Skävola 301
societas 209 ff.
Spruchformel 28 ff.
Ständekampf 23 ff.
Ständezwang 78 f.
Stellionat 285
stipulatio duplae 229
Stipulation 193 ff.
Strafrechtspflege 73, 76, 259
stricti iuris iudicia 226, 248
Stryk 114 f.
Sühneleistung 261 f.
Sühnevergleich 261
suus (heres) 131 ff., 142

Talion 287
Tertullian 63
Testament 137 ff.
Testierfreiheit 144 ff.
Tetrarchie 81
Theophilos 96 ff.
Tierhalterhaftung 37 ff.

transscriptio 200
Trebaz 52
Tribonian 96ff.
tribus 20
Tributkomitien 19f.
Tripertita 34f.

Übergabe 163ff.
Ulpian 60ff.
Ulpianregeln 87
Unmöglichkeit 245ff.
Usus modernus pandectarum 114f.

Verbindung 154f.
Verschulden 266f.
Verwendungen 181ff.
Verzug 248ff.
Volkstribun 23ff.
Vollstreckung 21, 186, 188f., 199f.

Wandlung 238ff.
Wortformalismus 28ff., 138f., 169ff., 194ff.

Zasius 113f.
Zinsen 250ff.
Zitiergesetz 88ff.
Zwölf Tafeln 20ff.

Abkürzungen

ABGB = Allgemeines Bürgerliches Gesetzbuch von Österreich (1811)
ALR = Allgemeines Landrecht für die Preußischen Staaten (1794)
Bartolus = Bartolus de Saxoferrato (1314–1357), Commentaria (gedruckt z.B. Venedig 1580f.)
Bull. = Bullettino dell'Istituto di diritto romano „Vittoria Scialoja"
Cod. Just. = Codex Justinianus (Ausgabe s. S. 299)
Cod. Theod. = Codex Theodosianus (Ausgabe s. S. 299)
Dig. = Digesten Justinians (Ausgabe s. S. 299)
FIRA = Fontes iuris Romani antejustiniani, 2. Aufl. Florenz 1940ff.
Fragm. Vat. = Fragmenta Vaticana (Ausgabe s. S. 299)
Inst. Just. = Institutionen Justinians (Ausgabe s. S. 299)
Iura = IVRA – Rivista internazionale di diritto romano e antico
Labeo = LABEO – Rassegna di diritto romano
RE = Paulys Realencyclopädie der classischen Altertumswissenschaft, neue Bearb. hrsg. v. Georg Wissowa u. a.
RH = Revue historique de droit français et étranger
RIDA = Revue internationale des droits de l'antiquité
SZ = Zeitschrift der Savigny-Stiftung für Rechtsgeschichte, Romanistische Abteilung
TR = Tijdschrift voor Rechtsgeschiedenis – Revue d'histoire du droit – The legal history review

Detlef Liebs
Die Klagenkonkurrenz im römischen Recht

Zur Geschichte der Scheidung von Schadenersatz und Privatstrafe

1972. 294 Seiten, brosch.

Das römische Privatrecht ist geprägt durch das Aktionensystem. Je mehr Aktionen aber die römische Rechtsordnung den Rechtsgenossen nach und nach zur Verfügung stellte, um so häufiger kam es vor, daß auf ein und denselben Streit mehrere „konkurrierende" Klagen paßten. Waren dann alle kumulativ oder nur einzelne zu gewähren und welche? Diese von den römischen Juristen vielerörterten Fragen betreffen nur scheinbar bloß Rechtstechnik. Liebs entdeckt hinter ihnen überraschend aktuelle Positionen der römischen Juristen zur Bewertung der in Deutschland jüngst wiederbelebten Privatstrafe.

„L'étude est menée avec beaucoup de compétence, de clarté et de précision." *Les Etudes Classiques*

Detlef Liebs
Hermogenians Iuris Epitomae

Zum Stand der römischen Jurisprudenz im Zeitalter Diokletians

1964. 137 Seiten, brosch.

(Abhandlungen der Akademie der Wissenschaften in Göttingen, Phil.-hist. Klasse 57)

„Entscheidendes wurde gewonnen: Ein Stück Palingenesie konnte neu geschrieben werden. Das Anliegen der wichtigsten, von einem namentlich bekannten und genannten Autor verfaßten nachklassischen Juristenschrift wurde überzeugend dargetan."

Zeitschrift der Savigny-Stiftung für Rechtsgeschichte

Franz Wieacker
Textstufen klassischer Juristen

2., durchgesehene Auflage 1975. 471 Seiten, brosch.

(Abhandlungen der Akademie der Wissenschaften in Göttingen, Phil.-hist. Klasse 45)

„Wieacker hat mit seinem Buch der Wissenschaft vom römischen Recht unendlich viel gegeben. Text- und Sachgeschichte werden neue Impulse empfangen. Der reiche Ertrag an gesicherten Ergebnissen sowie die wegweisenden Fragestellungen zu den noch offenen Problemen machen Wieackers Arbeit zu einer der bedeutendsten romanistischen Monographien aus neuerer Zeit." *Zeitschrift der Savigny-Stiftung für Rechtsgeschichte*

VANDENHOECK & RUPRECHT IN GÖTTINGEN UND ZÜRICH